AI 시대의
파이썬 데이터 분석

다양한 예제로 실습하고 프로젝트로 완성한다!

지은이 **오세종** dkumango@gmail.com

서강대학교 컴퓨터학부 학사와 석사를 거쳐 동 대학원 컴퓨터학과에서 접근제어 이론으로 박사 학위를 받았다. 이후 George Mason University에서 2년간 Post Doc. 연구원으로 활동했으며, 대우정보시스템 CIM 사업부에서 데이터베이스 설계와 ERP 시스템 개발에 참여하였다. 현재 단국대학교 소프트웨어학과 교수로 재직 중이다. 주요 연구 분야로 빅데이터 분석, 데이터 시각화, 머신러닝을 활용한 의료 분야 진단 모델 개발 등이 있다. 2024년에 미국 스탠퍼드대학교와 엘스비어(Elsevier, 과학·기술·의학 분야의 세계적 출판 기업)가 공동으로 발표하는 '세계 상위 2% 과학자'에 선정되었다. 저서로는 『DB 입문자를 위한 데이터베이스 기초와 SQL』(생능출판사, 2023), 『데이터베이스 설계 및 구축(개정3판)』(생능출판사, 2023), 『모두를 위한 R 데이터 분석 입문(2판)』(한빛아카데미, 2023), 『난생처음 R 코딩 & 데이터 분석』(한빛아카데미, 2021), 『C로 배우는 기초 프로그래밍』(그린, 2010) 등이 있다.

AI 시대의 파이썬 데이터 분석

초판발행 2025년 1월 20일

지은이 오세종 / **펴낸이** 전태호

펴낸곳 한빛아카데미(주) / **주소** 서울시 서대문구 연희로2길 62 한빛아카데미(주) 2층

전화 02-336-7112 / **팩스** 02-336-7199

등록 2013년 1월 14일 제2017-000063호 / **ISBN** 979-11-7340-008-7 93000

총괄 박현진 / **책임편집** 김성무 / **기획** 안비단 / **편집** 정지윤 / **교정** 박정수

디자인 표지 윤혜원 내지 박정우 / **전산편집** 이소연 / **제작** 박성우, 김정우

영업 김태진, 김성삼, 이정훈, 임현기, 이성훈, 김주성 / **마케팅** 김호철, 심지연

이 책에 대한 의견이나 오탈자 및 잘못된 내용은 출판사 홈페이지나 아래 이메일로 알려주십시오.

파본은 구매처에서 교환하실 수 있습니다. 책값은 뒤표지에 표시되어 있습니다.

홈페이지 www.hanbit.co.kr / 이메일 question@hanbit.co.kr

Published by HANBIT Academy, Inc. Printed in Korea

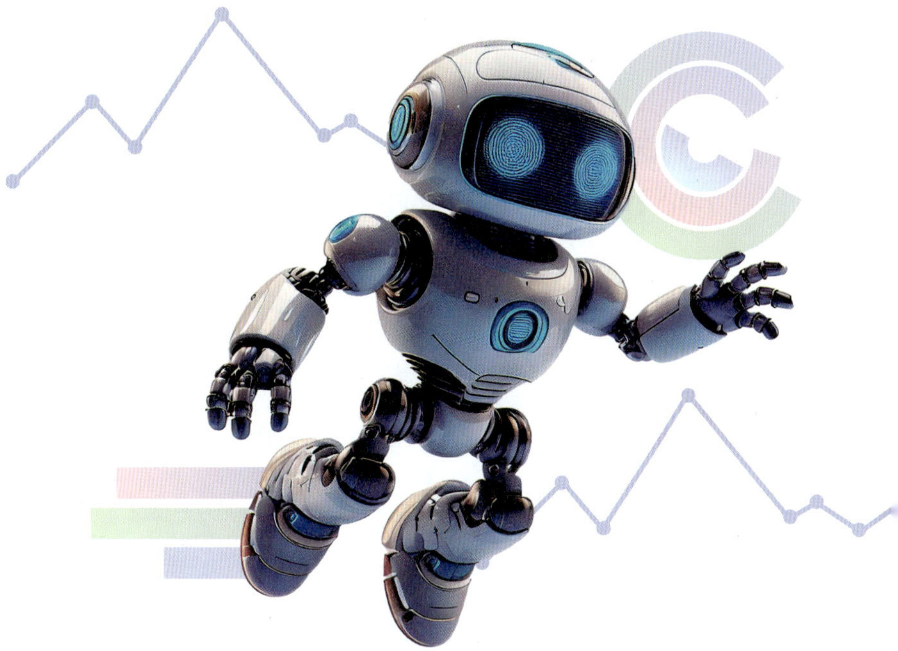

AI 시대의 파이썬 데이터 분석

다양한 예제로 실습하고 프로젝트로 완성한다!

오세종 지음

한빛아카데미
Hanbit Academy, Inc.

인공지능 시대를 이해하기 위한 데이터 분석의 첫걸음

우리는 생성형 AI로 대표되는 인공지능 혁명이 개인의 삶과 업무 형태를 변화시키는 시대에 살고 있습니다. 이처럼 무서운 속도로 발전하는 인공지능 기술은 데이터에 기반을 두고 있습니다.

> "우리는 더 나은 알고리즘을 가진 것이 아니라, 더 많은 데이터를 가졌을 뿐이다."

구글 출신 데이터 과학자 피터 노빅Peter Norvig의 말입니다. 이 말은 오늘날 구글이 검색엔진을 넘어 클라우드, 자율주행, 인공지능 분야의 선두 주자로 자리 잡을 수 있었던 원동력을 단적으로 설명합니다.

데이터는 우리에게 많은 것을 가르쳐줍니다. 한 국가의 경제가 얼마나 건강한지 알려주고, 앞으로 경기가 좋아질지 나빠질지 예측할 수 있게 합니다. 기업에는 고객의 취향이 어떻게 변화하고 있는지, 고객의 요구 사항이 무엇인지를 보여줍니다. 개인에게는 효과적인 다이어트 방법을 제시하고, 유전자 분석을 통해 질병에 걸릴 가능성을 예측합니다.

이와 같이 데이터는 세상을 이해하는 새로운 관점과 시각을 제공합니다. 그렇기 때문에 우리는 데이터를 다루고 분석하는 방법을 배워야 합니다. 데이터 활용 능력은 공학도뿐 아니라 모든 학문과 비즈니스 영역에 종사하는 사람들에게 필수적인 능력입니다. 하지만 데이터를 배우는 일은 결코 쉽지 않습니다. 많은 사람이 필요에 의해서 학습을 시작하지만, 이해의 어려움이라는 고비를 넘지 못하고 중도에 포기하는 경우가 많습니다.

이 책은 파이썬을 활용하여 데이터 분석을 시작하려는 입문자를 위한 책입니다. 데이터 분석을 처음 배우는 독자라도 기본적인 프로그래밍 지식을 바탕으로 데이터를 다루고 분석하는 데 필요한 기법을 익힐 수 있도록 설계되었습니다. 머신러닝과 인공지능 분야의 기초를 쌓고자 하는 학습자에게는 실질적인 출발점이 될 것이며, 데이터 과학 분야에 진입하려는 학습자나 실무자에게도 유용한 길잡이가 될 것입니다.

필자는 이러한 점을 염두에 두고 이 책을 집필했습니다. 이론적인 내용은 최대한 간단하게 설명했고, 어려운 용어는 쉽게 풀어 쓰려고 노력했습니다. 이 책의 설명과 예제를 따라 하다 보면 자연스럽게 데이터를 다루는 능력을 익힐 수 있을 것입니다. 이 책이 데이터 분석의 모든 것을 다루지는 않지만, 학습의 출발점에서 든든한 디딤돌이 되어줄 것이라 확신합니다.

"거인의 어깨에 올라서서 더 넓은 세상을 바라보라."

– 아이작 뉴턴Isaac Newton

이 책이 사다리가 되어, 여러분이 데이터라는 거인의 어깨에 올라설 수 있기를 바랍니다.

끝으로, 학습자의 입장에서 원고를 꼼꼼히 검토하고 아낌없는 조언을 해준 사랑스러운 제자 김예진, 민유진, 정다훈, 최서영, 최예림에게 고마운 마음을 전합니다. 그리고 원고를 세심하게 다듬어주신 한빛아카데미의 정지윤 선임님께 깊이 감사드립니다.

저자 **오세종**

• 실습 환경

- **운영체제** 윈도우 10 이상
- **실습도구** 파이썬 3.12.1(최신 버전 사용 가능), Visual Studio Code

• 학습 보조 자료

실습에 필요한 자료는 아래 주소에서 다운로드할 수 있습니다.

https://www.hanbit.co.kr/src/41008

• 강의 보조 자료

한빛아카데미 홈페이지에서 '교수회원'으로 가입하신 분은 인증 후 교수용 강의 보조 자료를 제공받으실 수 있습니다. 한빛아카데미 홈페이지 상단의 〈교수전용공간〉 메뉴를 클릭해 주세요.

http://www.hanbit.co.kr/academy

• 연습문제 해답 안내

본 도서는 대학 강의용 교재로 개발되었으므로 연습문제 해답은 제공하지 않습니다.

• 무엇을 다루는가

❶ 데이터 분석 개요와 파이썬 프로그래밍(1~2장)

데이터의 개념 및 파이썬과 VS Code의 설치 방법을 배우고, 데이터 분석에 널리 활용되는 판다스 라이브러리의 사용법을 학습합니다.

❷ 데이터 탐색과 전처리(3~7장)

단일 변수 자료와 다중 변수 자료에 대한 탐색적 분석 방법에 대해 알아보고, 여러 가지 데이터 전처리 관련 기법에 대해 학습합니다.

❸ 데이터 시각화와 심화 분석(8~12장)

데이터를 보기 좋게 시각화하는 기법과 파이썬에서 지도를 연동하는 방법을 배웁니다. 이어서 본격적인 분석 방법으로 워드클라우드, 구매 패턴 분석, 가설 검정, 군집화, 분류, 회귀분석에 대해 학습합니다.

❹ 데이터 분석 사례 프로젝트(13~14장)

서울시 상가 데이터를 기반으로 데이터 탐색, 기간별 상권 변화, 역삼1동 상권 분석 등 데이터 분석 프로젝트를 진행합니다.

• 이 책의 구성 요소

단계별 학습을 통해 학습 효과를 높이고자 'PREVIEW ▸ 본문 ▸ 코드 ▸ 실전 분석 ▸ 요약 ▸ 연습문제' 순서로 구성하였습니다. 또한 본문 내용을 더 쉽게 이해할 수 있도록 '여기서 잠깐' 코너를 마련했으며, 심화 내용은 '하나 더 알기' 섹션에 담았습니다.

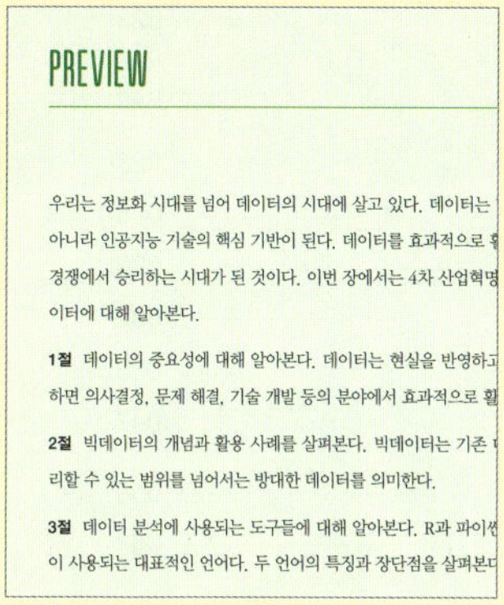

PREVIEW

우리는 정보화 시대를 넘어 데이터의 시대에 살고 있다. 데이터는
아니라 인공지능 기술의 핵심 기반이 된다. 데이터를 효과적으로
경쟁에서 승리하는 시대가 된 것이다. 이번 장에서는 4차 산업혁명
이터에 대해 알아본다.

1절 데이터의 중요성에 대해 알아본다. 데이터는 현실을 반영하고
하면 의사결정, 문제 해결, 기술 개발 등의 분야에서 효과적으로 활

2절 빅데이터의 개념과 활용 사례를 살펴본다. 빅데이터는 기존
리할 수 있는 범위를 넘어서는 방대한 데이터를 의미한다.

3절 데이터 분석에 사용되는 도구들에 대해 알아본다. R과 파이썬
이 사용되는 대표적인 언어다. 두 언어의 특징과 장단점을 살펴본다

| PREVIEW |

각 장의 내용을 큰 맥락에서 살펴볼 수 있도록 해당 장에서 배울 내용을 간략하게 정리합니다.

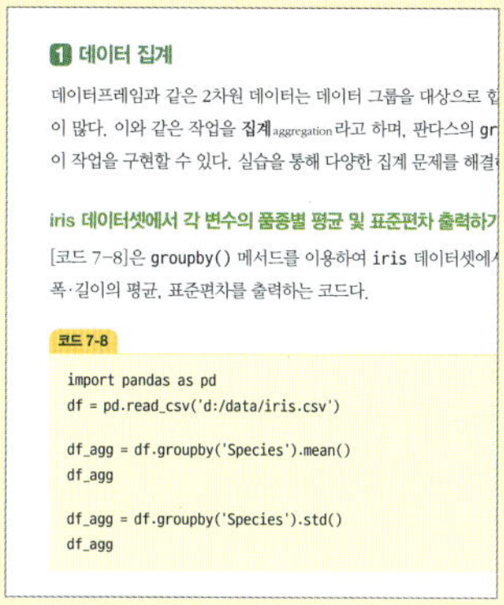

1 데이터 집계

데이터프레임과 같은 2차원 데이터는 데이터 그룹을 대상으로 할
이 많다. 이와 같은 작업을 **집계**aggregation라고 하며, 판다스의 gr
이 작업을 구현할 수 있다. 실습을 통해 다양한 집계 문제를 해결

iris 데이터셋에서 각 변수의 품종별 평균 및 표준편차 출력하기

[코드 7-8]은 groupby() 메서드를 이용하여 iris 데이터셋에서
폭·길이의 평균, 표준편차를 출력하는 코드다.

코드 7-8

```
import pandas as pd
df = pd.read_csv('d:/data/iris.csv')

df_agg = df.groupby('Species').mean()
df_agg

df_agg = df.groupby('Species').std()
df_agg
```

| 본문 및 코드 |

파이썬의 기본 개념과 문법을 설명하고, VS Code를 통해 직접 실습하면서 데이터 분석을 진행합니다.

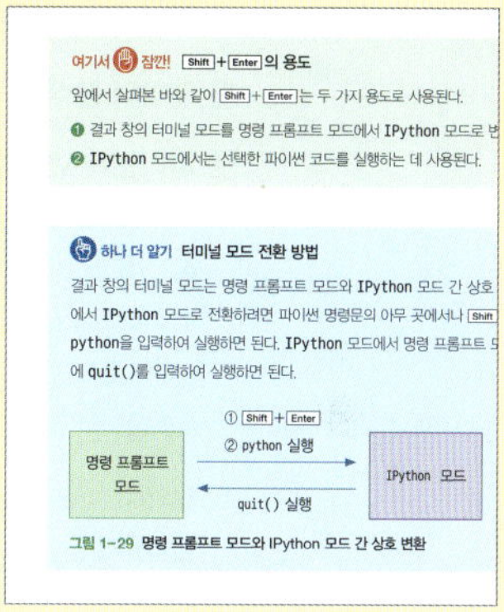

여기서 잠깐! Shift + Enter 의 용도

앞에서 살펴본 바와 같이 Shift + Enter 는 두 가지 용도로 사용된다.

❶ 결과 창의 터미널 모드를 명령 프롬프트 모드에서 IPython 모드로 변
❷ IPython 모드에서는 선택한 파이썬 코드를 실행하는 데 사용된다.

하나 더 알기 터미널 모드 전환 방법

결과 창의 터미널 모드는 명령 프롬프트 모드와 IPython 모드 간 상호
에서 IPython 모드로 전환하려면 파이썬 명령문의 아무 곳에서나 Shift
python을 입력하여 실행하면 된다. IPython 모드에서 명령 프롬프트 모
에 quit()를 입력하여 실행하면 된다.

그림 1-29 명령 프롬프트 모드와 IPython 모드 간 상호 변환

| 여기서 잠깐! & 하나 더 알기 |

본문과 관련된 도움말이나 참고로 알아두면 좋은 내용을 담고 있습니다.

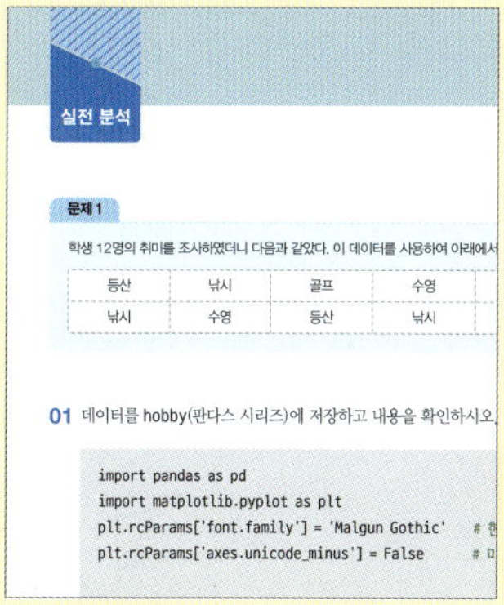

실전 분석

문제 1

학생 12명의 취미를 조사하였더니 다음과 같았다. 이 데이터를 사용하여 아래에서

등산	낚시	골프	수영
낚시	수영	등산	낚시

01 데이터를 hobby(판다스 시리즈)에 저장하고 내용을 확인하시오.

```
import pandas as pd
import matplotlib.pyplot as plt
plt.rcParams['font.family'] = 'Malgun Gothic'   # 한
plt.rcParams['axes.unicode_minus'] = False      # 마
```

| 실전 분석 |

실제 데이터를 기반으로 한 데이터 분석이 어떻게 이루어지는지 실습을 통해 알아봅니다(5~13장).

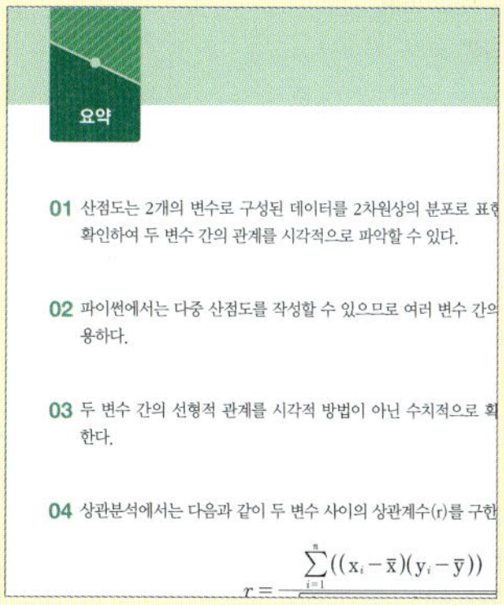

요약

01 산점도는 2개의 변수로 구성된 데이터를 2차원상의 분포로 표현
확인하여 두 변수 간의 관계를 시각적으로 파악할 수 있다.

02 파이썬에서는 다중 산점도를 작성할 수 있으므로 여러 변수 간의
용하다.

03 두 변수 간의 선형적 관계를 시각적 방법이 아닌 수치적으로 확
한다.

04 상관분석에서는 다음과 같이 두 변수 사이의 상관계수(r)를 구한

$$r = \frac{\sum_{i=1}^{n}((x_i-\bar{x})(y_i-\bar{y}))}{\cdots}$$

| 요약 |

각 장에서 꼭 기억해야 할 중요한 내용을 요약하여 정리했습니다.

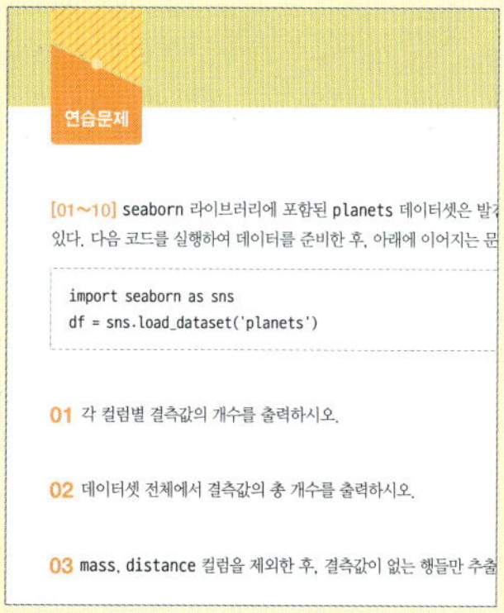

연습문제

[01~10] seaborn 라이브러리에 포함된 planets 데이터셋은 발
있다. 다음 코드를 실행하여 데이터를 준비한 후, 아래에 이어지는 문

```
import seaborn as sns
df = sns.load_dataset('planets')
```

01 각 컬럼별 결측값의 개수를 출력하시오.

02 데이터셋 전체에서 결측값의 총 개수를 출력하시오.

03 mass, distance 컬럼을 제외한 후, 결측값이 없는 행들만 추출

| 연습문제 |

해당 장에서 배운 핵심 개념과 문법, 코드 분석 등의 문제를 풀면서 자신의 실력을 테스트할 수 있습니다.

목차

Chapter 01 데이터 분석의 준비

Chapter 02 데이터 분석과 판다스

Chapter 03 시리즈로 1차원 배열 다루기

Chapter 04 데이터프레임으로 2차원 배열 다루기

Chapter 05 단일 변수 데이터의 탐색

Chapter 06 다중 변수 데이터의 탐색

Chapter 07 데이터 전처리

Chapter 08 고급 데이터 시각화

Chapter 09 지도와 데이터

Chapter 10 워드클라우드와 구매 패턴 분석

Chapter 11 가설 검정

APPENDIX 부록

CHAPTER 01

데이터 분석의 준비

PREVIEW

우리는 정보화 시대를 넘어 데이터의 시대에 살고 있다. 데이터는 비즈니스의 새로운 원천일 뿐 아니라 인공지능 기술의 핵심 기반이 된다. 데이터를 효과적으로 활용할 줄 아는 기업과 개인이 경쟁에서 승리하는 시대가 된 것이다. 이번 장에서는 4차 산업혁명의 핵심 키워드 중 하나인 데이터에 대해 알아본다.

1절 데이터의 중요성에 대해 알아본다. 데이터는 현실을 반영하고 있으므로 데이터를 잘 분석하면 의사결정, 문제 해결, 기술 개발 등의 분야에서 효과적으로 활용할 수 있다.

2절 빅데이터의 개념과 활용 사례를 살펴본다. 빅데이터는 기존 데이터베이스 관리 도구가 처리할 수 있는 범위를 넘어서는 방대한 데이터를 의미한다.

3절 데이터 분석에 사용되는 도구들에 대해 알아본다. R과 파이썬은 데이터 분석에서 가장 많이 사용되는 대표적인 언어다. 두 언어의 특징과 장단점을 살펴본다.

4절 이 책에서 실습에 사용할 파이썬 언어와 통합 개발환경(IDE)인 VS Code의 설치 방법 및 기본적인 사용법을 배운다.

01 데이터의 중요성

최근 ChatGPT, 제미나이Gemini, DALL·E, 소라Sora 같은 생성형 AI 기술이 큰 주목을 받고 있다. 그런데 이러한 생성형 AI 기술이 기존 기술을 뛰어넘을 수 있었던 이유가 바로 방대한 데이터 학습의 결과라는 점은 간과되는 경우가 많다. 데이터가 없었다면 생성형 AI 기술도 존재할 수 없었을 것이다. 컴퓨터가 개발된 이래 데이터는 꾸준히 중요한 자원으로 주목받아 왔으며, 데이터를 처리하고 분석하는 기술도 지속적으로 발전해 왔다. 현재는 '데이터 사이언스Data science'라는 학문 분야가 새로 생길 정도로 데이터의 중요성은 널리 인정받고 있다.

데이터가 이토록 중요한 이유는 무엇일까? [표 1-1]에 제시된 대한민국 출생아 수 통계를 예로 살펴보자. 이 데이터를 통해 우리는 어떤 정보를 얻을 수 있을까? 전반적으로 출생아 수가 감소하고 있으며, 특히 2000년대 이후 가파른 하락세를 보인다. 이렇게 데이터를 분석하면 앞으로 10년, 20년 후의 인구 분포를 비교적 정확히 예측할 수 있고, 이를 바탕으로 학령인구의 변화, 산부인과 병원 수요, 기초 연금과 노령 연금의 예산까지 예측할 수 있다. 정보를 좀 더 추가한다면 지역별 대중교통 수요의 변화도 예측할 수 있다. 이것이 바로 데이터의 힘이다. 데이터는 현실을 반영한다. 따라서 데이터를 관찰하고 분석하면 현실 세계를 이해할 수 있을 뿐 아니라 미래 예측도 가능해진다.

표 1-1 연도별 출생아 수(단위: 천 명)

연도	1980	1985	1990	1995	2000	2005	2010	2015	2020
출생아 수	862	655	649	715	640	438	470	438	272

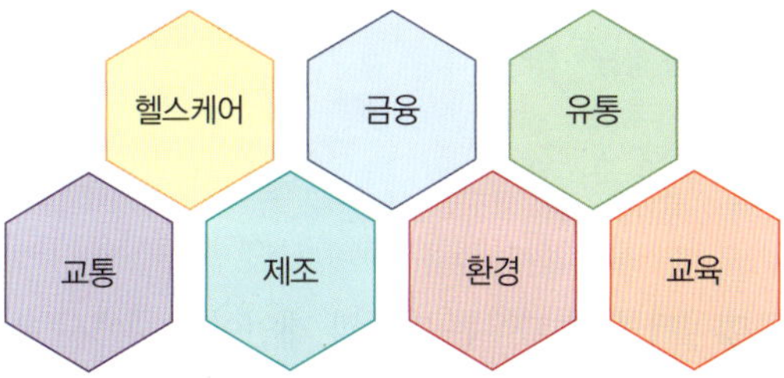

그림 1-1 데이터의 주요 활용 분야

데이터가 중요한 몇 가지 이유를 구체적으로 살펴보면 다음과 같다(https://k21academy.com/data-science 참조).

- **의사결정:** 데이터는 기업, 정부, 개인이 더 나은 결정을 내리는 데 도움을 준다. 예를 들어 주부는 가계부를 분석하여 소비 패턴을 파악하고, 기업은 매출 추이를 분석해 생산 계획을 수립한다.
- **문제 해결:** 데이터는 현실의 문제를 식별하고 해결책을 도출하는 데 필수적이다. 서울시는 심야 교통버스 노선을 결정하기 위해 이동통신사로부터 휴대폰 발신 데이터를 받아 사람들의 이동 패턴을 파악했고, 이를 바탕으로 효율적인 버스 노선을 설계했다.
- **현실 이해:** 데이터는 기업이 고객을 이해하고 마케팅 전략을 개선하는 데 도움을 준다. 예를 들어 소비자의 카드 사용 내역을 분석하여 구매 패턴을 파악하고, 검색 사이트에서 특정 사용자의 검색어 분석을 하여 맞춤형 광고를 제공할 수 있다.
- **기술 개발:** 데이터는 머신러닝과 딥러닝 기술을 개발하는 데 꼭 필요한 자원이다. 주가 예측, 질병 진단, 이미지 분석, 자동 번역 등의 기술 개발을 위해 방대한 양의 데이터를 학습해야 한다. 데이터를 기반으로 하는 디지털 전환DX, Digital Transformation 또한 오늘날 기업 생존을 위한 필수 요소로 인식되고 있다.
- **새로운 비즈니스의 창출:** 데이터는 새로운 비즈니스를 창출한다. 데이터를 수집·가공·분석하는 분야에서 많은 스타트업이 생겨나고 있다. 예를 들어 한 국내 스타트업은 빅데이터 상권 분석 플랫폼을 운영하며, 매월 70만 개의 전국 상권 매출 및 주변 인구통계 데이터를 꾸준히 수집하여 현재까지 1억 1,000개 이상의 상권 데이터를 보유하고 있다. 이 플랫폼은 소상공인이나 창업을 준비하는 개인에게 상권 분석 서비스를 제공한다.

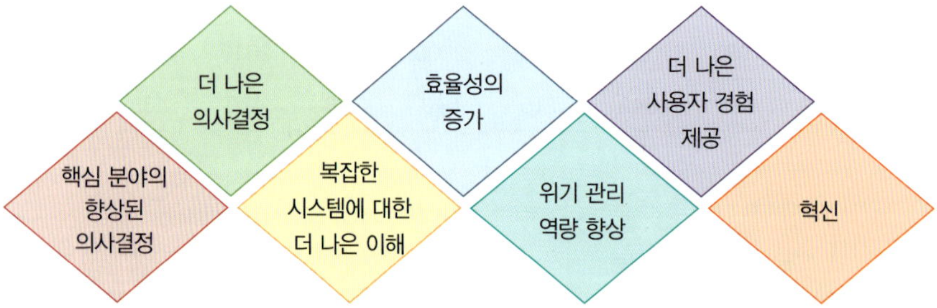

그림 1-2 데이터 활용의 효과

우리는 데이터의 시대Age of Data에 살고 있다. 데이터를 잘 다루는 기업과 개인이 경쟁에서 우위를 점할 수 있다는 점이 바로 데이터 분석을 배워야 하는 이유다.

여기서 잠깐! 전문가들이 표현한 데이터의 중요성

전문가들은 다양한 표현을 통해 데이터의 중요성을 강조한다.

"미래는 데이터를 정보로, 정보를 지식으로, 지식을 지혜로 바꿀 수 있는 자의 것이다."

– 칼라 마흐니(Carla Mahni), 데이터 과학자

"데이터는 비즈니스를 위한 새로운 원천 재료가 되고 있다."

– 크레이그 먼디(Craig Mundie), 마이크로소프트 수석 고문

"데이터가 쏟아지는 수도꼭지가 열렸으며, 다시 잠길 일은 없을 것이다."

– 마이크 호스킨스(Mike Hoskins), 액티언(Actian) CTO

"당신은 정보를 포함하지 않은 데이터를 가질 수 있지만, 데이터에 기반하지 않은 정보는 가질 수 없다."

– 다니엘 키스 모런(Daniel Keys Moran), 프로그래머/작가

"데이터는 새로운 석유다."

– 클라이브 험비(Clive Humby), ANA 수석 마케터

02 빅데이터와 활용 사례

1 빅데이터의 특징

오늘날 우리가 접하는 데이터의 특징을 잘 요약한 단어가 바로 빅데이터big data다. 매킨지 글로벌 연구소Mckinsey Global Institute, MGI에 따르면 빅데이터는 기존 데이터베이스 관리 도구의 데이터 수집·저장·관리·분석 역량을 넘어서는 데이터를 말한다. 지금은 스마트폰과 같은 디지털 기기의 보급과 SNS의 부상으로 엄청난 양의 데이터가 생성되고 있다. 이 중에서도 의료 분야의 환자 데이터, 은행권의 거래 데이터, 교통 이용 데이터 등이 빠른 속도로 증가하고 있는 빅데이터라고 할 수 있다.

미국 데이터웨어하우스연구소The Data Warehouse Institute, TDWI는 빅데이터의 특징을 **크기**volume, **다양성**variety, **속도**velocity의 세 가지로 분류하였는데, 이를 3V라고 부른다.

크기(volume)

빅데이터는 일반적으로 수십 테라바이트terabyte에서 수십 페타바이트petabyte 이상의 범위에 해당한다. 1페타바이트는 약 10^6기가바이트에 해당하며, 이는 6기가바이트 용량의 DVD 영화를 17만 4천 편 담을 수 있는 정도의 용량이다. 이처럼 큰 용량의 데이터를 다루려면 대규모 저장 공간과 장기간의 처리 및 분석 시간이 필요하다.

다양성(variety)

빅데이터는 다양한 형태의 데이터를 포함하며, 그 정형화 정도에 따라 정형structured, 반정형semi-structured, 비정형unstructured으로 구분된다.

❶ **정형 데이터:** 고정된 필드에 저장되는 데이터를 의미하며 일정한 형식을 갖추고 있다. 엑셀 파일에 저장되는 테이블 형태의 데이터를 생각하면 된다.

❷ **반정형 데이터:** 고정된 필드로 저장되지는 않지만, XML이나 HTML과 같이 메타데이터나 구조 정보 등을 포함한 데이터를 말한다. 즉 일정한 구조는 없으나 구조를 파악할 수 있는 데이터다.

❸ **비정형 데이터:** 고정된 필드에 저장되지 않는 데이터를 의미한다. 예를 들어 사진, 동영상, 메신저로 주고받은 대화 내용, 스마트폰에 기록되는 위치 정보, 통화 내용 등이 비정형 데이터에 해당한다. 최근에 급격히 증가하는 데이터 형태라고 할 수 있다.

속도(velocity)

빅데이터는 대개 증가 속도와 사용 속도가 매우 빠르다. 지하철 승하차 정보나 SNS상에서 오고 가는 메시지들이 얼마나 많을지 상상해 보면 쉽게 이해할 수 있다. 데이터 중에는 자율주행 자동차의 데이터처럼 실시간으로 처리되는 데이터도 있는데, 데이터가 너무 빨리 증가하면 실시간 처리가 어려워지기도 한다.

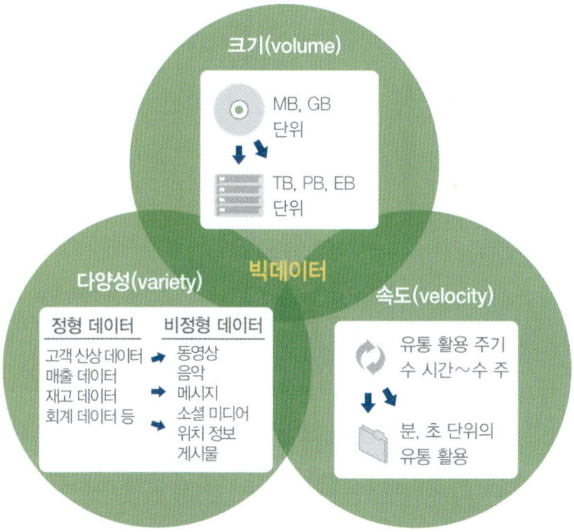

그림 1-3 빅데이터의 특징

2 빅데이터의 성공 사례

빅데이터가 주목받는 이유는 빅데이터를 활용하여 부가가치를 창출하거나 풀기 어려웠던 현실 문제를 해결한 사례가 늘고 있기 때문이다. 빅데이터의 성공 사례를 국내 사례와 해외 사례로 나누어 한 가지씩 살펴보자.

국내 사례: 경기도의 아파트 관리비 적정성 평가

아파트 관리비가 적정한지 빅데이터를 활용하여 분석한 사례다. 국내 300세대 이상의 아파트 단지는 외부 회계 감사를 받아야 한다. 그러나 회계 감사를 실시하는 데 가구당 수천 원의 경비가 추가로 발생할 뿐 아니라 아파트 단지 10곳 중 8곳은 감사 결과조차 공개하지 않는다. 지자체가 특별 감사를 실시할 수도 있지만, 경기도에 소재한 전 단지를 감사하는 데만 무려 240년이나 걸려 현실성이 없었다. 경기도 담당 공무원들은 이 문제를 두고 고민하다가 빅데이터를 활용하기로 하였다.

경기도는 국토교통부의 공동주택관리정보시스템에 의무적으로 등록하는 각 아파트 관리사무소의 관리비 내역과 관리비를 구성하는 37개 세부 항목의 원천 데이터를 비교·분석하는 방식으로 관리비가 과다 청구된 곳을 찾기로 했다. 관건은 관리비 세부 항목의 원천 데이터를 확보하는 일이었는데, 경기도는 국토교통부, 한국전력, 지역난방공사, 상하수도사업소, 대한전문건설협회, 한국감정원 등에 문의해 데이터를 공유할 수 있었다.

그림 1-4 경기도의 아파트 관리비 빅데이터 분석

이렇게 확보한 데이터를 바탕으로 경기도는 아파트 관리비를 산출하는 표준분석모델을 만들었다. 이 모델을 통해 실제 관리비가 각 원천 데이터를 종합해 산출한 적정 관리비보다 얼마나 높게 책정되었는지를 보여주는 '아파트관리비부당지수'도 만들었다. 이 지수의 숫자가 높을수록 관리비가 높게 책정되었다는 뜻이다. 이렇게 만든 분석모델을 사용해 556개 단지를 샘플로 뽑아 조사했더니 2년간 152억 원의 관리비가 부당하게 징수된 사실이 확인되었다.

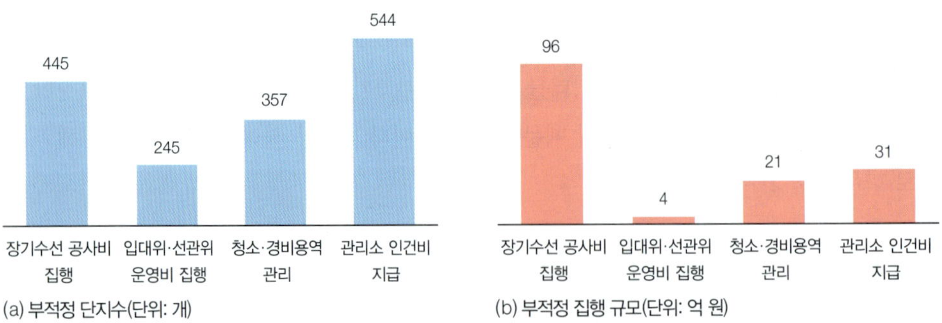

그림 1-5 경기도 아파트 관리비 빅데이터 분석 결과 © 이데일리, 이정훈 기자, 2019. 02. 15

이에 경기도는 1천만 원 이상 부정 이익을 취한 5개 단지를 수사 의뢰하고 이익을 환수했으며, 1세대당 약 3만 원의 관리비를 낮추는 효과를 거둘 수 있었다. 이러한 경기도의 노력은 타 시도로 확산되고 있는데, 전국적으로 아파트 관리비 빅데이터 분석이 적용될 경우 1년에 1조 1천억 원 정도의 관리비를 절감할 수 있을 것으로 예상된다.

해외 사례: 타깃의 맞춤형 홍보

타깃Target은 미국의 대형 할인 마트 중 하나다. 다음은 타깃의 미니애폴리스점에서 실제로 일어났던 일이다. 어느 날, 한 남성이 화가 난 채로 타깃 매장에 들어가 매니저를 찾았다. 손에는 타깃이 딸에게 우편으로 보낸 유아용품 할인 쿠폰이 들려 있었다. 남성은 자신의 딸이 고등학생인데 이런 쿠폰을 보냈다며 화를 내기 시작했다. 매니저는 우선 남성을 진정시키고 돌려보냈다. 그런데 며칠 뒤 매니저에게 뜻밖의 소식이 들려왔다. 일전에 화를 냈던 남성이 자신의 딸이 임신한 사실을 이제야 알게 됐다며 뒤늦게 사과한 것이다. 부모도 몰랐던 딸의 임신 사실을 타깃 마케팅 팀은 어떻게 알았을까? 답은 빅데이터 분석에 있었다.

타깃의 빅데이터 전문가들은 고객의 25가지 구매 행태를 분석하면 여성의 임신과 출산을 매우 정확하게 예측할 수 있다는 사실을 알아냈다. 예를 들어 향이 나는 로션을 사던 여성이 무향의 로션으로 바꾸거나, 평소 사지 않던 미네랄 영양제를 갑자기 사들이는 경우다. 타깃은 고객 데이터베이스에 이 분석 결과를 적용했고, 전국적으로 수만 명의 임신 추정 여성들을 가려내어 관련 할인 쿠폰을 보냈다. 이를 통해 고객의 구매 행동을 이끌어낼 수 있기 때문이다.

뉴욕 타임스가 보도한 이 사례는 빅데이터 분석의 힘을 여실히 보여준다. 대형 마트는 고객이 가족에게도 알리지 않은 비밀을 찾아내 앞으로 무엇이 필요할지 정확하게 예측해 낸 것이다.

빅데이터로 대변되는 오늘날의 데이터 혁명은 데이터 경제data economy라는 용어가 생겨날 만큼 사회 전반에 큰 영향을 미치고 있다. 인공지능AI 기술의 발전과 더불어 이러한 변화는 더욱 가속화될 전망이다.

그림 1-6 빅데이터 분석에 활용되는 고객의 구매 내역 © pixabay

03 데이터 분석 도구

데이터를 효율적으로 수집·정리·분석하려면 분석 도구를 잘 사용해야 한다. 전통적으로 SAS, SPSS, Matlab 같은 통계 도구들이 많이 사용되었다. 그러나 이 도구들은 매우 고가여서 일반인이 접하기에는 어려움이 있다. 최근에는 프로그래밍 언어를 사용해 데이터를 분석하는 추세가 강해지고 있다. [그림 1-7]은 데이터 분석에 사용되는 주요 프로그래밍 언어의 점유율을 보여준다.

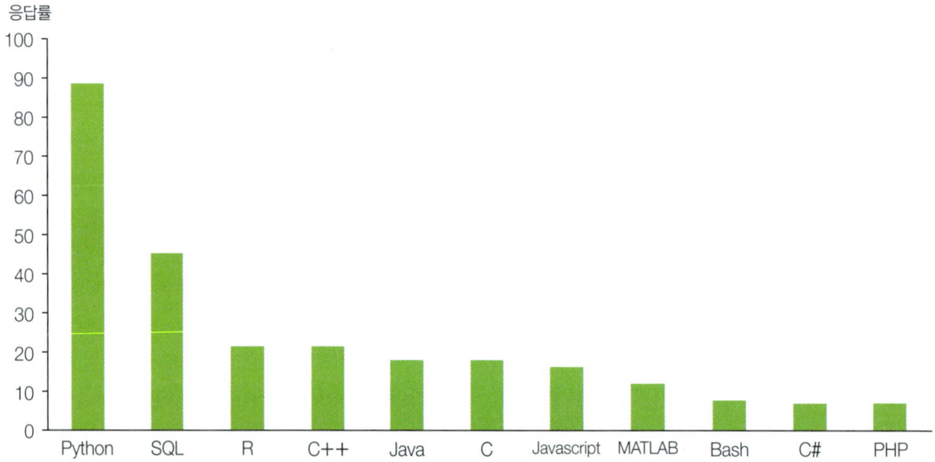

그림 1-7 데이터 분석 언어별 점유율 © Kaggle Survey 2022

데이터 분석에 널리 사용되는 무료 프로그래밍 언어 중 대표적인 것이 R과 파이썬Python이다. R과 파이썬은 데이터 사이언스 분야에서 경쟁적인 관계에 있지만, 언어의 특성이 달라 둘 중 어떤 것이 더 우월하다고 단정하기 어렵다. R은 주로 단순한 데이터 분석에 적합하며, 파이썬은 머신러닝, 딥러닝 등과 같이 더 확장된 분석이나 소프트웨어 개발을 할 때 많이 사용된다. 최근에는 두 언어를 함께 사용하는 예도 늘어나고 있다.

(a) R　　(b) 파이썬

그림 1-8 R과 파이썬

이 책에서는 파이썬을 분석 도구로 사용한다. 파이썬은 1991년 네덜란드계 소프트웨어 엔지니어인 귀도 반 로섬Guido van Rossum이 개발한 고급 프로그래밍 언어로, '인터프리터를 사용하는 객체지향 언어'이자 '대화형 언어'다. 파이썬은 비교적 배우기 쉽고 데이터를 처리하고 분석하는 데 필요한 numpy, pandas, scikit-learn과 같은 다양한 라이브러리를 제공하여 데이터 분석 분야에서 인기가 높다. 또한 파이썬은 크로스 플랫폼 언어로서 윈도우, 맥, 리눅스 등 다양한 운영체제에서 실행할 수 있으므로 파이썬으로 작성한 코드는 여러 환경에서 호환된다.

프로그래밍 언어를 이용하여 프로그램을 개발하거나 데이터를 분석하기 위해서는 통합 개발 환경IDE, Integrated Development Environment을 이용하는 것이 효과적이다. IDE는 일종의 소프트웨어로, 사용자가 데이터 분석 코드를 작성하고 실행할 수 있도록 돕는다. 대표적인 IDE로 주피터 노트북Jupiter Notebook, 파이참PyCharm, 구글 코랩Google Colab, 비주얼 스튜디오 코드Visual Studio Code 등이 있다. 이 책에서는 비주얼 스튜디오 코드를 IDE로 사용한다. 비주얼 스튜디오 코드는 마이크로소프트사에서 제공하는 IDE로, 단순하고 가벼우면서도 다양한 확장기능을 제공하여 데이터 분석 작업에 적합하다.

여기서 잠깐!

편의상 앞으로는 비주얼 스튜디오 코드를 VS Code로 표기한다.

04 파이썬과 VS Code의 설치 및 사용

이제 데이터 분석 환경을 구축하는 방법에 대해 알아보자. 먼저 데이터 분석용 언어로 파이썬을 설치하고, IDE로 사용할 VS Code를 설치한 후 간단한 프로그램을 작성하고 실행해 본다. 앞으로 실습하는 데 필요한 몇 가지 패키지를 설치하는 방법도 함께 다룬다.

1 파이썬 설치

파이썬을 사용하려면 먼저 파이썬을 다운로드해서 설치해야 한다.

01 파이썬 공식 웹사이트인 www.python.org/downloads에 접속하여 [Download Python 3.1x.x]을 클릭한다. 이 책의 집필 시점에는 파이썬의 최신 버전이 3.12.1이지만 독자의 학습 시점에 맞게 최신 버전을 다운로드하면 된다.

TIP 윈도우 외 다른 운영체제를 사용하는 경우, 다운로드 버튼 하단의 링크 목록에서 자신의 운영체제에 맞는 설치 파일을 선택한다. 이 책은 윈도우를 기준으로 설명하므로 다른 운영체제인 경우 설치 방법에 차이가 있을 수 있다.

02 다운로드한 설치 파일을 실행한다. Setup 창이 뜨면 파이썬을 어느 곳에서든지 실행할 수 있도록 [Add python.exe to PATH] 옵션과 [Use admin privileges when installing py.exe] 옵션을 체크하고 [Install Now]를 클릭한다. 설치가 진행된다.

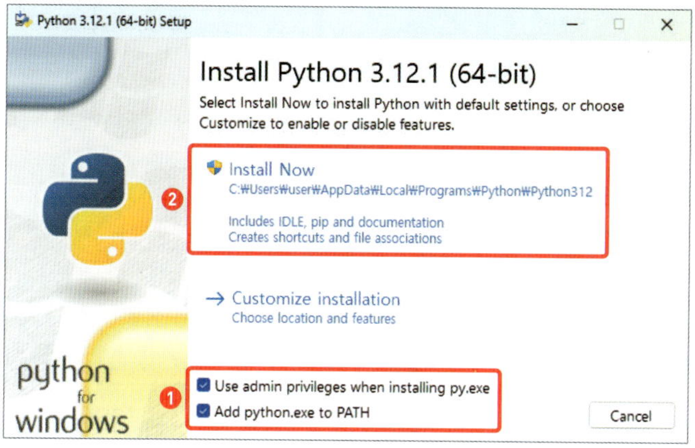

03 설치가 완료되면 [Close]를 클릭하여 종료한다.

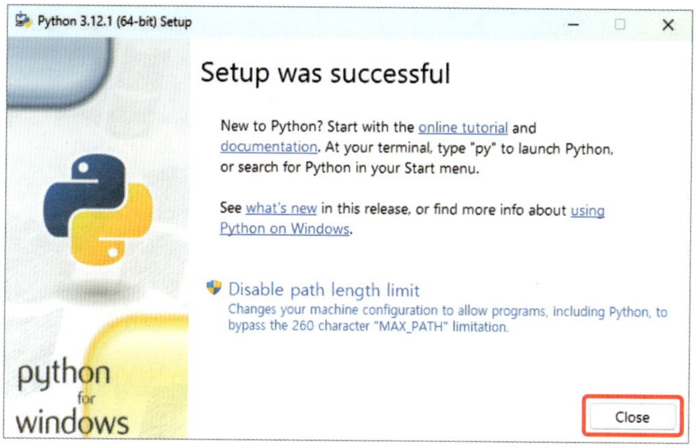

2 VS Code 설치

01 비주얼 스튜디오 코드 공식 웹사이트인 https://code.visualstudio.com에 접속하여 들어간다. [Download for Windows]를 클릭하여 설치 파일을 다운로드한다.

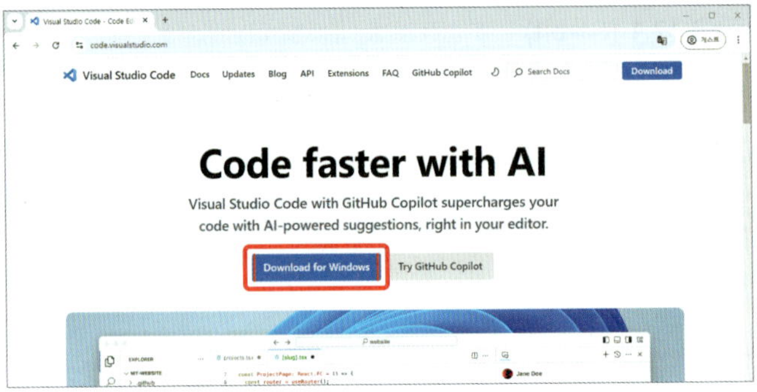

02 다운로드한 설치 파일을 실행하면 저작권 동의 화면이 나타난다. [동의합니다]를 선택한 후 [다음] 버튼을 클릭한다.

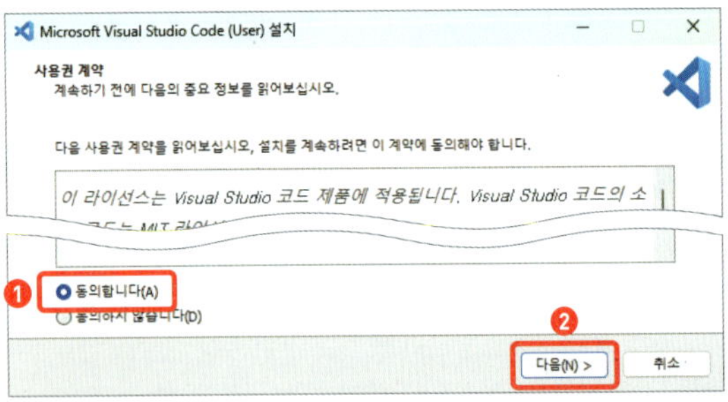

03 설치 경로를 확인하고 [다음] 버튼을 클릭한다. 이때 폴더 경로에 한글이 포함되지 않도록 주의한다.

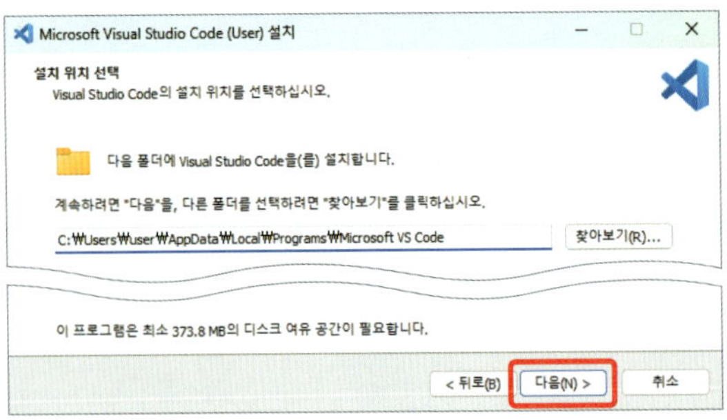

04 시작 메뉴 폴더 선택 화면에서는 특별한 변경 사항 없이 [다음] 버튼을 클릭한다.

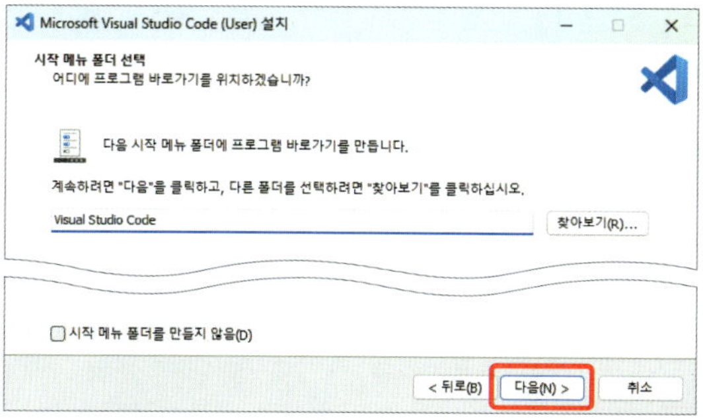

05 추가 작업 선택 화면에서 모든 항목을 선택한 후 [다음] 버튼을 클릭한다.

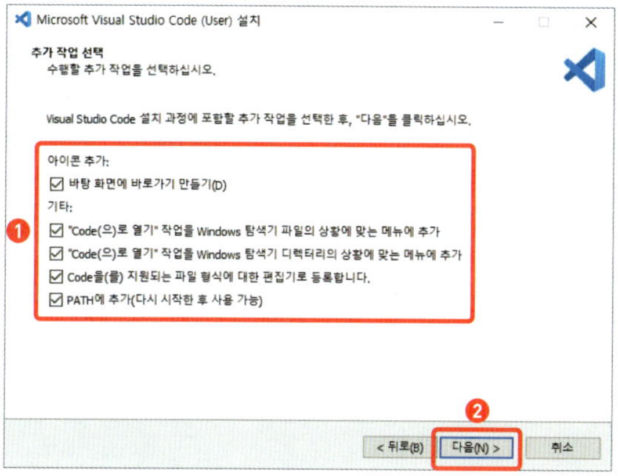

06 설치 준비 완료 화면에서 [설치] 버튼을 클릭한다. VS Code의 설치가 시작된다.

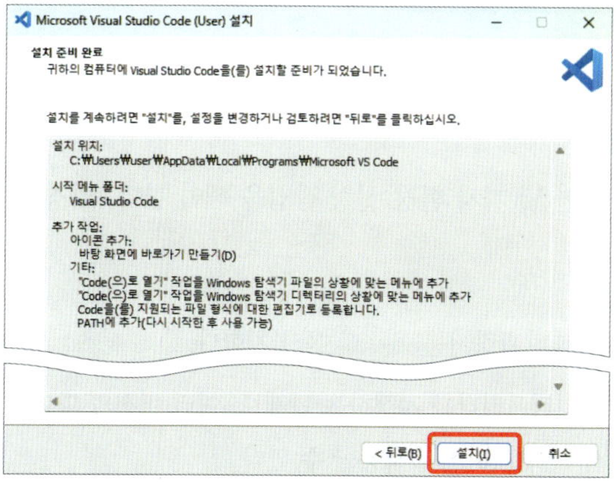

07 설치가 완료되면 [종료] 버튼을 클릭하여 설치 마법사를 종료한다.

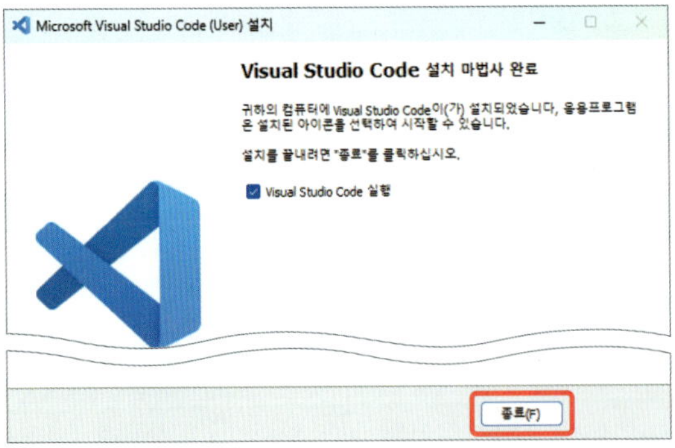

08 VS Code가 자동으로 실행된다.

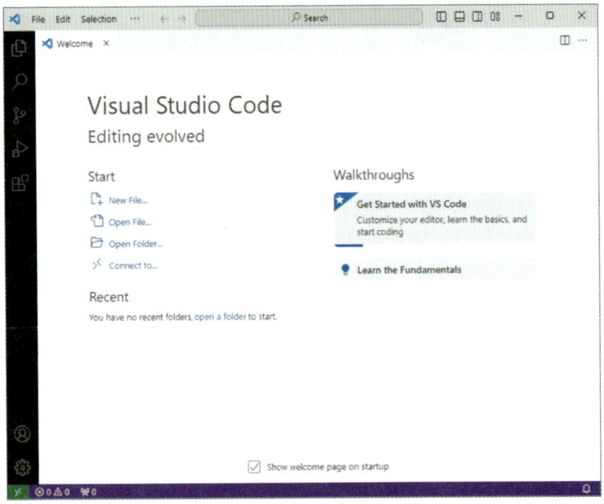

3 VS Code 환경 설정

VS Code에서 파이썬을 원활하게 사용하려면 몇 가지 환경 설정 작업을 해야 한다. 환경 설정 작업은 크게 2단계로 나눌 수 있다.

❶ **확장기능 설치:** 파이썬 코드 작성 시 도움이 되는 확장기능extensions을 설치한다.

❷ **파이썬 등록:** VS Code에서 사용할 파이썬 인터프리터를 지정하는 단계로, 여러 버전의 파이썬이 설치되어 있는 경우 그중 하나를 골라서 VS Code에서 사용할 수 있다.

확장기능 설치하기

VS Code는 파이썬 코딩을 도와주는 다양한 확장기능extentions을 제공한다. 확장기능을 설치하기 위해 VS Code 왼쪽의 아이콘 목록 중 블록 모양(⊞) 아이콘을 클릭한다. 그러면 확장기능 목록이 표시된다. 확장기능 아이콘을 한 번 더 클릭하면 확장기능 목록이 사라진다.

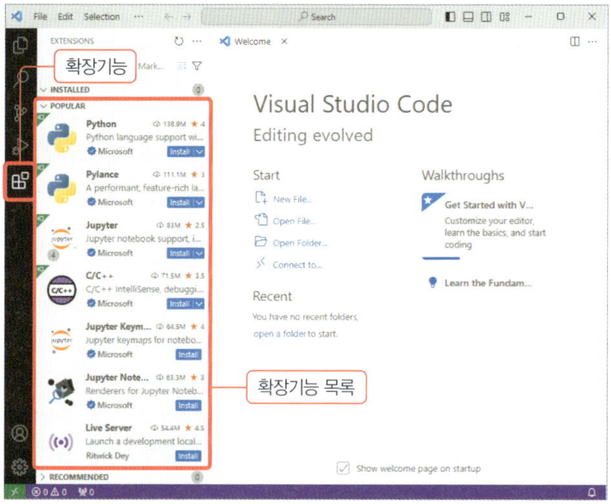

그림 1-9 확장기능 설치(1)

상단의 검색창에 'python'을 입력하면 python 관련 확장기능들이 표시되는데, 여기서 첫 번째로 나오는 Python(Microsoft) 확장기능을 설치한다. 설치하는 데 약간의 시간이 소요되며, 설치가 완료되면 [Install] 버튼이 사라진다.

그림 1-10 확장기능 설치(2)

확장기능 설치 및 확인이 끝나면 확장기능(⊞) 아이콘을 클릭하여 확장기능 영역을 감춘다.

하나 더 알기 유용한 확장기능

이 책에서는 기본적인 확장기능만 설치했지만, 유용한 확장기능이 많이 존재한다. 일반적으로 많이 사용되는 확장기능은 다음과 같다. 인터넷에서 검색해 보면 다양한 확장기능이 추천되고 있으므로 자신에게 필요한 확장기능을 찾아 설치하면 된다.

확장기능명	설명
`IntelliCode`	자주 쓰이는 명령어들을 중심으로 자동완성 기능을 지원한다.
`Python Indent`	Enter 입력 시 자동으로 들여쓰기를 지원한다.
`Pylint`	파이썬 코드를 분석해 예상되는 오류를 코드에 미리 표시해 준다.
`python snippets`	파이썬 언어에 내장된 함수들을 더 효율적으로 작성하도록 도와준다.
`Korean Language Pack`	VS Code의 메뉴와 메시지를 한글로 표시해 준다. 한글 설정 방법은 인터넷 검색 내용을 참조한다.
`Excel Viewer`	.csv 등 엑셀 포맷 파일의 내용을 테이블 형태로 화면에 출력한다.

자신의 VS Code에 설치된 확장기능들을 확인하고 싶으면, 확장기능 검색창에 입력된 검색어를 지우면 된다. 그러면 자신이 설치한 확장기능 목록이 화면에 표시된다.

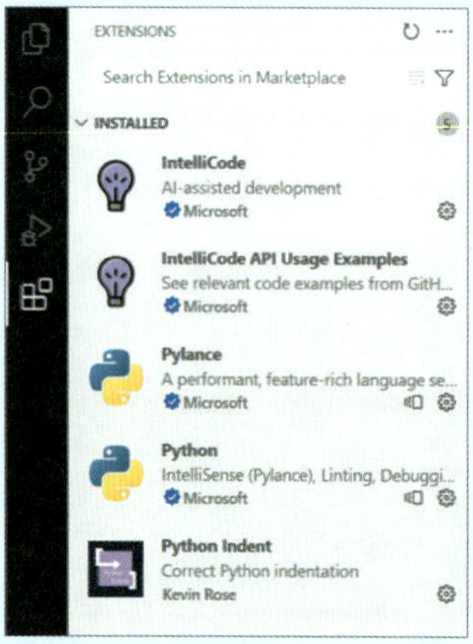

그림 1-11 설치된 확장기능들

파이썬 등록하기

VS Code가 실행 중인 상태에서 Ctrl + Shift + P 를 누르면 검색 창이 표시되는데, 여기에 'Python'이라고 입력하면 하단에 파이썬과 연관된 항목들이 표시된다. 이 중에서 'Python: Select Interpreter' 항목을 선택한다.

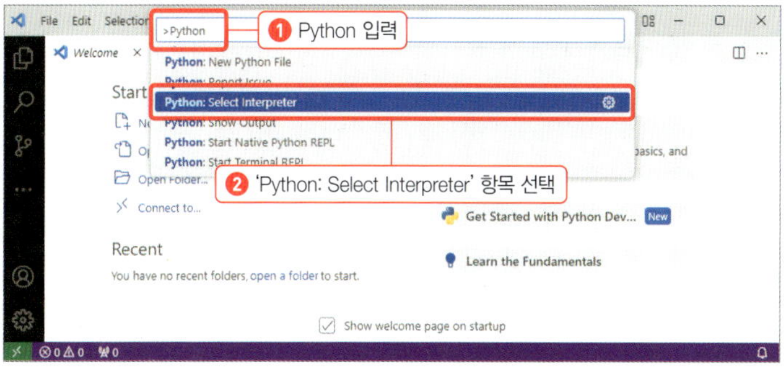

그림 1-12 파이썬 등록(1)

사용 가능한 파이썬 버전들이 표시되는데, 이전 단계에서 설치한 3.12.1 버전을 선택한다.

TIP 여러 버전의 파이썬을 받았을 경우 사용하고자 하는 파이썬 버전을 목록에서 선택하면 된다.

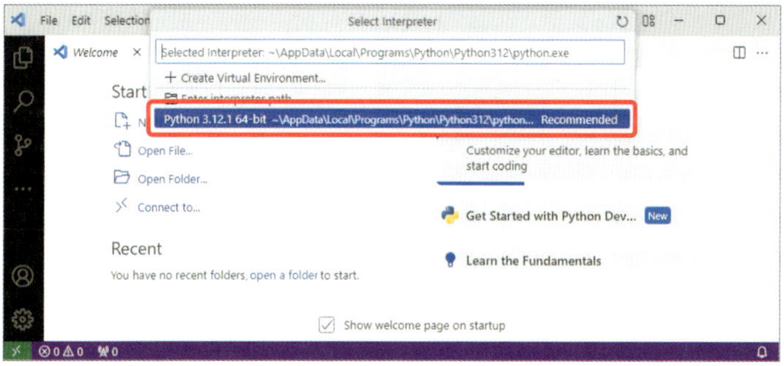

그림 1-13 파이썬 등록(2)

4 프로그램의 작성과 실행

작업 폴더의 생성 및 등록하기

이제 VS Code에서 간단한 덧셈 프로그램을 작성하고 실행해 보자. 앞으로 실습 과정에서 만들게 될 파이썬 프로그램들은 한 폴더에 저장하여 관리하는 것이 편리하다. 이를 위해 탐색기에서 폴더를 하나 새로 생성한다. 폴더 이름이나 경로에는 한글을 포함하지 않는 것이 안전하다. 이 책에서는 d:/ds_study를 작업 폴더로 사용하기로 한다. 다음 단계에 따라 VS Code에서 작업 폴더를 등록해 보자.

먼저 윈도우 D 드라이브에 ds_study라는 이름의 폴더를 만든다. 이 폴더는 앞으로 파이썬 파일을 모아두는 작업 폴더가 된다. VS Code의 화면 위쪽에 있는 [File] 메뉴에서 [Add Folder to Workspace]를 선택한다. 그러면 탐색기 창이 열리는데 여기서 조금 전 D 드라이브에 만든 ds_study 폴더를 찾아 선택하고 [Add] 버튼을 누르면 VS Code에 폴더가 추가된다.

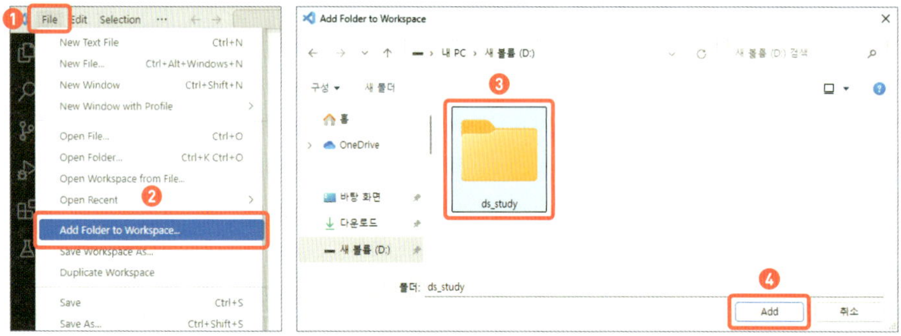

그림 1-14 작업 폴더 생성

작업 폴더를 등록하려면 VS Code 상단 메뉴에서 [File]을 클릭한 뒤 [Save Workspace As...]를 선택한다. 저장 창이 열리면 작업 폴더의 경로를 지정하고 이름을 입력한 뒤 [Save] 버튼을 눌러 폴더를 등록한다.

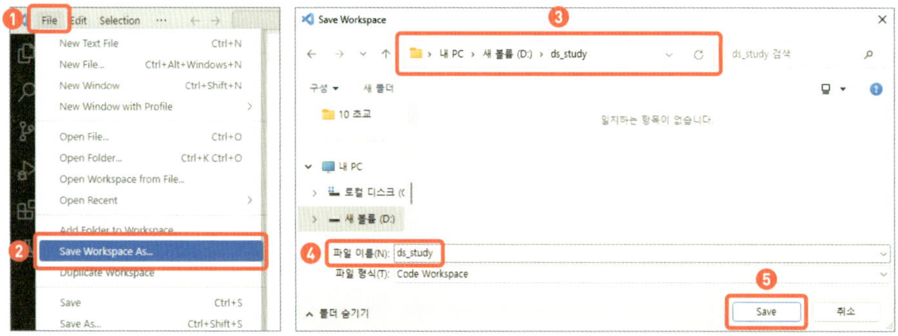

그림 1-15 작업 폴더 등록

생성된 작업 폴더는 한 번 등록하면 변경하기 전까지 계속 유지된다. 작업 폴더의 위치를 확인하려면 VS Code의 탐색기(▣) 아이콘을 클릭한다. 작업 폴더 이름 위로 마우스를 이동하면 경로가 표시된다.

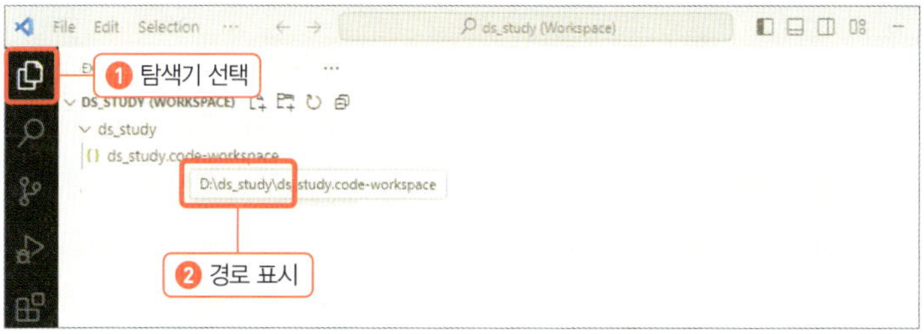

그림 1-16 작업 폴더 위치 확인

파이썬 파일 생성하기

이제 VS Code에서 파이썬 코드를 작성하기 위해 새로운 파일을 생성해 보자. `DS_STUDY (WORKSPACE)` 우측의 파일 생성(▣) 아이콘을 클릭한다. 그런 다음 파일 이름을 `mytest.py`로 적고 Enter 를 누르면 `ds_study` 폴더 안에 `mytest.py` 파일이 생성된다. 이 파일이 파이썬 코드를 작성할 공간이다. 파일을 클릭해서 열면 코드 편집 창이 뜨고, 여기에 파이썬 코드를 작성할 수 있다.

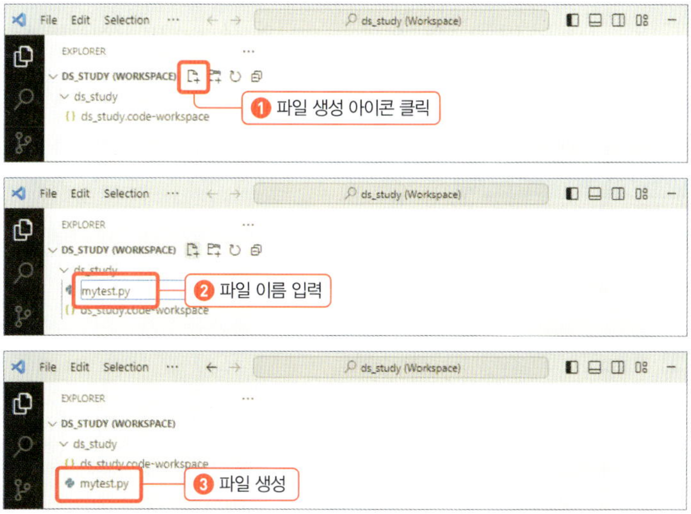

그림 1-17 파이썬 파일 생성

탐색기( ) 아이콘을 한 번 더 클릭하면 작업 폴더 관리 창이 사라지고, 파일 편집 창이 나타난다.

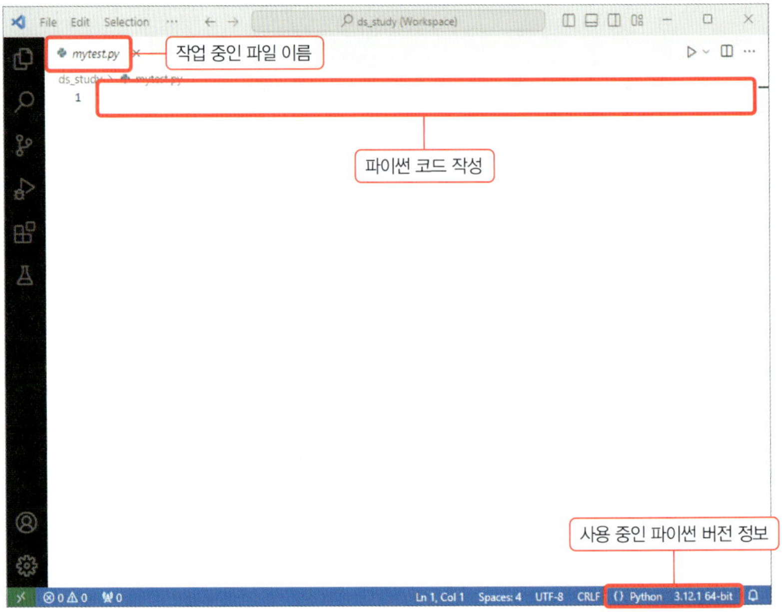

그림 1-18 파일 편집 창 화면

파이썬 코드를 작성한 후 실행 결과를 확인하려면 메인 메뉴에서 [Terminal]-[New Terminal]을 선택한다. 그러면 [그림 1-19]와 같이 편집 창 하단에 결과 창이 표시된다. 편집 창에 코드를 작성한 후 코드를 실행해도 결과 창이 표시된다.

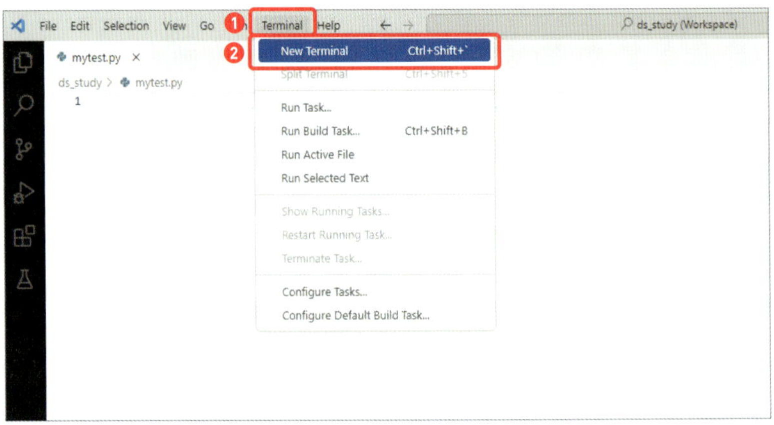

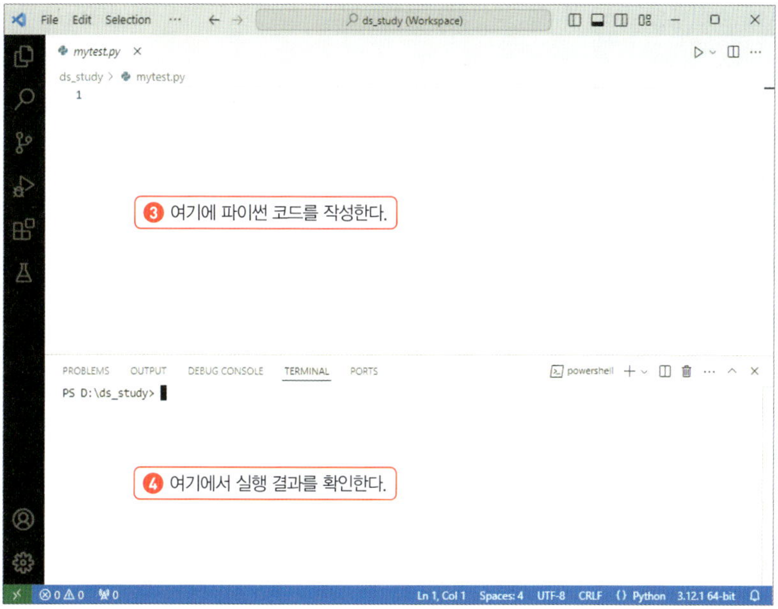

그림 1-19 결과 창 표시 화면

파이썬 코드 작성하기

이제 파이썬 코드를 작성할 준비가 되었으니 아래의 예제 코드를 입력해 보자.

```
a = 10
b = 20
c = (a+b) - 5
print(c)
```

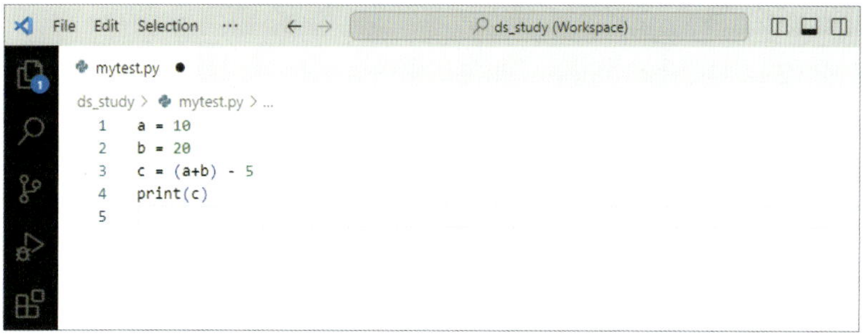

그림 1-20 파이썬 코드 작성

코드를 작성한 후 바로 실행할 수도 있지만, 파일을 저장한 후에 실행하는 것이 바람직하다. 메인 메뉴에서 [File]-[Save]를 선택하거나, 간단히 Ctrl+S를 눌러 코드를 저장할 수 있다.

파이썬 코드 실행하기

이제 작성한 파이썬 코드를 실행해 보자. VS Code에서 파이썬 코드를 실행하는 방법에는 전체 코드를 한 번에 실행하는 방법, 코드를 한 줄씩 또는 부분적으로 실행하는 방법이 있다.

■ 전체 코드를 한 번에 실행하는 방법

편집 창 우측 상단에 있는 실행(▷) 아이콘을 클릭하면 전체 코드를 한 번에 실행할 수 있다. 이를 실행하면 하단의 결과 창에 25라는 값이 출력되는데, 이는 윈도우 명령 프롬프트에서 python mytest.py 명령을 실행한 결과와 동일하다.

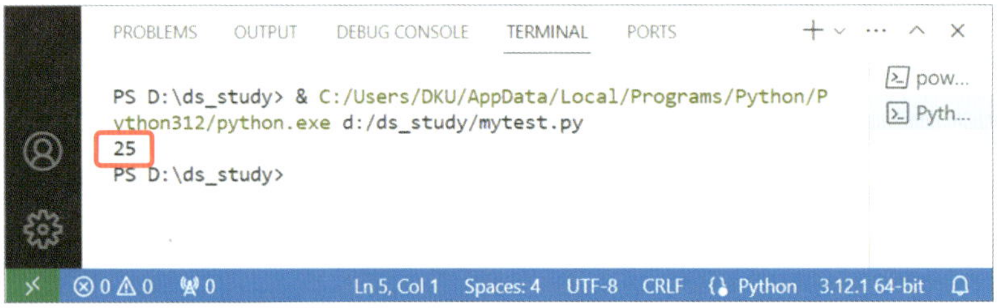

그림 1-21 VS Code에서 mytest.py를 실행한 결과

그림 1-22 윈도우의 명령 프롬프트에서 python mytest.py 명령문을 실행한 결과

■ 코드를 한 줄씩 실행하거나 부분적으로 실행하는 방법(Shift+Enter)

데이터 분석에서는 전체 코드를 한 번에 실행하기보다 한 줄씩 또는 부분적으로 실행하며 결과를 확인하는 경우가 많다. 이를 위해서는 결과 창의 터미널 모드가 명령 프롬프트 모드에서 IPython 모드로 변경되어야 한다.

작성된 코드 행 중 아무 곳에나 커서를 두고 Shift + Enter 를 누르면 터미널이 자동으로 IPython 모드로 전환되어 해당 행의 코드가 실행된다.

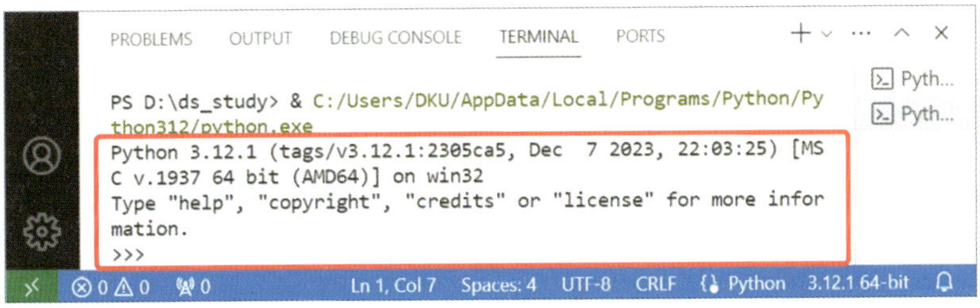

그림 1-23 IPython 모드로 전환

Shift + Enter 로 1행만 실행한 결과는 [그림 1-24]와 같다.

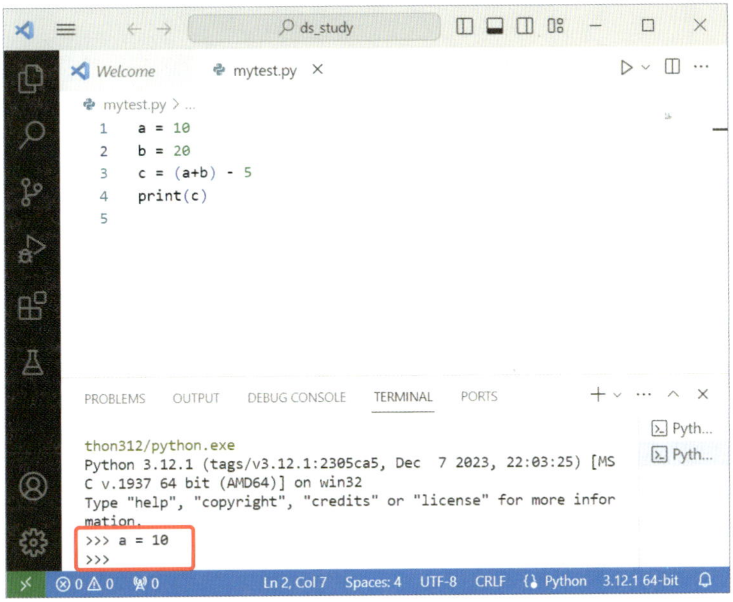

그림 1-24 1행만 실행한 결과 화면

하나 더 알기 IPython 콘솔 창에 명령어 입력하기

화면 하단의 IPython 콘솔 창에 명령어를 직접 입력하여 실행하거나 복사한 명령어를 붙여넣기하는 것도 가능하다. 붙여넣기할 때는 Ctrl + V 가 아닌 마우스 오른쪽 버튼 클릭을 이용한다.

여기서 잠깐! [Shift]+[Enter]가 정상적으로 작동하지 않는 경우

[Shift]+[Enter]를 눌렀을 때, 화면 하단에 터미널 창이 표시되지 않고 화면 오른쪽에 Python REPL 창이 표시되는 경우가 있다. 이는 [Shift]+[Enter] 단축키가 다른 기능에 연결되어 있기 때문에 발생하는 현상이다.

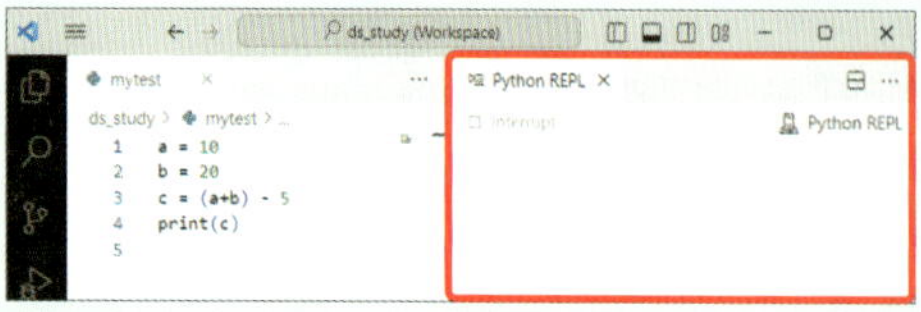

그림 1-25 [Shift]+[Enter] 실행 오류 화면

다음 순서를 따라 단축키를 새로 설정하고, 기존에 설정된 바인딩을 삭제할 수 있다.

❶ 화면 왼쪽 하단의 설정(⚙) 아이콘을 클릭한 후 메뉴에서 [Keyboard Shortcuts]를 선택한다.

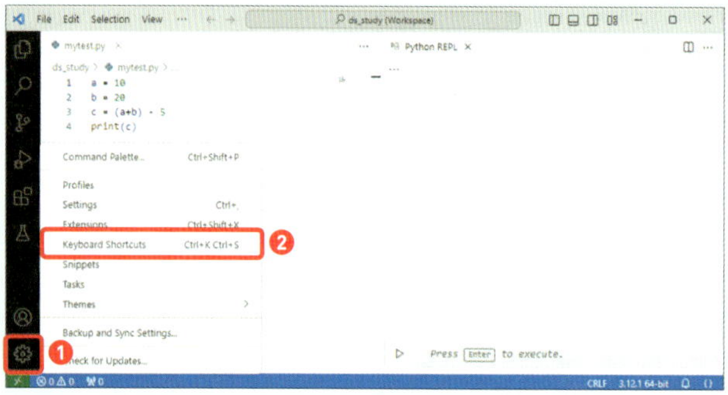

❷ 상단 검색창에 'python run'을 입력하여 목록을 표시한다. [Python: Run Selection/Line in Python Terminal] 항목에서 마우스 오른쪽 버튼을 클릭한 뒤, 팝업 메뉴에서 [Add Keybinding]을 선택한다.

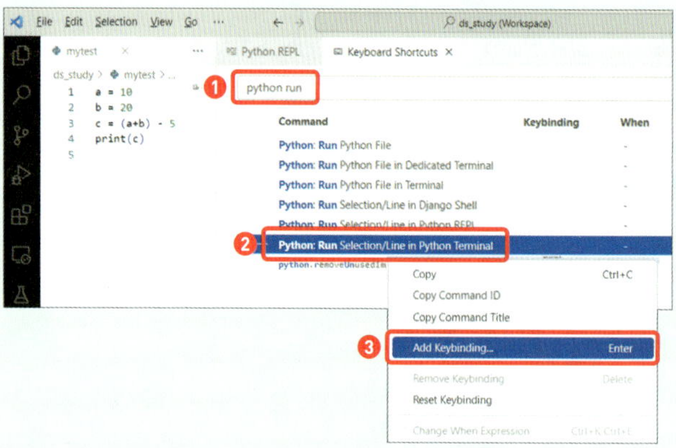

❸ 키 입력 화면이 나타나면 Shift 를 누른 상태에서 Enter 를 눌러 단축키를 입력한다.

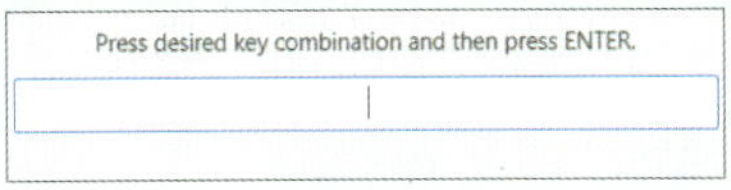

❹ 그림과 같이 'shift+enter'가 입력되었으면 Enter 를 한 번 더 눌러 입력을 완료한다.

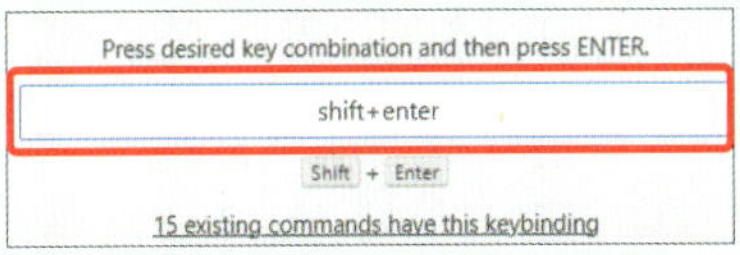

❺ 단축키가 Shift + Enter 로 잘 등록되었는지 확인한 후, Python REPL 창과 Keyboard Shortcuts 창을 닫는다. 이제 편집 창에서 Shift + Enter 를 누르면 정상적으로 작동할 것이다.

TIP 만약 다른 명령에 이미 Shift + Enter 가 설정되어 있다면, 해당 키 바인딩에서 오른쪽 마우스를 클릭하고 [Remove Keybinding]을 눌러 삭제하면 된다.

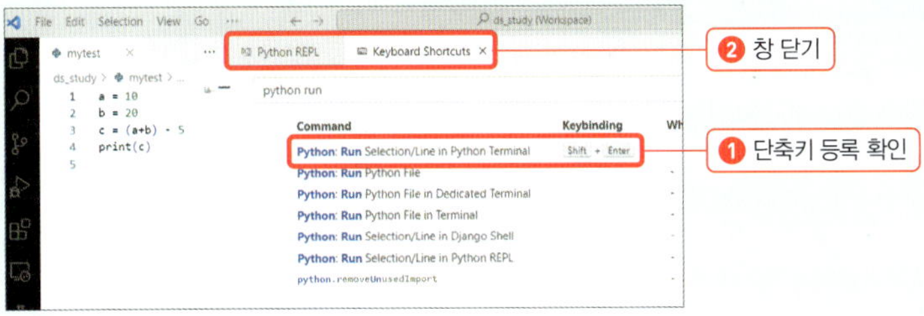

2행부터 나머지 행까지 한꺼번에 실행해 보자. 실행할 행을 선택한 후 Shift + Enter 를 누르면 [그림 1-26]과 같은 실행 결과를 확인할 수 있다.

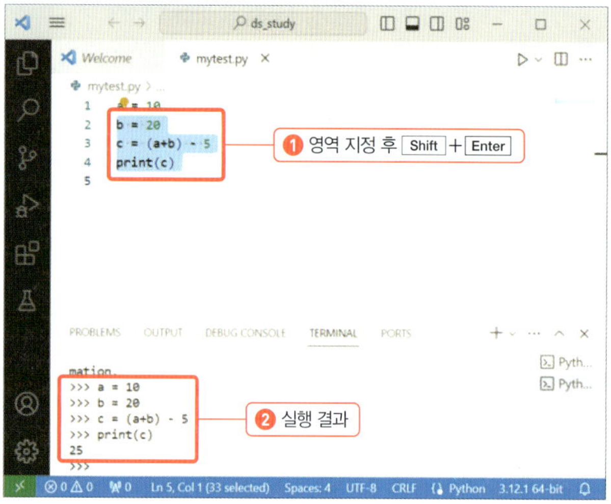

그림 1-26 부분적으로 실행한 결과 화면

영역 선택 기능을 이용하면 특정 변수에 지정된 값을 확인할 수도 있다. 예를 들어 변수 b의 값을 확인하고 싶다면 b만 영역으로 지정한 후 Shift + Enter 를 눌러 실행하면 된다. 그러면 변수 b에 저장된 값이 출력된다.

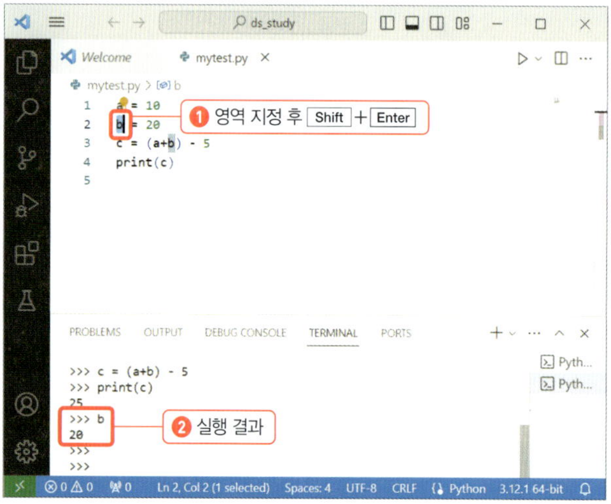

그림 1-27 영역 선택 기능을 이용한 결과 화면(1)

영역을 선택하여 실행하는 기능은 한 줄의 명령문에서 일부만 실행할 때도 유용하다. 예를 들어 3행의 일부만 선택하여 실행해도 원하는 결과를 얻을 수 있다.

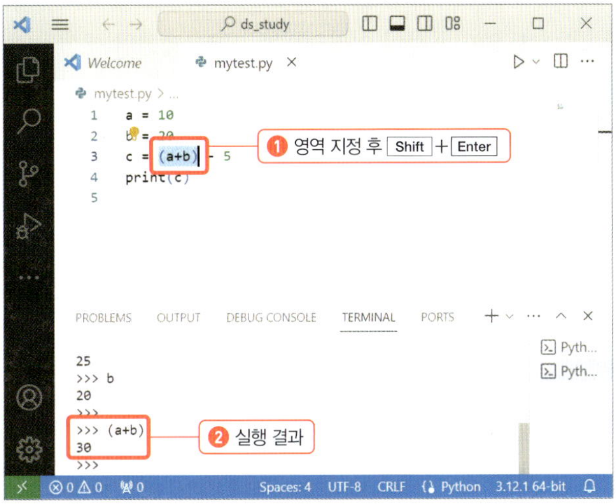

그림 1-28 영역 선택 기능을 이용한 결과 화면(2)

여기서 잠깐! Shift + Enter 의 용도

앞에서 살펴본 바와 같이 Shift + Enter 는 두 가지 용도로 사용된다.

❶ 결과 창의 터미널 모드를 명령 프롬프트 모드에서 IPython 모드로 변경하는 데 사용된다.

❷ IPython 모드에서는 선택한 파이썬 코드를 실행하는 데 사용된다.

하나 더 알기 터미널 모드 전환 방법

결과 창의 터미널 모드는 명령 프롬프트 모드와 IPython 모드 간 상호 변환이 가능하다. 명령 프롬프트 모드에서 IPython 모드로 전환하려면 파이썬 명령문의 아무 곳에서나 Shift + Enter 를 누르거나 명령 프롬프트에 python을 입력하여 실행하면 된다. IPython 모드에서 명령 프롬프트 모드로 변환하려면 IPython 프롬프트에 quit()를 입력하여 실행하면 된다.

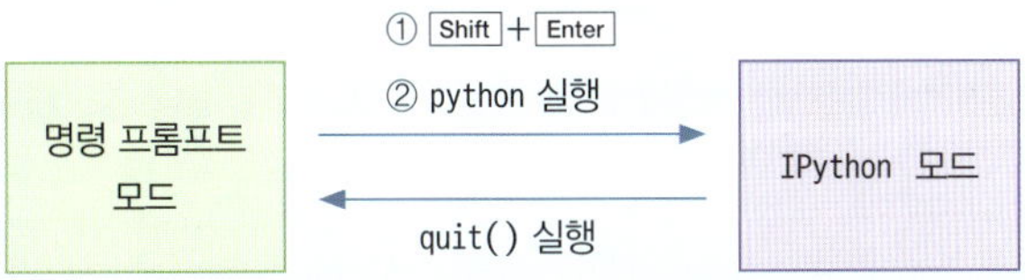

그림 1-29 명령 프롬프트 모드와 IPython 모드 간 상호 변환

VS Code의 이전 세션 연결 끊기

VS Code는 작업을 종료해도 이전 작업에서 생성한 세션 정보를 계속 유지한다. 그러나 VS Code를 재시작하면 이전 세션을 사용하지 않고 새로운 세션을 생성한다. 따라서 VS Code의 종료와 재시작을 반복하다 보면 [그림 1-30]과 같이 여러 개의 터미널 세션이 생성될 수 있다.

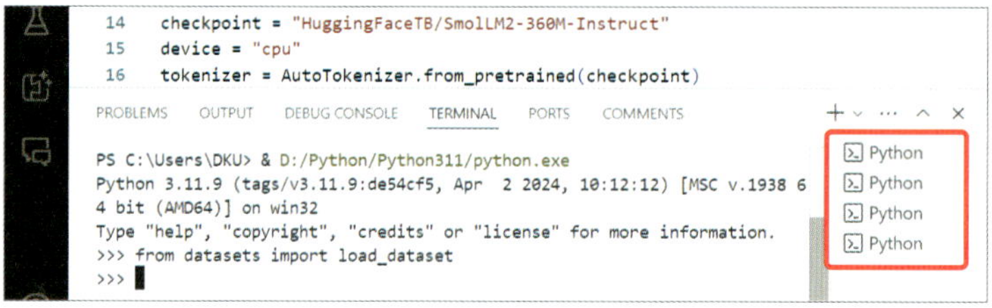

그림 1-30 터미널 세션이 다수 생성된 화면

이 문제를 해결하려면 이전 세션이 다음 작업에 연결되지 않도록 설정을 변경해야 한다. 다음 순서를 따른다.

01 메인 메뉴에서 [File]-[Preferences]-[Settings]를 선택한다.

02 검색창에서 'terminal integrated enable persistent'를 입력한 후, 화면에 나타나는 'Terminal > Integrated: Enable Persistent Sessions' 항목의 체크를 해제한다.

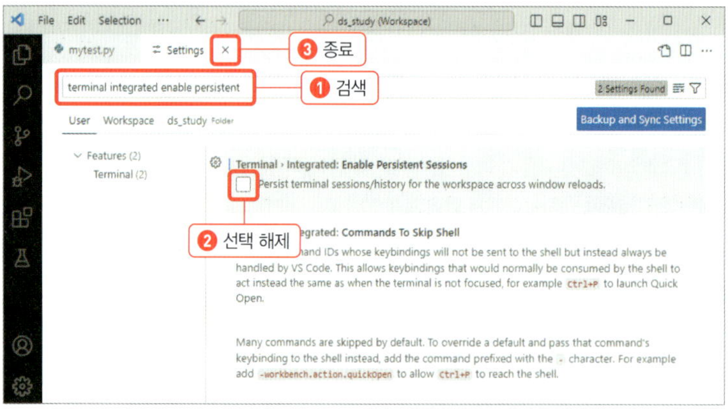

03 설정 변경이 완료되면 창을 닫는다.

하나 더 알기 이전 세션 연결 끊기

VS Code에서 이전 세션 연결 끊기를 설정하면 터미널 창에 [그림 1-31]과 같이 명령 프롬프트(`powershell`) 세션과 `IPython` 세션(`Python`) 두 가지만 표시된다. 세션을 클릭하여 터미널 모드를 변경할 수 있다.

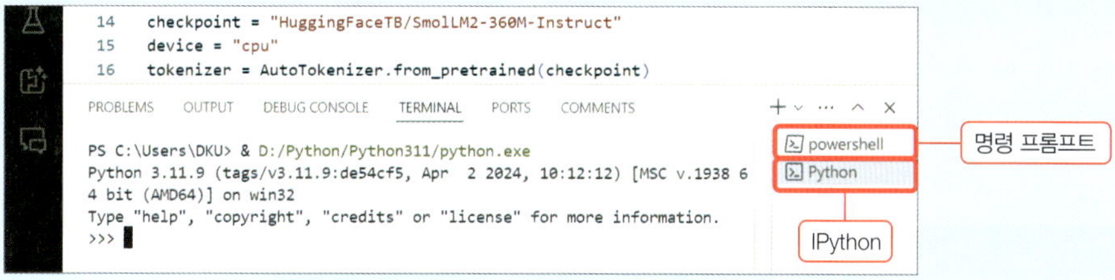

그림 1-31 이전 세션 연결 끊기를 설정한 화면

VS Code의 종료와 재시작

Ctrl + S 를 눌러서 지금까지 작성한 내용을 저장한 후 우측 상단의 종료(☒) 아이콘을 클릭하여 VS Code를 종료한다. VS Code를 종료한 후 재시작하면 이전 작업 내용을 불러와서 다시 보여준다.

5 데이터 분석에 필요한 패키지의 설치

파이썬 환경에서 데이터 분석을 진행할 때는 다양한 라이브러리(패키지)를 활용하게 된다. [표 1-2]는 일반적으로 데이터 분석에 널리 사용되는 라이브러리 목록이다. 실습을 진행하기 전에 라이브러리를 먼저 설치하도록 한다. 이외의 라이브러리는 필요한 시점에 설치하면 된다.

표 1-2 데이터 분석에 유용한 라이브러리

라이브러리명	지원 기능
`numpy`	데이터 저장을 위한 배열과 다양한 수학 함수를 제공한다.
`pandas`	데이터 저장을 위한 데이터프레임과 데이터 가공을 위한 다양한 함수를 제공한다.
`matplotlib`	기본적인 그래프 작성 기능을 제공한다.
`seaborn`	`matplotlib`을 기반으로 한 고급 시각화 기능을 제공한다.
`scikit-learn`	다양한 머신러닝 분석 도구 및 예제 데이터셋을 제공한다.

라이브러리는 일반적으로 윈도우 명령 프롬프트에서 `pip install` 명령을 사용해 설치한다. [그림 1-32]는 [표 1-2]에 소개된 5개의 라이브러리를 설치하는 예를 보여준다. ⊞+R을 눌러 실행 창을 열고 'cmd'를 입력한 후, 명령 프롬프트에서 아래 명령어를 입력해 설치한다.

```
pip install numpy pandas matplotlib seaborn scikit-learn
```

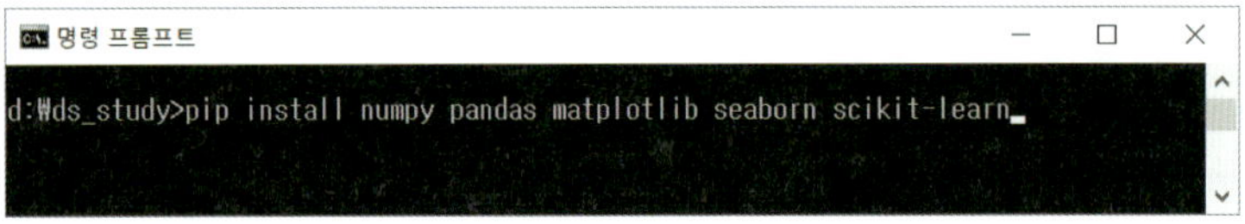

그림 1-32 라이브러리 설치 명령: pip install

만일 `pip install` 명령이 실행되지 않으면 `python -m pip install` 명령을 사용한다.

```
python -m pip install numpy pandas matplotlib seaborn scikit-learn
```

그림 1-33 라이브러리 설치 명령: python -m pip install

설치된 라이브러리의 목록은 `pip list` 명령으로 확인할 수 있다.

```
pip list
```

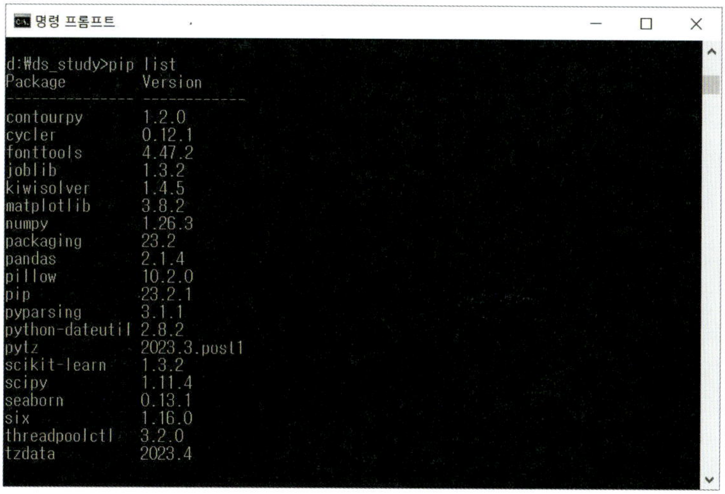

그림 1-34 라이브러리 목록 확인: pip list

여기서 잠깐!

라이브러리를 새로 설치하면 VS Code가 이를 인식하는 데 시간이 조금 걸린다. 지속적으로 인식하지 못하면 VS Code를 종료한 후 재시작한다. 라이브러리 설치는 VS Code의 결과 창에 있는 명령 프롬프트에서도 실행할 수 있다.

4절에서는 이후에 데이터 분석을 진행하는 데 사용할 파이썬과 VS Code의 설치 방법, VS Code의 사용 방법을 살펴보았다. 통합 개발환경인 VS Code에 익숙해지려면 시간이 걸리므로 여러 번 반복해서 실습하도록 한다.

요약

01 최근 들어 데이터의 중요성에 대한 인식이 확산되고 있다. 생성형 AI 같은 이슈가 되는 기술도 데이터에 기반하고 있다.

02 데이터는 현실을 반영한다. 데이터를 관찰하고 분석함으로써 현실 세계를 이해할 수 있을 뿐 아니라 미래 예측도 가능해진다.

03 데이터는 의사결정, 문제 해결, 현실 이해, 기술 개발, 새로운 비즈니스의 창출 등 다양한 분야에서 중요하게 활용될 수 있다.

04 빅데이터는 기존 데이터베이스 관리 도구의 데이터 수집·저장·관리·분석 역량을 넘어서는 데이터를 의미한다.

05 빅데이터의 주요 특징은 크기volume, 다양성variety, 속도velocity다.

06 데이터를 효율적으로 수집·정리하고 분석하려면 분석 도구를 잘 사용해야 한다. R과 파이썬이 대표적으로 사용되는 프로그래밍 언어다.

07 파이썬은 '인터프리터를 사용하는 객체지향 언어'이자 '대화형 언어'다. 파이썬은 비교적 배우기 쉽고, 데이터를 처리하고 분석하는 데 필요한 `numpy`, `pandas`, `scikit-learn`과 같은 다양한 라이브러리(패키지)를 제공한다.

08 비주얼 스튜디오 코드(VS Code)는 마이크로소프트사에서 제공하는 IDE로서, 단순하고 가벼우면서도 다양한 확장기능을 제공하여 데이터 분석 작업에 적합하다.

09 VS Code에서 명령문 한 줄 또는 일부를 실행하는 단축키는 Shift + Enter 다.

10 VS Code를 이용할 때 작업 폴더workspace에 코드를 모아서 관리하는 것이 효율적이다.

연습문제

01 다음 중 오늘날 데이터가 중요해진 이유와 거리가 먼 것을 고르시오.

① 데이터는 인공지능 기술 개발을 위한 재료다.

② 데이터는 현실을 반영한다.

③ 데이터는 인터넷 발달을 촉진한다.

④ 데이터는 새로운 비즈니스를 창출한다.

⑤ 데이터는 다양한 문제 해결에 도움을 준다.

02 다음 중 데이터의 활용 분야와 거리가 먼 것을 고르시오.

① 의사결정

② 하드웨어 대체

③ 문제 해결

④ 현실 이해

⑤ 기술 개발

03 각각 빅데이터의 어떤 특성을 설명하는지 쓰시오.

(1) 데이터가 빠른 속도로 생성되고 있다. (　　　)

(2) 수십 테라바이트terabyte 혹은 수십 페타바이트petabyte 이상의 크기를 가진 데이터가 생성되고 있다. (　　　)

(3) 음성, 이미지, 텍스트와 같은 형태의 데이터가 다수 생성되고 있다. (　　　)

04 다음 중 파이썬 언어에 대한 설명으로 거리가 먼 것을 고르시오.

① 컴파일 방식의 언어다.

② 객체지향 언어다.

③ 인터프리터 언어다.

④ `numpy`, `pandas`, `scikit-learn`과 같은 다양한 라이브러리를 제공한다.

⑤ 특정 운영체제에서만 실행할 수 있는 언어다.

05 다음 설명의 [   ]에 들어가는 단어를 쓰시오.

> 프로그래밍 언어를 이용하여 프로그램을 개발하거나 데이터를 분석하기 위해서는 [㉠]라고 불리는 통합 개발 환경을 이용하는 것이 효과적이다. [㉡]는 마이크로소프트사에서 제공하는 IDE로서, 단순하고 가벼우면서도 다양한 확장기능을 제공하여 데이터 분석 작업에 적합하다.

06 VS Code에서 파이썬 코드를 한 줄씩 실행하거나 특정 부분을 선택하여 실행하는 단축키는 무엇인가?

07 윈도우 명령 프롬프트에서 파이썬 라이브러리를 설치하기 위한 명령어는 무엇인가?

CHAPTER 02

데이터 분석과 판다스

PREVIEW

2장에서는 분석의 대상이 되는 데이터에 어떤 것들이 있는지, 데이터를 확보한 다음 어떤 과정을 거쳐서 분석 작업을 진행하는지, 데이터 분석에 사용되는 판다스 라이브러리의 특징은 무엇인지에 대해 살펴본다.

1절 '값', '데이터', '정보'의 정의를 내리고, 데이터의 특성에 따라 분류하는 방법을 배운다. 데이터의 특성에 따라 제공되는 분석 도구가 다르기 때문에, 데이터의 특성을 이해하는 것이 중요하다.

2절 데이터의 분석 절차를 살펴본다. 문제 정의 단계부터 보고서 작성 단계까지, 각 단계에서 수행하는 작업을 이해하고 전체 분석 작업에서 어떤 단계에 시간이 많이 소요되는지도 살펴본다.

3절 파이썬 데이터 분석의 기본 도구인 판다스 라이브러리에 대해 학습한다. 판다스 라이브러리의 특징, 제공하는 자료구조, 판다스 객체의 생성 방법을 살펴보며, 판다스의 인덱싱 시스템에 대해 상세히 배운다.

01 데이터의 분류

데이터 분석을 다룬 책 중 상당수가 분석 대상인 데이터(자료)의 분류를 설명하는 내용으로 시작한다. 그 이유는 **데이터의 종류에 따라서 적용할 수 있는 분석 방법이 달라지기 때문**이다. 따라서 분석을 진행하려면 먼저 데이터가 어떤 분류에 속하는지를 파악하는 일이 중요하다. 데이터의 개념과 분류 방법에 대해 알아보자.

1 값, 데이터, 정보

먼저 값, 데이터, 정보가 서로 어떻게 다른지 알아보자. 이 용어들은 사용되는 문맥에 따라 다양한 의미로 해석될 수 있는데 이 책에서는 다음과 같은 의미로 사용하기로 한다.

값(value)

일반적으로 데이터 분석에서 값은 하나의 숫자 또는 문자열을 의미한다. '10', '2001', 'red', 'Korea' 등이 값의 예다.

```
10, 2001, RED, 3.14, True, 가을, 봄, -19.4
```

그림 2-1 값의 예

하나의 숫자 값은 크기를 갖지만, 설명이 없으면 그 숫자가 무엇을 의미하는지 알기 어렵다. 문자열 값은 크기가 없지만 특정한 의미를 지닌다. '값' 대신 '**관측값** observation'이라는 용어를 사용하기도 한다. 파이썬에서 값은 자료형 data type을 갖는다. [표 2-1]은 파이썬의 대표적인 자료형과 값의 예를 보여준다.

표 2-1 파이썬의 대표적인 자료형과 값의 예

자료형	값의 예
int	-5, 0, 10, 15
float	-4.5, 1.2, 3.14
bool	True, False
str	'RED', 'John', 'summer'

데이터(data)

데이터는 일반적으로 성격이 동일한 값들을 체계적으로 모아놓은 것을 의미한다. 예를 들어 학생 100명의 토익TOEIC 성적(값)을 수집하여 모아놓았다면 이를 '토익 성적 데이터'라고 한다. 우리가 '데이터 분석'이라고 말할 때의 데이터가 바로 이 의미다. 데이터는 보통 1차원 배열 또는 2차원 배열의 자료구조data structure에 저장되고, 분석에 활용된다. 데이터의 차원에 대해서는 다음 절에서 상세히 설명하겠다.

선호 계절
여름
봄
가을
겨울
봄
가을

(a) 1차원데이터

이름	성별	성적
김철수	M	95
최서영	F	84
최예림	F	76
하재경	M	90
정다훈	M	85
민유진	F	90

(b) 2차원 데이터

그림 2-2 데이터의 예

[표 2-2]는 데이터 분석에 사용되는 파이썬 환경의 자료구조를 정리한 것이다. 이 책에서는 분석에 편리한 판다스 자료구조를 주로 사용한다.

표 2-2 파이썬 환경의 자료구조

배열의 차원	파이썬	넘파이	판다스
1차원 데이터	list, tuple, dictionary	ndarray(1차원)	Series
2차원 데이터	list, tuple	ndarray(2차원)	DataFrame

여기서 잠깐!

데이터를 우리말로 '자료'라고 번역하여 사용하는데, 이 책에서는 '자료'와 '데이터'를 혼용한다. 문맥에 따라 좀 더 많이 사용되는 용례를 따르기로 한다.

정보(information)

정보는 데이터를 처리·관찰·분석한 결과로 얻게 되는 지식을 의미한다. 토익 성적 데이터를 분석하면 최저 점수, 최고 점수, 평균 점수, 800점 이상인 학생 수 등의 정보를 얻을 수 있다. 토익 성적 데이터에 성별을 추가하면 남녀 간 토익 평균 성적의 차이와 같은 그룹 간의 차이 정보도 얻을 수 있다. 결국 데이터 분석의 목적은 데이터로부터 유용한 정보를 얻는 것이다.

> "학생들의 평균 몸무게는 61.5kg이다."
> "남학생은 여학생보다 평균 12.4kg 더 많이 나간다."
> "비만인 학생은 전체의 13%다."
> "2%의 학생은 저체중이 의심된다."

그림 2-3 학생 200명의 몸무게 데이터를 분석하여 얻은 정보의 예

2 데이터의 성격에 따른 분류

[그림 2-4]와 같이 분석 대상인 데이터의 성격에 따라 데이터를 **범주형 데이터**와 **연속형 데이터**로 분류할 수 있다.

범주형 데이터(categorical data) 질적 데이터(qualitative data)	**연속형 데이터(numerical data)** 양적 데이터(quantitative data)

그림 2-4 데이터의 성격에 따른 분류

범주형 데이터

범주형 데이터categorical data는 질적 데이터qualitative data라고도 불리며, 성별처럼 범주 또는 그룹을 구분하는 값으로 구성된 데이터를 말한다. 이러한 데이터는 기본적으로 숫자로 표현할 수 없고, 대소 비교나 산술 연산이 적용되지 않는다는 특징이 있다. 범주형 데이터의 예는 [표 2-3]과 같다.

표 2-3 범주형 데이터의 예

범주형 데이터	예
성별	M, F, F, M, M, M, F
혈액형	A, B, O, AB, B, A, O
선호하는 색깔	빨강, 파랑, 노랑, 빨강, 초록
찬성 여부	YES, NO, NO, YES, NO

[표 2-3]에서 보듯이 범주형 데이터는 대체로 문자형의 값을 갖는다. 이러한 값들로 산술 연산을 할 수 없다는 사실은 금방 이해될 것이다. 그러나 때로 범주형 데이터를 [표 2-4]와 같이 숫자로 표현하기도 한다.

표 2-4 숫자로 표현한 범주형 데이터의 예

범주형 데이터	예
성별	0, 1
혈액형	1, 2, 3, 4

예를 들어 성별을 나타낼 때 남성은 0, 여성은 1로 표현하기도 하는데, 0과 1이 숫자라고 해서 산술 연산을 적용할 수 있는 것은 아니다. 예를 들어 10명의 성별을 0과 1로 표현한 데이터가 있을 때 평균을 계산해서 0.6이라는 값을 얻을 수 있지만 이 값은 아무 의미가 없는 값이다. 따라서 범주형 데이터를 숫자로 표기했다고 해서 계산이 가능한 연속형 데이터가 되는 것은 아니라는 점을 기억하자.

연속형 데이터

연속형 데이터numerical data는 양적 데이터quantitative data라고도 불리며, 크기가 있는 숫자들로 구성된 데이터를 의미한다. 연속형 데이터의 예는 [표 2-5]와 같다.

표 2-5 연속형 데이터의 예

연속형 데이터	예
몸무게	57.4, 64.1, 71.0, 65.1, 90.1
키	169, 180, 174, 171, 181, 184
일평균 기온	19.1, 20.5, 20.5, 21.1, 22.0
자녀 수	0, 2, 1, 3, 0, 1, 2

연속형 데이터의 값들은 대소 비교를 할 수 있고, 평균·최댓값·최솟값 등을 구할 수 있는 산술 연산이 가능하기 때문에 다양한 분석 방법이 존재한다. 통계학에서는 범주형 데이터와 연속형 데이터를 더 세분화하여 분류하지만, 입문 단계에서는 이 두 가지만 분류할 수 있어도 충분하다.

3 변수의 개수에 따른 분류

변수의 개수에 따른 분류를 이해하려면 먼저 **변수**variable라는 용어부터 이해해야 한다. 데이터 분석에서 말하는 변수는 프로그래밍 언어에서 말하는 변수와 의미상 다소 차이가 있다. 데이터 분석에서 다루는 변수는 통계학 용어로서 우리가 **연구·조사·관찰하고 싶은 대상의 특성**을 의미하며, 키·몸무게·혈액형·매출액·습도·미세먼지 농도 등이 이에 속한다.

[그림 2-5]와 같이 변수의 개수에 따라 데이터를 단일 변수 데이터와 다중 변수 데이터로 분류할 수 있다.

단일 변수 데이터(univariate data)
일변량 데이터

다중 변수 데이터(multivariate data)
다변량 데이터

그림 2-5 변수의 개수에 따른 분류

단일 변수 데이터univariate data는 변수 1개로만 구성된 데이터이며 일변량 데이터라고도 한다. 반면, **다중 변수 데이터**multivariate data는 2개 이상의 변수로 구성된 데이터이며 다변량 데이터라고도 한다. 특별히 2개의 변수로 구성된 데이터를 이변량 데이터bivariate data라고 한다.

[그림 2-6]은 단일 변수 데이터와 다중 변수 데이터의 예로, 학생 6명의 정보를 수집하여 정리한 것이다. (a)에는 '몸무게'라는 하나의 주제에 대한 값들이 모여 있고, (b)에는 '키, 몸무게, 성별'이라는 3개의 주제에 대해 값들이 모여 있음을 알 수 있다. 이 책에서는 데이터를 저장하기 위해 판다스pandas 라이브러리에서 제공하는 자료구조를 이용하는데, **단일 변수 데이터는 1차원 배열인 시리즈series에, 다중 변수 데이터는 2차원 배열인 데이터프레임dataframe에 저장**하여 분석을 진행한다.

몸무게
62.4
65.3
59.8
46.5
49.8
58.7

(a) 단일 변수 데이터

키	몸무게	성별
168.4	62.4	M
169.5	63.2	F
172.1	70.1	F
185.2	78.5	M
173.7	68.2	M
175.2	72.0	F

(b) 다중 변수 데이터

그림 2-6 단일 변수 데이터와 다중 변수 데이터의 예

데이터의 특성에 따른 분류와 변수의 개수에 따른 분류를 조합하면 [표 2-6]과 같이 세 가지 경우의 수가 존재하며, 각각 다른 분석 방법을 사용한다. 다중 변수 데이터는 특성상 범주형 데이터와 연속형 데이터를 모두 포함하므로 한 가지 경우로 간주한다. 이후 장들에서 각 경우에 해당하는 분석 방법을 자세히 학습할 것이다.

표 2-6 변수의 개수와 데이터의 특성에 따른 분류

데이터의 종류	학습할 장
단일 변수 범주형 데이터	5장 1절
단일 변수 연속형 데이터	5장 2절
다중 변수 데이터	6장

02 데이터 분석 절차

1절에서는 데이터 분류 방법을 알아보았다. 2절에서는 데이터를 분석하는 과정에 대해 살펴보자. 데이터를 분석하는 목적은 데이터에 포함된 유용한 정보를 파악하여 현실 문제를 해결하는 데 그 정보를 활용하기 위함이다. [그림 2-7]은 데이터 분석의 일반적인 과정을 나타낸다.

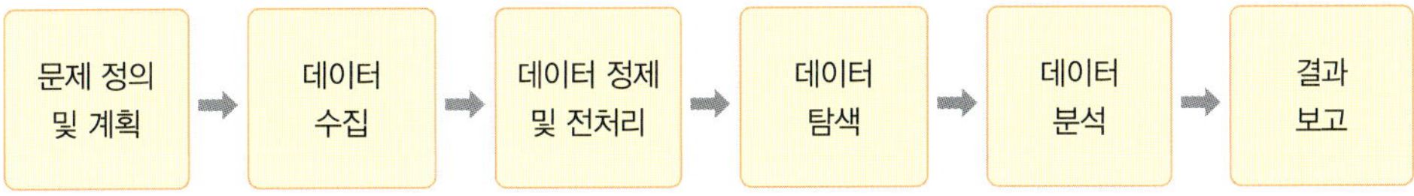

그림 2-7 데이터 분석 과정

1 1단계: 문제 정의 및 계획

데이터 분석은 문제를 명확히 정의하는 것에서부터 시작한다. 문제 정의problem definition의 예는 다음과 같다.

- 미세먼지 농도가 어떻게 변화하는가?
- 배추를 어느 규모로 경작하는 것이 좋은가?
- 외국인 관광객들이 선호하는 여행 형태는 무엇인가?
- 부과되는 아파트 관리비는 적정한가?

문제가 명확해야 그 문제를 해결하기 위한 데이터가 어떤 것인지를 추정할 수 있고, 어떤 분석 기법을 적용해야 할지도 계획할 수 있다. 문제 정의가 구체적이고 명확할수록 데이터 분석이 방향을 잃지 않고 효과적으로 진행될 수 있다.

2 2단계: 데이터 수집

문제가 명확히 정의되면 문제를 해결하는 데 필요한 데이터가 무엇인지 파악하고, 해당 데이터들을 수집data acquisition하는 과정을 거친다.

문제 해결에 필요한 데이터는 기존 시스템의 데이터베이스에 저장되어 있을 수도 있고, 엑셀 파일 형태로 관리되고 있을 수도 있다. 이런 방식들로 데이터가 저장되어 있다면 매우 행복한 상황이라 할 수 있다. 상당수 데이터는 종이 문서에 작성된 형태로 존재한다. 과거에 병원에서 의사들이 진료 기록을 종이에 남긴 경우가 이런 예에 해당한다. 이런 경우라면 컴퓨터에 데이터를 입력해야 하므로 데이터를 수집하는 데 시간이 오래 걸린다.

제조업체의 데이터가 필요한 경우, 데이터가 제조 장비 안에 존재할 수도 있기 때문에 장비를 만든 업체의 협조를 받아야 데이터를 추출할 수 있다. 또는 필요한 데이터가 인터넷에서 접근 가능한 공공 데이터의 형태로 존재할 수도 있다. 기상청에서 제공하는 날씨 데이터나 통계청에서 제공하는 각종 통계 데이터가 이런 공공데이터에 해당한다.

3 3단계: 데이터 정제 및 전처리

여러 경로로 수집된 데이터는 분석에 바로 사용할 수 없는 경우가 대부분이다. 한국 초등학생과 미국 초등학생의 발육 상태를 비교하기 위해 신체검사 데이터를 수집했다고 가정해 보자. 그런데 한국에서는 키와 몸무게의 단위가 각각 센티미터cm와 킬로그램kg인 데 반해, 미국에서는 각각 인치inch와 파운드lb로 되어 있다면 단위를 통일해야 한다. 또한 설문조사 데이터의 경우, 무응답 항목(이를 '결측값'이라고 함)이 발생할 수 있는데 이렇게 데이터가 빈 부분을 어떻게 처리할지도 정해야 한다. 정상 범위를 넘어서는 이상치나 오류 데이터가 포함되기도 한다. 이런 부분을 처리해 주지 않으면 통계 결과가 왜곡될 수 있다.

이 밖에 연도별로 흩어진 자료를 하나로 병합할 수도 있고, 가로 방향으로 나열된 자료를 분석이 용이하도록 세로 방향으로 변형하기도 한다. 이처럼 수집된 데이터를 분석이 가능한 형태로 정돈하는 과정을 '데이터 정제 및 전처리data cleaning and preprocessing' 과정이라고 한다. 이 과정은 데이터 분석에서 중요하게 다루어지는 분야 중 하나다.

4 4단계: 데이터 탐색

이 단계부터가 사실상 데이터 분석 단계에 해당하는데, 보통 데이터 탐색과 데이터 분석으로 구분한다. 데이터 탐색data exploration은 가벼운 데이터 분석이라고 이해하면 된다. 본격적인 데이터 분석에 들어가기 전에 정돈된 데이터 자체를 이해하고 파악하는 과정이 데이터 탐색이다. 비교적 간단하고 쉬운 통계 기법을 적용하여 전반적인 데이터의 내용을 파악하는 단계로, 예를 들어 수집된 자료의 건수가 얼마나 되는지, 남녀 데이터의 비율이 얼마나 되는지, 수집 항목별로 평균은 얼마나 되는지 등을 파악한다. 이를 '**탐색적 데이터 분석**EDA, Exploratory Data Analysis'이라고도 한다.

가벼운 통계 분석이라고는 하지만 데이터 탐색 단계는 매우 중요하다. 이 단계에서 파악되는 정보는 구체적인 분석 전략을 설계하는 데 중요하게 활용되기 때문이다. 예를 들어 데이터 탐색 단계에서 수도권 아파트 단지의 평균 관리비와 비수도권 아파트 단지의 평균 관리비가 서로 차이 난다는 것을 파악했다면 분석 단계에서 그 원인이 무엇인지를 밝혀야 할 것이다.

5 5단계: 데이터 분석

데이터 분석data analysis 단계는 데이터 탐색 단계에서 파악한 정보를 바탕으로 더욱 심화된 분석을 수행하는 단계다. 전통적인 통계 분석을 포함하여 군집 분석clustering analysis, 분류 분석classification analysis, 주성분 분석principal component analysis, 시계열 분석time-series analysis 등의 고급 분석 기법들이 동원된다. 최근 주목받는 기술인 머신러닝machine learning이 적용되는 단계도 이 단계라고 말할 수 있다.

데이터 분석에는 분석뿐 아니라 분석 결과에 대한 해석interpretation 과정도 포함된다. 정보는 해석되어야 어떻게 활용할지 알 수 있기 때문이다. 이 과정에서는 분석 대상 업무에 대한 전문지식이 중요하기 때문에, 데이터 분석가와 해당 업무의 전문가가 함께하는 경우가 많다.

6 6단계: 결과 보고

데이터에 대한 분석과 해석을 마무리했다면 그 내용을 정리하여 보고해야 한다. 정리의 핵심은 1단계의 문제 정의에서 제시한 문제를 해결하는 데 도움이 되는 내용을 요약하는 것이다. 결과 보고 작성 단계에서 중요한 기술이 바로 데이터 시각화data visualization다. 데이터 시각화란 분석된 결과를 단순히 숫자를 나열하는 방식이 아닌 다양한 그래프나 그림을 통해 쉽게 이해할 수 있도록 표현하는 것이다.

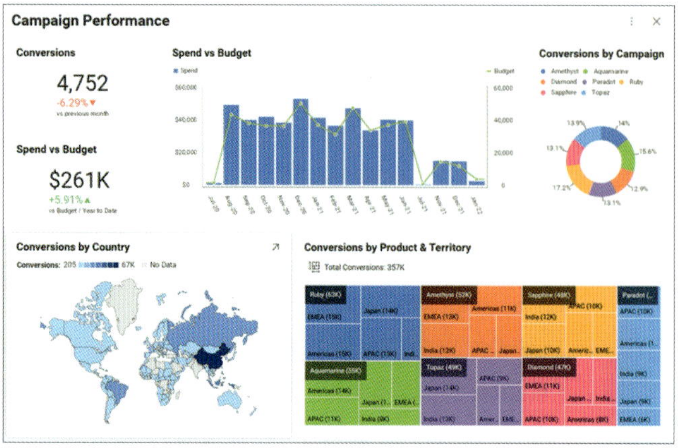

그림 2-8 데이터 시각화의 예 © Slingshot

지금까지 데이터 분석 과정에 대해 살펴보았다. 다음 절에서는 데이터 분석의 유용한 도구인 파이썬의 판다스 라이브러리에 대해 알아보자.

여기서 잠깐! 데이터 분석에 들어가는 시간

데이터 분석은 문제의 종류와 데이터의 규모에 따라 짧게는 며칠 만에 이루어지기도 하지만 몇 주 혹은 몇 개월에 걸쳐 작업이 이루어질 수도 있다. [그림 2-9]는 데이터 분석가들이 데이터 분석을 할 때 어떤 작업에 얼마만큼의 시간이 들어가는지를 나타낸 것이다. 그래프를 보면 데이터를 수집하는 데 19%, 데이터를 정제하고 전처리하는 데 60%의 시간을 사용하는 것으로 나타난다. 전체 분석 과정에서 약 80%의 시간을 데이터 준비에 사용하는 셈이다. 따라서 데이터 준비 기간을 얼마나 줄이느냐가 전체 분석 시간을 단축하는 관건이 된다.

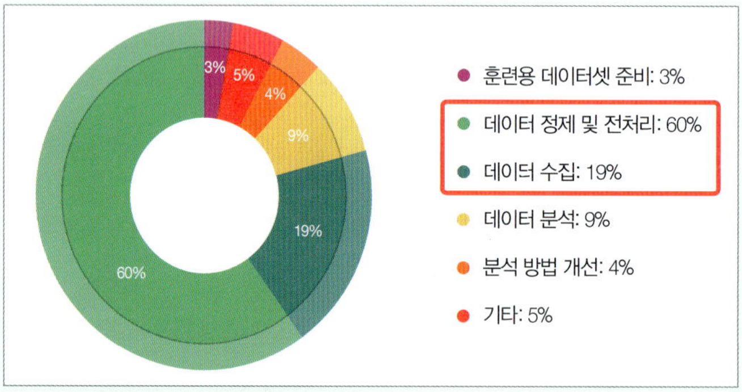

그림 2-9 데이터 분석 작업에 들어가는 시간 © Forbes

03 판다스 개요

1 판다스 라이브러리

판다스Pandas는 파이썬에서 데이터를 조작하고 운영하는 작업을 단순하고 효율적으로 수행할 수 있도록 지원하는 강력하고 다재다능한 라이브러리(패키지)다. 판다스는 소프트웨어 개발자이자 사업가인 웨스 맥키니Wes McKinney가 2008년에 개발하였다. Pandas는 Panel Data와 Python Data Analysis를 합쳐서 만든 이름이다.

판다스는 넘파이NumPy 라이브러리를 기반으로 구축되어 1차원 배열과 표 형태의 2차원 배열 데이터를 다룰 수 있도록 지원한다. 다양한 기능과 사용자 편의성 덕분에 파이썬 환경에서 데이터 작업을 하는 데이터 분석가, 과학자, 엔지니어에게 필수적인 도구로 인식되고 있다.

판다스 공식 사이트에서 설명하는 판다스의 주요 기능은 다음과 같다.

- **결측값 처리:** 데이터셋에 포함된 결측값을 쉽게 다룰 수 있다.
- **데이터 추가 및 삭제:** 데이터셋에 행이나 열을 간편하게 추가하거나 삭제할 수 있다.
- **레이블링:** 데이터 객체에 레이블을 부여하고, 해당 레이블을 기준으로 데이터를 다룰 수 있다.
- **그룹화 및 집계:** 데이터를 그룹핑하거나 그룹별로 데이터를 집계aggregation하는 작업을 지원한다.
- **다양한 형식 변환:** 엑셀 파일, 넘파이 배열 등의 다양한 형식을 판다스 객체로 쉽게 변환할 수 있다.
- **데이터 조작:** 데이터 레이블을 기반으로 슬라이싱slicing, 인덱싱indexing, 부분집합 구하기를 할 수 있다.
- **데이터 변환:** 데이터의 모양을 쉽게 변환할 수 있다.
- **계층적 레이블링:** 데이터 축에 대해 계층적으로 레이블링할 수 있다.
- **파일 저장:** 판다스 객체를 csv, 엑셀 파일 또는 데이터베이스 형태로 저장할 수 있다.
- **시계열 데이터 처리:** 시계열time series 특성을 지닌 데이터를 다루는 데 유용한 기능을 제공한다.

판다스에 대한 자세한 소개와 다양한 메서드에 대한 설명은 공식 웹사이트인 https://pandas.pydata.org/docs/index.html에서 확인할 수 있다.

2 시리즈와 데이터프레임

판다스는 1절에서 살펴본 단일 변수 데이터와 다중 변수 데이터를 저장할 수 있는 자료구조를 제공한다. [표 2-7]에 정리한 것처럼 **시리즈**series는 1차원 배열로서 단일 변수 데이터를 저장하는 데 사용되며, **데이터프레임**dataframe은 2차원 배열로서 다중 변수 데이터를 저장하는 데 사용된다. 데이터프레임은 여러 1차원 시리즈를 세로 방향으로 묶어놓은 형태다.

표 2-7 데이터의 종류와 판다스 자료구조

데이터의 종류	배열의 차원	판다스 자료구조	비고
단일 변수 데이터	1차원	시리즈	-
다중 변수 데이터	2차원	데이터프레임	시리즈의 묶음

[그림 2-10]은 시리즈와 데이터프레임 형태로 간단하게 생성한 예다.

```
>>> age
0        25
1        34
2        19
3        45
4        60
dtype: int64
```

(a) 시리즈 출력 결과의 예

```
>>> score
       KOR  ENG  MATH  SCI
John    85   96    40   95
Tom     73   69    45   80
Jane    78   50    60   90
Grace   95   60    80   95
```

(b) 데이터프레임 출력 결과의 예

그림 2-10 시리즈와 데이터프레임의 출력 결과 예

각 자료구조를 생성하는 방법에 대해 간단히 살펴보자. 상세한 내용은 이후 절에서 다루기로 한다.

판다스 시리즈 객체 생성하기

판다스에서 pd.Series() 메서드를 사용하여 다양한 방법으로 시리즈 객체를 생성할 수 있다. 다음 코드를 입력한 후 실행해 보자. 입력 내용은 'code2_1.py'와 같은 형태의 이름으로 저장한다.

코드 2-1 code2_1.py

```
import pandas as pd

# 직접 리스트 입력
age = pd.Series([25, 34, 19, 45, 60])
age                            # age의 내용 출력
type(age)                      # age의 자료형 확인

# 이미 생성된 리스트 객체를 입력
data = ['spring', 'summer','fall', 'winter']
season = pd.Series(data)
season

season.iloc[2]                 # 인덱스 2의 값
```

여기서 잠깐! VS Code에서 파이썬 주석과 명령문의 콘솔 표시 방식

VS Code 환경에서 파이썬 명령문을 한 줄씩 실행하다 보면 '# 직접 리스트 입력'과 같이 주석으로만 이루어진 명령문은 파이썬 콘솔 창에 실행 결과가 표시되지 않는다. 그러나 이 책에서는 독자의 이해를 돕기 위해 콘솔 창에 전체 주석문도 표시하였다. 또한 파이썬 콘솔 창에 실제로 표시되는 내용은 전부 검은색으로 나타나지만, 이 또한 독자의 이해를 돕기 위해 주석문은 초록색으로, 명령문의 실행 결과는 파란색으로 구분하여 표시하였다.

[코드 2-1]의 실행 결과를 나누어 설명하면 다음과 같다.

```
>>> import pandas as pd
```

작업에 필요한 판다스 라이브러리를 불러온다. 프로그램 안에서 판다스는 관습적으로 pd라고 쓴다.

```
>>> # 직접 리스트 입력
>>>
>>> age = pd.Series([25, 34, 19, 45, 60])
```

```
>>> age                             # age의 내용 출력
0    25
1    34
2    19
3    45
4    60
dtype: int64
>>> type(age)                       # age의 자료형 확인
<class 'pandas.core.series.Series'>
```

시리즈 객체를 생성하는 가장 간단한 방법은 pd.Series() 메서드의 매개변수로 리스트를 직접 입력하는 것이다. 생성된 시리즈 객체 age를 출력해 보면 5개의 값이 세로 방향으로 출력된다. 출력 결과는 [그림 2-11]과 같이 구성된다. 값들의 자료형(dtype)인 int64는 정수형integer 데이터를 의미한다.

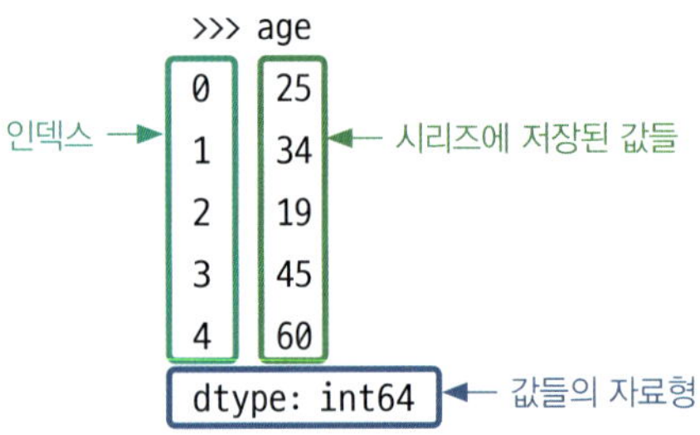

그림 2-11 판다스 시리즈 객체의 출력 결과에 대한 설명

age 객체의 자료형을 확인하면 pandas.core.series.Series로 표시되는데, 이는 판다스 시리즈임을 의미한다.

여기서 잠깐! 판다스 시리즈 출력 방식과 인덱스 표시

- 판다스 시리즈를 출력하면 파이썬의 리스트와 달리 **세로 방향으로 출력**된다. 즉, 하나의 값이 하나의 행에 출력된다(**값의 개수 = 행의 개수**).
- 출력된 값의 왼쪽에는 **값의 위치**를 나타내는 **인덱스**가 표시되며, 인덱스는 **0부터 시작**한다.

```
>>> # 이미 생성된 리스트 객체를 입력
>>>
>>> data = ['spring', 'summer', 'fall', 'winter']
>>> season = pd.Series(data)
>>> season
0    spring
1    summer
2      fall
3    winter
dtype: object
```

위 명령문의 data와 같이 사전에 생성된 리스트 객체가 있다면 이를 pd.Series() 메서드에 입력해 판다스 시리즈 객체를 생성할 수 있다.

```
>>> season.iloc[2]                    # 인덱스 2의 값
'fall'
```

판다스 시리즈에서도 리스트나 넘파이 배열에서와 같은 방법으로 인덱스를 이용하여 시리즈에 저장된 값(원소)을 다룰 수 있다. season.iloc[2]는 season 객체의 두 번째 값을 의미하는데 인덱스가 0부터 시작하므로 'summer'가 아닌 'fall'을 나타낸다. 인덱스에 대해서는 다음 절에서 자세히 설명한다.

판다스 데이터프레임 객체 생성하기

데이터프레임 객체는 2차원 배열로, DataFrame() 클래스 메서드를 이용하여 생성된다. 여기서는 프로그램 내에서 직접 값을 입력하여 데이터프레임을 생성하지만, 일반적으로 파일에서 데이터를 읽어오거나 이미 존재하는 넘파이 배열로부터 데이터프레임을 생성한다. 먼저 2차원 리스트를 사용하여 데이터프레임을 생성해 보자.

코드 2-2 code2_2.py

```
import pandas as pd

# 2차원 리스트로부터 데이터프레임 생성
```

```
score = pd.DataFrame([[85, 96, 40, 95],
                      [73, 69, 45, 80],
                      [78, 50, 60, 90]])
score                                 # score 내용 출력
type(score)                           # score 자료형 출력

score.index                           # 행 방향 인덱스
score.columns                         # 열 방향 인덱스

score.iloc[1, 2]                      # 인덱스 1행 2열의 값
```

[코드 2-2]의 실행 결과를 나누어 설명하면 다음과 같다.

```
>>> import pandas as pd
```

작업에 필요한 라이브러리를 불러온다.

```
>>> # 2차원 리스트로부터 데이터프레임 생성
>>>
>>> score = pd.DataFrame([[85, 96, 40, 95],
...                       [73, 69, 45, 80],
...                       [78, 50, 60, 90]])
>>>
>>> score                                 # score 내용 출력
    0   1   2   3
0  85  96  40  95
1  73  69  45  80
2  78  50  60  90
>>> type(score)                           # score 자료형 출력
<class 'pandas.core.frame.DataFrame'>
```

3행 4열의 2차원 리스트를 pd.DataFrame() 클래스 메서드에 입력하여 데이터프레임 score를 생성하였다. score의 내용을 출력하면 3행 4열의 데이터가 출력된다. type() 함수 명령으로 score의 자료형을 확인해 보면 데이터프레임임을 알 수 있다.

행 방향과 열 방향으로 인덱스 번호가 붙어 있다는 점에 주목하자. 인덱스 번호는 데이터프레임 내에서 값의 위치를 지정하기 위한 보조 정보로서 데이터 자체에는 포함되지 않는다. [그림 2-12]와 같이 판다스 데이터프레임에서 **행 방향 인덱스는 `index` 속성에, 열 방향 인덱스는 `columns` 속성에 저장**하여 관리한다.

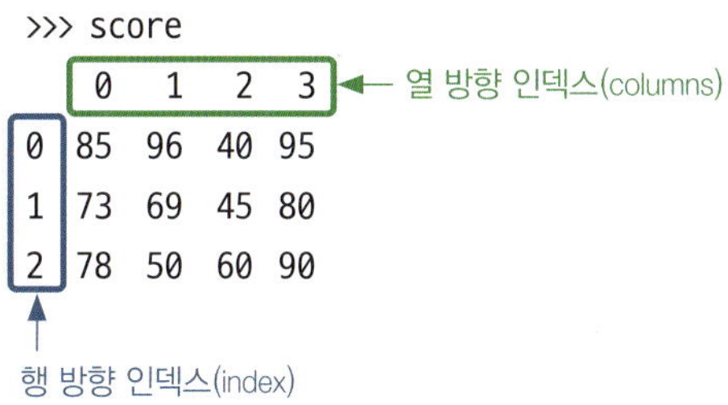

그림 2-12 데이터프레임 행과 열의 인덱스

다음 명령문을 통해 행과 열의 인덱스 속성값을 확인해 보자.

```
>>> score.index                                # 행 방향 인덱스
RangeIndex(start=0, stop=3, step=1)
>>> score.columns                              # 열 방향 인덱스
RangeIndex(start=0, stop=4, step=1)
```

`score`의 `index` 속성값을 출력하면 행의 인덱스에는 0부터 2까지의 값(`start=0`, `stop=3`)이 저장되어 있고, `columns` 속성값을 출력하면 열의 인덱스에는 0부터 3까지의 값(`start=0`, `stop=4`)이 저장되어 있음을 알 수 있다. **판다스 데이터프레임에서 '인덱스'라고 하면 일반적으로 행의 인덱스를 의미**한다.

```
>>> score.iloc[1, 2]                           # 인덱스 1행 2열의 값
np.int64(45)
```

판다스 데이터프레임에서도 인덱스를 이용하여 값을 다룰 수 있다. 이때 데이터프레임이 2차원 배열이므로 행과 열을 지정하기 위해 2개의 인덱스 값을 사용한다. 실행 결과에서 `np.int64(45)`는 인덱스 1행 2열의 값이 45인데 자료형이 정수(int64)라는 의미다. 데이터프레임의 인덱스에 대해서는 다음 절에서 자세히 살펴본다.

하나 더 알기 넘파이 배열 ↔ 판다스 배열

판다스의 시리즈나 데이터프레임 객체를 생성할 때 리스트 형태로 값을 직접 입력하여 생성할 수 있지만, 이미 존재하는 넘파이 배열을 사용해 생성할 수도 있다. 그 반대의 작업도 가능하다.

넘파이 1차원 배열 ↔ 판다스 시리즈

```
import pandas as pd
import umpy as np

# 넘파이 1차원 배열을 판다스로 변환
w_np = np.array([65.4, 71.3, np.nan, 57.8])  # 넘파이 1차원 배열
weight = pd.Series(w_np)                     # 넘파이 배열을 판다스 시리즈로 변환
weight                                       # 판다스 시리즈 출력

# 판다스 시리즈를 넘파이로 변환
w_np2 = pd.Index.to_numpy(weight)            # 판다스 시리즈를 넘파이 배열로 변환
w_np2                                        # 넘파이 1차원 배열 출력
```

넘파이 2차원 배열 ↔ 판다스 데이터프레임

```
import pandas as pd
import numpy as np

# 넘파이 2차원 배열로부터 데이터프레임 생성
s_np = np.array([[85, 96, 40, 95],
                 [73, 69, 45, 80],
                 [78, 50, 60, 90]])
s_np                                         # 넘파이 2차원 배열 출력
score2 = pd.DataFrame(s_np)                  # 넘파이 배열을 데이터프레임으로 변환
score2                                       # 판다스 데이터프레임 출력

# 데이터프레임을 넘파이 2차원 배열로 변환
score_np  = score2.to_numpy()                # 데이터프레임을 넘파이 배열로 변환
score_np                                     # 넘파이 2차원 배열 출력
```

하나 더 알기 **함수와 메서드**

파이썬에서 함수(function)와 메서드(method)는 어떤 매개변수 값을 입력받아 정해진 작업을 수행하는 단위 프로그램을 의미한다. 함수와 메서드는 유사한 역할을 하지만 함수는 `type(score)`와 같이 독립적으로 사용될 수 있는 반면, 메서드는 특정 객체에 속한 기능으로 `score.to_numpy()`와 같이 객체 이름과 함께 사용된다. 여기서 `type()`은 함수이고 `to_numpy()`는 메서드다. 메서드 중 `pd.DataFrame()`과 같이 객체가 아닌 클래스 이름 다음에 붙여 사용하는 메서드를 '클래스 메서드'로 구분한다. 편의상 함수와 메서드를 함수라는 이름으로 통칭하기도 하지만, 이 책에서는 구분해서 사용하기로 한다.

3 판다스의 인덱싱 시스템

배열은 전통적인 자료구조로서 데이터를 저장하는 데 사용된다. 이때 배열에 저장된 원소(값)의 위치를 식별하기 위한 도구로 **인덱스**index를 사용한다. 인덱스를 이용하여 배열 안의 원소 위치를 지정하는 체계를 **인덱싱**indexing이라고 한다. 1차원 배열의 원소 위치를 식별하기 위해서는 1개의 인덱스 값이 필요하고, 2차원 배열의 원소 위치를 식별하기 위해서는 행과 열을 지정하는 2개의 인덱스 값이 필요하다. 또한 인덱스는 1이 아닌 0부터 시작한다. 여기까지가 일반적인 인덱스에 관한 내용이다.

판다스의 시리즈와 데이터프레임도 각각 1차원 배열과 2차원 배열을 구현한 것이므로 원소(값)의 위치를 식별하기 위한 인덱스를 갖는다. 그런데 판다스의 인덱스는 지금까지 알고 있던 인덱스와 약간 다른 점이 있다. 이 점을 이해해야 판다스를 올바르게 다룰 수 있다.

판다스에서는 두 가지 형태의 인덱싱을 지원한다. 하나는 배열 안에 있는 **원소의 절대 위치를 정수로 표현**하여 다루는 방식이다. 우리가 알고 있는 전통적인 인덱스가 여기에 해당하며 파이썬의 리스트나 넘파이 배열도 이 방식을 사용한다. 다른 하나는 배열 안에 저장된 값들에 **그 값의 특성을 나타내는 레이블**label**을 부여**하고, 레이블을 인덱스처럼 사용하는 방식이다. 예를 들어 사계절에 대한 선호도를 조사하여 season이라는 배열에 저장했다고 하면 season에서 'index 2에 해당하는 계절'의 선호 빈도를 구하는 것보다 season에서 'SPRING'이라고 레이블이 부여된 값을 구하는 것이 훨씬 직관적이고 편리하다. 데이터 분석에서는 일반적으로 수집한 데이터에 대해 레이블을 부여하여 관리하기 때문에 값의 위치에 의한 인덱싱보다 레이블에 의한 인덱싱을 더 선호한다.

[그림 2-13]은 판다스의 인덱싱 시스템을 요약한 것이다. season은 판다스 시리즈이며, 값의 왼쪽에 붙어 있는 계절명은 값이 아니라 값에 대한 레이블이다.

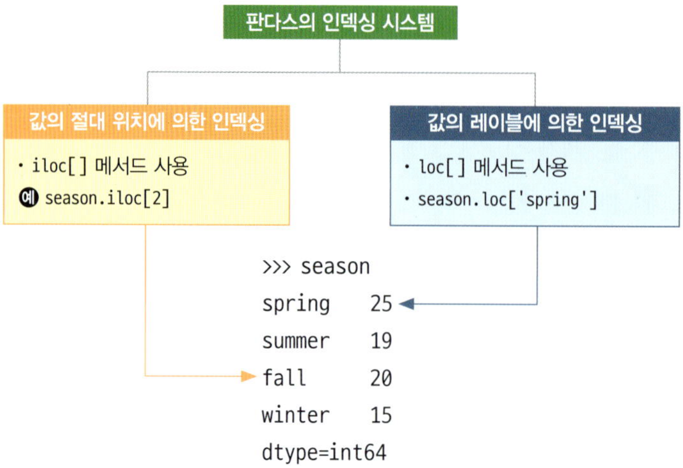

그림 2-13 판다스의 인덱싱 시스템

판다스 객체의 index와 columns 속성

앞 절에서 배운 내용을 복습해 보자. 판다스에서 'index'는 행row의 인덱스를 의미한다. 열column의 인덱스는 'columns'로 표현된다. 1차원 배열인 시리즈에는 index만 존재하고, 2차원 배열인 데이터프레임에서는 index와 columns의 조합에 의해 값의 위치를 식별한다.

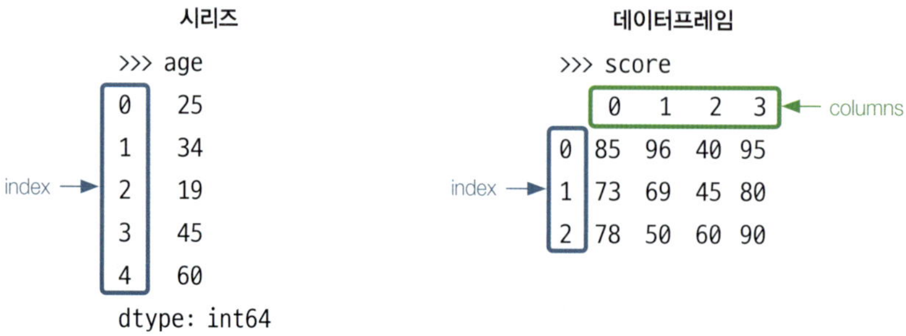

그림 2-14 판다스의 index와 columns

행과 열에 레이블을 부여하는 방법

앞에서 설명한 index와 columns 속성은 엄밀히 말하면 행과 열에 대한 '레이블' 인덱스 값을 저장하고 있다. 이 속성값에 우리가 원하는 레이블 값을 부여할 수 있다. 사용자가 레이블 값을 부여하지 않으면 시스템이 정수 인덱스를 레이블에 자동으로 부여한다. [코드 2-3]은 시리즈와 데이터프레임에 레이블을 부여하기 전과 부여한 후의 내용을 보여준다.

코드 2-3 code2_3.py

```
import pandas as pd

# 시리즈에 레이블 부여
age = pd.Series([25, 34, 19, 45])
age                                          # 레이블 부여 전
age.index = ['John', 'Jane', 'Tom', 'Luka']  # 행에 레이블 부여
age                                          # 레이블 부여 후

age.iloc[2]                                  # 절대 위치에 의한 인덱싱
age.loc['Tom']                               # 레이블에 의한 인덱싱

# 데이터프레임에 레이블 부여
score = pd.DataFrame([[85, 96, 40, 95],
                      [73, 69, 45, 80],
                      [78, 50, 60, 90]])
score                                        # 레이블 부여 전
score.index = ['John', 'Jane', 'Tom']        # 행에 레이블 부여
score.columns = ['KOR', 'ENG', 'MATH', 'SCI'] # 열에 레이블 부여
score                                        # 레이블 부여 후

score.iloc[2, 1]                             # 절대 위치에 의한 인덱싱
score.loc['Tom', 'ENG']                      # 레이블에 의한 인덱싱
```

[코드 2-3]의 실행 결과를 나누어 설명하면 다음과 같다.

```
>>> import pandas as pd
>>> # 시리즈에 레이블 부여
>>>
>>> age = pd.Series([25, 34, 19, 45])
>>> age                                               # 레이블 부여 전
0    25
1    34
2    19
3    45
dtype: int64
```

레이블을 부여하기 전 age 객체의 내용을 출력해 보면 값들의 왼쪽에 0~3의 정수 인덱스가 보인다. 이는 아직 레이블을 부여하지 않았기 때문에 시스템에서 정수 인덱스를 레이블로 자동 부여했기 때문이다.

```
>>> age.index = ['John', 'Jane', 'Tom', 'Luka']   # 행에 레이블 부여
>>> age                                           # 레이블 부여 후
John    25
Jane    34
Tom     19
Luka    45
dtype: int64
```

age 객체의 index(행의 인덱스) 속성에 사람 이름을 레이블로 부여한 후 age 객체의 내용을 확인해 보면 값들 옆에 레이블이 표시된 것을 알 수 있다.

```
>>> age.iloc[2]                                  # 절대 위치에 의한 인덱싱
np.int64(19)
>>> age.loc['Tom']                               # 레이블에 의한 인덱싱
np.int64(19)
```

age 객체에 대해 절대 위치에 의한 인덱싱과 레이블에 의한 인덱싱을 적용한 결과를 보여준다. 절대 위치 정수에 의해 원소의 위치를 식별하는 경우에는 iloc[] 메서드를, 레이블에 의해 원소의 위치를 식별하는 경우에는 loc[] 메서드를 사용한다.

여기서 알 수 있는 사실은 시리즈 객체에 대해 절대 위치에 의한 인덱싱과 레이블에 의한 인덱싱이 모두 가능하다는 점이다. 즉 **절대 위치 인덱스와 레이블 인덱스는 독립적으로 관리**된다.

```
>>> # 데이터프레임에 레이블 부여
>>>
>>> score = pd.DataFrame([[85, 96, 40, 95],
...                       [73, 69, 45, 80],
...                       [78, 50, 60, 90]])
>>>
>>> score                                   # 레이블 부여 전
    0   1   2   3
0  85  96  40  95
1  73  69  45  80
2  78  50  60  90
```

이번에는 데이터프레임 객체 score를 생성한 후 내용을 확인하였다. 아직 레이블이 부여되지 않았으므로 정수 인덱스가 행과 열의 레이블로 자동 부여되어 화면에 표시된다.

```
>>> score.index = ['John', 'Jane', 'Tom']           # 행에 레이블 부여
>>> score.columns = ['KOR', 'ENG', 'MATH', 'SCI']   # 열에 레이블 부여
>>> score                                           # 레이블 부여 후
      KOR  ENG  MATH  SCI
John   85   96    40   95
Jane   73   69    45   80
Tom    78   50    60   90
```

index와 columns 속성에 행과 열의 레이블을 부여한 후 score의 내용을 확인해 보면 정수 인덱스 대신 레이블 인덱스가 표시된다.

```
>>> score.iloc[2, 1]                                # 절대 위치에 의한 인덱싱
np.int64(19)
>>> score.loc['Tom', 'ENG']                         # 레이블에 의한 인덱싱
np.int64(19)
```

score 객체에 대해 절대 위치에 의한 인덱싱과 레이블에 의한 인덱싱을 적용한 결과를 보여준다. 데이터프레임 객체에 대해서도 절대 위치에 의한 인덱싱과 레이블에 의한 인덱싱이 모두 가능하다.

[그림 2-15]에서 알 수 있듯이, 절대 위치 인덱스는 시스템에 의해 관리되며 사용자에게 보이지 않는다. 사용자가 눈으로 확인할 수 있는 인덱스는 레이블 인덱스다. 이는 판다스가 레이블 인덱스를 중심으로 분석 작업을 할 수 있도록 설계되었음을 암시한다.

레이블 이름 지정 전

```
>>> score
      0   1   2   3
      0   1   2   3
0 0  85  96  40  95
1 1  73  69  45  80
2 2  78  50  60  90
```

레이블 이름 지정 후

```
>>> score
          0   1    2   3   ← 절대 위치 인덱스
        KOR ENG MATH SCI   ← 레이블 인덱스
0 John   85  96   40  95
1 Jane   73  69   45  80
2 Tom    78  50   60  90
```

사용자에게 보이지 않음

그림 2-15 절대 위치 인덱스와 레이블 인덱스

▪ 중복된 레이블 부여하기

절대 위치 인덱스는 그 특성상 중복이 존재하지 않고 시스템에 의해 관리되는 반면, 레이블 인덱스는 사용자가 임의로 지정할 수 있고 중복이 존재할 수 있다.

코드 2-4 code2_4.py

```
import pandas as pd

age = pd.Series([25, 34, 19, 45, 60])
age.index = ['John','Jane','Tom', 'Micle', 'Tom']
age

age.iloc[3]
age.loc['Tom']
```

실행 결과

```
(생략)
>>> age.iloc[3]
np.int64(45)
>>> age.loc['Tom']
Tom    19
Tom    60
dtype: int64
```

[코드 2-4]의 실행 결과를 보면 시리즈 객체 age에 대해 레이블 인덱스를 지정하는데 Tom이 중복되어 있다. 그런데도 에러가 발생하지 않는다. 이는 판다스에서 레이블 인덱스의 중복을 허용하기 때문이다. age.loc['Tom']을 실행하면 Tom 레이블에 해당하는 모든 값, 즉 19와 60이 반환된다. 레이블이 중복되었을 경우, 해당 레이블에 매칭된 값들이 모두 포함된 시리즈가 반환된다. 그러나 중복된 레이블은 데이터 관리와 분석 과정에서 혼란을 초래할 수 있으므로 피하는 것이 좋다.

■ **숫자 레이블 부여하기**

레이블을 문자열로 지정하는 것이 일반적이나 연도와 같이 숫자로 지정할 수도 있다. [코드 2-5]에서는 인덱스 레이블을 문자 대신 숫자로 지정하였다.

코드 2-5 code2_5.py

```
import pandas as pd

population = pd.Series([523, 675, 690, 720, 800])
population.index = [10, 20, 30, 40, 50]          # 숫자 레이블 지정
population
population.iloc[1]
population.iloc[20]                              # 에러 발생
population.loc[20]
```

실행 결과

```
(생략)
>>> population
10    523
20    675
30    690
40    720
50    800
dtype: int64
>>> population.iloc[1]
np.int64(675)
>>> population.iloc[20]                              # 에러 발생
(중략)
IndexError: single positional indexer is out-of-bounds
>>> population.loc[20]
np.int64(675)
```

실행 결과를 보면 population.iloc[1], population.loc[20]은 정상적으로 실행되지만 population.iloc[20]은 에러가 발생했다. population.iloc[20]은 population 객체에서 20번째에 있는 값을 의미하는데 값이 5개밖에 없으므로 에러가 발생할 수밖에 없다. 여기서 알 수 있는 사실은 **레이블을 숫자로 지정하든 문자열로 지정하든 레이블로 인덱싱하려면 반드시 loc[] 메서드를 이용해야 한다**는 점이다.

지금까지 판다스의 인덱싱 시스템에 대해 살펴보았다. 정리해 보면 판다스에서는 두 가지 방식의 인덱싱이 가능한데, 하나는 절대 위치에 의한 인덱싱이고 다른 하나는 레이블에 의한 인덱싱이다. 두 방식을 이용하려면 각각 iloc[]와 loc[] 메서드를 사용해야 한다. 인덱싱은 배열을 다루기 위해 알아야 할 가장 기본적인 사항이므로 꼭 기억해 두자.

요약

01 '값value'은 일반적으로 데이터 분석에서 하나의 숫자 또는 문자열을 의미한다. '데이터data'는 성격이 동일한 값들을 체계적으로 모아놓은 것을 말한다. '정보information'는 데이터를 처리·관찰·분석한 결과로서 얻게 되는 지식을 의미한다.

02 데이터는 성격에 따라 범주형 데이터와 연속형 데이터로 분류된다. 범주형 데이터는 질적 데이터qualitative data라고도 하며, 성별과 같이 범주 또는 그룹을 구분 짓는 값으로 구성된 데이터다. 연속형 데이터는 양적 데이터quantitative data라고도 하며, 크기가 있는 숫자들로 구성된 데이터다.

03 데이터는 포함하는 변수의 개수에 따라 단일 변수 데이터와 다중 변수 데이터로 구분된다. 판다스에서는 단일 변수 데이터를 1차원 배열인 시리즈series에, 다중 변수 데이터를 2차원 배열인 데이터프레임dataframe에 저장하여 분석한다.

04 데이터 분석은 '문제 정의 및 계획–데이터 수집–데이터 정제 및 전처리–데이터 탐색–데이터 분석–결과 보고'의 단계를 거친다.

05 판다스Pandas는 파이썬에서 데이터 조작 작업을 단순하고 효율적으로 수행할 수 있도록 지원하는 강력하고 다재다능한 라이브러리(패키지)다.

06 판다스의 시리즈 객체는 `pd.Series()`를 통해, 데이터프레임 객체는 `pd.DataFrame()`을 통해 생성된다.

07 판다스 객체에서 행 방향 인덱스는 `index` 속성에, 열 방향 인덱스는 `columns` 속성에 저장하여 관리한다.

08 판다스에서는 두 가지 방식의 인덱싱을 제공하는데, 하나는 절대 위치에 의한 인덱싱이고 다른 하나는 레이블에 의한 인덱싱이다. 두 방식은 각각 `iloc[]`와 `loc[]` 메서드를 사용하여 인덱싱한다.

연습문제

01 다음 중 파이썬, 넘파이, 판다스의 자료구조 중 2차원 데이터를 위한 것이 아닌 것을 고르시오.

① list

② tuple

③ ndarray

④ Series

⑤ DataFrame

02 다음 데이터는 연속형인지 범주형인지 쓰시오.

(1) 지지 정당(예 A, B, C)

(2) 몸무게(예 61, 65, 54, 70)

(3) 시력(예 0.8, 0.7, 1.2, 1.5)

(4) 혈액형(예 A, B, O, AB)

03 다음은 데이터 분석 절차 중 어느 단계에 대한 설명인지 보기에서 고르시오.

보기		
① 문제의 정의 및 계획	② 데이터 수집	③ 데이터 정제 및 전처리
④ 데이터 탐색	⑤ 데이터 분석	⑥ 결과 보고

(1) 설문조사 결과에서 결측값을 찾아 제거하였다.

(2) 주어진 데이터에 대해 군집 분석과 분류 분석을 실시하였다.

(3) 데이터의 분포를 확인하고 주요 변수 간의 상관관계를 분석하였다.

(4) 고객 이탈 원인을 파악하기 위해 분석 계획을 수립하였다.

(5) 공공데이터포털에서 인구 통계 데이터를 다운로드하고, 설문조사를 통해 추가 데이터를 수집하였다.

(6) 분석 결과를 시각화하여 보고서를 작성하고, 경영진에게 발표하였다.

[04~07] 다음은 판다스의 시리즈와 데이터프레임에 관한 내용이다. 각 문제에서 요구하는 파이썬 코드를 작성하시오. 단 `import pandas as pd`를 사전에 실행하였다고 가정한다.

04 혈액형 'A', 'B', 'O', 'AB'를 `blood` 변수에 시리즈 형태로 저장하시오.

05 `print()`를 사용하여 앞에서 생성한 `blood`의 두 번째 값(`'B'`)을 출력하시오.

06 아래 제시된 2차원 배열을 데이터프레임 `df`에 저장하시오.

85	96
14	12

07 `print()`를 사용하여 앞에서 생성한 `df`의 2행 2열의 값(12)을 출력하시오.

[08~12] 다음과 같이 3명의 학생과 4개 과목 성적 데이터를 이용해 판다스 데이터프레임을 생성한 뒤, 아래에 이어지는 문제를 해결하시오.

```
score = pd.DataFrame([[85, 96, 40, 95],
                      [73, 69, 45, 80],
                      [78, 50, 60, 90]],
                     index = ['John','Jane','Tom'],
                     columns = ['KOR','ENG','MATH','SCI'])
```

08 학생들의 이름을 출력하시오.

09 과목 이름을 출력하시오.

10 절대 위치 인덱스 기준 0행 2열의 값을 출력하시오.

11 Jane의 영어(ENG)성적을 출력하시오.

12 다음 명령문을 실행하여 결과를 확인하고 해당 결과가 나오는 이유를 설명하시오.

```
print(score.iloc[1,'ENG'])
print(score.loc['Tom',2])
```

CHAPTER 03

시리즈로 1차원 배열 다루기

PREVIEW

3장에서는 1차원 배열을 위한 자료구조인 판다스 시리즈의 사용 방법을 학습한다. 이 장에서 배우는 개념은 데이터프레임에도 동일하게 적용되므로, 기본적인 개념을 명확하게 이해하는 것이 중요하다.

1절 데이터를 입력하여 시리즈 객체를 생성하는 방법을 배운다. 데이터 입력 시 레이블 인덱스를 함께 지정하는 방법과 생성된 시리즈 객체의 내용을 확인하는 방법을 살펴본다.

2절 인덱스를 사용하여 시리즈 객체에서 일부 값을 추출하는 슬라이싱 기법을 배운다. 절대 위치 인덱스와 레이블 인덱스에 의한 슬라이싱 방법의 차이를 이해하고, 조건문을 활용한 슬라이싱 방법도 다룬다.

3절 시리즈 객체를 대상으로 산술 연산을 수행하는 방법과 그 결과를 살펴본다. 또한 시리즈 객체에 적용할 수 있는 다양한 통계 관련 메서드에 대해서도 배운다.

4절 시리즈 객체의 내용을 변경하는 방법에 대해 배운다. 인덱스를 지정하여 값을 변경하는 방법, 조건에 맞는 값만 변경하는 방법, 메서드를 이용해 변경하는 방법을 알아본다. 마지막으로, 시리즈 객체를 복사하는 방법도 알아본다.

01 데이터 입력과 시리즈 객체의 정보 확인

데이터 분석 작업을 요리에 비유한다면 판다스는 만능 조리 도구와 같다. 조리 도구를 잘 다루어야 맛있는 요리를 만들 수 있듯이, 판다스를 능숙하게 사용해야 효율적으로 데이터를 분석할 수 있다. 2장에서 우리는 시리즈와 데이터프레임의 기본 개념을 학습하였다. 3장과 4장에서는 앞서 배운 내용을 복습하고 더 심화된 개념을 다룬다.

판다스의 시리즈는 1차원 배열 형태의 데이터를 저장하고 처리하는 데 사용된다. [표 3-1]은 전국 월평균 기온 데이터다. 이 데이터를 사용하여 시리즈 객체를 생성해 보자.

표 3-1 전국 월평균 기온

월	1월	2월	3월	4월	5월	6월	7월	8월	9월	10월	11월	12월
기온	−0.8	−0.1	7.7	13.8	18.0	22.4	25.9	25.3	21.0	14.0	9.6	−1.4

1 데이터 입력

[표 3-1]의 월평균 기온 데이터를 시리즈 객체에 입력하고 각 월을 레이블 인덱스로 지정해 보자.

코드 3-1 code3_1.py

```
import pandas as pd
import numpy as np

# 데이터 입력
temp = pd.Series([-0.8, -0.1, 7.7, 13.8, 18.0, 22.4,
                  25.9, 25.3, 21.0, 14.0, 9.6, -1.4])
temp                                    # temp의 내용 확인

# 월 이름을 레이블 인덱스로 지정하기
temp.index                              # 인덱스 내용 확인
```

```
temp.index = ['1월', '2월', '3월', '4월',        # 월 이름을 인덱스로 지정
              '5월', '6월', '7월', '8월',
              '9월', '10월', '11월', '12월']
temp                                            # temp의 내용 확인
```

[코드 3-1]의 실행 결과를 나누어 설명하면 다음과 같다.

```
>>> import pandas as pd
>>> import numpy as np
```

작업에 필요한 라이브러리를 불러온다.

```
>>> # 데이터 입력
>>>
>>> temp = pd.Series([-0.8, -0.1, 7.7, 13.8, 18.0, 22.4,
...                    25.9, 25.3, 21.0, 14.0, 9.6, -1.4])
>>>
>>> temp                                        # temp의 내용 확인
0     -0.8
1     -0.1
2      7.7
3     13.8
4     18.0
5     22.4
6     25.9
7     25.3
8     21.0
9     14.0
10     9.6
11    -1.4
dtype: float64
```

[표 3-1]의 기온 자료를 판다스 시리즈 temp에 입력한 후 temp의 내용을 확인했다. 12개월의 기온 자료 왼쪽에 절대 위치 인덱스인 0~11이 자동으로 부여된 것을 알 수 있다.

```
>>> # 월 이름을 레이블 인덱스로 지정하기
>>>
>>> temp.index                                # 인덱스 내용 확인
RangeIndex(start=0, stop=12, step=1)
```

temp.index를 출력하여 현재 지정된 인덱스의 내용을 확인할 수 있다. 현재 0~11의 정수가 레이블 인덱스로 지정되었음을 알 수 있다.

판다스 시리즈에서는 위치를 나타내는 인덱스 대신 값의 특성을 나타내는 레이블을 부여할 수 있다.

```
>>> temp.index = ['1월', '2월', '3월', '4월',      # 월 이름을 인덱스로 지정
...               '5월', '6월', '7월', '8월',
...               '9월', '10월', '11월', '12월']
>>>
>>> temp                                       # temp의 내용 확인
1월     -0.8
2월     -0.1
3월      7.7
4월     13.8
5월     18.0
6월     22.4
7월     25.9
8월     25.3
9월     21.0
10월    14.0
11월     9.6
12월    -1.4
dtype: float64
```

temp 객체의 인덱스 속성(temp.index)에 각 월의 이름을 리스트 형식으로 저장하면, 월 이름이 레이블 인덱스로 저장된다. temp 객체의 내용을 출력해 보면 0~11의 숫자 인덱스 대신 월 이름이 표시된 것을 확인할 수 있다. 물론 절대 위치 인덱스는 여전히 내부적으로 유지되므로 필요할 때 사용할 수 있다.

2 시리즈 객체의 정보 확인

시리즈 객체가 생성되면 여러 가지 방법으로 정보를 확인할 수 있다. 이 내용은 매우 기본적이면서도 다음 장의 데이터프레임에도 동일하게 적용되니 충분히 연습해 두자.

[코드 3-1]에 이어서 [코드 3-2]를 실행해 보자.

코드 3-2 code3_2.py

```
# 시리즈 객체의 정보 확인
temp.size                          # 배열의 크기(값의 개수)
len(temp)                          # 배열의 크기(값의 개수)
temp.shape                         # 배열의 형태
temp.dtype                         # 배열의 자료형
```

[코드 3-2]의 실행 결과를 나누어 설명하면 다음과 같다.

```
>>> # 시리즈 객체의 정보 확인
>>>
>>> temp.size                      # 배열의 크기(값의 개수)
12
>>> len(temp)                      # 배열의 크기(값의 개수)
12
```

시리즈 객체에 몇 개의 값이 저장되어 있는지를 확인하는 가장 기본적인 방법은 객체의 속성 중 `size`의 값을 확인하는 것이다. 또 다른 방법은 파이썬 함수인 `len()`을 사용하는 것이다. 이 경우 12개의 값이 저장되었음을 확인할 수 있다.

```
>>> temp.shape                     # 배열의 형태
(12,)
```

또한 시리즈 객체의 `shape` 속성을 통해 배열의 형태를 확인할 수 있다. 예를 들어 `(4, 3)`은 4행 3열의 배열을 의미한다. 그러나 시리즈는 1차원 배열이므로 열 정보가 없어 `(12,)`와 같이 값의 개수만 표시된다. 여기서 `12`는 시리즈에 저장된 값의 개수, 즉 행의 개수를 의미한다.

```
>>> temp.dtype                          # 배열의 자료형
dtype('float64')
```

시리즈 객체의 dtype 속성은 배열의 자료형을 나타낸다. 실행 결과에서 'float64'는 소수점이 있는 실수형 숫자임을 의미한다.

02 시리즈 객체의 슬라이싱

1 인덱싱과 슬라이싱

인덱싱indexing은 시리즈에 저장된 값의 위치를 가리키는 체계(예 iloc[2], loc['3월'])를 의미하고, 슬라이싱slicing은 인덱스와 조건문을 이용해 시리즈에 저장된 값 중 일부를 추출하는 작업(예 temp.iloc[2], temp.iloc[1:5])를 의미한다. 인덱싱과 슬라이싱은 시리즈 학습에서 가장 핵심적인 내용이다.

예제를 통해 인덱싱과 슬라이싱에 대해 자세히 알아보자. [코드 3-1]에 이어서 [코드 3-3]을 실행한다.

코드 3-3 code3_3.py

```
# 인덱싱과 슬라이싱
temp.iloc[2]                        # 인덱스 2의 값
temp.loc['3월']                     # 인덱스 '3월'의 값
temp.iloc[[3, 5, 7]]                # 인덱스 3, 5, 7의 값
temp.loc[['4월', '6월', '8월']]      # 인덱스 '4월', '6월', '8월'의 값
temp.iloc[5:8]                      # 인덱스 5~7의 값
temp.loc['6월':'9월']               # 인덱스 '6월'~'9월'의 값
temp.iloc[:4]                       # 인덱스 0~3의 값
temp.iloc[9:]                       # 인덱스 9~11의 값
temp.iloc[:]                        # 인덱스 0~11의 값
```

[코드 3-3]의 실행 결과를 나누어 설명하면 다음과 같다.

```
>>> # 인덱싱과 슬라이싱
>>>
>>> temp.iloc[2]                    # 인덱스 2의 값
np.float64(7.7)
```

```
>>> temp.loc['3월']                        # 인덱스 '3월'의 값
np.float64(7.7)
```

판다스에서는 절대 위치 인덱스와 레이블 인덱스를 이용해 값의 위치를 지정할 수 있다. 절대 위치 인덱스는 '**시리즈객체명.iloc[pos]**'의 형태로 사용하고, 레이블 인덱스는 '**시리즈객체명.loc[pos]**'의 형태로 사용한다. 여기서 pos는 절대 위치 또는 레이블 인덱스의 값을 의미한다. 파이썬에서 인덱스는 0부터 시작하므로, temp.iloc[2]는 시리즈에서 인덱스 2에 해당하는 값(3월)을 의미한다.

temp	-0.8	-0.1	7.7	13.8	18.0	22.4	25.9	25.3	21.0	14.0	9.6	-1.4
절대 위치 인덱스	0	1	2	3	4	5	6	7	8	9	10	11
레이블 인덱스	1월	2월	3월	4월	5월	6월	7월	8월	9월	10월	11월	12월

그림 3-1 temp 객체의 절대 위치 인덱스와 레이블 인덱스

하나 더 알기

판다스는 레이블 인덱스를 중시하기 때문에 **temp.loc['4월']**을 **temp['4월']**처럼 간단한 형태로 입력해도 값을 추출할 수 있다.

```
>>> temp.iloc[[3, 5, 7]]                        # 인덱스 3, 5, 7의 값
4월    13.8
6월    22.4
8월    25.3
dtype: float64
>>> temp.loc[['4월', '6월', '8월']]              # 인덱스 '4월', '6월', '8월'의 값
4월    13.8
6월    22.4
8월    25.3
dtype: float64
```

인덱스를 동시에 여러 개 지정할 때는 해당 인덱스들을 리스트([])로 묶어서 지정한다.

```
>>> temp.iloc[5:8]                          # 인덱스 5~7의 값
6월    22.4
7월    25.9
8월    25.3
dtype: float64
>>> temp.loc['6월':'9월']                    # 인덱스 '6월'~'9월'의 값
6월    22.4
7월    25.9
8월    25.3
9월    21.0
dtype: float64
```

3, 4, 5, 6과 같이 연속된 인덱스를 지정할 때는 범위 지정 연산자(:)를 사용할 수 있다. 범위 지정 연산자는 start:end의 형태로 지정하며, 절대 위치 인덱스의 경우 start부터 end 이전까지, 레이블 인덱스의 경우 start부터 end까지의 인덱스를 의미한다. start와 end는 숫자 인덱스일 수도 있고, 레이블 인덱스일 수도 있다.

절대 위치 인덱스의 경우, start는 범위에 포함되지만 end는 포함되지 않는다. 예를 들어 5:8은 인덱스 5, 6, 7을 의미한다. 하지만 레이블 인덱스에서는 **start와 end 모두 범위에 포함된다.** 따라서 '6월':'9월'은 '6월', '7월', '8월', '9월'을 의미한다.

표 3-2 절대 위치 인덱스와 레이블 인덱스에서 경곗값의 포함 여부

인덱스	start	end	예
절대 위치 인덱스	○	×	iloc[5:8] → 5, 6, 7
레이블 인덱스	○	○	loc['6월':'9월'] → '6월', '7월', '8월', '9월'

```
>>> temp.iloc[:4]                           # 인덱스 0~3의 값
1월    -0.8
2월    -0.1
3월     7.7
4월    13.8
dtype: float64
```

```
>>> temp.iloc[9:]                              # 인덱스 9~11의 값
10월    14.0
11월     9.6
12월    -1.4
dtype: float64
>>> temp.iloc[:]                               # 인덱스 0~11의 값
1월     -0.8
2월     -0.1
3월      7.7
4월     13.8
5월     18.0
6월     22.4
7월     25.9
8월     25.3
9월     21.0
10월    14.0
11월     9.6
12월    -1.4
dtype: float64
```

범위 지정 연산 start:end에서 start나 end를 생략할 수 있다. 이는 절대 위치 인덱스와 레이블 인덱스 모두에 적용된다. start를 생략하면 end 이전의 모든 인덱스를 의미하고, end를 생략하면 start부터 이후의 모든 인덱스를 의미한다. 따라서 둘 다 생략하면 전체 인덱스를 의미하게 된다.

2 조건문을 이용한 슬라이싱

시리즈 객체에 대한 슬라이싱slicing 작업을 할 때 인덱스를 사용해 값들을 추출할 수도 있지만, 조건문을 통해 특정 조건에 맞는 값들을 추출할 수도 있다. 예제를 통해 학습해 보자. 조건문을 이용한 슬라이싱에서는 iloc[]가 아닌 loc[] 메서드를 이용한다는 사실을 기억하자. 조건을 입력할 때는 레이블 인덱스 지정 위치인 [] 안에 레이블 인덱스 대신 조건문을 입력한다. [코드 3-1]에 이어서 [코드 3-4]를 실행해 보자.

코드 3-4 code3_4.py

```
# 조건문을 이용한 슬라이싱

# 월평균 기온이 15도 이상인 월들의 기온을 보이시오
temp.loc[temp >= 15]

# 월평균 기온이 15도 이상 25도 미만인 월들의 기온을 보이시오
temp.loc[(temp >= 15) & (temp < 25)]

# 월평균 기온이 5도 미만이거나 25도 이상인 월들의 기온을 보이시오
temp.loc[(temp < 5) | (temp >= 25)]

# 3월보다 기온이 낮은 월들의 기온을 보이시오
march = temp.loc['3월']
temp.loc[temp < march]

# where()를 이용한 조건 검색
temp.where(temp >= 15)
temp.where(temp >= 15).dropna()
```

[코드 3-4]의 실행 결과를 나누어 설명하면 다음과 같다.

```
>>> # 조건문을 이용한 슬라이싱
>>> # 월평균 기온이 15도 이상인 월들의 기온을 보이시오
>>>
>>> temp.loc[temp >= 15]
5월    18.0
6월    22.4
7월    25.9
8월    25.3
9월    21.0
dtype: float64
```

조건을 이용한 슬라이싱에서는 조건을 어떻게 지정하는지가 중요하다. 예를 들어 '월 평균 기온이 15도 이상'인 조건은 temp >= 15로 표현한다. 이 표현은 'temp에 있는 각 값을 15와 비

교하여 크거나 같은지를 True 또는 False로 나타내시오'라는 의미다. 프로그래밍에서 조건문의 실행 결과는 True 또는 False로 나타나며, [그림 3-2]의 두 번째 컬럼은 temp >= 15의 실행 결과를 보여준다. 5~9월의 값은 True이고 나머지 월들은 False다.

실제로 첫 번째 컬럼에 있는 temp의 값들을 보면 5월에서 9월까지의 월평균 기온만 15도 이상이다. 조건문의 실행 결과가 어떻게 인덱스로 작용하는지를 살펴보면, True인 값들만 추출되었음을 알 수 있다. 결국 temp.loc[temp >= 15]는 temp 객체에서 주어진 조건을 만족하는 값들만 추출하는 연산이다.

temp		temp >= 15		temp[temp >= 15]	
1월	-0.8	1월	False		
2월	-0.1	2월	False		
3월	7.7	3월	False		
4월	13.8	4월	False		
5월	18.0	5월	True	5월	18.0
6월	22.4	6월	True	6월	22.4
7월	25.9	7월	True	7월	25.9
8월	25.3	8월	True	8월	25.3
9월	21.0	9월	True	9월	21.0
10월	14.0	10월	False		
11월	9.6	11월	False		
12월	-1.4	12월	False		

그림 3-2 조건을 이용한 슬라이싱의 실행 과정

```
>>> # 월평균 기온이 15도 이상 25도 미만인 월들의 기온을 보이시오
>>>
>>> temp.loc[(temp >= 15) & (temp < 25)]
5월    18.0
6월    22.4
9월    21.0
dtype: float64
>>> # 월평균 기온이 5도 미만이거나 25도 이상인 월들의 기온을 보이시오
>>>
>>> temp.loc[(temp < 5) | (temp >= 25)]
1월    -0.8
```

```
2월      -0.1
7월      25.9
8월      25.3
12월     -1.4
dtype: float64
```

값을 추출할 때 하나의 조건이 아닌 여러 조건을 지정할 수 있다. 각 조건은 &(and) 또는 |(or)로 연결한다. 이때 주의할 점이 있다. **각 조건은 반드시 괄호로 묶어야 한다**는 것이다. 예를 들어 `temp >= 15 & temp < 25`는 괄호가 없어 오류가 발생하지만, `(temp >= 15) & (temp < 25)`는 정상적으로 작동한다.

```
>>> # 3월보다 기온이 낮은 월들의 기온을 보이시오
>>>
>>> march = temp.loc['3월']
>>> temp.loc[temp < march]
1월     -0.8
2월     -0.1
12월    -1.4
dtype: float64
```

조건문에서 비교할 값을 배열에 저장된 특정 값으로 지정할 수 있다. 위의 예에서는 `march`에 3월의 기온을 저장하고, `temp < march`와 같은 조건문을 작성하였다. 이 경우 `temp < march`는 `temp < 7.7`과 동일한 의미를 갖는다.

```
>>> # where()를 이용한 조건 검색
>>>
>>> temp.where(temp >= 15)
1월       NaN
2월       NaN
3월       NaN
4월       NaN
5월      18.0
6월      22.4
7월      25.9
```

```
8월      25.3
9월      21.0
10월      NaN
11월      NaN
12월      NaN
dtype: float64
>>> temp.where(temp >= 15).dropna()
5월     18.0
6월     22.4
7월     25.9
8월     25.3
9월     21.0
dtype: float64
```

where() 메서드도 조건문을 사용해 값을 검색하는 기능을 제공하는데, 조건에 맞지 않는 값들을 결측값(NaN)으로 표시한다. 결측값을 제외하고 조건에 맞는 값만 보려면, dropna() 메서드를 where() 실행 결과에 추가하면 된다.

하나 더 알기 조건문에 사용되는 비교 연산자

조건문 작성에 사용되는 비교 연산자는 다음과 같다.

조건문	의미
a > b	a가 b보다 큰가?
a >= b	a가 b보다 크거나 같은가?
a < b	a가 b보다 작은가?
a <= b	a가 b보다 작거나 같은가?
a == b	a와 b가 같은가?
a != b	a와 b가 같지 않은가?

3 시리즈 객체에서 값의 위치 찾기

시리즈 객체에서 값 자체가 아닌 값의 인덱스를 추출해야 할 때가 있다. 이 경우 [코드 3-5]와 같이, 원하는 값을 추출한 후 index 속성을 사용해 추출된 값들의 인덱스를 구할 수 있다.

[코드 3-1]에 이어서 [코드 3-5]을 실행해 보자.

코드 3-5 code3_5.py

```
# 시리즈 객체에서 값의 위치 찾기
# 월평균 기온이 15도 이상인 월들의 이름을 보이시오
temp.loc[temp >= 15]                    # 조건에 맞는 값 추출
temp.loc[temp >= 15].index              # 조건에 맞는 값들의 인덱스 추출
```

실행 결과

```
>>> # 시리즈 객체에서 값의 위치 찾기
>>> # 월평균 기온이 15도 이상인 월들의 이름을 보이시오
>>>
>>> temp.loc[temp >= 15]                # 조건에 맞는 값 추출
5월    18.0
6월    22.4
7월    25.9
8월    25.3
9월    21.0
dtype: float64
>>> temp.loc[temp >= 15].index          # 조건에 맞는 값들의 인덱스 추출
Index(['5월', '6월', '7월', '8월', '9월'], dtype='object')
```

기온이 15도 이상인 월은 5월에서 9월까지다. [코드 3-5]를 통해 추출되는 인덱스는 레이블 인덱스다.

03 시리즈 객체의 산술 연산

1 시리즈 객체에 대한 산술 연산

시리즈 객체를 대상으로 다양한 산술 연산을 수행할 수 있다. **시리즈 객체에 대한 산술 연산은 각각의 값에 대해 실행**되며, 두 시리즈 객체 간의 산술 연산도 가능하다. 다만 두 시리즈 객체 간의 산술 연산은 절대 위치 인덱스가 같은 값끼리 이루어진다. [코드 3-1]에 이어서 [코드 3-6]을 실행해 보자.

코드 3-6 code3_6.py

```
# 시리즈 객체에 대한 산술 연산
temp + 1
2 * temp + 0.1
temp + temp
temp.loc[temp >= 15] + 1     # 기온이 15도가 넘는 월들에 대해서만 1 증가
```

실행 결과

```
>>> # 시리즈 객체에 대한 산술 연산
>>>
>>> temp + 1
1월      0.2
2월      0.9
3월      8.7
4월     14.8
5월     19.0
6월     23.4
7월     26.9
8월     26.3
9월     22.0
10월    15.0
11월    10.6
```

```
12월    -0.4
dtype: float64
>>> 2 * temp + 0.1
1월     -1.5
2월     -0.1
3월     15.5
4월     27.7
5월     36.1
6월     44.9
7월     51.9
8월     50.7
9월     42.1
10월    28.1
11월    19.3
12월    -2.7
dtype: float64
>>> temp + temp
1월     -1.6
2월     -0.2
3월     15.4
4월     27.6
5월     36.0
6월     44.8
7월     51.8
8월     50.6
9월     42.0
10월    28.0
11월    19.2
12월    -2.8
dtype: float64
>>> temp.loc[temp >= 15] + 1       # 기온이 15도가 넘는 월들에 대해서만 1 증가
5월    19.0
6월    23.4
7월    26.9
8월    26.3
9월    22.0
dtype: float64
```

[코드 3-6]의 실행 결과는 각각의 산술 연산이 시리즈 객체에 어떻게 적용되는지 보여준다. [표 3-3]은 시리즈 객체 값에 대한 각 산술 연산의 결과를 한눈에 볼 수 있도록 정리한 것이다.

표 3-3 시리즈 객체 temp에 대한 산술 연산

temp		temp + 1		temp + temp	
1월	-0.8	1월	0.2	1월	-1.6
2월	-0.1	2월	0.9	2월	-0.2
3월	7.7	3월	8.7	3월	15.4
4월	13.8	4월	14.8	4월	27.6
5월	18.0	5월	19.0	5월	36.0
6월	22.4	6월	23.4	6월	44.8
7월	25.9	7월	26.9	7월	51.8
8월	25.3	8월	26.3	8월	50.6
9월	21.0	9월	22.0	9월	42.0
10월	14.0	10월	15.0	10월	28.0
11월	9.6	11월	10.6	11월	19.2
12월	-1.4	12월	-0.4	12월	-2.8

하나 더 알기

시리즈 객체 temp에 산술 연산을 실행하면 연산 결과를 바로 확인할 수 있지만, temp의 값 자체는 변경되지 않는다. 만약 temp + 1의 실행 결과를 실제로 temp에 반영하려면 temp = temp + 1로 실행해야 한다.

2 시리즈의 통계 관련 메서드

시리즈는 데이터 분석에 유용한 다양한 통계 관련 메서드를 제공한다. [표 3-4]는 자주 사용되는 메서드를 정리한 것이다.

표 3-4 시리즈의 통계 관련 메서드

메서드명	설명
sum()	합계
mean()	평균
median()	중앙값
max()	최댓값
min()	최솟값
std()	표준편차
var()	분산

[코드 3-1]에 이어서 [코드 3-7]을 실행하여 각 메서드를 적용한 결과를 확인해 보자.

코드 3-7 code3_7.py

```
# 통계 관련 메서드
temp.sum()                          # 값들의 합계
temp.mean()                         # 값들의 평균
temp.median()                       # 값들의 중앙값
temp.max()                          # 값들의 최댓값
temp.min()                          # 값들의 최솟값
temp.std()                          # 값들의 표준편차
temp.var()                          # 값들의 분산
temp.abs()                          # 값들의 절댓값
temp.describe()                     # 기초 통계 정보
```

실행 결과

```
>>> # 통계 관련 메서드
>>>
>>> temp.sum()                      # 값들의 합계
np.float64(155.39999999999998)
>>> temp.mean()                     # 값들의 평균
np.float64(12.949999999999998)
>>> temp.median()                   # 값들의 중앙값
np.float64(13.9)
>>> temp.max()                      # 값들의 최댓값
np.float64(25.9)
>>> temp.min()                      # 값들의 최솟값
np.float64(-1.4)
>>> temp.std()                      # 값들의 표준편차
np.float64(10.026011624315478)
>>> temp.var()                      # 값들의 분산
np.float64(100.52090909090909)
>>> temp.abs()                      # 값들의 절댓값
1월     0.8
2월     0.1
3월     7.7
4월    13.8
```

```
5월     18.0
6월     22.4
7월     25.9
8월     25.3
9월     21.0
10월    14.0
11월     9.6
12월     1.4
dtype: float64
>>> temp.describe()                                    # 기초 통계 정보
count    12.000000
mean     12.950000
std      10.026012
min      -1.400000
25%       5.750000
50%      13.900000
75%      21.350000
max      25.900000
dtype: float64
```

temp.describe()는 temp 객체에 포함된 값들에 대한 기본 통곗값을 한 번에 보여준다. 각 통곗값의 의미는 [표 3-5]와 같다. 사분위수에 대한 내용은 6장에서 다룰 예정이다.

표 3-5 describe()에 포함된 통곗값

통곗값	설명
count	값들의 개수
mean	값들의 평균
std	값들의 표준편차
min	값들의 최솟값
25%	1사분위수
50%	2사분위수(중앙값)
75%	3사분위수
max	값들의 최댓값

04 시리즈 객체의 내용 변경

1 시리즈 객체에 대한 값의 수정·추가·삭제

시리즈 객체를 생성한 후에도 값을 수정·추가·삭제할 수 있다. 이 기능을 학습하기 위해 새로운 객체인 salary와 score를 생성하여 사용한다.

코드 3-8 code3_8.py

```
# 값의 수정, 추가, 삭제
import pandas as pd

salary = pd.Series([20, 15, 18, 30])          # 레이블 인덱스가 없는 시리즈 객체
score = pd.Series([75, 80, 90, 60],
                  index=['KOR', 'ENG', 'MATH', 'SOC'])
salary
score

# 값의 변경
score.iloc[0] = 85                            # 인덱스 0의 값을 변경
score
score.loc['SOC'] = 65                         # 인덱스 'SOC'의 값을 변경
score
score.loc[['ENG', 'MATH']] = [70, 80]         # 인덱스 'ENG', 'MATH'의 값을 변경
score
```

[코드 3-8]의 실행 결과를 나누어 설명하면 다음과 같다.

```
>>> # 값의 수정, 추가, 삭제
>>>
>>> import pandas as pd
>>> salary = pd.Series([20, 15, 18, 30])      # 레이블 인덱스가 없는 시리즈 객체
```

```
>>> score = pd.Series([75, 80, 90, 60],
...                   index=['KOR', 'ENG', 'MATH', 'SOC'])
>>>
>>> salary
0    20
1    15
2    18
3    30
dtype: int64
>>> score
KOR     75
ENG     80
MATH    90
SOC     60
dtype: int64
```

레이블 인덱스가 없는 시리즈 객체 salary와 레이블 인덱스가 있는 시리즈 객체 score를 생성하였다.

```
>>> # 값의 변경
>>>
>>> score.iloc[0] = 85                          # 인덱스 0의 값을 변경
>>> score
KOR     85
ENG     80
MATH    90
SOC     60
dtype: int64
>>> score.loc['SOC'] = 65                       # 인덱스 'SOC'의 값을 변경
>>> score
KOR     85
ENG     80
MATH    90
SOC     65
dtype: int64
>>> score.loc[['ENG', 'MATH']] = [70, 80]       # 인덱스 'ENG', 'MATH'의 값을 변경
```

```
>>> score
KOR     85
ENG     70
MATH    80
SOC     65
dtype: int64
```

시리즈 객체의 값을 변경할 때는 숫자 인덱스와 레이블 인덱스를 모두 사용할 수 있다. 숫자 인덱스를 사용할 때는 `.iloc[]`를, 레이블 인덱스를 사용할 때는 `.loc[]`를 사용한다. 여러 개의 값을 동시에 변경할 경우, 변경할 값들의 인덱스를 리스트로 묶어서 입력하고, 인덱스 숫자만큼의 변경 값들을 리스트로 묶어 할당한다.

[코드 3-8]에 이어서 [코드 3-9]을 실행해 보자.

코드 3-9 code3_9.py

```
# 값의 추가 (레이블 인덱스가 있는 경우)
score.loc['PHY'] = 50                          # 없는 인덱스 추가
score
score.iloc[5] = 90                             # 에러 발생

# 값의 추가 (레이블 인덱스가 없는 경우)
next_idx = salary.size
salary.iloc[next_idx] = 33                     # 에러 발생
salary.loc[next_idx] = 33                      # 정상 수행
salary

# _append() 메서드를 이용한 값의 추가
new = pd.Series({'MUS': 95})
score._append(new)                             # score에 변경 없음
score
score = score._append(new)                     # score가 변경됨
score

salary._append(pd.Series([66]), ignore_index=True)
salary = salary._append(pd.Series([66]), ignore_index=True)
salary
```

[코드 3-9]의 실행 결과를 나누어 설명하면 다음과 같다.

```
>>> # 값의 추가 (레이블 인덱스가 있는 경우)
>>>
>>> score.loc['PHY'] = 50                    # 없는 인덱스 추가
>>> score
KOR     85
ENG     70
MATH    80
SOC     65
PHY     50
dtype: int64
>>> score.iloc[5] = 90                       # 에러 발생
(중략)
IndexError: iloc cannot enlarge its target object
```

레이블 인덱스가 있는 경우 `.loc[]`에 추가할 인덱스를 지정하고 그 위치에 새로운 값을 저장한다. 이때 새로운 값은 시리즈의 끝부분에 추가된다. 그러나 `.iloc[]`에 절대 위치 인덱스로 값을 추가하려고 하면 에러가 발생한다. 이는 **`.iloc[]`를 통해서는 배열의 크기를 늘릴 수 없기 때문**이다. 에러 메시지에서도 이 내용을 확인할 수 있다.

```
>>> # 값의 추가 (레이블 인덱스가 없는 경우)
>>>
>>> next_idx = salary.size
>>> salary.iloc[next_idx] = 33               # 에러 발생
(중략)
IndexError: iloc cannot enlarge its target object
>>> salary.loc[next_idx] = 33                # 정상 수행
>>> salary
0    20
1    15
2    18
3    30
4    33
dtype: int64
```

레이블 인덱스를 지정하지 않은 시리즈 객체에서도 iloc[]로는 새로운 값을 추가할 수 없고, loc[]를 통해서만 값을 추가할 수 있다. next_idx는 새로운 값이 저장될 절대 위치 인덱스를 나타낸다. 현재 salary에서 마지막 인덱스는 3이므로 새로운 값은 인덱스 4에 저장된다. 이 인덱스는 배열의 길이와 일치하므로, 새로운 값이 저장될 위치는 배열의 길이인 salary.size를 참조하면 알 수 있다.

```
>>> # _append() 메서드를 이용한 값의 추가
>>>
>>> new = pd.Series({'MUS': 95})
>>> score._append(new)                              # score 변경 없음
KOR     85
ENG     70
MATH    80
SOC     65
PHY     50
MUS     95
dtype: int64
>>> score
KOR     85
ENG     70
MATH    80
SOC     65
PHY     50
dtype: int64
>>> score = score._append(new)                      # score가 변경됨
>>> score
KOR     85
ENG     70
MATH    80
SOC     65
PHY     50
MUS     95
dtype: int64
```

새로운 값을 시리즈 객체의 마지막 부분에 추가할 때 _append() 메서드를 이용할 수 있다. 다만 _append() 메서드의 입력값은 반드시 판다스 시리즈 객체여야 한다. 또한 _append() 메서드의 실행 결과는 새로운 값이 추가되었을 때 시리즈 객체가 어떻게 변할지 미리 보여 줄 뿐, 실제로 값을 추가하지는 않는다. 따라서 실제로 새로운 값을 추가하려면 score = score._append(new)처럼 현재 객체를 _append() 메서드의 실행 결과로 갱신해야 한다.

```
>>> salary._append(pd.Series([66]), ignore_index=True)
0    20
1    15
2    18
3    30
4    33
5    66
dtype: int64
>>> salary = salary._append(pd.Series([66]), ignore_index=True)
>>> salary
0    20
1    15
2    18
3    30
4    33
5    66
dtype: int64
```

레이블을 지정하지 않은 시리즈 객체에 새로운 값을 추가할 때 주의할 점이 있다. salary._append(pd.Series([66]), ignore_index=True)와 같이 ignore_index=True를 반드시 설정해 주어야 한다는 점이다. 이 설정은 새로운 값이 추가될 때 기존 시리즈의 레이블 인덱스를 무시하고 새로운 값에 맞춰 인덱스를 재부여하는 역할을 한다.

ignore_index=True를 설정하지 않고 명령문을 실행하면 어떻게 될까? 인덱스를 확인해 보면 이 매개변수의 설정이 왜 필요한지 쉽게 이해할 수 있다. 예를 들어 인덱스 5의 위치에 새로운 값을 추가하면 그 값의 인덱스가 5가 아닌 0으로 표시되어 혼란을 줄 수 있다.

[코드 3-8]에 이어서 [코드 3-10]을 실행해 보자.

코드 3-10 code3_10.py

```
# 값의 삭제
score = pd.Series([85, 70, 80, 65, 50, 95],
                  index=['KOR', 'ENG', 'MATH', 'SOC', 'PHY', 'MUS'])
salary = pd.Series([20, 15, 18, 30, 33])
score.drop('PHY')                          # 레이블 인덱스가 있는 경우
score
score = score.drop('PHY')
score

salary = salary.drop(1)                    # 레이블 인덱스가 숫자인 경우
salary
```

실행 결과

```
>>> # 값의 삭제
>>>
>>> score.drop('PHY')                      # 레이블 인덱스가 있는 경우
KOR     85
ENG     70
MATH    80
SOC     65
MUS     95
dtype: int64
>>> score
KOR     85
ENG     70
MATH    80
SOC     65
PHY     50
MUS     95
dtype: int64
>>> score = score.drop('PHY')
>>> score
KOR     85
```

```
ENG     70
MATH    80
SOC     65
MUS     95
dtype: int64
>>> salary = salary.drop(1)                 # 레이블 인덱스가 숫자인 경우
>>> salary
0    20
2    18
3    30
4    33
5    66
dtype: int64
```

시리즈 객체에서 특정 값을 삭제할 때는 drop() 메서드를 사용한다. drop() 메서드의 입력값은 레이블 인덱스다. 레이블 인덱스가 숫자로 되어 있다면 따옴표를 빼고 인덱스 숫자를 입력한다.

_append() 메서드를 사용했을 때와 마찬가지로, drop() 메서드를 사용한 경우에도 실제로 값을 삭제하지 않고, 지정된 값을 삭제했을 때의 결과를 미리 보여줄 뿐이다. 따라서 실제로 값을 제거하려면 score = score.drop('PHY')처럼 시리즈 객체를 drop() 메서드의 실행 결과로 갱신해 주어야 한다.

하나 더 알기 판다스의 객체 변경 메서드의 동작

_append()나 drop()과 같은 판다스 메서드들은 실제로 객체의 내용을 바로 변경하지 않고, 변경될 결과만 미리 보여준다. 이는 실수로 객체의 내용을 변경하는 것을 방지하기 위함이다. 그러나 drop()의 경우 score.drop('PHY', inplace=True)과 같이 inplace=True를 설정해 주면 score = score.drop('PHY')를 실행한 것과 동일하게 score의 내용이 변경된다.

2 시리즈 객체의 복사

때로는 시리즈 객체를 다른 변수에 복사하여 사용해야 할 때가 있다. 이때 주의할 점은 대입assign 연산자인 =을 사용하면 안 되고 반드시 copy() 메서드를 사용해야 한다는 것이다. [코드 3-11]을 통해 그 이유를 살펴보자.

코드 3-11 code3_11.py

```
# 시리즈 객체의 복사
import pandas as pd

score_1 = pd.Series([80, 75, 90],
                    index=['KOR', 'ENG', 'MATH'])

score_2 = score_1                          # score_1과 score_2는 동일한 객체
score_2.loc['KOR'] = 95
score_2
score_1

score_3 = score_1.copy()                   # score_1과 score_3은 독립된 객체
score_3.loc['KOR'] = 70
score_3
score_1
```

[코드 3-11]의 실행 결과를 나누어 설명하면 다음과 같다.

```
>>> # 시리즈 객체의 복사
>>>
>>> import pandas as pd
>>> score_1 = pd.Series([80, 75, 90],
...                     index=['KOR', 'ENG', 'MATH'])
```

시리즈 객체 score_1을 생성하였다.

```
>>> score_2 = score_1                      # score_1과 score_2는 동일한 객체
>>> score_2.loc['KOR'] = 95
>>> score_2
KOR     95
ENG     75
MATH    90
dtype: int64
```

```
>>> score_1
KOR     95
ENG     75
MATH    90
dtype: int64
```

대입 연산자 =을 사용하여 score_1을 score_2에 복사한 후, score_2의 국어(KOR) 점수를 80에서 95로 변경하였다. 이후 score_1의 내용을 확인해 보면 score_1의 국어 점수도 함께 변경된 것을 알 수 있다. 왜 이러한 현상이 발생할까? 대입 연산자 =을 사용하면 시리즈 객체의 값이 아니라 시리즈 객체의 주소가 복사되기 때문이다. 즉, score_1과 score_2는 동일한 객체를 가리키게 되어 score_2를 변경하면 score_1도 변경되는 것이다.

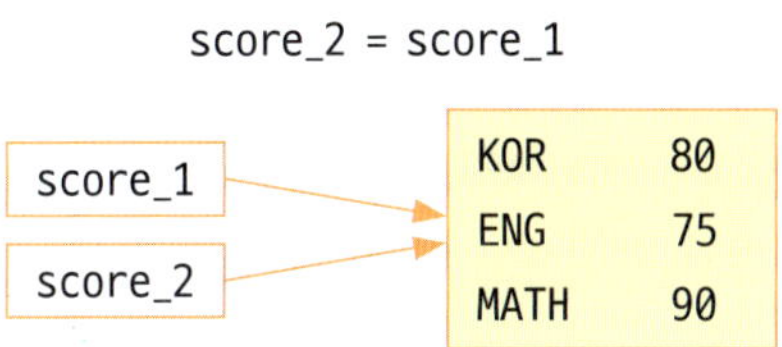

그림 3-3 scroe_1 **객체의 복사: 대입 연산자 사용**

```
>>> score_3 = score_1.copy()              # score_1과 score_3은 독립된 객체
>>> score_3.loc['KOR'] = 70
>>> score_3
KOR     70
ENG     75
MATH    90
dtype: int64
>>> score_1
KOR     95
ENG     75
MATH    90
dtype: int64
```

이번에는 copy() 메서드를 이용하여 score_1을 score_3에 복사한 뒤, score_3의 국어(KOR) 점수를 95에서 70으로 변경하였다. 이후 score_1의 내용을 확인해 보면 score_1의 국어 점

수는 변경되지 않았음을 확인할 수 있다. copy() 메서드를 이용한 복사는 [그림 3-4]와 같이 시리즈 객체의 값을 복사하여 새로운 객체를 만든 뒤, 이 객체의 주소를 복사 대상 변수에 할당하기 때문이다. 따라서 시리즈 객체를 복사할 때는 반드시 copy() 메서드를 사용해야 한다.

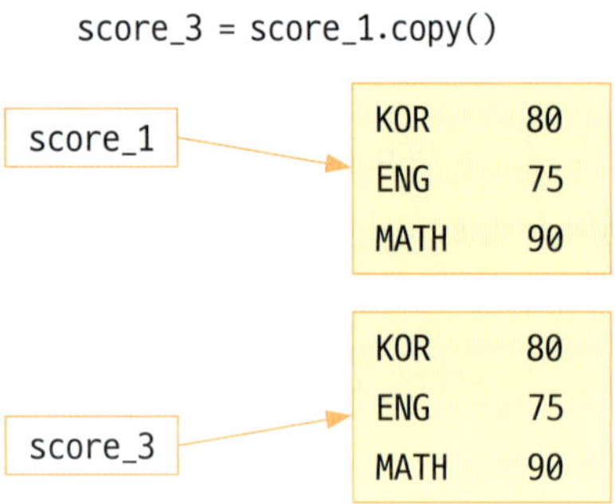

그림 3-4 scroe_1 객체의 복사: copy() 메서드를 사용한 객체 복사

3장에서는 1차원 배열을 효과적으로 저장하고 다루기 위해서 판다스에서 제공하는 시리즈 자료구조에 대해서 알아보았다. 시리즈를 효과적으로 다루기 위해서는 인덱싱과 슬라이싱 방법, 그리고 시리즈 객체가 제공하는 다양한 메서드들을 숙지할 필요가 있다. 이 내용들은 다음 단원에서 살펴볼 데이터프레임 자료구조에도 그대로 적용된다.

요약

01 판다스 시리즈는 1차원 배열의 자료구조를 제공하며, 시리즈 객체를 생성할 때는 `pd.Series()` 메서드를 사용한다.

02 시리즈 객체의 정보를 확인하려면 `size`, `shape`의 속성값을 확인하거나 파이썬의 `len()` 함수를 이용한다.

03 슬라이싱slicing은 인덱스와 조건문을 이용하여 시리즈에 저장된 값 중 일부를 추출하는 행위다.

04 슬라이싱에서 절대 위치 인덱스를 이용하는 경우에는 `iloc[]`를, 레이블 인덱스를 이용하는 경우에는 `loc[]`를 사용한다. 레이블을 지정할 때는 범위 지정 연산자인 `:`을 사용할 수 있다.

05 조건에 맞는 값들만 슬라이싱하는 작업도 가능하다. 원하는 조건문을 `loc[]` 안에 서술하면 된다. 여러 조건문을 `&`(and) 또는 `|`(or)로 연결할 수 있는데, 각 조건문은 괄호(`()`)로 감싸야 한다.

06 시리즈 객체에 대한 산술 연산은 객체 내 각각의 값에 대한 산술 연산으로 바뀌어 실행된다.

07 시리즈 객체는 다양한 통계 관련 메서드를 제공한다. `describe()`는 시리즈 객체에 포함된 값들에 대한 기본 통곗값을 한 번에 보여준다.

08 시리즈 객체의 값은 인덱스를 이용하여 변경할 수 있으며, 조건에 맞는 값들만 변경하는 작업도 가능하다.

09 _append(), drop()과 같은 판다스 메서드를 사용하면 객체의 내용을 실제로 변경하는 것이 아니라 변경될 결과를 미리 보여준다.

10 시리즈 객체를 복사할 때는 대입 연산자인 =을 사용하면 안 되고, 반드시 copy() 메서드를 사용해야 한다.

연습문제

[01~18] 다음은 어느 보험회사의 8개 영업팀(A~H)이 달성한 1분기 매출 실적 데이터다. 아래에 이어지는 문제를 해결하기 위한 파이썬 코드를 작성하시오. 단, `import pandas as pd`를 사전에 실행했다고 가정한다.

팀	A	B	C	D	E	F	G	H
매출 실적	781	650	705	406	580	450	550	640

01 매출 실적 데이터를 판다스 시리즈 `sales`에 저장하고, 팀 이름을 인덱스로 설정한 후 내용을 출력하시오.

02 `sales`의 배열 길이(값의 개수)를 출력하시오.

03 인덱스 기준 2번째 팀의 매출액을 출력하시오.

04 F팀의 매출액을 출력하시오.

05 인덱스 기준 3~5번째 팀의 매출액을 출력하시오.

06 A, B, D팀의 매출액을 출력하시오.

07 매출액이 600 이상인 팀들의 이름과 매출액을 출력하시오.

08 매출액이 500 미만이거나 700을 초과하는 팀들의 이름과 매출액을 출력하시오.

09 B팀보다 매출액이 많은 팀들의 이름과 매출액을 출력하시오.

10 매출액이 600 미만인 팀들의 이름을 출력하시오.

11 각 팀의 매출액이 20% 증가했을 때의 매출액을 출력하시오.

12 매출액이 600 미만인 팀들의 매출액만 20% 올린 결과를 출력하시오.

13 8개 팀의 매출액 평균, 합계, 표준편차를 출력하시오.

14 H팀의 매출액을 800으로 변경하고, 변경 여부를 확인하시오.

15 A팀과 C팀의 매출액을 각각 810, 820으로 변경하고, 변경 여부를 확인하시오.

16 신생 팀 J의 매출액 400을 `sales`에 추가하시오.

17 J팀의 매출액 정보를 삭제하시오.

18 `slaes`의 내용을 `slaes2`에 복사한 후, `slaes2`의 매출액을 500씩 올리고 `slaes`와 `slaes2`의 내용을 비교하시오.

CHAPTER 04

데이터프레임으로 2차원 배열 다루기

PREVIEW

4장에서는 판다스의 2차원 자료구조인 데이터프레임을 생성하고 효율적으로 다루는 방법을 학습한다.

1절 csv 파일로부터 데이터프레임을 생성하는 과정을 살펴본다. 이를 위해 학습용 데이터셋인 `iris` 데이터셋을 활용한다. 이 데이터셋에는 세 가지 붓꽃 품종에 대한 꽃받침과 꽃잎의 길이 측정 데이터가 담겨 있다.

2절 데이터프레임을 다루는 다양한 방법을 배운다. 주요 내용으로 데이터프레임 객체의 정보 확인, 데이터프레임에 대한 인덱싱과 슬라이싱, 조건문을 이용한 데이터 추출, 데이터프레임 객체에 대한 산술 연산, 데이터프레임의 통계 관련 메서드, 데이터프레임 객체의 내용 변경 등이 포함된다.

3절 VS Code의 확장 기능 중 하나인 Excel Viewer를 사용하여 csv 파일을 편리하게 조회하는 방법을 배운다. 이를 통해 사용자는 파이썬 코드와 데이터 파일을 VS Code 내에서 동시에 확인하며 작업할 수 있다.

01 iris 데이터셋

데이터프레임은 2차원 배열 데이터를 저장하고 처리하기 위해서 판다스에서 제공하는 자료구조로, 1차원 자료구조인 시리즈를 여러 개 묶어놓은 형태다. 앞서 2장에서 살펴보았듯이, 2차원 데이터에서 특정 값의 위치를 나타내려면 2개의 인덱스가 필요하다. 판다스에서는 행의 인덱스를 'index' 속성으로 다루고, 컬럼의 인덱스를 'columns' 속성으로 다룬다. 행과 열의 인덱스 이름을 다르게 사용한다는 점을 기억하자. 실제 데이터는 대부분 2차원 배열 형태로 존재하기 때문에, 데이터프레임을 능숙하게 다루는 일이 매우 중요하다.

데이터프레임을 효과적으로 학습하기 위해, 널리 알려진 iris 데이터셋을 활용하려고 한다. iris 데이터셋은 150개의 붓꽃 샘플에 대해 네 가지 측정값과 품종 정보를 결합하여 만든 데이터셋이다. 붓꽃의 품종은 setosa, versicolor, virginica 세 가지이며, 각 품종마다 50개의 데이터를 제공한다. 각 컬럼의 의미는 [표 4-1]에 정리되어 있으며, [그림 4-1]은 이 데이터셋의 일부를 보여준다.

표 4-1 iris 데이터셋의 컬럼들

컬럼명	의미	자료형(data type)
Sepal_Length	꽃받침의 길이	숫자형
Sepal_Width	꽃받침의 폭	숫자형
Petal_Length	꽃잎의 길이	숫자형
Petal_Width	꽃잎의 폭	숫자형
Species	붓꽃의 품종	문자형(범주형)

	A	B	C	D	E
1	Sepal_Length	Sepal_Width	Petal_Length	Petal_Width	Species
2	5.1	3.5	1.4	0.2	setosa
3	4.9	3	1.4	0.2	setosa
4	4.7	3.2	1.3	0.2	setosa
5	4.6	3.1	1.5	0.2	setosa
6	5	3.6	1.4	0.2	setosa
7	5.4	3.9	1.7	0.4	setosa

그림 4-1 iris 데이터셋의 일부

데이터 분석 작업에서 사용하는 데이터는 대부분 파일 형태로 존재하며, 이를 판다스 데이터프레임 형태로 변환하여 분석하는 것이 일반적이다. 이 책에서는 텍스트 파일의 일종인 csv 파일을 사용하여 데이터를 다룰 예정이다. 우리가 분석할 데이터가 D 드라이브의 `data` 폴더에 있는 `iris.csv` 파일이라 가정하고, 이 파일을 읽어 데이터프레임으로 불러온 후 그 내용을 살펴보자.

코드 4-1 code4_1.py

```
import pandas as pd

df = pd.read_csv('d:/data/iris.csv')          # csv 파일 읽기
df                                            # 내용 확인
```

실행 결과

```
>>> import pandas as pd
>>> df = pd.read_csv('d:/data/iris.csv')      # csv 파일 읽기
```

.csv 파일을 읽어서 불러오기 위해 판다스의 클래스 메서드인 `pd.read_csv()`를 이용한다. 이때 입력값으로 파일의 경로와 파일명을 지정해야 한다. 불러온 데이터는 데이터프레임의 형태로 `df` 변수에 저장된다.

하나 더 알기 컬럼 이름이 없는 데이터 파일

대부분의 데이터 파일에는 [그림 4-1]과 같이 첫 줄에 컬럼 이름이 있고 데이터는 둘째 줄부터 시작된다. 하지만 일부 데이터 파일은 컬럼 이름 없이 첫 줄부터 데이터가 시작되기도 한다. 이런 파일을 읽을 때는 다음과 같이 `header=None`을 매개변수에 추가해야 한다. 이렇게 하지 않으면 첫 줄의 값들이 컬럼 이름으로 인식된다.

```
pd.read_csv('파일명', header=None)
```

```
>>> df                                          # 내용 확인
     Sepal_Length  Sepal_Width  Petal_Length  Petal_Width    Species
0             5.1          3.5           1.4          0.2     setosa
1             4.9          3.0           1.4          0.2     setosa
2             4.7          3.2           1.3          0.2     setosa
3             4.6          3.1           1.5          0.2     setosa
4             5.0          3.6           1.4          0.2     setosa
..            ...          ...           ...          ...        ...
145           6.7          3.0           5.2          2.3  virginica
146           6.3          2.5           5.0          1.9  virginica
147           6.5          3.0           5.2          2.0  virginica
148           6.2          3.4           5.4          2.3  virginica
149           5.9          3.0           5.1          1.8  virginica

[150 rows x 5 columns]
```

df의 내용을 살펴보면 150행 5열의 데이터가 저장되었음을 알 수 있다.

하나 더 알기

데이터프레임을 .csv 포맷의 파일로 저장할 때는 다음과 같이 `to_csv()` 메서드를 이용한다.

```
df.to_csv('d:/data/iris_new.csv')
```

02 데이터프레임 다루기

데이터프레임을 다루는 방법은 시리즈에서 학습한 내용을 대부분 그대로 적용할 수 있다. 다만 데이터프레임에서는 2차원 데이터를 다루므로 1차원 데이터보다 다소 복잡한 측면이 있다. 실습 과정을 충분히 연습하여 이 절에서 다루는 내용을 숙지하도록 한다. 2절의 실습 코드는 모두 [코드 4-1]을 실행한 이후에 이어서 실행하는 것으로 가정한다.

1 데이터프레임 객체의 정보 확인

데이터 파일을 데이터프레임 형태로 저장했으면 제일 먼저 해야 할 일은 데이터프레임 객체의 기본 정보를 파악하는 일이다.

코드 4-2 code4_2.py

```
# 데이터프레임 객체의 정보 확인
df.info()                             # 배열의 정보
df.shape                              # 배열의 형태
df.shape[0]                           # 행의 개수
df.shape[1]                           # 컬럼의 개수

df.dtypes                             # 각 컬럼의 자료형
df['Species'] = df['Species'].astype('category')
df.dtypes

df.columns                            # 컬럼들의 이름 보기

df.head()                             # 데이터 앞부분 일부 보기
df.tail()                             # 데이터 뒷부분 일부 보기

df['Species'].unique()                # 품종 정보 확인
```

[코드 4-2]의 실행 결과를 나누어 설명하면 다음과 같다.

```
>>> # 데이터프레임 객체의 정보 확인
>>>
>>> df.info()                                       # 배열의 정보
<class 'pandas.core.frame.DataFrame'>
RangeIndex: 150 entries, 0 to 149
Data columns (total 5 columns):
 #   Column        Non-Null Count  Dtype
---  ------        --------------  -----
 0   Sepal_Length  150 non-null    float64
 1   Sepal_Width   150 non-null    float64
 2   Petal_Length  150 non-null    float64
 3   Petal_Width   150 non-null    float64
 4   Species       150 non-null    object
dtypes: float64(4), object(1)
memory usage: 6.0+ KB
```

info() 메서드는 데이터프레임 객체에 대한 전반적인 정보를 알려준다. 실행 결과에 포함된 정보는 [그림 4-2]와 같다.

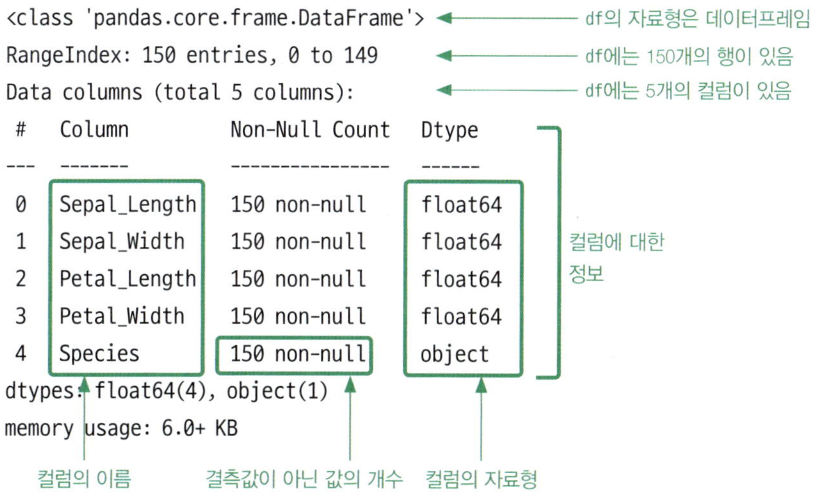

그림 4-2 데이터프레임 객체의 출력 결과에 대한 설명

```
>>> df.shape                                # 배열의 형태
(150, 5)
>>> df.shape[0]                             # 행의 개수
150
>>> df.shape[1]                             # 컬럼의 개수
5
```

데이터프레임 객체의 shape 속성은 배열의 행과 열의 정보를 담고 있다. (150, 5)는 iris 데이터셋이 150행 5열로 이루어진 2차원 배열임을 알려준다. shape[0]은 행의 개수를, shape[1]은 컬럼(열)의 개수를 나타낸다.

```
>>> df.dtypes                               # 각 컬럼의 자료형
Sepal_Length    float64
Sepal_Width     float64
Petal_Length    float64
Petal_Width     float64
Species         object
dtype: object
```

데이터프레임 객체의 dtypes 속성은 포함된 컬럼들의 자료형 정보를 담고 있다. 출력 결과를 보면 앞 4개의 컬럼은 숫자형float이고 Species 컬럼은 객체형object으로 되어 있는데, 판다스에서 문자열 컬럼은 객체형으로 표시된다. 마지막 줄의 dtype: object는 데이터프레임 전체의 자료형을 나타내는데, 일반적으로 데이터프레임의 자료형은 객체형으로 표현된다.

여기서 잠깐!

시리즈의 자료형 정보는 dtype 속성에, 데이터프레임의 자료형 정보는 dtypes 속성에 저장되어 있다.

```
>>> df['Species'] = df['Species'].astype('category')
>>> df.dtypes
Sepal_Length    float64
Sepal_Width     float64
```

```
Petal_Length     float64
Petal_Width      float64
Species         category
dtype: object
```

판다스는 데이터 파일에서 데이터를 읽어올 때 컬럼의 자료형을 자동으로 판단하여 지정한다. 대부분 정확하지만, 필요에 따라 자료형을 변경해야 할 때도 있다. 예를 들면 품종(Species) 컬럼은 문자열 값들을 저장하고 있는데 이 문자열은 임의의 문자열이 아닌 종류가 정해진 문자열, 즉 범주형categorical 자료다. 판다스에서는 범주형 자료에 'category'라는 별도의 자료형을 부여할 수 있다. 위 코드는 품종(Species) 컬럼의 자료형을 object에서 category로 변환하는 예를 보여준다. 자료형을 변환한 후 dtypes 속성의 정보를 확인해 보면 품종(Species) 컬럼의 자료형이 category로 변경된 것을 알 수 있다.

```
>>> df.columns                          # 컬럼들의 이름 보기
Index(['Sepal_Length', 'Sepal_Width', 'Petal_Length', 'Petal_Width',
       'Species'],
      dtype='object')
```

데이터프레임의 컬럼 이름은 columns 속성에 저장되어 있다. 데이터프레임에서는 컬럼 이름으로 데이터를 관리할 일이 많으므로 컬럼 이름이 기억나지 않을 때는 columns 속성을 조회하여 정보를 알아낸다. columns 속성의 정보도 배열 형태로 저장되어 있으므로 df.columns[2]와 같은 인덱싱이 가능하다. df.columns[2]는 'Petal_Length'다.

```
>>> df.head()                           # 데이터 앞부분 일부 보기
   Sepal_Length  Sepal_Width  Petal_Length  Petal_Width  Species
0           5.1          3.5           1.4          0.2   setosa
1           4.9          3.0           1.4          0.2   setosa
2           4.7          3.2           1.3          0.2   setosa
3           4.6          3.1           1.5          0.2   setosa
4           5.0          3.6           1.4          0.2   setosa
```

```
>>> df.tail()                                # 데이터 뒷부분 일부 보기
     Sepal_Length  Sepal_Width  Petal_Length  Petal_Width    Species
145           6.7          3.0           5.2          2.3  virginica
146           6.3          2.5           5.0          1.9  virginica
147           6.5          3.0           5.2          2.0  virginica
148           6.2          3.4           5.4          2.3  virginica
149           5.9          3.0           5.1          1.8  virginica
>>>
```

head()와 tail() 메서드는 각각 데이터프레임의 앞부분 일부 데이터와 뒷부분 일부 데이터를 확인하고 싶을 때 사용한다. 실행 결과를 보면 앞, 뒤 5개의 행이 출력되었음을 알 수 있다. 만일 앞부분 10개 행의 데이터를 확인하고 싶으면 df.head(10)을 실행한다.

```
>>> df['Species'].unique()                   # 품종 정보 확인
['setosa', 'versicolor', 'virginica']
Categories (3, object): ['setosa', 'versicolor', 'virginica']
```

품종(Species) 컬럼과 같은 범주형 자료에는 종류가 정해져 있다. 어떤 종류의 품종이 있는지 확인하고 싶으면 품종(Species) 컬럼에 unique() 메서드를 적용한다. 실행 결과를 보면 'setosa', 'versicolor', 'virginica'의 3개 품종이 있음을 알 수 있다. unique() 메서드는 자료에서 중복된 값을 제거하여 어떤 종류의 값들이 있는지를 파악할 때 사용한다.

하나 더 알기 범주형 자료의 컬럼 타입을 category로 지정하면 좋은 이유

- **메모리 절약:** 문자열 값을 그대로 저장했을 때보다 메모리를 절약할 수 있다.
- **논리적 순서 지정:** 문자열 값의 출력 순서는 오름차순 또는 내림차순으로 조정되지만, category 타입을 사용하면 알파벳 순서와 무관하게 논리적 순서를 설정할 수 있다. 예를 들어 계절 컬럼 값의 논리적 순서를 Spring, Summer, Fall, Winter로 설정할 수 있다.
- **범주형 정보 전달:** 데이터프레임을 다른 파이썬 라이브러리에서 사용할 때 category 타입으로 지정된 컬럼은 범주형 자료임을 알려주어, 통계 함수나 그래프 함수에서 해당 컬럼을 범주형 자료로 인식하고 적절히 처리할 수 있다.

2 데이터프레임 안에서 값의 위치 다루기

1차원 자료구조인 시리즈에서는 값의 위치를 다루는 데 1개의 인덱스만 필요하다. 그러나 2차원 자료구조인 데이터프레임에서는 2개의 인덱스(행과 열)가 필요하다.

인덱싱과 슬라이싱

2장에서 설명했듯이, 인덱싱indexing은 시리즈에 저장된 값의 위치를 가리키는 행위를 의미하고, 슬라이싱slicing은 인덱스나 조건문을 이용하여 시리즈에 저장된 값의 일부를 추출하는 행위를 의미한다. 데이터프레임에서는 2개의 인덱스를 사용하므로 시리즈보다 조금 복잡하지만 기본 개념은 시리즈와 동일하다. [코드 4-1]에 이어서 [코드 4-3]을 실행해 보자.

코드 4-3 code4_3.py

```
# 인덱싱과 슬라이싱
df.iloc[2, 3]                        # 2행 3열의 값
df.loc[3, 'Petal_Width']             # 'Petal_Width' 컬럼의 3행 값
df.loc[[0, 2, 4], ['Petal_Length', 'Petal_Width']]

df.loc[5:8,'Petal_Length']           # 'Petal_Length' 컬럼의 5~7행 값
df.iloc[:5, :4]                      # 0~4행, 0~3열의 값

df.loc[:, 'Petal_Length']            # 'Petal_Length' 컬럼의 모든 행의 값
df['Petal_Length']                   # 'Petal_Length' 컬럼의 모든 값
df.Petal_Length                      # 'Petal_Length' 컬럼의 모든 값

df.iloc[:5, :]                       # 0~4행의 모든 컬럼의 값
df.iloc[:5]                          # 0~4행의 모든 컬럼의 값
```

[코드 4-3]의 실행 결과를 나누어 설명하면 다음과 같다.

```
>>> # 인덱싱과 슬라이싱
>>>
>>> df.iloc[2, 3]                    # 2행 3열의 값
np.float64(0.2)
```

```
>>> df.loc[3, 'Petal_Width']                    # 'Petal_Width' 컬럼의 3행 값
np.float64(0.2)
```

데이터프레임에서도 값의 위치를 지정할 때, 절대 위치 인덱스를 지정하는 경우에는 **iloc[]**를, 레이블 인덱스를 지정하는 경우에는 **loc[]**를 사용한다. 데이터프레임은 2차원 배열이므로 **iloc[2,3]**과 같이 2개의 인덱스가 필요하다. 이때 앞쪽 인덱스는 행을, 뒤쪽 인덱스는 열(컬럼)을 가리킨다.

```
>>> df.loc[[0, 2, 4], ['Petal_Length', 'Petal_Width']]
   Petal_Length  Petal_Width
0           1.4          0.2
2           1.3          0.2
4           1.4          0.2
```

행과 열(컬럼)을 여러 개 지정할 때는 리스트([])로 인덱스들을 묶어서 지정한다.

```
>>> df.loc[5:8, 'Petal_Length']                 # 'Petal_Length' 컬럼의 5~8행 값
5    1.7
6    1.4
7    1.5
8    1.4
Name: Petal_Length, dtype: float64
>>> df.iloc[:5, :4]                             # 0~4행, 0~3열의 값
   Sepal_Length  Sepal_Width  Petal_Length  Petal_Width
0           5.1          3.5           1.4          0.2
1           4.9          3.0           1.4          0.2
2           4.7          3.2           1.3          0.2
3           4.6          3.1           1.5          0.2
4           5.0          3.6           1.4          0.2
```

데이터프레임에서도 시리즈와 동일하게 범위 지정 연산자(:)를 사용하여 인덱스 범위를 지정할 수 있다. **df.loc[5:8,'Petal_Length']**의 실행 결과가 5~7행이 아닌 5~8행임에 주의한다.

```
>>> df.loc[:, 'Petal_Length']                 # 'Petal_Length' 컬럼의 모든 행의 값
0      1.4
1      1.4
2      1.3
3      1.5
4      1.4
      ...
145    5.2
146    5.0
147    5.2
148    5.4
149    5.1
Name: Petal_Length, Length: 150, dtype: float64
>>> df['Petal_Length']                        # 'Petal_Length' 컬럼의 모든 값
0      1.4
1      1.4
2      1.3
3      1.5
4      1.4
      ...
145    5.2
146    5.0
147    5.2
148    5.4
149    5.1
Name: Petal_Length, Length: 150, dtype: float64
```

특정 컬럼에서 모든 행의 값을 추출할 때는 `df.loc[:,'Petal_Length']`와 같이 `loc[]`를 사용해도 되지만, 더 간단하게 `df['Petal_Length']`처럼 표현할 수 있다. 단, 간단히 표현할 때는 절대 위치 인덱스를 사용할 수 없다. 즉 `df[2]`와 같이 쓸 수 없고(이 경우 에러 발생함), 반드시 `df['Petal_Length']`와 같이 레이블 인덱스를 사용해야 한다.

```
>>> df.Petal_Length                           # 'Petal_Length' 컬럼의 모든 값
0      1.4
1      1.4
```

```
2      1.3
3      1.5
4      1.4
      ...
145    5.2
146    5.0
147    5.2
148    5.4
149    5.1
Name: Petal_Length, Length: 150, dtype: float64
```

특정 컬럼에서 모든 행의 값을 추출하는 가장 간단한 방법은 df.Petal_Length와 같이 컬럼 이름(레이블 인덱스)을 데이터프레임의 속성처럼 사용하는 것이다. 이때는 컬럼 이름을 따옴표로 묶지 않는다.

```
>>> df.iloc[:5, :]                                    # 0~4행의 모든 컬럼의 값
   Sepal_Length  Sepal_Width  Petal_Length  Petal_Width  Species
0           5.1          3.5           1.4          0.2   setosa
1           4.9          3.0           1.4          0.2   setosa
2           4.7          3.2           1.3          0.2   setosa
3           4.6          3.1           1.5          0.2   setosa
4           5.0          3.6           1.4          0.2   setosa
>>> df.iloc[:5]                                       # 0~4행의 모든 컬럼의 값
   Sepal_Length  Sepal_Width  Petal_Length  Petal_Width  Species
0           5.1          3.5           1.4          0.2   setosa
1           4.9          3.0           1.4          0.2   setosa
2           4.7          3.2           1.3          0.2   setosa
3           4.6          3.1           1.5          0.2   setosa
4           5.0          3.6           1.4          0.2   setosa
```

특정 행에서 모든 컬럼 값을 추출하는 방법에는 두 가지가 있다. 첫 번째 방법은 df.iloc[:5, :]과 같이 컬럼 인덱스 부분에 전체 범위를 나타내는 ':'을 사용하는 것이다. 이 방법은 '0~4행의 모든 컬럼 값을 추출하라'는 뜻이다. 두 번째 방법은 df.iloc[:5]와 같이 컬럼 인덱스 부분을 생략하는 것이다. 이 경우에도 첫 번째 방법과 동일하게 0~4행의 모든 컬럼 값을 추출한다. iloc[]에서 인덱스를 하나만 지정하면 해당 인덱스는 행의 인덱스를 의미한다.

여기서 잠깐! 특정 컬럼과 행의 값 추출 방법

특정 컬럼에 대한 모든 행의 값과 특정 행에 대한 모든 컬럼의 값을 추출하는 표현법을 정리해 보자.

- 특정 컬럼에서 모든 행의 값 추출하기

```
df.loc[:, 'Petal_Length']                # 정식 표현
df['Petal_Length']                       # 약식 표현
df.Petal_Length                          # 약식 표현
```

- 특정 행에서 모든 컬럼의 값 추출하기

```
df.iloc[:5, :]                           # 정식 표현
df.iloc[:5]                              # 약식 표현
```

조건문을 이용한 슬라이싱

데이터프레임에서도 조건문을 사용할 수 있는데 조건문은 주로 조건에 맞는 행을 추출하는 데 사용된다. 따라서 **조건문은 행의 인덱스 입력 부분에 작성하는 것이 일반적이다.** [코드 4-1]에 이어서 [코드 4-4]를 실행해 보자.

코드 4-4 code4_4.py

```
# 조건문을 이용한 슬라이싱

# 꽃잎의 길이가 6.5 이상인 행들의 모든 컬럼을 보이시오
df.loc[df.Petal_Length >= 6.5, :]
df.loc[df.Petal_Length >= 6.5]           # 모든 컬럼의 경우 컬럼 인덱스 생략

# 꽃잎의 길이가 6.5 이상인 행들의 인덱스 번호를 보이시오
df.loc[df.Petal_Length >= 6.5].index

# 꽃잎의 길이가 3.5~3.8 사이인 행들의 모든 컬럼을 보이시오
df.loc[(df.Petal_Length >= 3.5) &
       (df.Petal_Length <= 3.8)]
```

```
# 꽃잎의 길이가 1.3 미만이거나 6.5를 초과하는 행들의 꽃잎의 길이와 폭을 보이시오
df.loc[(df.Petal_Length < 1.3) |
       (df.Petal_Length > 6.5), ['Petal_Length','Petal_Width']]

# where()를 이용한 조건 검색
df.where(df.Petal_Length >= 6.5).dropna()
```

[코드 4-4]의 실행 결과를 나누어서 설명하면 다음과 같다.

```
>>> # 조건문을 이용한 슬라이싱
>>> # 꽃잎의 길이가 6.5 이상인 행들의 모든 컬럼을 보이시오
>>>
>>> df.loc[df.Petal_Length >= 6.5, :]
     Sepal_Length  Sepal_Width  Petal_Length  Petal_Width    Species
105           7.6          3.0           6.6          2.1  virginica
117           7.7          3.8           6.7          2.2  virginica
118           7.7          2.6           6.9          2.3  virginica
122           7.7          2.8           6.7          2.0  virginica
```

앞에서 설명한 것처럼 조건문을 행의 인덱스 위치에 작성하였다. 컬럼 인덱스 위치에는 범위 지정 연산자(:)를 사용하고 시작값start과 종료값end을 생략하여 '모든 컬럼'임을 표현하였다. 실행 결과, 조건에 부합하는 4개의 행이 추출되었다. 출력 결과에서 왼쪽의 105, 117, 118, 122는 데이터셋에서 추출된 행의 인덱스 번호다.

```
>>> df.loc[df.Petal_Length >= 6.5]          # 모든 컬럼의 경우 컬럼 인덱스 생략
     Sepal_Length  Sepal_Width  Petal_Length  Petal_Width    Species
105           7.6          3.0           6.6          2.1  virginica
117           7.7          3.8           6.7          2.2  virginica
118           7.7          2.6           6.9          2.3  virginica
122           7.7          2.8           6.7          2.0  virginica
```

조건문을 적용할 때, 모든 컬럼에 대한 데이터를 조회한다면 위와 같이 컬럼 인덱스 부분을 생략할 수 있다.

```
>>> # 꽃잎의 길이가 6.5 이상인 행들의 인덱스 번호를 보이시오
>>>
>>> df.loc[df.Petal_Length >= 6.5].index
Index([105, 117, 118, 122], dtype='int64')
```

출력 결과에서 행들의 인덱스 번호만 따로 추출하려면 조건문 결과에 대해 index 속성을 적용한다. 데이터프레임으로부터 조건에 맞는 행들을 추출한 결과도 여전히 데이터프레임이므로 데이터프레임의 속성인 index를 적용할 수 있다. 앞서 설명했듯이, 데이터프레임에서 index는 행의 인덱스를 의미한다.

```
>>> # 꽃잎의 길이가 3.5~3.8 사이인 행들의 모든 컬럼을 보이시오
>>>
>>> df.loc[(df.Petal_Length >= 3.5) &
...         (df.Petal_Length <= 3.8)]
    Sepal_Length  Sepal_Width  Petal_Length  Petal_Width     Species
60           5.0          2.0           3.5          1.0  versicolor
64           5.6          2.9           3.6          1.3  versicolor
79           5.7          2.6           3.5          1.0  versicolor
80           5.5          2.4           3.8          1.1  versicolor
81           5.5          2.4           3.7          1.0  versicolor
```

다중 조건을 적용해야 할 때는 각 조건을 괄호(( ))안에 기술하고 조건 간의 관계는 &(and) 또는 ¦(or) 연산자로 연결한다. 위 명령문에서는 & 연산자를 적용하였다.

```
>>> # 꽃잎의 길이가 1.5 미만이거나 6.5를 초과하는 행들의 꽃잎의 길이와 폭을 보이시오
>>>
>>> df.loc[(df.Petal_Length < 1.3) |
...         (df.Petal_Length > 6.5), ['Petal_Length','Petal_Width']]
    Petal_Length  Petal_Width
13           1.1          0.1
14           1.2          0.2
22           1.0          0.2
35           1.2          0.2
105          6.6          2.1
```

```
117          6.7          2.2
118          6.9          2.3
122          6.7          2.0
```

위 명령문에서는 다중 조건을 적용할 때 조건들을 | 연산자로 연결하였다.

```
>>> # where()를 이용한 조건 검색
>>>
>>> df.where(df.Petal_Length >= 6.5).dropna()
     Sepal_Length  Sepal_Width  Petal_Length  Petal_Width    Species
105           7.6          3.0           6.6          2.1  virginica
117           7.7          3.8           6.7          2.2  virginica
118           7.7          2.6           6.9          2.3  virginica
122           7.7          2.8           6.7          2.0  virginica
```

where() 메서드는 각 행이 조건에 부합하는지를 판단하여 부합하지 않는 행들은 결측값인 NaN으로 대체한다. 이 결과에 대해 dropna() 메서드를 적용하면 결측값이 아닌 행들만 남게 되므로 결과적으로 전체 데이터프레임에서 조건에 맞는 행들만 추출된다.

3 데이터프레임 객체에 대한 연산

데이터프레임 객체에 대한 산술 연산

데이터프레임에는 숫자형 컬럼과 문자형 컬럼이 섞여 있을 수 있는데, 반드시 숫자형 컬럼에만 산술 연산을 적용해야 한다. [코드 4-1]에 이어서 [코드 4-5]를 실행해 보자.

코드 4-5 code4_5.py

```
# 데이터프레임 객체에 대한 산술 연산
df.loc[:, df.columns != 'Species']             # 'Species' 컬럼 제외
df.loc[:, ~df.columns.isin(['Species'])]       # 'Species' 컬럼 제외

df.loc[:, df.columns != 'Species'] + 10        # 모든 값에 10을 더함

df['Sepal_Length'] + df['Petal_Length']        # 두 컬럼의 같은 행 값들끼리 연산
```

```
# 꽃잎의 길이가 5 이상인 경우에는 꽃잎의 길이에 -1을 곱하시오
# (5 미만인 경우에는 원래 값 유지)
tmp = df['Petal_Length'].apply(lambda x: -1 if x >= 5 else 1)
tmp
df['Petal_Length'] * tmp
```

[코드 4-5]의 실행 결과를 나누어서 설명하면 다음과 같다.

```
>>> # 데이터프레임 객체에 대한 산술 연산
>>>
>>> df.loc[:, df.columns != 'Species']             # 'Species' 컬럼 제외
     Sepal_Length  Sepal_Width  Petal_Length  Petal_Width
0             5.1          3.5           1.4          0.2
1             4.9          3.0           1.4          0.2
2             4.7          3.2           1.3          0.2
3             4.6          3.1           1.5          0.2
4             5.0          3.6           1.4          0.2
..            ...          ...           ...          ...
145           6.7          3.0           5.2          2.3
146           6.3          2.5           5.0          1.9
147           6.5          3.0           5.2          2.0
148           6.2          3.4           5.4          2.3
149           5.9          3.0           5.1          1.8

[150 rows x 4 columns]
```

데이터프레임에 산술 연산을 적용할 때, 숫자형이 아닌 컬럼은 제외해야 한다. 특정 컬럼을 제외하는 방법에는 여러 가지가 있다. 제외할 컬럼이 하나인 경우, 위 코드와 같이 컬럼 인덱스 위치에 조건문을 작성한다. 조건문 `df.columns != 'Species'`는 `df`의 컬럼들 중에서 이름이 `Species`가 아닌 컬럼들을 의미한다. 이 명령문을 실행한 결과에서 `Species` 컬럼이 제외된 것을 확인할 수 있다.

```
>>> df.loc[:, ~df.columns.isin(['Species'])]     # 'Species' 컬럼 제외
    Sepal_Length  Sepal_Width  Petal_Length  Petal_Width
0            5.1          3.5           1.4          0.2
1            4.9          3.0           1.4          0.2
2            4.7          3.2           1.3          0.2
3            4.6          3.1           1.5          0.2
4            5.0          3.6           1.4          0.2
..           ...          ...           ...          ...
145          6.7          3.0           5.2          2.3
146          6.3          2.5           5.0          1.9
147          6.5          3.0           5.2          2.0
148          6.2          3.4           5.4          2.3
149          5.9          3.0           5.1          1.8

[150 rows x 4 columns]
```

컬럼 인덱스 위치에 작성한 명령문을 보면 ~df.columns.isin(['Species'])]로 되어 있는데 명령문 앞의 틸드(~) 연산자는 not을 의미한다. df.columns.isin()은 df의 컬럼들 중 isin() 안에 서술된 컬럼과 일치하는 컬럼을 찾는다는 의미다. 여기에 ~를 붙였기 때문에 isin()에 서술된 컬럼과 일치하지 않는 컬럼을 찾는 연산이 된다. 또한 isin() 안에 여러 개의 컬럼을 리스트로 묶어 서술할 수 있으므로 여러 컬럼을 한 번에 제외할 때 isin() 메서드를 이용하면 편리하다. 다음 두 명령문은 동일한 결과를 도출한다.

- df.loc[:, (df.columns != 'Sepal_Length') & (df.columns != 'Petal_Length')]
- df.loc[:, ~df.columns.isin(['Sepal_Length', 'Petal_Length'])]

```
>>> df.loc[:, df.columns != 'Species'] + 10        # 모든 값에 10을 더함
    Sepal_Length  Sepal_Width  Petal_Length  Petal_Width
0           15.1         13.5          11.4         10.2
1           14.9         13.0          11.4         10.2
2           14.7         13.2          11.3         10.2
3           14.6         13.1          11.5         10.2
4           15.0         13.6          11.4         10.2
..           ...          ...           ...          ...
```

```
145         16.7        13.0         15.2         12.3
146         16.3        12.5         15.0         11.9
147         16.5        13.0         15.2         12.0
148         16.2        13.4         15.4         12.3
149         15.9        13.0         15.1         11.8

[150 rows x 4 columns]
```

품종(Species)이 아닌 컬럼들에 10을 더하는 연산을 수행한 결과, 데이터프레임에 있는 개별 값들에 10이 더해진 것을 확인할 수 있다. **데이터프레임에 대한 산술 연산은 이렇게 개별 값들에 대해 이루어진다.** 이 경우에도 df의 내용은 변경되지 않는다. 단지 산술 연산의 결과를 보여줄 뿐이고, 원본 데이터프레임을 수정하는 것은 아니기 때문이다.

```
>>> df['Sepal_Length'] + df['Petal_Length']      # 두 컬럼의 같은 행 값들끼리 연산
0      6.5
1      6.3
2      6.0
3      6.1
4      6.4
      ...
145    11.9
146    11.3
147    11.7
148    11.6
149    11.0
Length: 150, dtype: float64
```

컬럼의 자료형이 숫자형인 경우, 서로 다른 컬럼 간에도 산술 연산이 가능하다. 위 명령문에서는 꽃받침의 길이(Sepal_Length) 컬럼과 꽃잎의 길이(Petal_Length) 컬럼에 대해 더하기 연산을 수행하였다. 컬럼 간의 더하기는 서로 대응하는 위치에 있는 값들, 즉 같은 인덱스 번호를 가진 값들끼리 더해져 결과를 반환한다.

```
>>> # 꽃잎의 길이가 5 이상인 경우에는 꽃잎의 길이에 -1을 곱하시오
>>> # (5 미만인 경우에는 원래 값 유지)
>>>
>>> tmp = df['Petal_Length'].apply(lambda x: -1 if x >= 5 else 1)
>>> tmp
0      1
1      1
2      1
3      1
4      1
      ..
145   -1
146   -1
147   -1
148   -1
149   -1
Name: Petal_Length, Length: 150, dtype: int64
```

컬럼 값 중 조건을 만족하는 값에 대해서만 어떤 연산을 수행하고, 그렇지 않은 값들은 원래 값을 유지하도록 해야 하는 경우가 있다. 이 문제를 처리하려면 람다 함수lambda function를 이해해야 한다. 위 명령문에서 람다 함수 `lambda x: -1 if x >= 5 else 1`은 'x값이 5 이상이면 -1을, 그렇지 않으면 1을 반환하라'는 의미다. 이 함수가 `df['Petal_Length']`에 적용되면 각 행의 꽃잎의 길이(`Petal_Length`) 값이 차례로 x에 입력되고, 그에 따라 1 또는 -1이 출력된다. 결과를 저장한 `tmp` 변수의 내용을 출력해 보면, 1 또는 -1이 출력된 것을 확인할 수 있다.

```
>>> df['Petal_Length'] * tmp
0      1.4
1      1.4
2      1.3
3      1.5
4      1.4
      ...
145   -5.2
146   -5.0
```

```
147   -5.2
148   -5.4
149   -5.1
Name: Petal_Length, Length: 150, dtype: float64
```

df['Petal_Length'] * tmp를 실행하면 꽃잎의 길이(Petal_Length) 컬럼의 값들과 tmp 변수의 값들이 대응되는 위치에서 곱해진다. 그 결과, 꽃잎의 길이가 5 이상인 값들에는 -1이 곱해져 음수로 바뀌고, 나머지 값들은 그대로 유지된다.

데이터프레임의 통계 관련 메서드

데이터프레임에 통계 메서드를 적용할 때도 숫자형 컬럼에만 적용해야 한다. [코드 4-1]에 이어서 [코드 4-6]을 실행해 보자.

코드 4-6 code4_6.py

```
# 데이터프레임의 통계 관련 메서드
df2 = df.loc[:, df.columns != 'Species']        # 숫자형 컬럼만 추출
df2.sum()                                       # 값들의 합계
df2.mean()                                      # 값들의 평균
df2.median()                                    # 값들의 중앙값
df2.max()                                       # 값들의 최댓값
df2.min()                                       # 값들의 최솟값
df2.std()                                       # 값들의 표준편차
df2.var()                                       # 값들의 분산
df2.abs()                                       # 값들의 절댓값
df2.describe()                                  # 기초 통계 정보
```

[코드 4-6]의 실행 결과를 나누어 설명하면 다음과 같다.

```
>>> # 데이터프레임의 통계 관련 메서드
>>>
>>> df2 = df.loc[:, df.columns != 'Species']    # 숫자형 컬럼만 추출
```

데이터프레임 df에서 숫자형 컬럼들만 추출하여 새로운 데이터프레임 df2에 저장한다.

```
>>> df2.sum()                                  # 값들의 합계
Sepal_Length    876.5
Sepal_Width     458.6
Petal_Length    563.7
Petal_Width     179.9
dtype: float64
```

새로운 데이터프레임 df2에 대해 sum() 메서드를 적용하였다. 출력 결과에서 볼 수 있듯이, 데이터프레임에 대한 통계 메서드 적용은 데이터프레임 안의 4개 컬럼에 대한 적용으로 변환되어 수행된다. 예를 들어 첫 번째 행의 'Sepal_Length   876.5'는 Sepal_Length 컬럼에 있는 값들의 합계가 876.5라는 의미다.

하나 더 알기 데이터프레임에서 axis의 의미와 활용

df2.sum()과 동일한 표현식은 df2.sum(axis=0)이다. axis는 데이터프레임에서 축의 방향을 의미하는데 axis=0은 세로 방향(컬럼 방향), axis=1은 가로 방향(행 방향)을 나타낸다.

df2.sum(axis=0)은 컬럼별로 행 값들의 합계를 계산하여 출력하고, df2.sum(axis=1)은 행별로 컬럼 값들의 합계를 계산하여 출력한다. axis는 이후에 실행해 볼 대부분의 통계 메서드에 적용된다.

```
>>> df2.mean()                                 # 값들의 평균
Sepal_Length    5.843333
Sepal_Width     3.057333
Petal_Length    3.758000
Petal_Width     1.199333
dtype: float64
>>> df2.median()                               # 값들의 중앙값
Sepal_Length    5.80
Sepal_Width     3.00
Petal_Length    4.35
Petal_Width     1.30
dtype: float64
>>> df2.max()                                  # 값들의 최댓값
Sepal_Length    7.9
Sepal_Width     4.4
```

```
Petal_Length    6.9
Petal_Width     2.5
dtype: float64
>>> df2.min()                                  # 값들의 최솟값
Sepal_Length    4.3
Sepal_Width     2.0
Petal_Length    1.0
Petal_Width     0.1
dtype: float64
>>> df2.std()                                  # 값들의 표준편차
Sepal_Length    0.828066
Sepal_Width     0.435866
Petal_Length    1.765298
Petal_Width     0.762238
dtype: float64
>>> df2.var()                                  # 값들의 분산
Sepal_Length    0.685694
Sepal_Width     0.189979
Petal_Length    3.116278
Petal_Width     0.581006
dtype: float64
>>> df2.abs()                                  # 값들의 절댓값
      Sepal_Length  Sepal_Width  Petal_Length  Petal_Width
0              5.1          3.5           1.4          0.2
1              4.9          3.0           1.4          0.2
2              4.7          3.2           1.3          0.2
3              4.6          3.1           1.5          0.2
4              5.0          3.6           1.4          0.2
..             ...          ...           ...          ...
145            6.7          3.0           5.2          2.3
146            6.3          2.5           5.0          1.9
147            6.5          3.0           5.2          2.0
148            6.2          3.4           5.4          2.3
149            5.9          3.0           5.1          1.8

[150 rows x 4 columns]
```

```
>>> df2.describe()                          # 기초 통계 정보
       Sepal_Length  Sepal_Width  Petal_Length  Petal_Width
count    150.000000   150.000000    150.000000   150.000000
mean       5.843333     3.057333      3.758000     1.199333
std        0.828066     0.435866      1.765298     0.762238
min        4.300000     2.000000      1.000000     0.100000
25%        5.100000     2.800000      1.600000     0.300000
50%        5.800000     3.000000      4.350000     1.300000
75%        6.400000     3.300000      5.100000     1.800000
max        7.900000     4.400000      6.900000     2.500000
```

나머지 통계 메서드도 데이터프레임 안의 4개 컬럼들에 대한 적용으로 변환되어 수행된다.

4 데이터프레임 객체의 내용 변경

데이터프레임 객체에 있는 값의 수정

시리즈 객체와 마찬가지로, 데이터프레임에 저장된 값들도 수정할 수 있다. 직접 값의 위치를 지정하여 수정할 수도 있고 조건에 맞는 값들만 수정할 수도 있다. [코드 4-1]에 이어서 [코드 4-7]을 실행해 보자.

코드 4-7 code4_7.py

```
# 데이터프레임 객체에 있는 값의 수정
df3 = df.copy()                             # df를 df3로 복사
df3.iloc[1, 2] = 5.5                        # 1행 2열의 값 수정

df3.loc[1, 'Petal_Length'] = 1.1

df3.Petal_Length.to_list()                  # 시리즈를 리스트 형태로 출력
df3.loc[df.Petal_Length > 6.5, 'Petal_Length'] *= 100
df3.Petal_Length.to_list()                  # 시리즈를 리스트 형태로 출력
```

[코드 4-7]의 실행 결과를 나누어 설명하면 다음과 같다.

```
>>> # 데이터프레임 객체에 있는 값의 수정
>>>
>>> df3 = df.copy()                          # df를 df3로 복사
>>> df3.iloc[1, 2] = 5.5                     # 1행 2열의 값 수정
```

데이터프레임 df를 df3에 복사한 후, df3의 1행 2열의 값을 5.5로 수정하였다. 이와 같은 방식으로 데이터프레임 안에 있는 값들을 수정할 수 있다.

```
>>> df3.loc[1, 'Petal_Length'] = 1.1
```

1행의 Petal_Length 컬럼의 값을 1.1로 수정하였다.

```
>>> df3.Petal_Length.to_list()               # 시리즈를 리스트 형태로 출력
[1.4, 1.1, 1.3, 1.5, 1.4, 1.7, 1.4, 1.5, 1.4, 1.5, 1.5, 1.6, 1.4, 1.1, 1.2, 1.5,
1.3, 1.4, 1.7, 1.5, 1.7, 1.5, 1.0, 1.7, 1.9, 1.6, 1.6, 1.5, 1.4, 1.6, 1.6, 1.5,
1.5, 1.4, 1.5, 1.2, 1.3, 1.4, 1.3, 1.5, 1.3, 1.3, 1.3, 1.6, 1.9, 1.4, 1.6, 1.4,
1.5, 1.4, 4.7, 4.5, 4.9, 4.0, 4.6, 4.5, 4.7, 3.3, 4.6, 3.9, 3.5, 4.2, 4.0, 4.7,
3.6, 4.4, 4.5, 4.1, 4.5, 3.9, 4.8, 4.0, 4.9, 4.7, 4.3, 4.4, 4.8, 5.0, 4.5, 3.5,
3.8, 3.7, 3.9, 5.1, 4.5, 4.5, 4.7, 4.4, 4.1, 4.0, 4.4, 4.6, 4.0, 3.3, 4.2, 4.2,
4.2, 4.3, 3.0, 4.1, 6.0, 5.1, 5.9, 5.6, 5.8, 6.6, 4.5, 6.3, 5.8, 6.1, 5.1, 5.3,
5.5, 5.0, 5.1, 5.3, 5.5, 6.7, 6.9, 5.0, 5.7, 4.9, 6.7, 4.9, 5.7, 6.0, 4.8, 4.9,
5.6, 5.8, 6.1, 6.4, 5.6, 5.1, 5.6, 6.1, 5.6, 5.5, 4.8, 5.4, 5.6, 5.1, 5.1, 5.9,
5.7, 5.2, 5.0, 5.2, 5.4, 5.1]
```

Petal_Length 컬럼의 값들을 리스트 형태로 변환하여 출력하였다. 이렇게 변환하는 이유는 df3.Petal_Length을 그대로 출력할 경우 값들이 세로로 출력되고 중간 값들이 생략되기 때문이다. 리스트로 변환하면 모든 값을 한 번에 확인할 수 있다. 인덱스 1의 값(두 번째 값)이 1.1로 변경된 것을 확인할 수 있다.

```
>>> df3.loc[df.Petal_Length > 6.5, 'Petal_Length'] *= 100
```

Petal_Length 컬럼에서 길이가 6.5보다 큰 값에 100을 곱하는 연산이다. 파이썬에서 'A *= B'는 'A = A * B'와 동일한 의미이므로, df3에서 조건에 맞는 값들이 변경된다.

```
>>> df3.Petal_Length.to_list()                    # 시리즈를 리스트 형태로 출력
[1.4, 1.1, 1.3, 1.5, 1.4, 1.7, 1.4, 1.5, 1.4, 1.5, 1.5, 1.6, 1.4, 1.1, 1.2, 1.5,
1.3, 1.4, 1.7, 1.5, 1.7, 1.5, 1.0, 1.7, 1.9, 1.6, 1.6, 1.5, 1.4, 1.6, 1.6, 1.5,
1.5, 1.4, 1.5, 1.2, 1.3, 1.4, 1.3, 1.5, 1.3, 1.3, 1.3, 1.6, 1.9, 1.4, 1.6, 1.4,
1.5, 1.4, 4.7, 4.5, 4.9, 4.0, 4.6, 4.5, 4.7, 3.3, 4.6, 3.9, 3.5, 4.2, 4.0, 4.7,
3.6, 4.4, 4.5, 4.1, 4.5, 3.9, 4.8, 4.0, 4.9, 4.7, 4.3, 4.4, 4.8, 5.0, 4.5, 3.5,
3.8, 3.7, 3.9, 5.1, 4.5, 4.5, 4.7, 4.4, 4.1, 4.0, 4.4, 4.6, 4.0, 3.3, 4.2, 4.2,
4.2, 4.3, 3.0, 4.1, 6.0, 5.1, 5.9, 5.6, 5.8, 660.0, 4.5, 6.3, 5.8, 6.1, 5.1, 5.3,
5.5, 5.0, 5.1, 5.3, 5.5, 670.0, 690.0, 5.0, 5.7, 4.9, 670.0, 4.9, 5.7, 6.0, 4.8,
4.9, 5.6, 5.8, 6.1, 6.4, 5.6, 5.1, 5.6, 6.1, 5.6, 5.5, 4.8, 5.4, 5.6, 5.1, 5.1,
5.9, 5.7, 5.2, 5.0, 5.2, 5.4, 5.1]
```

다시 Petal_Length 컬럼의 값들을 리스트 형태로 변환하여 출력해 보면, 600 이상의 값들이 새로 반영된 것을 확인할 수 있다.

데이터 객체에 대한 행과 컬럼의 추가

한번 생성된 데이터프레임은 고정된 것이 아니어서 필요에 따라 행이나 컬럼을 추가할 수 있다. [코드 4-7]에 이어서 [코드 4-8]을 실행해 보자.

코드 4-8 code4_8.py

```
# 데이터프레임 객체에 대한 행과 컬럼의 추가

# 뒷부분에 새로운 행 추가
new_idx = df3.shape[0]                  # 추가할 행 번호 결정
df3.loc[new_idx] = [1.1, 4.5, 3.4, 2.2, 'setosa']
df3.tail()

# 중간에 새로운 행 추가
new_row =  pd.DataFrame([[1.1, 2.2, 3.3, 4.4,'virginica']],
                        columns=df3.columns)
new_row
df3 = pd.concat([df3.iloc[:10], new_row, df3.iloc[10:]], ignore_index = True)
df3.iloc[8:13, :]                       # 입력 결과 확인
```

```
# 여러 행 추가
ext = pd.DataFrame([[1.2, 3.5, 4.3, 3.1, 'setosa'],
                    [2.1, 3.2, 2.3, 5.2, 'versicolor']],
                   columns=df3.columns)
ext
df3 = df3._append(ext, ignore_index = True)
df3
# 뒤쪽에 컬럼 추가
new_col = df3.Petal_Length *10
df3['new_col'] = new_col
df3

# 중간에 컬럼 추가
df4 = df.copy()
df4.insert(loc=2, column='new_col2', value=new_col)  # 컬럼 인덱스 2 위치에 추가
df4
```

[코드 4-8]의 실행 결과를 나누어 설명하면 다음과 같다.

```
>>> # 데이터프레임 객체에 대한 행과 컬럼의 추가
>>> # 뒷부분에 새로운 행 추가
>>>
>>> new_idx = df3.shape[0]                # 추가할 행 번호 결정
```

데이터프레임 객체의 마지막 행 다음에 새로운 행을 추가해 보자. 이 작업을 하려면 추가할 행의 번호를 알아야 하는데, 이 번호는 데이터프레임 객체의 행 개수(df3.shape[0])와 일치한다. df3에서 행의 개수는 150개이고 인덱스 번호는 0부터 149까지이므로 150번째에 새로운 행을 입력할 수 있다.

```
>>> df3.loc[new_idx] = [1.1, 4.5, 3.4, 2.2, 'setosa']
>>> df3.tail()
     Sepal_Length  Sepal_Width  Petal_Length  Petal_Width    Species
146           6.3          2.5           5.0          1.9  virginica
147           6.5          3.0           5.2          2.0  virginica
```

```
148           6.2          3.4           5.4           2.3  virginica
149           5.9          3.0           5.1           1.8  virginica
150           1.1          4.5           3.4           2.2     setosa
```

새로 입력할 행은 [1.1, 4.5, 3.4, 2.2, 'setosa']와 같이 데이터프레임 객체의 행 형식에 맞춰 리스트 형태로 입력한다. new_idx에는 150이 저장되어 있는데 df3에 150번째 인덱스는 없으므로 df3.iloc[]가 아닌 df3.loc[]에 새로운 행을 지정한다. 즉 iloc[]에는 새로운 행을 추가할 수 없기 때문에 loc[]를 사용해야 한다. 새로운 행을 입력한 후에 df3의 뒷부분을 출력해 보면, 150번째 행에 입력한 값들이 저장된 것을 확인할 수 있다.

```
>>> # 중간에 새로운 행 추가
>>>
>>> new_row =  pd.DataFrame([[1.1, 2.2, 3.3, 4.4,'virginica']],
...                         columns=df3.columns)
>>>
>>> new_row
   Sepal_Length  Sepal_Width  Petal_Length  Petal_Width    Species
0           1.1          2.2           3.3          4.4  virginica
```

이번에는 데이터프레임 객체의 중간(인덱스 번호 10의 위치)에 새로운 행을 추가해 보자. 중간에 새로운 행을 추가하는 경우, 뒷부분에 추가할 때처럼 간단한 리스트 형태로 입력하면 안 되고 완전한 데이터프레임 형태여야 한다. 따라서 입력할 행을 new_row라고 하는 데이터프레임 객체로 만들었다. 이 데이터프레임 객체는 행이 하나인 데이터프레임이다.

```
>>> df3 = pd.concat([df3.iloc[:10], new_row, df3.iloc[10:]], ignore_index = True)
```

데이터프레임 객체 중간에 새로운 행을 추가할 수 있는 전용 메서드가 없기 때문에 클래스 메서드인 pd.concat()를 응용해야 한다. pd.concat()는 형태가 같은 데이터프레임 객체 여러 개를 묶어 하나의 데이터프레임 객체로 만들어주는 메서드다. 'D = pd.concat([A, B, C])'는 데이터프레임 객체 A, B, C를 차례로 묶어 D라는 하나의 데이터프레임 객체로 만드는 것을 의미한다. ignore_index = True는 여러 개의 데이터프레임을 하나로 묶을 때 원래 데이터프레임의 인덱스는 무시하고 새로운 일련번호 인덱스를 부여하라는 의미다.

[그림 4-3]은 pd.concat()를 이용하여 데이터프레임 객체 중간에 새로운 행을 추가하는 과정을 보여준다. 먼저 df3를 인덱스 번호 10을 기준으로 두 부분으로 나누고, 그 사이에 새로운 행(데이터프레임 객체)을 끼워 넣는 방식이다. pd.concat() 안에 ignore_index = True를 지정한 이유는 새로운 행이 추가되면서 기존 인덱스 번호에 변화가 생기는데, 이를 반영하여 인덱스를 다시 지정하기 위해서다.

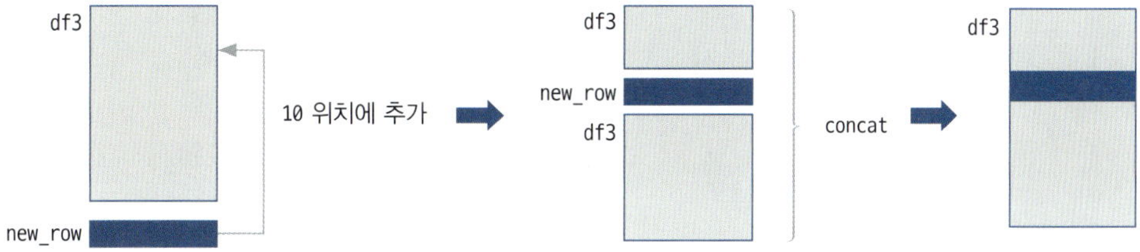

그림 4-3 새로운 행을 중간에 추가하는 과정

```
>>> df3.iloc[8:13, :]                          # 입력 결과 확인
    Sepal_Length  Sepal_Width  Petal_Length  Petal_Width    Species
8            4.4          2.9           1.4          0.2     setosa
9            4.9          3.1           1.5          0.1     setosa
10           1.1          2.2           3.3          4.4  virginica
11           5.4          3.7           1.5          0.2     setosa
12           4.8          3.4           1.6          0.2     setosa
```

출력 결과를 보면, 인덱스 번호 10 위치에 새로운 행이 추가된 것을 확인할 수 있다. 원래 데이터프레임 객체에서 10 이후에 있던 행들은 행 번호가 하나씩 뒤로 밀렸다.

```
>>> # 여러 행 추가
>>>
>>> ext = pd.DataFrame([[1.2, 3.5, 4.3, 3.1, 'setosa'],
...                     [2.1, 3.2, 2.3, 5.2, 'versicolor']],
...                                  columns=df3.columns)
>>> ext
    Sepal_Length  Sepal_Width  Petal_Length  Petal_Width     Species
0            1.2          3.5           4.3          3.1      setosa
1            2.1          3.2           2.3          5.2  versicolor
```

여러 개의 행을 데이터프레임 객체 뒷부분에 추가할 때는, 추가할 위치의 인덱스를 지정하는 방식은 사용할 수 없다. 이 경우에도 추가될 행들은 데이터프레임 형태로 작성되어야 한다.

```
>>> df3 = df3._append(ext, ignore_index = True)
>>> df3
     Sepal_Length  Sepal_Width  Petal_Length  Petal_Width     Species
0             5.1          3.5           1.4          0.2      setosa
1             4.9          3.0           1.1          0.2      setosa
2             4.7          3.2           1.3          0.2      setosa
3             4.6          3.1           1.5          0.2      setosa
4             5.0          3.6           1.4          0.2      setosa
..            ...          ...           ...          ...         ...
148           6.2          3.4           5.4          2.3   virginica
149           5.9          3.0           5.1          1.8   virginica
150           1.1          4.5           3.4          2.2      setosa
151           1.2          3.5           4.3          3.1      setosa
152           2.1          3.2           2.3          5.2  versicolor

[153 rows x 5 columns]
```

데이터프레임 ext를 df3 뒤에 추가하기 위해서는 위 명령문과 같이 _append() 메서드를 사용해도 되고, 다음과 같이 pd.concat() 메서드를 이용할 수도 있다.

```
df3 = pd.concat([df3. ext], ignore_index = True)
```

```
>>> # 뒤쪽에 컬럼 추가
>>>
>>> new_col = df3.Petal_Length *10
```

컬럼을 추가하는 작업은 행을 추가하는 작업보다 간단하다. 먼저 추가할 컬럼의 데이터를 생성해야 한다. 여기서는 Petal_Length 컬럼에 10을 곱하여 new_col을 만들었다. 참고로 new_col의 자료구조는 시리즈다. 데이터프레임에서 컬럼을 하나 추출하면 시리즈가 된다.

```
>>> df3['new_col'] = new_col
>>> df3
     Sepal_Length  Sepal_Width  Petal_Length  Petal_Width     Species  new_col
0             5.1          3.5           1.4          0.2      setosa     14.0
1             4.9          3.0           1.1          0.2      setosa     11.0
2             4.7          3.2           1.3          0.2      setosa     13.0
3             4.6          3.1           1.5          0.2      setosa     15.0
4             5.0          3.6           1.4          0.2      setosa     14.0
..            ...          ...           ...          ...         ...      ...
148           6.2          3.4           5.4          2.3   virginica     54.0
149           5.9          3.0           5.1          1.8   virginica     51.0
150           1.1          4.5           3.4          2.2      setosa     34.0
151           1.2          3.5           4.3          3.1      setosa     43.0
152           2.1          3.2           2.3          5.2  versicolor     23.0

[153 rows x 6 columns]
```

새로운 컬럼을 추가하려면 df3[] 안에 새로운 컬럼 이름을 지정하고 그곳에 새로 만든 new_col을 저장하면 된다. df3를 출력한 결과, 열 마지막에 새로운 컬럼이 추가된 것을 확인할 수 있다.

```
>>> # 중간에 컬럼 추가
>>>
>>> df4 = df.copy()
>>> df4.insert(loc=2, column='new_col2', value=new_col) # 컬럼 인덱스 2 위치에 추가
>>> df4
     Sepal_Length  Sepal_Width  new_col2  Petal_Length Petal_Width    Species
0             5.1          3.5      14.0           1.4         0.2     setosa
1             4.9          3.0      11.0           1.4         0.2     setosa
2             4.7          3.2      13.0           1.3         0.2     setosa
3             4.6          3.1      15.0           1.5         0.2     setosa
4             5.0          3.6      14.0           1.4         0.2     setosa
..            ...          ...       ...           ...         ...        ...
145           6.7          3.0      52.0           5.2         2.3  virginica
146           6.3          2.5      50.0           5.0         1.9  virginica
```

```
147          6.5         3.0      52.0          5.2         2.0  virginica
148          6.2         3.4      54.0          5.4         2.3  virginica
149          5.9         3.0      51.0          5.1         1.8  virginica

[150 rows x 6 columns]
```

컬럼을 열 마지막이 아닌 열 중간에 추가하려면 insert() 메서드를 사용해야 한다. 이 메서드에서 매개변수의 의미는 [표 4-2]와 같다.

표 4-2 insert() 메서드의 매개변수

매개변수	의미
loc	새로운 컬럼을 추가할 위치
column	추가할 컬럼의 이름
value	추가할 컬럼의 데이터(시리즈)

실행 결과를 보면, 컬럼 인덱스 2의 위치에 새로운 컬럼이 추가된 것을 확인할 수 있다.

여기서 잠깐!

insert() 메서드를 이용하여 마지막 열에 새로운 컬럼을 추가하는 작업도 가능하다.

데이터프레임 객체에 대한 행과 컬럼의 삭제

데이터프레임 객체에서 행을 삭제하거나 컬럼을 삭제해야 하는 경우도 있다. 행과 컬럼의 삭제는 모두 drop() 메서드를 이용한다. [코드 4-1]에 이어서 [코드 4-9]를 실행해 보자.

코드 4-9 code4_9.py

```
# 데이터프레임 객체에 대한 행과 컬럼의 삭제
df5 = df.copy()

# 행의 삭제
df5 = df5.drop(index=[1, 3])
df5
```

```
df5 = df5.reset_index()
df5

# 컬럼의 삭제
df5 = df5.drop(columns='Petal_Length')
df5
```

[코드 4-9]의 실행 결과를 나누어 설명하면 다음과 같다.

```
>>> # 데이터프레임 객체에 대한 행과 컬럼의 삭제
>>>
>>> df5 = df.copy()
```

데이터프레임 df를 df5에 복사했다.

```
>>> # 행의 삭제
>>>
>>> df5 = df5.drop(index=[1, 3])
>>> df5
     Sepal_Length  Sepal_Width  Petal_Length  Petal_Width    Species
0             5.1          3.5           1.4          0.2     setosa
2             4.7          3.2           1.3          0.2     setosa
4             5.0          3.6           1.4          0.2     setosa
5             5.4          3.9           1.7          0.4     setosa
6             4.6          3.4           1.4          0.3     setosa
..            ...          ...           ...          ...        ...
145           6.7          3.0           5.2          2.3  virginica
146           6.3          2.5           5.0          1.9  virginica
147           6.5          3.0           5.2          2.0  virginica
148           6.2          3.4           5.4          2.3  virginica
149           5.9          3.0           5.1          1.8  virginica

[148 rows x 5 columns]
```

drop() 메서드를 이용하여 1행과 3행을 삭제하였다. 이때 매개변수 index에 삭제할 행의 인덱스를 리스트로 묶어서 작성한다. 만약 5행부터 10행까지 연속된 행을 삭제하고 싶다면 df5.drop(index=range(5, 11))과 같이 range() 함수를 이용한다. 위 코드에서 행 삭제 명령문을 실행한 후 df5를 확인해 보면 인덱스 번호 1과 3이 비어 있는 것을 알 수 있다. 이렇게 되면 표시되는 레이블 인덱스 번호와 절대 위치 인덱스 번호가 달라져 혼란을 줄 수 있으므로, 레이블 인덱스 번호를 재설정해 줄 필요가 있다.

```
>>> df5 = df5.reset_index()
>>> df5
     index  Sepal_Length ...  Petal_Width    Species
0        0           5.1 ...          0.2     setosa
1        2           4.7 ...          0.2     setosa
2        4           5.0 ...          0.2     setosa
3        5           5.4 ...          0.4     setosa
4        6           4.6 ...          0.3     setosa
..     ...           ... ...          ...        ...
143    145           6.7 ...          2.3  virginica
144    146           6.3 ...          1.9  virginica
145    147           6.5 ...          2.0  virginica
146    148           6.2 ...          2.3  virginica
147    149           5.9 ...          1.8  virginica

[148 rows x 6 columns]
```

df5.reset_index() 메서드를 사용하여 인덱스를 초기화reset한 후 df5를 출력해 보면, 인덱스 번호가 정상적으로 재설정된 것을 알 수 있다. index라는 이름의 컬럼이 맨 앞에 자동으로 추가되었는데, 이는 초기화되기 전의 레이블 인덱스 번호가 여기에 보존된 것이다. 만약 이 컬럼을 추가하고 싶지 않다면, 다음과 같이 drop=True를 매개변수로 입력한다.

```
df5 = df5.reset_index(drop=True)
```

```
>>> # 컬럼의 삭제
>>>
>>> df5 = df5.drop(columns='Petal_Length')
>>> df5
     Sepal_Length  Sepal_Width  Petal_Width    Species
0             5.1          3.5          0.2     setosa
1             4.7          3.2          0.2     setosa
2             5.0          3.6          0.2     setosa
3             5.4          3.9          0.4     setosa
4             4.6          3.4          0.3     setosa
..            ...          ...          ...        ...
143           6.7          3.0          2.3  virginica
144           6.3          2.5          1.9  virginica
145           6.5          3.0          2.0  virginica
146           6.2          3.4          2.3  virginica
147           5.9          3.0          1.8  virginica

[148 rows x 4 columns]
```

컬럼을 삭제할 때도 drop() 메서드를 이용하는데, 매개변수 columns에 삭제할 컬럼을 지정한다. 삭제할 컬럼이 여러 개라면 리스트로 묶어서 작성한다. df5를 출력한 결과, Petal_Length 컬럼이 삭제된 것을 확인할 수 있다.

여기서 잠깐! 데이터프레임에서 drop() 메서드의 동작

시리즈와 마찬가지로, 데이터프레임에서 drop() 메서드는 데이터프레임 객체를 즉시 변경하지 않고 drop() 메서드가 적용된 결과를 임시로 보여줄 뿐이다. drop() 메서드의 결과를 영구적으로 반영하려면 다음 두 가지 방법 중 하나로 작성해야 한다.

- **결과를 원래 데이터프레임에 저장하여 반영하기**

```
df5 = df5.drop(columns='Petal_Length')
```

- **inplace 옵션을 사용하여 즉시 반영하기**

```
df5.drop(columns='Petal_Length', inplace=True)
```

03 csv 파일 조회

판다스 데이터프레임의 내용을 출력하면 행이나 컬럼이 많을 경우 중간 부분을 생략하고 보여주기 때문에 전체적인 형태는 파악할 수 있지만 세부적인 내용은 알 수 없어서 불편할 때가 있다. 전체 내용을 보기 위해서는 엑셀로 파일을 여는 방법도 있지만, VS Code에서 직접 열어보면 훨씬 더 편리하다. 이를 위해 VS Code의 확장 기능 중 하나인 Excel Viewer를 설치한다.

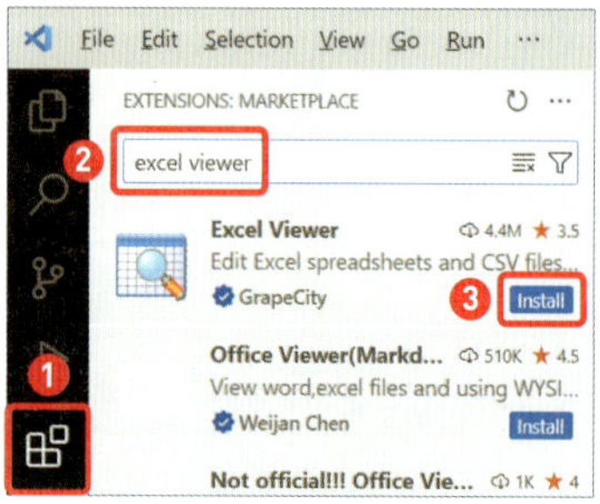

그림 4-4 Excel Viewer 설치

Excel Viewer를 설치한 후 다음과 같은 과정을 통해 .csv 파일의 내용을 확인할 수 있다.

01 VS Code 메인 메뉴에서 [File]-[Open File] 메뉴를 선택하여 iris.csv 파일을 연다. 그러면 새로운 탭에 다음과 같이 iris.csv 파일의 내용이 표시된다. 화면 오른쪽 위에 있는 Preview(아이콘) 아이콘을 클릭한다.

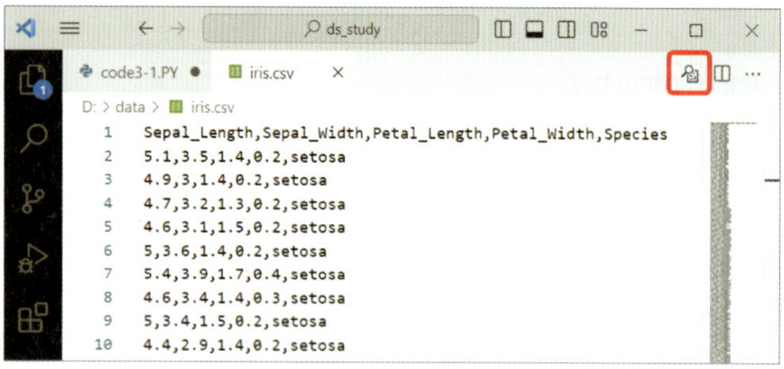

02 다시 새로운 탭이 열리며, 테이블 형태로 iris.csv 파일의 내용이 표시된다. 이제 코드 편집 탭과 iris.csv 내용 표시 탭을 번갈아가며 작업할 수 있다.

4장에서는 데이터프레임을 다루는 방법에 대해 설명하였다. 여기서 다루지 않은 기능들도 있지만, 지금까지 학습한 내용만으로도 데이터 분석에서 판다스를 활용하는 데 큰 부족함이 없을 것이다. 다음 장부터는 시리즈와 데이터프레임을 활용해 데이터를 분석하는 방법에 대해 살펴본다.

요약

01 iris 데이터셋은 150개의 붓꽃 샘플에 대해 네 가지 측정값과 세 가지 품종 정보(setosa, versicolor, virginica)를 담은 데이터셋이다.

02 데이터프레임 객체의 shape 속성은 배열의 형태 정보를, dtypes 속성은 각 컬럼에 대한 자료형 정보를 나타낸다. columns 속성은 컬럼들의 이름(레이블 인덱스) 정보를 관리한다.

03 데이터프레임 객체의 head()와 tail() 메서드는 데이터프레임의 앞쪽과 뒤쪽 일부 데이터를 보여준다.

04 unique() 메서드는 중복된 값을 제거하고 어떤 종류의 값들이 존재하는지 파악할 때 사용한다.

05 데이터프레임 객체 안에서 값의 위치는 절대 위치 인덱스와 레이블 인덱스로 식별할 수 있으며, 각각 iloc[]와 loc[] 메서드를 이용한다.

06 특정 컬럼의 모든 행을 추출할 때 df.loc[:, 'Petal_Length']와 같이 loc[] 메서드를 사용해도 되지만 df['Petal_Length']처럼 간단하게 줄여 써도 된다.

07 특정 행의 모든 컬럼을 추출할 때 df.iloc[:5]와 같이 컬럼 인덱스 부분을 생략할 수 있다. 이 경우 iloc[]에서 인덱스를 하나만 지정하면 해당 인덱스는 행의 인덱스를 의미한다.

08 데이터프레임에서도 조건문을 이용하여 슬라이싱할 수 있으며, 조건문은 행의 인덱스 위치에 작성한다.

09 데이터프레임 객체에 대한 산술 연산은 숫자형 컬럼에만 적용할 수 있으며 데이터프레임 객체 내 각각의 값에 대해 개별적으로 연산이 이루어진다.

10 데이터프레임 객체의 값은 수정할 수 있으며, 행과 컬럼을 추가하거나 삭제할 수 있다.

연습문제

[01~20] 타이타닉호 승객 데이터를 저장한 titanic 데이터셋을 대상으로 분석을 진행하려고 한다. 주요 컬럼에 대한 설명은 다음과 같다. 표 오른쪽에 있는 코드를 실행하여 데이터를 준비한 후, 아래에 이어지는 문제를 해결하시오.

컬럼명	설명
pclass	선실 등급
sex	성별
age	나이
alive	생존 여부

```
import seaborn as sns
import pandas as pd

df = sns.load_dataset('titanic')
```

01 데이터셋에 대한 정보를 확인하시오. 몇 개의 행과 몇 개의 컬럼으로 구성되어 있는가?

02 데이터셋의 컬럼 이름을 출력하시오.

03 titanic 데이터셋에서 앞쪽 10개의 행을 출력하시오.

04 선실은 몇 개의 등급으로 구성되어 있는지 확인하시오.

05 인덱스 기준 2행 4열의 값을 확인하시오.

06 앞쪽 5명의 탑승객에 대해 선실, 성별, 나이, 생존 여부를 출력하시오.

07 나이가 60세 이상인 승객의 성별, 나이, 생존 여부를 출력하시오.

08 나이가 10세 미만인 여성 승객의 나이, 생존 여부를 출력하시오.

09 생존한 남성의 평균 연령을 구하시오.

10 전체 승객 수 대비 생존자 비율을 구하시오.

11 생존한 승객 중 가장 나이가 어린 승객의 성별과 나이를 출력하시오.

12 1등실 승객 중 생존자 숫자를 확인하시오.

13 1등실 승객 수와 2등실 승객의 수 차이를 계산하시오.

14 생존한 3등실 승객 중 가장 나이가 많은 승객의 성별과 나이를 확인하시오.

15 `df`에서 선실, 성별, 나이, 생존 여부 컬럼만 선택하여 `df2`에 복사한 후 내용을 출력하시오.

16 나이 등급(`age_class`) 컬럼을 `df2`에 추가하시오. 40세 미만이면 나이 등급은 '`Low`', 40세 이상이면 '`High`'로 설정하고 추가된 내용을 확인하시오.

17 `df2`에서 탑승객이 모두 생존했다고 가정했을 때, 10년 후의 나이를 출력하시오.

18 `df2`에서 탑승객이 모두 생존했다고 가정했을 때, 10년 후의 평균 나이를 출력하시오.

19 `df2`에서 선실 등급을 제외한 나머지 컬럼 데이터를 출력하시오.

20 `df2`를 `titanic.csv` 파일에 저장하시오.

CHAPTER 05

단일 변수 데이터의 탐색

PREVIEW

5장부터는 지금까지 학습한 판다스에 대한 이해를 바탕으로 본격적으로 데이터 분석 방법을 학습한다. 이 장에서는 판다스를 활용한 단일 변수 데이터를 대상으로 기초적인 분석 방법을 살펴보고 분석 결과를 시각화하는 방법도 알아볼 것이다.

1절 단일 변수 범주형 데이터를 탐색하는 방법에 대해 배운다. 범주형 데이터의 경우 도수분포를 파악한 후 이를 막대그래프나 원그래프로 시각화하여 데이터의 분포를 한눈에 확인할 수 있다.

2절 단일 변수 연속형 데이터를 탐색하기 위해 평균, 중앙값, 사분위수, 산포를 구하는 방법에 대해 배운다. 히스토그램과 상자그림을 작성하는 방법도 실습한다.

3절 판다스에서 제공하는 그래프 기능을 활용하여 데이터를 시각화하는 방법을 알아본다. 판다스는 다양한 형태의 그래프 작성 기능을 제공하며 매개변수를 사용해 그래프를 세부적으로 설정할 수 있다. 판다스 그래프에 한글을 표시하거나 한 화면에 여러 개의 그래프를 표시하는 방법도 함께 살펴본다.

01 단일 변수 범주형 데이터의 탐색

2장에서 언급했듯이 단일 변수 범주형 데이터(또는 일변량 질적 데이터)는 특성이 1개이면서 데이터의 형태가 범주형인 데이터를 의미한다. 범주형 데이터는 크기를 갖지 않기 때문에 평균을 계산하거나 대소를 비교하는 등의 연산을 할 수 없다. 범주형 데이터로 진행할 수 있는 기본적인 작업은 데이터에 포함된 관측값들의 종류별로 개수를 세는 것이다. 이 작업을 통해 종류별로 비율을 알 수 있고, 이 결과를 이용하여 막대그래프나 원그래프를 작성할 수 있다.

[표 5-1]은 학생 10명이 선호하는 계절을 조사한 결과다. 이 데이터는 '선호 계절'이라는 단일 특성에 대한 응답을 수집한 것이므로 **단일 변수 데이터**다. 또한 SPRING, SUMMER, FALL, WINTER는 크기를 측정할 수 없으므로 **범주형 데이터**에 속한다. 이 데이터를 분석해 보자.

표 5-1 학생 10명의 선호 계절 데이터

WINTER	SUMMER	SPRING	SUMMER	SUMMER
FALL	FALL	SUMMER	SPRING	SPRING

1 도수분포표 작성

[표 5-1]과 같은 데이터를 분석하려면 먼저 종류별 개수를 센 다음 종류별 비율을 계산해야 한다. [코드 5-1]은 이러한 작업을 수행하는 파이썬 코드다.

코드 5-1 code5_1.py

```
import pandas as pd

# 도수분포표 작성
favorite = pd.Series( ['WINTER', 'SUMMER', 'SPRING', 'SUMMER', 'SUMMER',
                       'FALL', 'FALL', 'SUMMER', 'SPRING', 'SPRING'])

favorite                                # favorite의 내용 출력
```

```
favorite.value_counts()                       # 도수분포 계산
favorite.value_counts()/favorite.size         # 비율 계산

fd = favorite.value_counts()                  # 도수분포를 fd에 저장
type(fd)                                      # fd의 자료구조 확인
fd['SUMMER']                                  # SUMMER의 빈도 확인
fd.iloc[2]                                    # 인덱스 2의 빈도 확인
```

[코드 5-1]의 실행 결과를 나누어 설명하면 다음과 같다.

```
>>> import pandas as pd
```

판다스 패키지를 사용하기 위해 pandas를 pd라는 이름으로 불러온다.

```
>>> # 도수분포표 작성
>>>
>>> favorite = pd.Series( ['WINTER', 'SUMMER', 'SPRING', 'SUMMER', 'SUMMER',
...                        'FALL', 'FALL', 'SUMMER', 'SPRING', 'SPRING'])
>>>
>>> favorite                                  # favorite의 내용 출력
0     WINTER
1     SUMMER
2     SPRING
3     SUMMER
4     SUMMER
5       FALL
6       FALL
7     SUMMER
8     SPRING
9      PRING
dtype: object
```

데이터 분석을 위해 favorite이라는 이름의 판다스 시리즈(1차원 배열)에 데이터를 저장한다. favorite의 내용을 출력해 보면 10개의 값(계절)이 저장되어 있음을 확인할 수 있다.

```
>>> favorite.value_counts()                    # 도수분포 계산
SUMMER      4
SPRING      3
FALL        2
WINTER      1
Name: count, dtype: int64
```

value_counts()는 favorite 객체에 포함된 메서드로, favorite에 저장된 범주형 데이터에서 각 값(계절)의 개수를 계산한다. 실행 결과를 보면 사계절에 대한 선호 빈도를 알 수 있다. 선호 빈도를 보면 SUMMER가 4명으로 가장 많고, WINTER가 1명으로 가장 적다. 이처럼 도수분포를 계산하여 데이터에서 각 범주의 빈도를 쉽게 파악할 수 있다.

여기서 잠깐!

일반적으로 도수분포표는 다음과 같이 가로 방향으로 작성되지만, 판다스에서는 세로 방향으로 결과를 표시한다는 점을 기억하자.

SUMMER	SPRING	FALL	WINTER
4	3	2	1

그림 5-1 일반적인 도수분포표

```
>>> favorite.value_counts()/favorite.size      # 비율 계산
SUMMER     0.4
SPRING     0.3
FALL       0.2
WINTER     0.1
Name: count, dtype: float64
```

위 명령문은 각 값(계절)의 비율을 계산한다. 도수분포표에 있는 각 값의 빈도를 데이터의 전체 개수(favorite.size)로 나누면 비율이 계산된다. 실행 결과에서 0.2는 20%, 0.4는 40%를 의미한다. 즉, 여름을 좋아하는 사람은 전체의 40%, 겨울을 좋아하는 사람은 전체의 10%다.

```
>>> fd = favorite.value_counts()        # 도수분포를 fd에 저장
>>> type(fd)                            # fd의 자료구조 확인
<class 'pandas.core.series.Series'>
```

계절별 도수분포를 fd라는 변수에 저장한 후 type() 함수를 사용해 fd의 데이터 타입(또는 자료구조)을 확인한다. 출력 결과에서 fd는 판다스 시리즈임을 확인할 수 있다.

```
>>> fd['SUMMER']                        # SUMMER의 빈도 확인
np.int64(4)
>>> fd.iloc[2]                          # 인덱스 2의 빈도 확인
np.int64(2)
```

1차원 배열인 판다스 시리즈에 대해 값의 이름(레이블 인덱스) 또는 절대 위치 인덱스를 이용하여 저장된 빈도 값을 검색할 수 있다. fd['SUMMER']는 SUMMER의 빈도를, fd.iloc[2]는 fd에서 인덱스 기준 두 번째 값, 즉 FALL의 빈도를 의미한다.

하나 더 알기 도수분포 데이터의 순서 변경

도수분포의 계절 이름은 빈도순인 여름(0), 봄(1), 가을(2), 겨울(3)로 정렬되어 있다. 봄, 여름 가을, 겨울 순으로 데이터 순서를 바꾸려면 어떻게 하면 될까? 다음과 같이 원하는 계절순으로 절대 위치 인덱스를 지정해 보자.

```
>>> fd.iloc[[1, 0, 2, 3]]
SPRING      3
SUMMER      4
FALL        2
WINTER      1
Name: count, dtype: int64
```

2 막대그래프 작성

도수분포표를 작성하는 것만으로도 단일 변수 범주형 데이터에 포함된 정보를 파악할 수 있지만 이 결과를 막대그래프로 시각화하면 정보를 더 쉽게 이해할 수 있다. 선호 계절에 대한 도수분포 내용을 막대그래프로 나타내보자. [코드 5-1]에 이어서 [코드 5-2]를 실행한다.

코드 5-2 code5_2.py

```
import matplotlib.pyplot as plt

# 막대그래프의 세로 출력
fd.plot.bar(xlabel='Season',                    # x축 레이블
            ylabel='Frequency',                 # y축 레이블
            rot=0,                              # x축 값의 회전 각도
            title='Favorite Season')            # 그래프 제목
plt.show()

# 막대그래프의 가로 출력
fd.plot.barh(xlabel='Frequency',                # x축 레이블
             ylabel='Season',                   # y축 레이블
             rot=0,                             # x축 값의 회전 각도
             title='Favorite Season')           # 그래프 제목
plt.subplots_adjust(left=0.2)                   # 그래프 왼쪽 여백 조정
plt.show()
```

[코드 5-2]의 실행 결과를 나누어 설명하면 다음과 같다.

```
>>> import matplotlib.pyplot as plt
```

그래프를 화면에 표시하려면 `matplotlib` 패키지의 `pyplot`이 필요하다. `plt`라는 이름으로 불러온다.

```
>>> # 막대그래프의 세로 출력
>>>
>>> fd.plot.bar(xlabel='Season',                # x축 레이블
...             ylabel='Frequency',             # y축 레이블
...             rot=0,                          # x축 값의 회전 각도
...             title='Favorite Season')        # 그래프 제목
<Axes: title={'center': 'Favorite Season'}, xlabel='Season',
 ylabel='Frequency'>
```

판다스 시리즈 객체에는 다양한 그래프를 작성할 수 있는 메서드가 포함되어 있다. 이 중 plot.bar()는 막대그래프를 작성하는 메서드다. 시리즈 객체에 포함된 도수분포를 이용해 막대그래프를 작성한다. 막대그래프를 작성하기 위한 기본적인 매개변수parameter는 [표 5-2]와 같다. 이 매개변수들은 그래프의 내용과 출력 형태를 조절하는 역할을 한다.

표 5-2 plot.bar() 메서드의 매개변수

매개변수	설명
xlabel	그래프의 x축 레이블을 설정한다.
ylabel	그래프의 y축 레이블을 설정한다.
rot	x축에 표시되는 값의 출력 방향 각도를 지정한다. • 0: 가로 방향으로 출력한다. • 45: 45도 각도로 출력한다. • 90: 세로 방향으로 출력한다.
title	그래프의 제목을 설정한다.
Species	문자형(범주형)

위 명령문을 실행하면 그래프는 작성되지만 화면에 표시되지는 않는다. 그래프를 화면에 나타내려면 plt.show() 명령문을 실행해야 한다.

```
>>> plt.show()
```

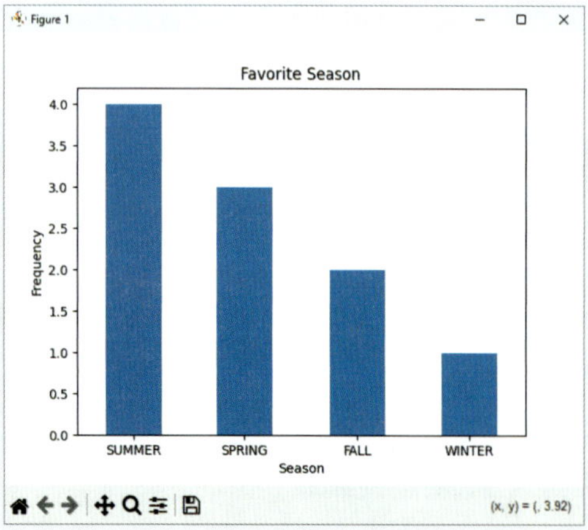

plt.show() 명령문을 실행하면 별도의 팝업 창에 그래프가 표시된다. 팝업 창이 보이지 않는다면 윈도우 하단의 메뉴바에서 아이콘을 클릭하여 창을 활성화한다.

그림 5-2 팝업 활성 아이콘

여기서 잠깐!

그래프 팝업 창이 열려 있는 동안에는 다른 명령문을 실행할 수 없다. 따라서 그래프를 확인한 후에는 반드시 팝업 창을 닫아야 한다.

이제 막대그래프를 가로 방향으로 출력해 보자.

```
>>> # 막대그래프의 가로 출력
>>>
>>> fd.plot.barh(xlabel='Frequency',                    # x축 레이블
...              ylabel='Season',                       # y축 레이블
...              rot=0,                                 # x축 값의 회전 각도
...              title='Favorite Season')               # 그래프 제목
<Axes: title={'center': 'Favorite Season'}, xlabel='Frequency',
 ylabel='Season'>
```

가로 방향의 막대그래프는 plot.barh() 메서드를 사용하여 작성할 수 있다. 막대가 가로로 그려지기 때문에 x축과 y축의 레이블이 서로 바뀐다는 점에 주의한다.

```
>>> plt.subplots_adjust(left=0.2)                       # 그래프 왼쪽 여백 조정
```

subplots_adjust() 메서드는 그래프의 여백이 부족해 제목이나 축 레이블이 보이지 않을 때 사용한다. 위 명령문에서는 그래프의 왼쪽(left)에 여백을 추가하였다. 여백 값은 1 미만으로 설정해야 하며 오른쪽, 위쪽, 아래쪽의 여백은 각각 right, top, bottom 매개변수로 지정할 수 있다.

```
>>> plt.show()
```

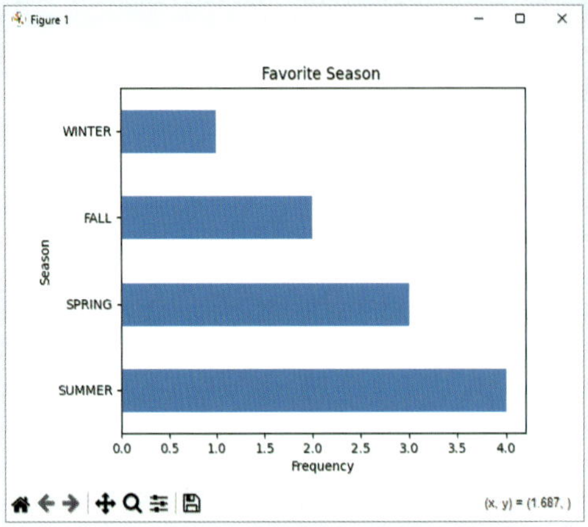

막대그래프가 가로 방향으로 출력되었다.

3 원그래프 작성

원그래프는 하나의 원 안에서 각 값이 차지하는 비율을 면적으로 나타낸 그래프다. 도수분포 결과를 사용해 쉽게 원그래프를 작성할 수 있다. [코드 5-2]에 이어서 [코드 5-3]을 실행한다.

코드 5-3 code5_3.py

```
# 원그래프 작성
fd.plot.pie(ylabel='',                     # y축 레이블
            autopct='%1.0f%%',             # 백분율 출력 지정
            title='Favorite Season')       # 그래프 제목
plt.show()
```

실행 결과

```
>>> # 원그래프 작성
>>>
>>> fd.plot.pie(ylabel='',                 # y축 레이블
...             autopct='%1.0f%%',         # 백분율 출력 지정
...             title='Favorite Season')   # 그래프 제목
<Axes: title={'center': 'Favorite Season'}, ylabel='qqq'>
```

```
>>> plt.show()
```

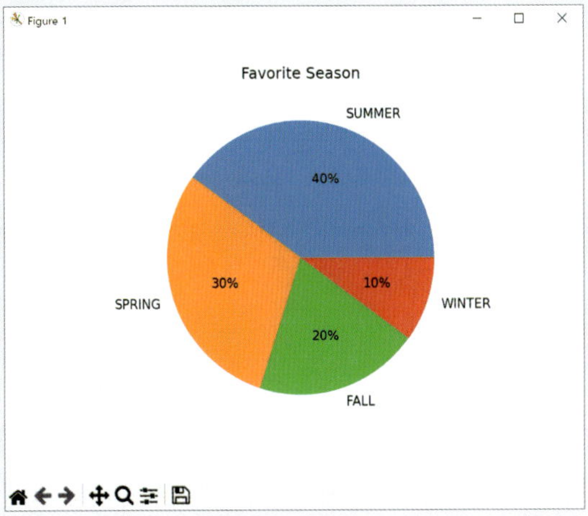

원그래프를 작성하는 메서드는 plot.pie()이며 실행 방법은 plot.bar()와 유사하다. 사용된 매개변수들의 의미는 [표 5-3]과 같다.

표 5-3 plot.pie() 메서드의 매개변수

매개변수	설명
ylabel	그래프의 y축 레이블을 설정한다. pie()에서 이 값을 공백으로 지정하지 않으면 불필요한 다른 문자열이 표시된다.
autopct	그래프 안에 각 값의 백분율을 지정된 형식으로 표시한다. 예를 들어 '%1.0f%%'는 소수점 이하 자릿수를 표시하지 않는다. '%1.2f%%'는 소수점 이하 2자리까지 표시한다.
title	그래프의 제목을 설정한다.

4 숫자로 표현된 범주형 데이터

범주형 데이터는 성별을 나타내는 M, F와 같이 문자 또는 문자열로 표현되는 경우가 많지만 이를 숫자로 표현할 수도 있다. 예를 들어 남성은 1, 여성은 2로 표현할 수 있다. 이렇게 표현된 데이터는 외관상 숫자처럼 보이지만 연산이나 대소 비교에는 의미가 없다. 1 < 2이면 '남성 < 여성'이 되는 셈인데 이는 아무런 의미가 없는 비교다. 따라서 숫자로 표현된 범주형 데이터도 문자 형태의 범주형 데이터와 동일하게 도수분포를 계산한 후 막대그래프나 원그래프로 시각화할 수 있다.

다음은 성인 15명을 대상으로 조사한 선호 색깔 데이터다. 이 데이터를 분석해 보자(1=초록(green), 2=빨강(red), 3=파랑(blue)).

```
2, 3, 2, 1, 1, 2, 2, 1, 3, 2, 1, 3, 2, 1, 2
```

코드 5-4 code5_4.py

```python
import pandas as pd
import matplotlib.pyplot as plt

# 숫자로 표현된 범주형 데이터의 시각화

colors = pd.Series([2, 3, 2, 1, 1, 2, 2, 1, 3, 2, 1, 3, 2, 1, 2])

fd = colors.value_counts()                 # 도수분포를 fd에 저장
fd
fd.index                                   # fd의 인덱스 출력
fd.index = ['red', 'green', 'blue']        # 숫자 인덱스를 문자 인덱스로 변경
fd

# 막대그래프 출력
fd.plot.bar(xlabel='Color', ylabel='Frequency', rot=0, title='Favorite Color')
plt.show()

# 원그래프 출력
fd.plot.pie(ylabel='', autopct='%1.0f%%', title='Favorite Color')
plt.show()
```

[코드 5-4]의 실행 결과를 나누어 설명하면 다음과 같다.

```
>>> import pandas as pd
>>> import matplotlib.pyplot as plt
```

작업에 필요한 패키지를 불러온다.

```
>>> # 숫자로 표현된 범주형 데이터의 시각화
>>>
>>> colors = pd.Series([2, 3, 2, 1, 1, 2, 2, 1, 3, 2, 1, 3, 2, 1, 2])
>>> fd = colors.value_counts()                    # 도수분포를 fd에 저장
>>> fd
2    7
1    5
3    3
Name: count, dtype: int64
```

선호 색깔 데이터를 판다스 시리즈 형태로 colors에 저장한다. 그런 다음 colors의 도수분포를 계산하여 fd에 저장한다. fd의 내용을 확인해 보면, 색깔 2의 선호 빈도는 7명, 색깔 1의 선호 빈도는 5명, 색깔 3의 선호 빈도는 3명이다.

```
>>> fd.index                                      # fd의 인덱스 출력
Index([2, 1, 3], dtype='int64')
```

시리즈 fd의 인덱스를 확인해 보면, 색깔 번호인 2, 1, 3이 지정되어 있다. fd의 데이터로 그래프를 작성하면 각 번호가 어떤 색깔인지를 알기 어려우므로 인덱스를 색깔 이름으로 변경하는 것이 좋다.

```
>>> fd.index = ['red', 'green', 'blue']           # 숫자 인덱스를 문자 인덱스로 변경
>>> fd
red      7
green    5
blue     3
Name: count, dtype: int64
```

fd의 숫자로 된 인덱스를 각 색깔 이름(문자열)으로 변경한 뒤, fd의 내용을 다시 확인하면 문자열로 변경된 인덱스와 각 빈도 값을 확인할 수 있다.

```
>>> # 막대그래프 출력
>>>
>>> fd.plot.bar(xlabel='Color', ylabel='Frequency', rot=0, title='Favorite
Color')
<Axes: title={'center': 'Favorite Color'}, xlabel='Color', ylabel='Frequency'>
>>> plt.show()
```

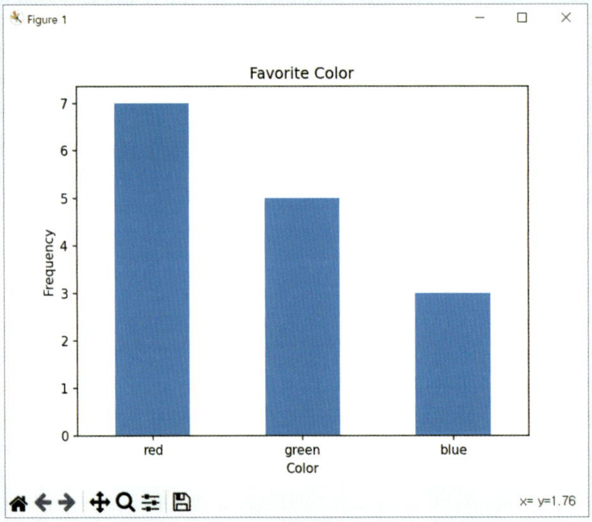

fd에 대해 막대그래프를 작성한 후 화면에 출력하였다.

```
>>> # 원그래프 출력
>>>
>>> fd.plot.pie(ylabel='', autopct='%1.0f%%', title='Favorite Color')
<Axes: title={'center': 'Favorite Color'}>
>>> plt.show()
```

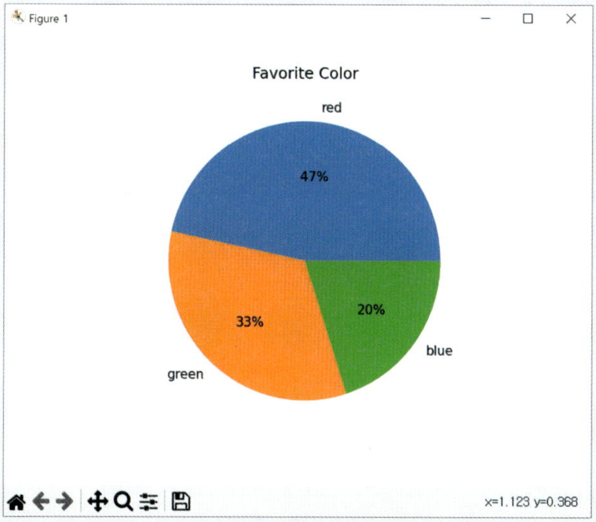

fd에 대해 원그래프를 작성한 후 화면에 출력하였다.

1절에서는 단일 변수 범주형 데이터를 분석하는 방법에 대해 살펴보았다. 범주형 데이터는 크기를 갖지 않기 때문에 도수분포를 계산한 후 이를 막대그래프나 원그래프로 시각화하여 데이터를 파악할 수 있다.

02 단일 변수 연속형 데이터의 탐색

연속형 데이터는 관측값들이 크기를 가지기 때문에 범주형 데이터에 비해 다양한 분석 방법을 적용할 수 있다. 2절에서는 연속형 데이터 분석의 기초가 되는 단일 변수 데이터 탐색 방법을 살펴보자.

1 평균과 중앙값

여러분이 학교 선생님이라면 중간고사나 기말고사에 대한 채점이 끝난 뒤 이 채점 결과를 바탕으로 제일 먼저 하는 일이 무엇일까? 과목의 평균 점수가 얼마나 되는지를 계산하는 일일 것이다. 왜 평균을 먼저 계산할까? 평균을 통해 이번 시험이 학생들에게 어려웠는지 쉬웠는지를 가늠할 수 있고, 학생들의 학업 성취도를 파악할 수 있기 때문이다. 또한 학급 간 성취도 차이를 비교할 수도 있다. 이처럼 평균은 하나의 값으로서 **전체 데이터를 대표**하기 때문에 중요한 의미가 있다.

평균mean을 계산하는 방법은 간단하다. 다음 식과 같이 데이터의 값들을 모두 합산한 후 값들의 개수로 나누면 된다.

$$\bar{x} = \frac{1}{n} \cdot \sum_{i=1}^{n} x_i$$

평균과 유사한 것으로 중앙값이 있다. **중앙값**median은 데이터를 크기순으로 나열했을 때 가장 중앙에 위치하는 값이다. 평균과 중앙값은 같을 수도 있지만 대부분 다르게 나타난다. 다음 예를 통해 평균과 중앙값의 특징을 알아보자.

[그림 5-3]은 학생 7명의 몸무게 데이터다. 평균을 구하면 72.6이므로 오른쪽으로 매우 치우친 결과를 보여준다. 그 이유는 7명 중 몸무게가 120kg인 학생이 있어, 이 값이 전체 평균에 큰 영향을 주었기 때문이다. 이처럼 평균은 일부 큰 값이나 작은 값에 영향을 많이 받는다. 만약 학생들의 몸무게가 비슷하다면 평균 몸무게가 전체를 대표하는 값으로 의미가 있지만, 특

이한 값이 포함되면 평균이 치우치게 되어 전체를 대표하기가 어렵다. 즉, 평균을 보고 학생 7명의 몸무게가 대체로 72.6kg이라고 판단하는 것은 옳지 못하다. 이럴 때 유용하게 쓸 수 있는 지표가 바로 중앙값이다. 중앙값은 그림에서 볼 수 있듯이 특이한 값에 크게 영향을 받지 않는다. 따라서 이 예에서라면 중앙값이 평균보다 전체를 대표하는 데 더 적합할 수 있다.

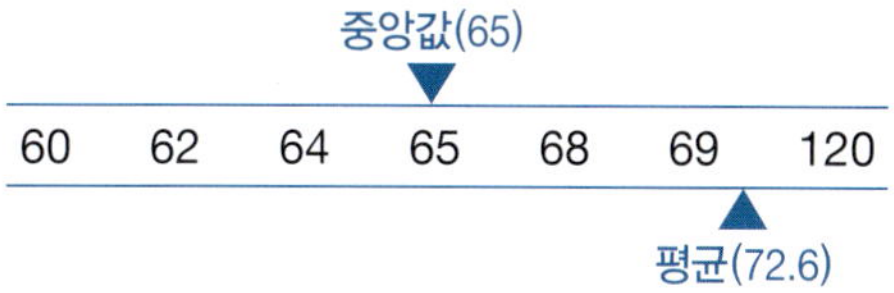

그림 5-3 평균과 중앙값

평균이 너무 작거나 너무 큰 값에 영향을 받는 문제를 완화하기 위해 절사평균을 사용하기도 한다. **절사평균**trimmed mean은 데이터의 관측값 중에서 하위 n%와 상위 n%를 제외하고 중간에 위치한 값들로만 평균을 계산하는 방식이다.

이와 같이 평균, 절사평균, 중앙값은 각각 특징이 있으므로, 본인이 분석하고자 하는 데이터에 어떤 방법을 적용하는 것이 좋을지 스스로 판단해야 한다. 세 가지 방법을 모두 적용하고 그 결과를 비교하는 것도 의미 있는 접근이다. [코드 5-5]를 통해 판다스가 제공하는 평균 관련 메서드를 학습해 보자.

코드 5-5 code5_5.py

```
import pandas as pd
from scipy import stats

#평균 계산 방식
ds = [60, 62, 64, 65, 68, 69]
weight = pd.Series(ds)
ds.append(120)                          # ds에 120 추가
weight_heavy = pd.Series(ds)
weight
weight_heavy

weight.mean()                           # 평균
weight_heavy.mean()                     # 평균
```

```
weight.median()                         # 중앙값
weight_heavy.median()                   # 중앙값

stats.trim_mean(weight, 0.2)            # 절사평균(상하위 20% 제외)
stats.trim_mean(weight_heavy, 0.2)      # 절사평균(상하위 20% 제외)
```

[코드 5-5]의 실행 결과를 나누어 설명하면 다음과 같다.

```
>>> import pandas as pd
>>> from scipy import stats
```

작업에 필요한 패키지를 불러온다.

```
>>> # 평균 계산 방식
>>>
>>> ds = [60, 62, 64, 65, 68, 69]
>>> weight = pd.Series(ds)
>>> ds.append(120)                      # ds에 120 추가
>>> weight_heavy = pd.Series(ds)
>>> weight
0       60
1       62
2       64
3       65
4       68
5       69
dtype: int64
>>> weight_heavy
0       60
1       62
2       64
3       65
4       68
5       69
```

```
6       120
dtype: int64
```

비슷한 값들이 저장된 weight와 weight_heavy라는 판다스 1차원 배열을 생성하고 내용을 출력한다. weight_heavy에는 다른 값에 비해 크기가 큰 특잇값인 120이 포함되어 있다는 점을 제외하면 weight와 weight_heavy의 값은 동일하다.

```
>>> weight.mean()                              # 평균
np.float64(64.66666666666667)
>>> weight_heavy.mean()                        # 평균
np.float64(72.57142857142857)
```

weight와 weight_heavy에 저장된 값들의 평균이 큰 차이가 난다. 이는 weight_heavy에 있는 값 120의 영향 때문이다.

```
>>> weight.median()                            # 중앙값
np.float64(64.5)
>>> weight_heavy.median()                      # 중앙값
np.float64(65.0)
```

weight와 weight_heavy의 중앙값 간에는 큰 차이가 없다. 즉, 중앙값은 특잇값의 영향을 덜 받는다.

```
>>> stats.trim_mean(weight, 0.2)               # 절사평균(상하위 20% 제외)
np.float64(64.75)
>>> stats.trim_mean(weight_heavy, 0.2)         # 절사평균(상하위 20% 제외)
np.float64(65.6)
```

stats.trim_mean()은 절사평균을 계산하는 메서드다. 두 번째 매개변수가 상하위 값 중 몇 %를 제외하고 평균을 구할지 지정한다. 0.2는 상하위 각 20%를 제외하고 평균을 구하라는 의미다. 절사평균은 특잇값을 제외하고 나머지 값들로 평균을 구하기 때문에 weight와 weight_heavy의 절사평균 값에는 큰 차이가 없다.

2 사분위수

사분위수quantile는 주어진 데이터에 있는 값들을 크기순으로 나열했을 때 이를 4등분하는 지점에 있는 값들을 의미한다. 자료에 있는 값들을 4등분하면 등분점이 3개 생기는데 앞에서부터 '1사분위수(Q1)', '2사분위수(Q2)', '3사분위수(Q3)'라고 부르며 2사분위수(Q2)는 중앙값과 동일한다. 전체 데이터를 4개로 나누었기 때문에 각 구간에는 25%씩의 데이터가 존재한다. [그림 5-4]는 사분위수의 예를 보여준다.

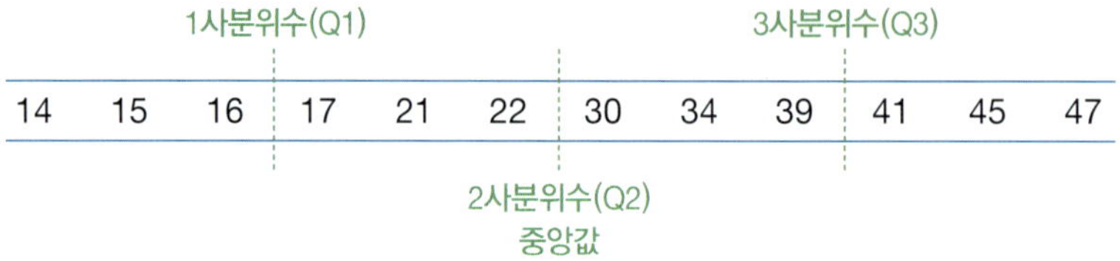

그림 5-4 사분위수의 예

평균이나 중앙값이 1개의 값으로 전체의 특성을 추정하는 도구라면, 사분위수는 3개의 값으로 전체의 특성을 추정하는 도구다. 1개의 값보다는 3개의 값으로 전체의 특성을 추정하기 때문에 더 많은 정보를 줄 수 있다.

예를 들어 100명의 학생을 대상으로 영어 시험을 본 결과에 대해 사분위수를 구하였더니 Q1=60, Q2=80, Q3=90이라고 가정해 보자. 이 결과로부터 유추할 수 있는 사실은 다음과 같다.

- 25명의 학생은 성적이 60점 미만이다.
- 25명의 학생은 성적이 60점에서 80점 사이다.
- 25명의 학생은 성적이 80점에서 90점 사이다.
- 25명의 학생은 성적이 90점 이상이다.
- 90점 이상인 학생이 25명이나 되기 때문에 이번 영어 시험은 매우 쉬웠다.
- 전체 50%의 학생이 80점 이상의 성적을 받았다.

이처럼 평균이나 중앙값에 비해 사분위수는 좀 더 풍부한 해석이 가능하다. [코드 5-6]을 통해 판다스에서 제공하는 사분위수 메서드를 사용해 실습해 보자.

코드 5-6 code5_6.py

```
import pandas as pd
import numpy as np

# 사분위수 계산
mydata = [60, 62, 64, 65, 68, 69, 120]
mydata = pd.Series(mydata)
mydata.quantile(0.25)                    # Q1
mydata.quantile(0.5)                     # Q2
mydata.quantile(0.75)                    # Q3
mydata.quantile([0.25, 0.5, 0.75])

mydata.quantile(np.arange(0, 1, 0.1))    # 10% 단위로 구간을 나누어 계산
mydata.describe()                        # 사분위수를 포함한 요약 정보
```

[코드 5-6]의 실행 결과를 나누어 설명하면 다음과 같다.

```
>>> import pandas as pd
>>> import numpy as np
```

작업에 필요한 패키지를 불러온다.

```
>>> # 사분위수 계산
>>>
>>> mydata = [60, 62, 64, 65, 68, 69, 120]
>>> mydata = pd.Series(mydata)
>>> mydata.quantile(0.25)                # Q1
np.float64(63.0)
>>> mydata.quantile(0.5)                 # Q2
np.float64(65.0)
>>> mydata.quantile(0.75)                # Q3
np.float64(68.5)
```

판다스 1차원 배열인 mydata를 생성하고, quantile() 메서드를 사용하여 사분위수 Q1, Q2, Q3를 구한다. quantile() 메서드의 매개변수로 백분위수를 입력하면 해당 분위에 속하는 값을 얻을 수 있다. Q1, Q2, Q3의 백분위수는 각각 0.25, 0.5, 0.75다.

```
>>> mydata.quantile([0.25, 0.5, 0.75])
0.25    63.0
0.50    65.0
0.75    68.5
dtype: float64
```

3개의 사분위수를 한 번에 출력하였다.

```
>>> mydata.quantile(np.arange(0, 1, 0.1))  # 10% 단위로 구간을 나누어 계산
0.0     60.0
0.1     61.2
0.2     62.4
0.3     63.6
0.4     64.4
0.5     65.0
0.6     66.8
0.7     68.2
0.8     68.8
0.9     89.4
1.0    120.0
dtype: float64
```

사분위수는 전체 데이터를 4개의 구간으로 나누지만, 필요에 따라 더 세분화할 수도 있다. np.arange(0, 1, 0.1)은 0부터 1까지 0.1 간격으로 값을 생성하라는 의미다. 출력 결과에서 0.0, 0.1, 0,2, …, 1.0까지의 값을 보여주는데, 이것을 백분율로 환산하면 0%부터 100%까지가 된다.

```
>>> mydata.describe()                     # 사분위수를 포함한 요약 정보
count      7.000000
mean      72.571429
```

```
std       21.149130
min       60.000000
25%       63.000000
50%       65.000000
75%       68.500000
max      120.000000
dtype: float64
```

describe() 메서드는 사분위수를 포함하여 데이터의 개수(count), 평균(mean), 표준편차(std), 최솟값(min), 최댓값(max)을 함께 보여주기 때문에 전체 데이터를 파악하는 데 유용하다.

3 산포

산포distribution는 주어진 데이터에 있는 값들이 퍼져 있는 정도(흩어져 있는 정도)를 의미하며, 데이터를 파악할 수 있는 중요한 특성 중 하나다. 산포는 주로 **분산**variance과 **표준편차**standard deviation를 이용해 파악할 수 있다. 다음 수식에서 알 수 있듯이, 분산(s^2)은 데이터의 각 값(X_i)이 평균($\overline{X}$)에서 얼마나 떨어져 있는지를 계산하여 그 차이를 합산한 후 값의 개수로 나눈 결과다. 표준편차(s)는 분산의 제곱근($\sqrt{s^2}$)으로 계산한다.

$$s^2 = \frac{1}{n-1}\sum_{i=1}^{n}\left(X_i - \overline{X}\right)^2$$

$$s = \sqrt{s^2}$$

데이터의 '분산과 표준편차가 작다'는 말은 데이터의 관측값들이 평균값 부근에 모여 있다는 의미이며, 반대로 '분산과 표준편차가 크다'는 말은 데이터의 관측값들이 평균값으로부터 멀리 흩어져서 분포한다는 의미다. 예를 들어 학생들의 성적 데이터에서 분산과 표준편차가 작다면 학생 간 성적 차이가 크지 않다는 의미이고, 반대로 분산과 표준편차가 크다면 성적 차이가 크다는 의미로 해석할 수 있다. [코드 5-7]을 통해 판다스가 제공하는 산포 관련 메서드를 사용하여 실습해 보자.

코드 5-7 code5_7.py

```
import pandas as pd
import numpy as np

# 산포 계산
mydata  = pd.Series([60, 62, 64, 65, 68, 69, 72])
mydata.var()                    # 분산
mydata.std()                    # 표준편차
```

[코드 5-7]의 실행 결과를 나누어 설명하면 다음과 같다.

```
>>> import pandas as pd
>>> import numpy as np
>>> # 산포 계산
>>>
>>> mydata = pd.Series([60, 62, 64, 65, 68, 69, 72])
```

작업에 필요한 패키지를 불러오고, 판다스 1차원 배열 mydata를 생성한다.

```
>>> mydata.var()                # 분산
np.float64(17.571428571428557)
>>> mydata.std()                # 표준편차
np.float64(4.191828786034631)
```

var()와 std() 메서드를 사용하여 분산과 표준편차를 구하였다.

4 히스토그램

히스토그램histogram은 외관상 막대그래프와 비슷한 그래프로 연속형 데이터의 분포를 시각화하는 데 사용한다. 값의 종류별 개수를 세어 시각화할 때는 막대그래프를 사용하지만, 키나 몸무게 같은 연속형 데이터를 시각화할 때는 명확한 값의 종류가 없으므로 구간을 나누고 각 구간에 속하는 값들의 개수를 세어 히스토그램으로 작성한다. 예를 들어 키 데이터를 '160 미

만, 160~170, 170~180, 180 이상' 등으로 구간을 나누고 각 구간에 해당하는 값의 개수를 세어 그래프로 표현하는 방식이다.

판다스에서는 hist() 메서드를 이용하여 히스토그램을 작성한다. cars 데이터셋을 대상으로 히스토그램을 작성해 보자. cars 데이터셋에는 [그림 5-5]와 같이 자동차의 주행속도(speed)와 그 속도에서 브레이크를 밟았을 때의 제동거리(dist) 데이터가 포함되어 있다. 이 중 제동거리(dist) 데이터를 사용한다.

	A	B
1	speed	dist
2	4	2
3	4	10
4	7	4
5	7	22

그림 5-5 cars 데이터셋

코드 5-8 code5_8.py

```
import pandas as pd
import matplotlib.pyplot as plt

# 데이터 준비
df = pd.read_csv('d:/data/cars.csv')
dist = df['dist']                           # 제동거리
dist

# 구간 개수를 지정하여 히스토그램 그리기
dist.plot.hist()                            # 기본 그래프
plt.show()

dist.plot.hist(bins=6)                      # 막대 개수 지정
plt.show()

# 구간별 빈도수 계산
dist.value_counts(bins=6, sort=False)

dist.plot.hist(bins=6,                      # 막대 개수 지정
               title='Braking distance',    # 그래프 제목
               xlabel='distance',           # x축 레이블
               ylabel='frequency',          # y축 레이블
               color='g')                   # 막대 색
plt.show()
```

[코드 5-8]의 실행 결과를 나누어 설명하면 다음과 같다.

```
>>> import pandas as pd
>>> import matplotlib.pyplot as plt
```

작업에 필요한 패키지를 불러온다.

```
>>> # 데이터 준비
>>>
>>> df = pd.read_csv('d:/data/cars.csv')
>>> dist = df['dist']                          # 제동거리
>>> dist
0       2
1      10
2       4
3      22
4      16
(중략)
45     70
46     92
47     93
48    120
49     85
Name: dist, dtype: int64
```

d:/data/cars.csv 파일을 pd.read_csv() 메서드를 사용해 판다스 데이터프레임으로 읽어 온 후, 제동거리(dist) 데이터를 추출하였다. 총 50개의 값이 저장된 것을 확인할 수 있다.

```
>>> # 구간 개수를 지정하여 히스토그램 그리기
>>>
>>> dist.plot.hist()                           # 기본 그래프
<Axes: ylabel='Frequency'>
```

```
>>> plt.show()
```

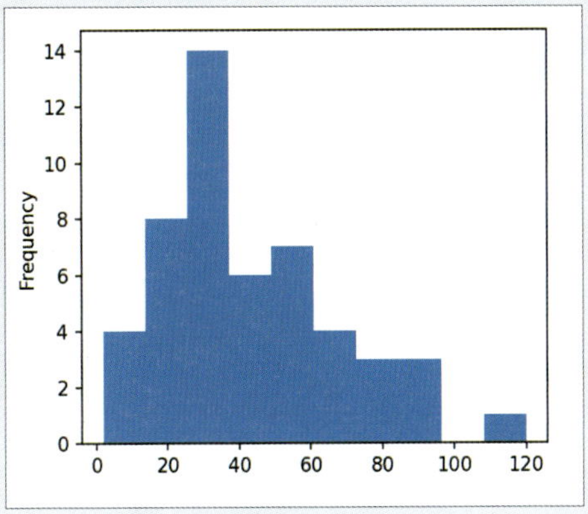

매개변수 없이 간단한 히스토그램을 작성하였다. 이때 기본 구간 개수(막대 개수)는 10으로 설정된다.

```
>>> dist.plot.hist(bins=6)                    # 막대 개수 지정
<Axes: ylabel='Frequency'>
>>> plt.show()
```

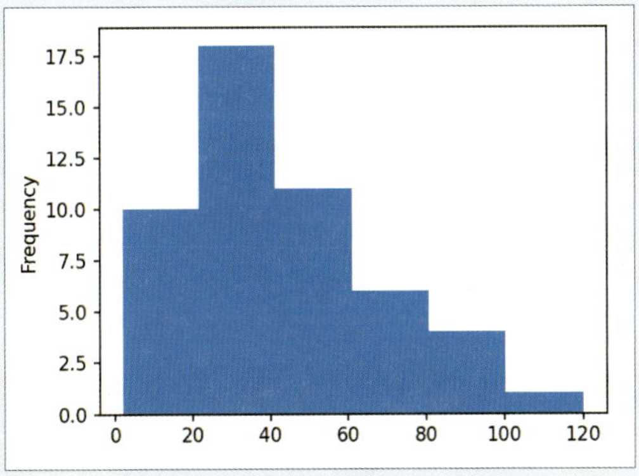

이번에는 bins 매개변수를 사용해 구간 개수를 6으로 지정하여 히스토그램을 작성하였다. 제동거리 값의 범위가 0~120이므로 구간을 6개로 나누면 0~20, 20~40, 40~60, 60~80, 80~100, 100~120이 된다. 구간 20~40의 경우 20은 이 구간에 포함되지 않고, 40은 포함되므로, 이 구간을 수식으로 나타내면 $20<x\leq40$이다.

```
>>> # 구간별 빈도수 계산
>>>
>>> dist.value_counts(bins=6, sort=False)
(1.881, 21.667]    10
(21.667, 41.333]   18
(41.333, 61.0]     11
(61.0, 80.667]      6
(80.667, 100.333]   4
(100.333, 120.0]    1
Name: count, dtype: int64
```

히스토그램으로 구간별 빈도수를 대략적으로 알 수 있지만, 더 정확한 빈도수를 알고 싶다면 value_counts() 메서드를 이용한다. value_counts() 메서드의 주요 매개변수는 [표 5-4]와 같다.

표 5-4 value_counts() 메서드의 주요 매개변수

매개변수	설명
bins	구간의 개수를 지정한다. 구간을 나누는 값을 직접 지정할 수도 있다.
sort	메서드의 실행 결과를 빈도수 기준으로 내림차순 정렬할지를 지정한다. 기본값은 True다.

```
>>> dist.plot.hist(bins=6,                      # 막대 개수 지정
...                title='Braking distance',     # 그래프 제목
...                xlabel='distance',            # x축 레이블
...                ylabel='frequency',           # y축 레이블
...                color='g')                    # 막대 색
<Axes: title={'center': 'Braking distance'}, xlabel='distance',
 ylabel='frequency'>
```

```
>>> plt.show()
```

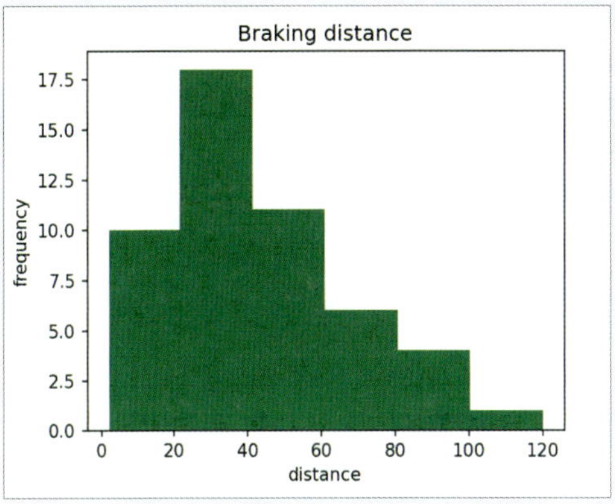

그래프 제목, x축 레이블, y축 레이블, 막대의 색을 지정하여 히스토그램을 작성하였다. 히스토그램을 보면 제동거리가 20~40인 것이 대략 18개 정도로 빈도수가 가장 높은 것을 알 수 있다. 이처럼 히스토그램으로 나타내면 관측값들이 어느 구간에 분포하는지 쉽게 파악할 수 있다.

하나 더 알기 히스토그램의 구간 개수

히스토그램을 작성할 때는 구간 개수(막대 개수)를 적절하게 지정해야 한다. 구간 크기가 너무 작으면 구간 개수가 늘어나고 각 구간의 빈도수가 낮아져 유용한 정보를 전달하지 못할 수 있다. 반대로 구간이 너무 크면 각 구간의 빈도수가 지나치게 높아져 데이터 분포를 파악하기 어렵다. 따라서 여러 개의 구간 개수를 테스트해 보며 적정한 구간 수를 찾는 것이 중요하다.

여기서 잠깐! 막대그래프와 히스토그램 비교

히스토그램은 외관상 막대그래프와 유사하다. 일반적으로 막대 사이에 간격이 있으면 막대그래프, 간격 없이 막대들이 붙어 있으면 히스토그램으로 구분할 수 있다. 또한 막대그래프에서는 막대의 면적이 의미가 없지만, 히스토그램에서는 막대의 면적도 의미가 있다.

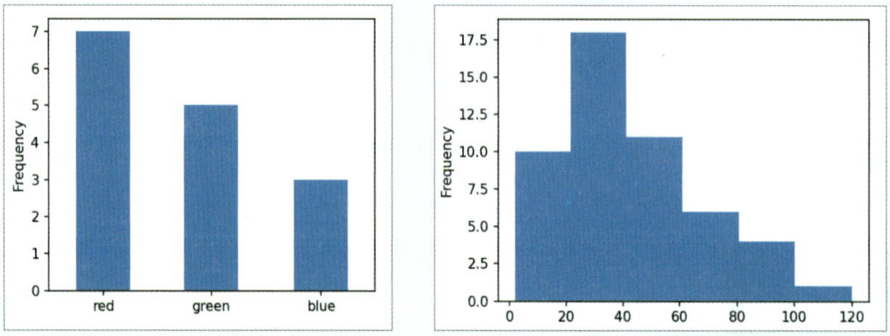

(a) 막대그래프 (b) 히스토그램

그림 5-6 막대그래프와 히스토그램

5 상자그림

상자그림box plot은 상자 수염 그림box and whisker plot으로도 불리며, 사분위수를 시각화하여 그래프 형태로 나타낸 것이다. 상자그림은 하나의 그래프로 데이터의 분포 형태를 포함한 다양한 정보를 전달하기 때문에 단일 변수 연속형(수치형) 자료를 파악하는 데 자주 사용된다. [그림 5-7]은 상자그림의 구성 요소를 보여준다.

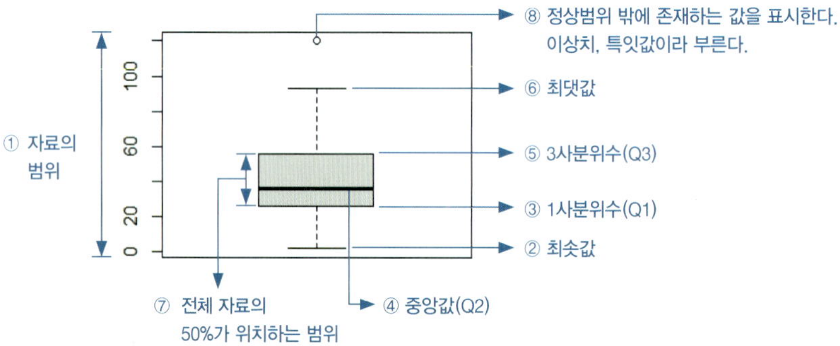

그림 5-7 상자그림의 구성 요소

상자그림에서 정보는 세로 방향으로 표현되는데, 데이터의 관측값들이 작은 값부터 큰 값 순으로 아래에서 위쪽으로 세워져 있다고 생각하면 이해하기 쉽다. 상자그림에서 ①에 해당하는 y축은 데이터의 관측값들이 갖는 범위를 등간격 눈금으로 나타낸 것이며, ②~⑥은 아래에서부터 차례로 최솟값, 1사분위수(Q1), 중앙값(Q2), 3사분위수(Q3), 최댓값을 나타낸다. 여기서 최솟값과 최댓값은 정상 범위에 있는 관측값들 중의 최솟값과 최댓값을 의미한다. 다른 말로 표현하면 특잇값을 제외한 값들 중의 최솟값과 최댓값이다.

1사분위수와 3사분위수 사이의 영역이 상자로 표현되며(⑦), 이 영역이 전체 데이터의 50%가 위치하는 구간이다. 즉, 전체를 대표할 만한 주류 데이터가 분포하는 구간이다. 마지막으로 최솟값과 최댓값 범위 밖에 위치한 값들은 이상치 또는 특잇값outlier이라고 하며, 작은 동그라미로 표시된다(⑧). 동그라미 하나는 값 하나를 의미한다.

상자그림에서 모든 정보는 세로 방향으로 표현되기 때문에 가로 방향과 상자의 면적은 별 의미가 없다. 또한 상자그림에서 '상자'는 바깥쪽 테두리 상자를 말하는 것이 아니라 안쪽의 작은 상자를 가리킨다.

[코드 5-9]를 통해 판다스에서 제공하는 `plot.box()` 메서드를 이용하여 자동차 제동거리에 대한 상자그림을 만들고 그 내용을 살펴보자.

코드 5-9 code5_9.py

```
import pandas as pd
import matplotlib.pyplot as plt

# 데이터 준비
df = pd.read_csv('d:/data/cars.csv')
dist = df['dist']                          # 제동거리

# 상자그림 그리기
dist.plot.box(title='Breaking distance')
plt.show()
```

실행 결과

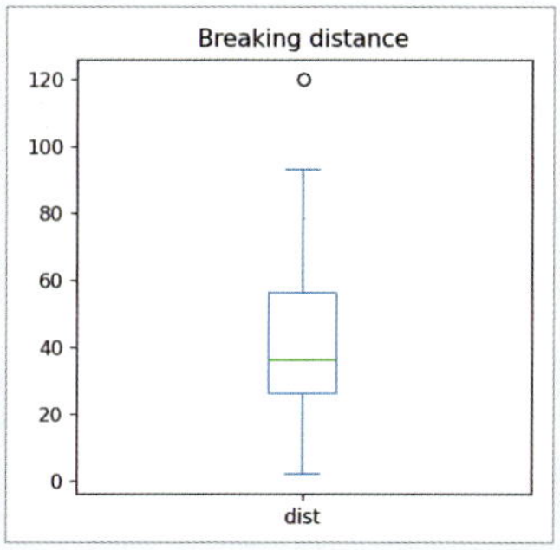

dist 벡터에는 자동차의 제동거리 데이터가 저장되어 있다. [코드 5-9]를 실행하면 실행 결과에 나타난 상자그림이 그려진다. 먼저 상자그림의 y축을 보면, 눈금이 20단위로 표시되며 제동거리 값이 0~120 범위에 분포하는 것을 알 수 있다. 이 중 정상 범위의 제동거리는 대략 1에서 95 사이이다. 정상 범위 내에서는 상자가 아래쪽으로 치우쳐 있는데, 전체의 50%에 해당하는 값들이 아래쪽(대략 22~58)에 분포함을 알 수 있다. 또한 상자그림에서 상자 위쪽으로 특잇값 1개가 관찰되며, 이는 다른 경우에 비해 제동거리가 매우 긴 경우를 의미한다.

6 그룹이 있는 데이터의 상자그림

단일 변수 데이터 중에는 그룹 정보가 포함된 데이터도 있다. 예를 들면 iris 데이터셋의 꽃잎과 꽃받침에 대한 측정값들은 품종(Species)에 의해 3개의 그룹으로 나눌 수 있다. 이처럼 데이터의 관측값들을 품종별로 나눈 후, 품종 그룹별로 상자그림을 그려보면 품종 간 데이터의 분포 차이를 쉽게 확인할 수 있어 매우 유용하다.

[코드 5-10]은 iris 데이터셋에서 꽃잎 길이(Sepal_Length) 데이터를 품종별로 나누어 상자그림을 그리는 코드다.

코드 5-10 code5_10.py

```
import pandas as pd
import matplotlib.pyplot as plt

# 데이터 불러오기
df = pd.read_csv('d:/data/iris.csv')

# 상자그림 그리기
df.boxplot(column='Petal_Length',                # 상자그림 대상 컬럼
           by='Species',                         # 그룹 정보 컬럼
           grid=False)                           # 격자 표시 제거
plt.suptitle('')                                 # 기본 표시 제목 제거
plt.show()
```

[코드 5-10]의 실행 결과를 나누어 설명하면 다음과 같다.

```
>>> import pandas as pd
>>> import matplotlib.pyplot as plt
>>> # 데이터 불러오기
>>>
>>> df = pd.read_csv('d:/data/iris.csv')
```

작업에 필요한 패키지와 iris 데이터셋을 불러온다.

```
>>> # 상자그림 그리기
>>>
>>> df.boxplot(column='Petal_Length',                # 상자그림 대상 컬럼
...            by='Species',                         # 그룹 정보 컬럼
...            grid=False)                           # 격자 표시 제거
<Axes: title={'center': 'Petal_Length'}, xlabel='Species'>
>>>
>>> plt.suptitle('')                                 # 기본 표시 제목 제거
Text(0.5, 0.98, '')
>>> plt.show()
```

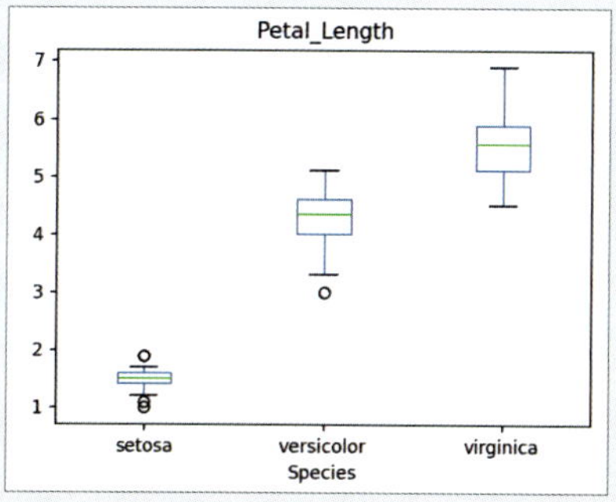

boxplot() 메서드에 사용된 매개변수의 의미는 [표 5-5]와 같다.

표 5-5 boxplot() 메서드의 주요 매개변수

매개변수	설명
column	데이터프레임에서 상자그림을 작성할 대상 컬럼을 지정한다.
by	그룹 정보가 저장된 컬럼을 지정한다.
grid	상자그림 위에 격자를 표시할지를 지정한다. 기본값은 True다.

plt.suptitle('')는 상자그림의 제목을 지정하는 역할을 한다. 여기서는 공백으로 지정하여 대상 컬럼의 이름만 표시되도록 했다.

boxplot()의 실행 결과를 보면 3개의 품종에 대한 상자그림이 한꺼번에 그려진 것을 알 수 있다. 여기서 몇 가지 사실을 관찰할 수 있다. 우선 setosa 품종의 꽃잎 길이가 가장 짧고 virginia 품종의 꽃잎 길이가 전반적으로 가장 길다는 것을 알 수 있다. 또한 setosa 품종은 값들이 좁은 지역에 모여 있는데, 이는 setosa 품종의 꽃들은 꽃잎 길이가 비슷하다는 의미다. 반면 versicolor와 virginica 품종의 꽃들은 데이터의 분포가 넓게 퍼져 있다.

03 판다스 그래프의 작성

파이썬 환경에서 막대그래프나 히스토그램 같은 그래프를 작성하는 방법에는 여러 가지가 있다. 주로 사용하는 방법은 ① matplotlib 패키지를 이용하는 방법, ② pandas 패키지의 그래프 메서드를 활용하는 방법, ③ seaborn 패키지를 사용하는 방법이다.

각 패키지의 그래프 메서드는 이름과 매개변수가 비슷하지만, 일부 차이가 있어 처음 학습할 때는 혼란스러울 수 있다. 이 책에서는 판다스의 그래프 기능을 기본으로 사용하고, 고급 그래프를 작성할 때는 `seaborn` 패키지를 활용하기로 한다. 판다스 그래프는 `matplotlib` 패키지를 기반으로 하므로, 판다스 그래프를 배워두면 `matplotlib`도 어렵지 않게 이해할 수 있다. 이미 판다스 그래프를 이용하여 그래프를 작성하는 방법에 대해 살펴보았지만, 이 절에서는 판다스 그래프를 좀 더 체계적으로 정리해 보자.

1 판다스 그래프의 종류

판다스에서 제공하는 그래프 메서드는 [표 5-6]과 같다. 이 중 일부는 앞에서 다루었고, 일부는 이후에 살펴볼 것이다.

표 5-6 판다스에서 제공하는 그래프 메서드

그래프 메서드	설명	그래프 메서드	설명
line()	선그래프	density()	커널 밀도 추정 그래프(kde()와 동일)
bar()	막대그래프	area()	영역 그래프
barh()	세로 방향 막대그래프	pie()	원그래프
hist()	히스토그램	scatter()	산점도
box()	상자그림	hexbin()	고밀도 산점도 그래프
kde()	커널 밀도 추정 그래프		

판다스의 그래프 메서드 문법은 다음과 같다.

```
데이터객체.plot.그래프메서드명(매개변수1=값1, 매개변수2=값2, 매개변수3=값3, ...)
```

예를 들어 dist 데이터 객체로 히스토그램을 작성한다면 다음과 같이 작성한다.

```
dist.plot.hist(bins=6, title='Braking distance', xlabel='distance', color='g')
```

여기서 데이터 객체는 판다스 1차원 배열인 시리즈series 또는 2차원 배열인 데이터프레임dataframe 형태여야 한다. 각 그래프 메서드는 그래프의 내용과 출력 형태를 조절하는 다양한 매개변수를 가지고 있으며, 일부 매개변수는 공통으로 사용되고 일부 매개변수는 특정 메서드에서만 사용된다. [표 5-7]은 자주 사용되는 매개변수를 정리한 것이다.

표 5-7 판다스 그래프 메서드의 주요 매개변수

매개변수	설명
figsize	그래프의 크기를 인치 단위로 지정한다. 폭 6인치, 높이 4인치는 (6, 4)와 같이 표현한다.
use_index	데이터 객체의 인덱스를 그래프의 눈금 값으로 사용할지를 지정한다. 기본값은 True다.
title	그래프의 제목을 지정한다.
grid	그래프 위에 격자를 표시할지를 지정한다. 기본값은 None이다.
legend	범례를 표시할지를 지정한다. 기본값은 False다.
style	선의 종류를 지정한다.
xticks	x축의 눈금 값을 지정한다.
yticks	y축의 눈금 값을 지정한다.
xlim	x축에 표시할 값의 범위를 지정한다.
ylim	y축에 표시할 값의 범위를 지정한다.
xlabel	x축의 레이블을 지정한다.
ylabel	y축의 레이블을 지정한다.
rot	축의 눈금 값을 회전하여 출력할 때의 회전 각도를 지정한다.

[코드 5-11]은 다양한 매개변수를 지정하여 막대그래프를 작성한 예다.

코드 5-11 code5_11.py

```
import pandas as pd
import matplotlib.pyplot as plt

favorite = pd.Series( ['WINTER', 'SUMMER', 'SPRING', 'SUMMER', 'SUMMER',
                       'FALL', 'FALL', 'SUMMER', 'SPRING', 'SPRING'])

fd = favorite.value_counts()           # 도수분포를 fd에 저장

fd.plot.bar(xlabel='Season',           # x축 레이블
            ylabel='Frequency',        # y축 레이블
            rot=30,                    # x축 값의 회전 각도
            title='Favorite Season',   # 그래프 제목
            color='b',                 # 막대의 색
            grid=True,                 # 격자 표시
            figsize=(6, 4)             # 그래프의 크기(inch)
            )
plt.subplots_adjust(bottom=0.2)        # 그래프 아래쪽 여백
plt.show()
```

실행 결과

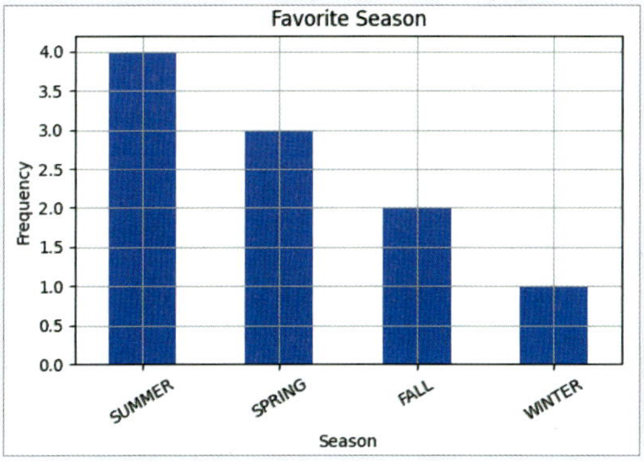

2 판다스 그래프 사용 팁

그래프에 한글 표시하기

그래프에 한글을 표시할 때 폰트 문제로 한글이 깨지거나 마이너스 부호(–)가 제대로 출력되지 않을 수 있다. 한글과 마이너스 부호를 모두 정상적으로 표시하려면 `plt.rcParams[]`를 사용해 `matplotlib`의 기본 설정을 변경해야 한다.

코드 5-12 code5_12.py

```
import pandas as pd
import matplotlib.pyplot as plt

plt.rcParams['font.family'] = 'Malgun Gothic'        # 한글 폰트 설정
plt.rcParams['axes.unicode_minus'] = False           # 마이너스 부호 깨짐 방지

ser = pd.Series([1, 2, 3, 3])
ser.plot.hist(title='그래프 예제 - 히스토그램')
plt.show()
```

실행 결과

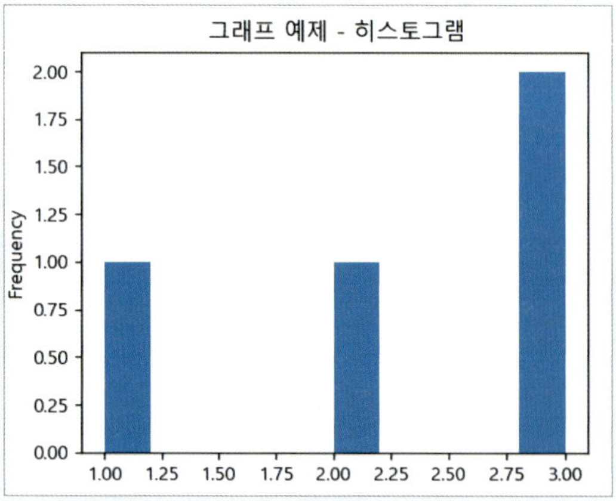

[코드 5-12]를 실행한 결과 한글이 정상적으로 출력되었다. 이 예에서는 표현되지 않았지만 마이너스 부호도 정상적으로 출력된다.

한 화면에 여러 개의 그래프 출력하기

그래프를 그리다 보면 한 번에 하나씩만 출력되는 것을 확인할 수 있다. 여러 개의 그래프를 한 화면에 동시에 출력하려면 어떻게 해야 할까? **matplotlib**에서는 한 화면을 여러 개로 가상 분할한 뒤, 각각의 화면에 그래프를 출력할 수 있는 기능을 제공한다. [코드 5-13]은 화면을 4개의 영역으로 나누어 서로 다른 4개의 그래프를 한 화면에 출력하는 예다.

코드 5-13 code5_13.py

```
import pandas as pd
import matplotlib.pyplot as plt

# 데이터 읽기
df = pd.read_csv('d:/data/iris.csv')

# 화면 분할 정의
fig, axes = plt.subplots(nrows=2, ncols=2)

# 각 분할 영역에 그래프 작성하기
df['Petal_Length'].plot.hist(ax=axes[0, 0])
df['Petal_Length'].plot.box(ax=axes[0, 1])

fd = df['Species'].value_counts()
fd.plot.pie(ax=axes[1, 0])
fd.plot.barh(ax=axes[1, 1])

# 통합 그래프에 제목 지정
fig.suptitle('Multiple Graph Example', fontsize=14)

# 분할 그래프 화면에 나타내기
plt.show()
```

가상 분할 영역에 표시되는 각 그래프를 서브 그래프, 한 화면에 하나로 합쳐진 전체 그래프를 통합 그래프라고 부르기로 하자. [코드 5-13]의 실행 결과를 나누어 설명하면 다음과 같다.

```
>>> import pandas as pd
>>> import matplotlib.pyplot as plt
>>>
>>> # 데이터 읽기
>>>
>>> df = pd.read_csv('d:/data/iris.csv')
```

작업에 필요한 패키지와 iris 데이터셋을 불러온다.

```
>>> # 화면 분할 정의
>>>
>>> fig, axes = plt.subplots(nrows=2, ncols=2)
```

subplots(nrows=2, ncols=2)는 화면을 2행 2열로 나누어 4개의 가상 영역을 생성한다. 이 분할된 영역은 [그림 5-8]과 같이 인덱스로 위치가 구분된다.

[0,0]	[0,1]
[1,0]	[1,1]

그림 5-8 가상 분할 영역에 대한 위치 구분 인덱스

subplots()의 실행 결과는 fig, axes 두 변수에 저장되며 fig는 통합된 전체 그래프를, axes는 4개의 서브 그래프를 의미한다.

```
>>> # 각 분할 영역에 그래프 작성하기
>>>
>>> df['Petal_Length'].plot.hist(ax=axes[0, 0])
>>> df['Petal_Length'].plot.box(ax=axes[0, 1])
>>>
>>> fd = df['Species'].value_counts()
>>> fd.plot.pie(ax=axes[1, 0])
>>> fd.plot.barh(ax=axes[1, 1])
```

각 서브 그래프를 지정된 분할 영역에 작성한다. 예를 들어 첫 번째 그래프 메서드에서 ax=axes[0, 0]은 화면 분할 영역 [0, 0] 위치에 그래프를 생성한다.

```
>>> # 통합 그래프에 제목 지정
>>>
>>> fig.suptitle('Multiple Graph Example', fontsize=14)
```

통합 그래프에 제목을 지정한다. 각 서브 그래프의 제목은 서브 그래프 생성 명령문 안에 작성한다.

```
>>> # 분할 그래프 화면에 나타내기
>>>
>>> plt.show()
```

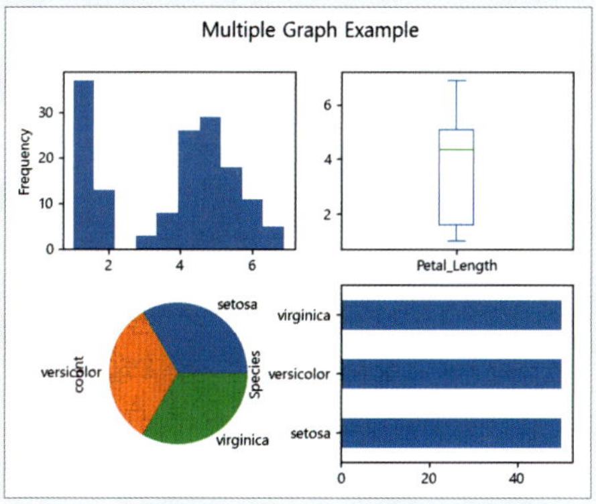

plt.show()를 실행한 결과 4개의 그래프가 한 화면에 표시되었다.

여백 조절과 파일 저장하기

그래프 팝업 창 하단에 여백 조절 기능을 하는 아이콘과 파일 저장 기능을 하는 아이콘이 있다. 두 아이콘을 사용해 그래프의 여백을 조절하거나 다양한 포맷(.png, .jpg, .pdf 등)으로 그래프를 저장할 수 있다. 그래프의 여백은 트랙 바를 움직여서 조절한다. 필요한 부분의 여백을 늘리거나 줄이면서 효과를 확인해 보자.

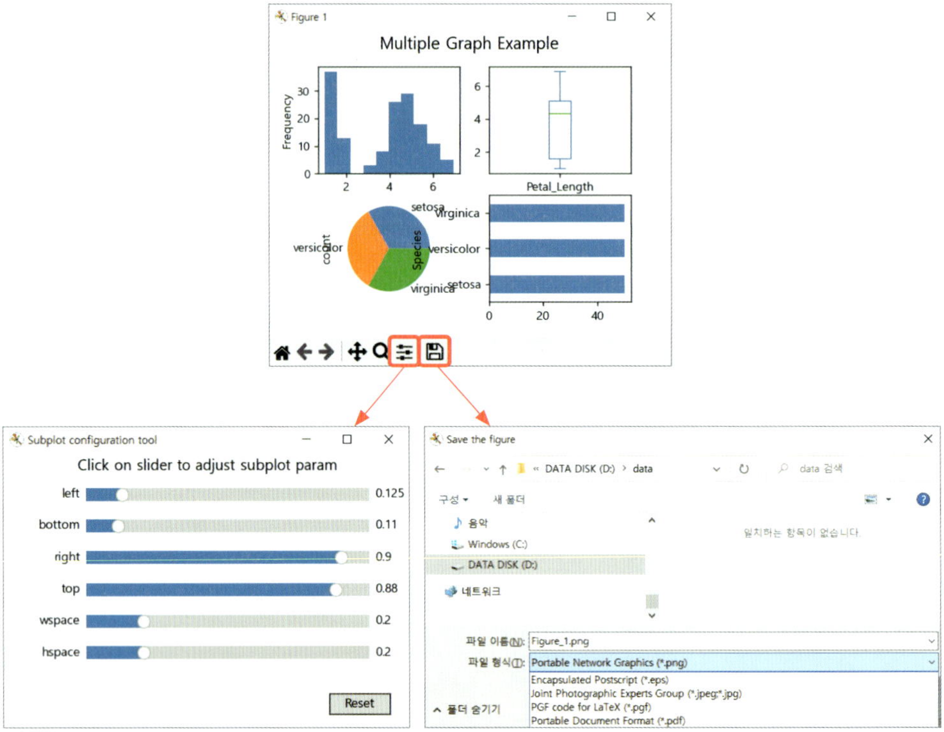

그림 5-9 그래프 팝업 창의 여백 조절 및 저장 기능

실전 분석

문제 1

학생 12명의 취미를 조사하였더니 다음과 같았다. 이 데이터를 사용하여 아래에서 제시하는 작업을 수행해 보자.

등산	낚시	골프	수영	등산	등산
낚시	수영	등산	낚시	수영	골프

01 데이터를 hobby(판다스 시리즈)에 저장하고 내용을 확인하시오.

```
import pandas as pd
import matplotlib.pyplot as plt
plt.rcParams['font.family'] = 'Malgun Gothic'     # 한글 폰트 변경
plt.rcParams['axes.unicode_minus'] = False        # 마이너스 부호 깨짐 방지

hobby = pd.Series(['등산', '낚시', '골프', '수영', '등산', '등산',
                   '낚시', '수영', '등산', '낚시', '수영', '골프'])
hobby
```

02 취미별 도수분포표를 작성하시오.

```
fd = hobby.value_counts()
fd
```

03 도수분포표를 막대그래프와 원그래프로 시각화하되, 한 화면에 작성하시오.

```
fig, axes = plt.subplots(nrows=1, ncols=2)    # 화면 분할 정의

fd.plot.bar(ax=axes[0])                        # 막대그래프
fd.plot.pie(ax=axes[1])                        # 원그래프

fig.suptitle('선호 취미 분포', fontsize=14)
plt.show()
```

문제 2

BostonHousing 데이터셋은 보스턴 지역의 주택 가격 및 관련 정보를 담고 있다. 여기서 집값(medv) 데이터만 추출하여 분석해 보자.

TIP BostonHousing.csv 파일은 한빛아카데미 홈페이지에서 다운로드할 수 있다.

01 BostonHousing 데이터셋에서 집값(medv) 데이터 컬럼만 추출하여 house_price에 저장하고 내용을 확인하시오.

```
import pandas as pd
import matplotlib.pyplot as plt

df = pd.read_csv('d:/data/BostonHousing.csv')
house_price = df['medv']
house_price
```

02 집값의 평균, 중앙값, 사분위수를 확인하시오.

```
house_price.mean()
house_price.median()
house_price.quantile([0.25, 0.5, 0.75])
```

03 사분위수를 기준으로 4개 구간의 집값 평균을 구하고 이를 막대그래프로 시각화하시오.

```
quan = house_price.quantile([0.25, 0.5, 0.75])
bins = [house_price.min(), quan[0.25], quan[0.5], quan[0.75], house_price.
        max()]
labels = ['Q1', 'Q2', 'Q3', 'Q4']
grp = pd.cut(house_price, bins=bins, labels=labels)
avg = house_price.groupby(grp).mean()

avg.plot.bar()
plt.xlabel('Quartiles')
plt.ylabel('House Price')
plt.title('Average House Price by Quartiles')
plt.show()
```

04 집값의 분포를 상자그림으로 시각화하시오.

```
house_price.plot.box()
plt.show()
```

05 집값의 분포를 히스토그램으로 시각화하되, 구간 수를 8로 설정하시오.

```
house_price.plot.hist(bins=8)
plt.show()
```

요약

01 단일 변수 범주형 데이터를 대상으로 한 기본 작업은 관측값들의 도수분포를 파악하는 것이다. 이를 통해 값의 종류별 비율을 알 수 있으며, 도수분포 결과를 바탕으로 막대그래프나 원그래프를 작성할 수 있다. 도수분포를 파악하기 위해 `value_counts()` 메서드를 사용한다. 도수분포 결과를 활용한 막대그래와 원그래프는 각각 `plot.bar()`와 `plot.pie()` 메서드로 작성할 수 있다.

02 단일 변수 연속형 데이터는 관측값들이 크기를 가지기 때문에 범주형 데이터보다 다양한 분석 방법을 적용할 수 있다.

03 평균과 중앙값은 전체 데이터를 대표할 수 있는 값이다. 만약 데이터에 특잇값이 있다면 평균값보다 중앙값이 대푯값으로 더 적절하다. 특잇값의 영향을 줄이기 위해 절사평균을 이용하기도 한다.

04 사분위수quantile는 데이터를 크기순으로 나열했을 때 4등분하는 지점에 있는 값들을 의미한다. 3개의 값으로 데이터를 파악하기 때문에 평균이나 중앙값처럼 하나의 값으로 데이터를 파악할 때보다 더 풍부한 정보를 얻을 수 있다.

05 산포는 데이터가 퍼져 있는 정도를 나타낸다. 분산과 표준편차standard deviation를 구하여 산포를 분석할 수 있다. 데이터의 분산과 표준편차가 작다면 관측값들이 평균 부근에 모여 있다는 뜻이고, 분산과 표준편차가 크다면 평균에서 멀리 흩어져 분포한다는 뜻이다.

06 히스토그램은 구간별 데이터 빈도를 계산하여 막대그래프 형태로 표현하는 그래프다.

07 상자그림은 사분위수를 그래프로 표현한 것으로, 단일 변수 연속형 데이터의 분포를 직관적으로 파악하는 데 유용하다.

08 판다스를 통해 다양한 형태의 그래프를 손쉽게 작성할 수 있다. 판다스에서는 한글 표시 기능과 여러 그래프를 한 화면에 출력하는 기능도 지원한다.

연습문제

[01~09] seaborn 라이브러리에 포함된 tips 데이터셋은 레스토랑 이용 고객의 관련 데이터를 저장하고 있다. 다음 코드를 실행한 후, 아래에 이어지는 문제를 해결하시오.

```
import seaborn as sns
import pandas as pd
import matplotlib.pyplot as plt
```

01 tips 데이터셋을 불러와 df에 저장한 후, day 컬럼의 값을 day에 저장하시오. day는 고객의 레스토랑 방문 요일 데이터다.

02 day의 내용과 자료형(type)을 확인하시오.

03 day에 포함된 값들에 대해 도수 분포를 계산하여 fd에 저장하시오.

04 fd를 이용하여 요일별 방문자 수 비율을 출력하시오.

05 fd를 이용하여 요일별 방문자 수를 세로 방향 막대그래프로 나타내시오.

06 fd를 이용하여 요일별 방문자 수를 가로 방향 막대그래프로 나타내시오. 단, 막대의 색은 빨간색으로 하시오.

07 fd를 이용하여 요일별 방문자 수를 원그래프로 나타내시오.

08 문제 01의 df에서 smoker 컬럼에는 레스토랑 방문 고객의 흡연 여부 데이터가 저장되어 있다. 흡연 여부별 고객수를 막대그래프로 나타내시오.

09 문제 01의 df에서 time 컬럼에는 레스토랑 고객의 방문 시간대가 저장되어 있다. 방문 시간대별 고객 비율을 원그래프로 나타내시오.

[10~19] seaborn 라이브러리에 포함된 tips 데이터셋에 대해 아래에 이어지는 문제를 해결하시오.

10 tips 데이터셋을 불러와 df에 저장한 후, total_bill 컬럼의 값을 amount에 저장하시오. amount는 레스토랑 방문 고객의 결제 금액 데이터다.

11 amount의 내용과 자료형(type)을 확인하시오.

12 고객들의 결제 금액 평균과 중앙값, 표준편차를 출력하시오.

13 고객들의 결제 금액 사분위수를 구하시오.

14 고객들의 결제 금액을 히스토그램으로 나타내되 막대의 수는 6으로 하시오.

15 문제 **14**의 히스토그램에 대해 구간별 빈도수를 출력하시오.

16 고객들의 결제 금액 분포를 상자그림으로 출력하시오.

17 고객들의 결제 금액 분포를 상자 그림으로 나타내되 방문 시간대(time)별로 상자그림을 나누어 한 화면에 출력하시오.

18 고객들의 결제 금액 분포에 대한 히스토그램, 상자그림, 요일별 방문자 수 막대그래프, 원그래프를 한 화면에 출력하시오. 이때 화면을 2×2로 가상 분할하여 각 화면에 그래프를 표시한다.

19 고객들의 결제 금액 분포에 대한 히스토그램을 작성하되 막대의 색은 초록색으로 하고, 그래프 제목은 '고객의 결제 금액'으로 하시오. 또한 x축 레이블은 '결제 금액', y축 레이블은 '빈도수'로 하시오.

CHAPTER 06

다중 변수 데이터의 탐색

PREVIEW

다중 변수 데이터는 여러 주제의 데이터를 하나로 모아놓은 형태로, 여러 단일 변수 데이터의 집합으로 볼 수 있다. 6장에서는 다중 변수 데이터를 파악하는 데 가장 기본이 되는 산점도와 상관분석을 학습하고, 다중 변수 데이터를 탐색하는 사례를 살펴본다.

1절 2개의 변수로 구성된 데이터의 2차원 분포를 시각화하는 산점도에 대해 살펴본다. 두 변수 사이의 산점도, 여러 변수 간의 산점도, 그룹 정보가 있는 두 변수의 산점도를 작성하는 방법에 대해 알아본다. 이를 통해 두 변수 간의 선형 관계를 이해할 수 있다.

2절 두 변수 간의 선형 관계를 수치적으로 확인하는 방법인 상관분석을 배운다. 또한 선형성의 정도를 나타내는 척도인 상관계수를 계산하는 방법에 대해 알아본다.

3절 시간 순서에 따라 수집된 데이터를 대상으로 선그래프를 작성하는 방법에 대해 알아본다. 단일 선그래프와 복수의 선을 포함하는 그래프를 작성한다.

4절 지금까지 배운 내용을 활용하여 `BostonHousing` 데이터셋에 대한 탐색적 데이터 분석 사례를 다룬다.

01 산점도

다중 변수 데이터 혹은 다변량 데이터는 변수가 2개 이상인 데이터를 말한다. 예를 들어 사람들의 키와 몸무게가 관계가 있는지 알아본다면 '키'와 '몸무게'라는 2개의 변수가 서로 관련되어 있다. 따라서 다중 변수 데이터는 2차원 배열의 형태를 나타내며, 이 데이터를 판다스 데이터프레임에 저장하여 분석한다.

4장에서 살펴본 `iris` 데이터셋은 5개의 변수로 구성된 데이터셋이다. 다중 변수 데이터에서 변수는 컬럼column으로 표현되고 개별 관측값들이 행row을 이룬다.

	Sepal.Length	Sepal.Width	Petal.Length	Petal.Width	Species
1	5.1	3.5	1.4	0.2	setosa
2	4.9	3.0	1.4	0.2	setosa
3	4.7	3.2	1.3	0.2	setosa
4	4.6	3.1	1.5	0.2	setosa
5	5.0	3.6	1.4	0.2	setosa
6	5.4	3.9	1.7	0.4	setosa
7	4.6	3.4	1.4	0.3	setosa
8	5.0	3.4	1.5	0.2	setosa
9	4.4	2.9	1.4	0.2	setosa
10	4.9	3.1	1.5	0.1	setosa

변수

관측값

그림 6-1 다중변수 데이터인 iris 데이터셋

단일 변수 데이터에 대한 분석이 **데이터 자체의 특성을 파악**하는 데 초점이 있다면 **다중 변수 데이터에 대한 분석**은 **변수와 변수 사이의 관계를 파악**하는 데 초점이 있다. 우리가 일반적으로 접하는 데이터셋은 대부분 다중 변수 데이터다. 다중 변수 데이터셋을 얻게 되면 각 변수(컬럼)에 대해 단일 변수 데이터 분석을 실시하고, 이후에 변수 간의 관계에 대한 분석을 실시한다.

다중 변수 데이터를 분석할 때는 여러 분석 기법을 사용할 수 있는데, 고급 기법에 속하는 것들이 많다. 이번 장에서는 기본적인 탐색 기법인 산점도와 상관분석을 먼저 배우고, 이후에 고급 분석 기법들을 살펴보기로 한다.

1 두 변수 사이의 산점도

산점도scatter plot는 2개의 변수로 구성된 데이터의 분포를 알아보는 그래프로, 관측값들의 분포를 통해 두 변수 간의 관계를 파악할 수 있는 기법이다. [코드 6-1]을 통해 mtcars 데이터셋에서 자동차의 중량(wt)과 연비(mpg) 간의 관계를 산점도로 나타내는 방법에 대해 알아보자. mtcars는 다양한 자동차 모델에 대한 사양 정보를 담은 데이터셋이다.

코드 6-1 code6_1.py

```
import pandas as pd
import matplotlib.pyplot as plt

# 데이터 읽기
df = pd.read_csv('d:/data/mtcars.csv')

# 기본 산점도
df.plot.scatter(x='wt', y='mpg')
plt.show()

# 매개변수 조정 산점도
df.plot.scatter(x='wt',            # x축 변수명(중량)
                y='mpg',           # y축 변수명(연비)
                s=50,              # 점의 크기
                c='red',           # 점의 색깔
                marker='s')        # 점의 모양
plt.show()
```

[코드 6-1]의 실행 결과를 나누어 설명하면 다음과 같다.

```
>>> import pandas as pd
>>> import matplotlib.pyplot as plt
>>> # 데이터 읽기
>>>
>>> df = pd.read_csv('d:/data/mtcars.csv')
```

작업에 필요한 라이브러리와 mtcars 데이터셋을 불러온다.

```
>>> # 기본 산점도
>>>
>>> df.plot.scatter(x='wt', y='mpg')
<Axes: xlabel='wt', ylabel='mpg'>
>>> plt.show()
```

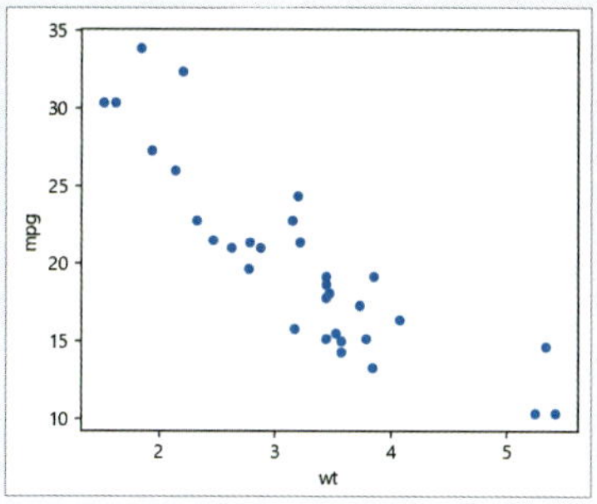

산점도는 2차원의 데이터 분포를 보여주므로 2개의 변수(`wt`, `mpg`)가 필요하다. 이때 `plot.scatter()` 메서드를 이용하여 산점도를 작성할 수 있다. 이 메서드의 첫 번째와 두 번째 매개변수는 각각 x축과 y축에 나타낼 변수를 지정하는 데 사용된다. `x='wt'`로 지정하면 x축에 중량(`wt`) 변수가, `y='mpg'`로 지정하면 y축에 연비(`mpg`) 변수가 표시된다.

작성된 산점도를 보면 중량이 증가할수록 연비는 감소하는 경향을 볼 수 있다. 차가 무거울수록 연료 소모가 많다는 것을 생각하면 자연스러운 결과라고 할 수 있다. 이처럼 산점도는 관측값들의 분포를 보면서 두 변수 사이의 관련성을 확인하는 데 사용된다.

```
>>> # 매개변수 조정 산점도
>>>
>>> df.plot.scatter(x='wt',            # x축 변수명(중량)
...                 y='mpg',           # y축 변수명(연비)
...                 s=50,              # 점의 크기
...                 c='red',           # 점의 색깔
...                 marker='s')        # 점의 모양
<Axes: xlabel='wt', ylabel='mpg'>
>>>
>>> plt.show()
```

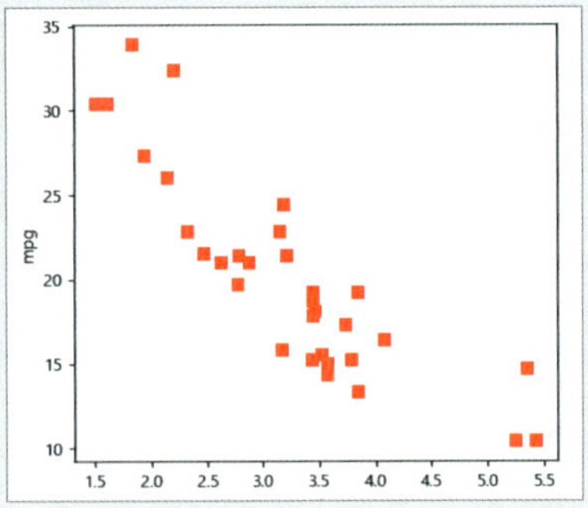

산점도를 작성할 때 다양한 매개변수를 사용할 수 있다. [표 6-1]은 [코드 6-1]에서 사용된 `plot.scatter()` 메서드의 매개변수를 정리한 것이다.

표 6-1 plot.scatter( ) 메서드의 매개변수

매개변수	설명
x	x축에 해당하는 변수를 지정한다.
y	y축에 해당하는 변수를 지정한다.
s	점의 크기를 지정한다. 값이 커질수록 점의 크기도 커진다.
c	점의 색을 지정한다. 값을 1개만 지정하면 모든 점에 동일한 색이 지정된다. 리스트를 이용하여 점별로 색을 다르게 지정할 수 있다.
marker	점의 모양을 지정한다. 값을 1개만 지정하면 모든 점에 동일한 모양이 지정된다. 리스트를 이용하여 점별로 모양을 다르게 지정할 수 있다.

산점도에서 점 모양은 다양한 기호를 사용해 정의된다. 자주 쓰는 모양은 [표 6-2]와 같다. 모든 점 모양의 정의를 확인하려면 `matplotlib` 라이브러리의 문서를 참고하자(https://matplotlib.org/stable/api/markers_api.html).

표 6-2 산점도에서 점 모양 정의 기호

기호	점의 모양	기호	점의 모양
'.'	•	'+'	+
'o'	●	'D'	◆
'^'	▲	'*'	★
's'	■	'P'	✚

2 여러 변수 간의 산점도

산점도는 기본적으로 두 변수에 대해서 작성하는 것이므로 변수가 여러 개인 데이터의 경우 2개씩 짝을 지어 산점도를 작성해야 한다. `mtcars` 데이터셋에는 11개의 변수가 있는데 여기서는 `'mpg'`, `'disp'`, `'drat'`, `'wt'`의 4개 변수에 대해 짝지어진 산점도를 작성해 보자.

코드 6-2 code6_2.py

```
import pandas as pd
import matplotlib.pyplot as plt

# 데이터 읽기
df = pd.read_csv('d:/data/mtcars.csv')

# 다중 산점도의 작성
vars = ['mpg', 'disp', 'drat', 'wt']
pd.plotting.scatter_matrix(df[vars])
plt.show()
```

실행 결과

```
(생략)
>>> pd.plotting.scatter_matrix(df[vars])
array([[<Axes: xlabel='mpg', ylabel='mpg'>,
        <Axes: xlabel='disp', ylabel='mpg'>,
        (중략)
        <Axes: xlabel='drat', ylabel='wt'>,
        <Axes: xlabel='wt', ylabel='wt'>]], dtype=object)
>>> plt.show()
```

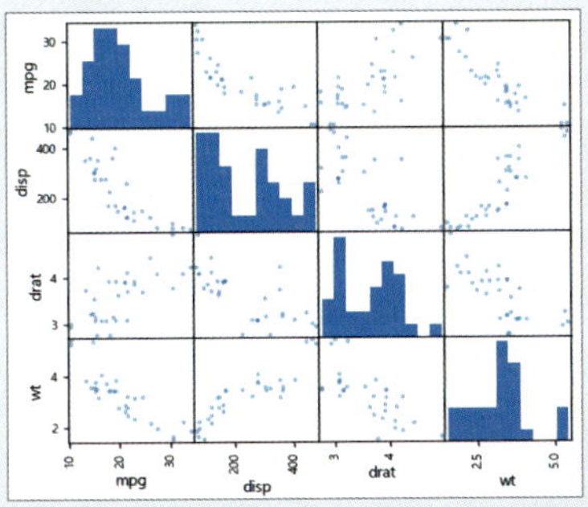

pd.plotting.scatter_matrix() 메서드를 이용하여 4개의 변수에 대한 다중 산점도를 작성하였다. [코드 6-2]의 다중 산점도에서는 4개의 변수가 x축, y축 방향으로 배치되었고, 두 변수가 만나는 지점에 두 변수에 대한 산점도가 표시된다. 이때 대각선을 기준으로 오른쪽 위와 왼쪽 아래의 산점도가 대칭을 이루는데, 이는 동일한 산점도의 x축과 y축이 바뀌어 표현된 것이다. 대각선에 위치한 지점은 동일한 변수가 만나는 부분으로, 해당 변수에 대한 히스토그램을 표시한다. [그림 6-2]에 다중 산점도를 해석하는 방법을 설명하였다.

실행 결과에 제시된 다중 산점도를 분석해 보자. 배기량(disp)과 중량(wt) 간 산점도에서는 한쪽이 증가하면 다른 쪽도 증가하는 추세를 볼 수 있다. 반면, 리어 액슬 기어비(drat)와 중량(wt) 간 산점도에서는 한쪽이 증가하면 다른 쪽이 감소하는 경향을 보인다. 이처럼 다중 산점도는 여러 변수 간의 추세를 한눈에 파악할 수 있어 데이터 분석에 유용하다.

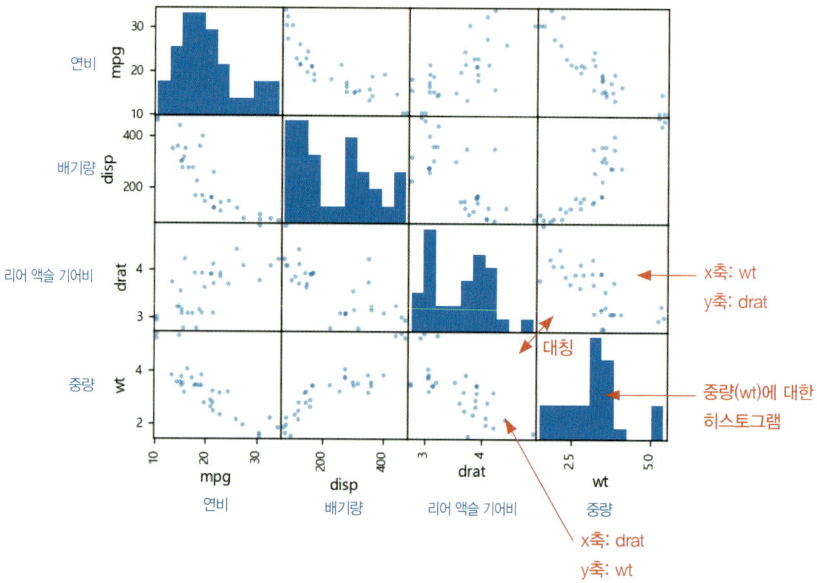

그림 6-2 다중 산점도에 대한 해석

❸ 그룹 정보가 있는 두 변수의 산점도

두 변수에 대한 산점도를 작성할 때 만일 그룹 정보를 알고 있다면 그룹별 관측값들을 서로 다른 색과 점 모양으로 표시할 수 있다. 이런 방식으로 산점도를 작성하면 두 변수 간의 관계뿐 아니라 그룹 간의 관계도 파악할 수 있어 편리하다. [코드 6-3]을 통해 알아보자.

코드 6-3 code6_3.py

```
import pandas as pd
import matplotlib.pyplot as plt

# 데이터 읽기
df = pd.read_csv('d:/data/iris.csv')

# 그룹이 있는 다중 산점도 작성
dict = {'setosa':'red', 'versicolor':'green', 'virginica':'blue'}
colors = list(dict[key] for key in df.Species)  # 각 점의 색 지정
colors

df.plot.scatter(x='Petal_Length',                # x축 변수명
                y='Petal_Width',                 # y축 변수명
                s=30,                            # 점의 크기
                c=colors,                        # 점의 색깔
                marker='o')                      # 점의 모양
plt.show()
```

[코드 6-3]의 실행 결과를 나누어 설명하면 다음과 같다.

```
>>> import pandas as pd
>>> import matplotlib.pyplot as plt
>>> # 데이터 읽기
>>>
>>> df = pd.read_csv('d:/data/iris.csv')
```

작업에 필요한 라이브러리와 iris 데이터셋을 불러온다. 산점도는 Petal_Length, Petal_Width 컬럼에 대해 생성하기로 한다.

```
>>> # 그룹이 있는 다중 산점도 작성
>>>
>>> dict = {'setosa':'red', 'versicolor':'green', 'virginica':'blue'}
```

산점도를 작성할 때 각 품종에 따라 점의 색을 다르게 지정하기 위해, 품종별 색을 dict라는 딕셔너리로 정의하였다.

```
>>> colors = list(dict[key] for key in df.Species)   # 각 점의 색 지정
>>> colors
['red', 'red', 'red', 'red', 'red', 'red', 'red', 'red', 'red', 'red', 'red',
(중략)
'green', 'green', 'green', 'green', 'green', 'green', 'green', 'green', 'green',
(중략)
'blue', 'blue', 'blue', 'blue', 'blue', 'blue', 'blue', 'blue', 'blue', 'blue',
(중략)
'blue']
```

딕셔너리를 이용하여 각 점의 색을 지정하였다. 여기서 dict[key]는 품종(key)에 따른 색을 도출하는데, df에 있는 150개 행의 품종 정보(df.Species)를 key에 입력하여 150개의 색을 도출한다.

```
>>> df.plot.scatter(x='Petal_Length',          # x축 변수명
...                 y='Petal_Width',           # y축 변수명
...                 s=30,                      # 점의 크기
...                 c=colors,                  # 점의 색깔
...                 marker='o')                # 점의 모양
<Axes: xlabel='Petal_Length', ylabel='Petal_Width'>
>>>
>>> plt.show()
```

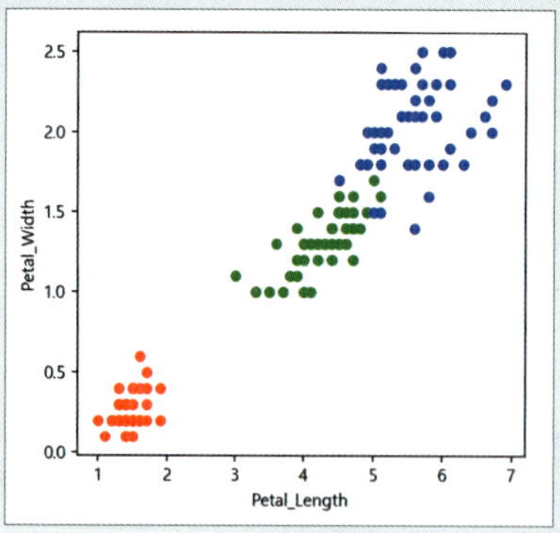

산점도를 작성할 때 점 색깔(c)을 colors에 있는 값으로 지정하였다. 그러면 150개의 점 색깔이 일일이 지정된다.

실행 결과를 보면 꽃잎의 길이(Petal.Length)가 길수록 꽃잎의 폭(Petal.Width)도 커지는 것을 알 수 있다. 또한 setosa 품종은 다른 두 품종에 비해 꽃잎의 길이와 폭이 확연히 작은 것을 알 수 있다. virginica 품종은 다른 두 품종에 비해 꽃잎의 길이와 폭이 제일 크다는 것도 관찰할 수 있다. 이처럼 산점도를 그릴 때 그룹 정보를 표시하면 변수 간의 관계와 그룹 간의 관계를 함께 관찰할 수 있다.

하나 더 알기 산점도에 그룹 범례 표시하기

산점도에 그룹 범례를 표시하려면 판다스의 그래프 기능으로는 한계가 있어 다음과 같이 matplotlib의 산점도를 이용해야 한다.

```
# [코드 6-3]에 이어서 실행
fig, ax = plt.subplots()

for label, data in df.groupby('Species'):
    ax.scatter(x=data['Petal_Length'], y=data['Petal_Width'],  s=30,
               c=dict[label], marker='o', label=label)
    print(data)

ax.set_xlabel('Petal_Length')
ax.set_ylabel('Petal_Width')
ax.legend()
fig.show()
```

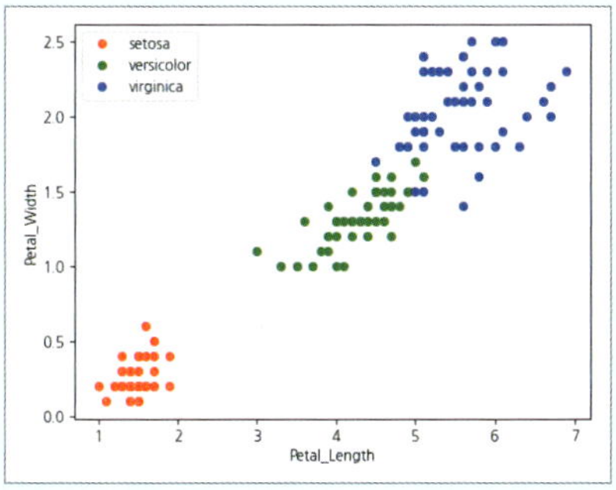

그림 6-3 matplotlib의 산점도를 이용한 그룹 범례 표시

02 상관분석

1 상관분석과 상관계수

[그림 6-4]는 1절에서 살펴본 자동차의 중량과 연비 간의 관계를 나타낸다. 자동차의 중량이 커지면 연비는 감소하는 추세를 보여주는데, 추세의 모양이 선線, line이어서 중량과 연비는 '선형적 관계'에 있다고 표현한다. 그런데 (a)는 관측값들의 분포가 (b)에 비해 선에 좀 더 가까운 것을 확인할 수 있다. 즉, 선형적 관계에서도 강한 선형적 관계와 약한 선형적 관계가 있다. 그래서 얼마나 선형성을 보이는지 수치상으로 나타낼 방법이 있어야 하는데, 그 방법을 **상관분석**correlation analysis이라고 한다.

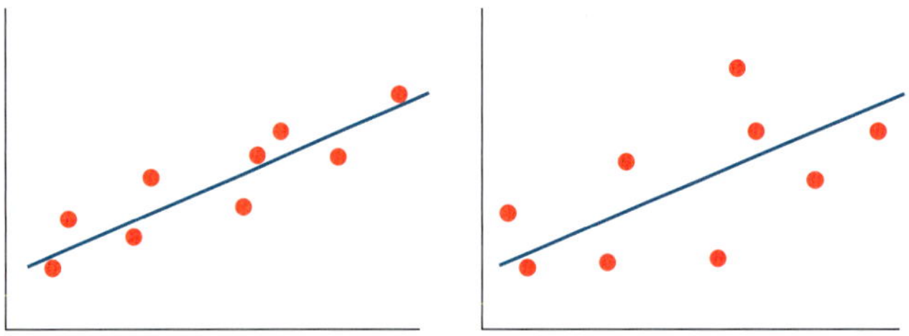

그림 6-4 선형적 관계에 있는 두 변수

상관분석은 두 변수 x와 y 사이의 선형성 정도를 측정하는 방법으로 다음과 같이 정의된다.

$$r = \frac{\sum(x_i - \bar{x})(y_i - \bar{y})}{\sqrt{\sum(x_i - \bar{x})^2(y_i - \bar{y})^2}}$$

여기서 r을 **피어슨 상관계수**Pearson's correlation coerricient 또는 줄여서 **상관계수**correlation coefficient라고 한다. 상관계수는 선형성의 정도를 나타내는 척도로 사용된다.

상관계수 r에는 다음과 같은 성질이 있다.

- $-1 \le r \le 1$
- $r > 0$: 양의 상관관계(x가 증가하면 y도 증가)
- $r < 0$: 음의 상관관계(x가 증가하면 y는 감소)
- r이 1이나 −1에 가까울수록 x, y의 상관성이 높다.

[그림 6-5]는 상관계수 값에 따른 관측값들의 분포를 보여준다. 상관계수 값이 1이나 −1에 가까울수록 관측값들의 분포가 직선에 가까워진다는 것을 알 수 있다.

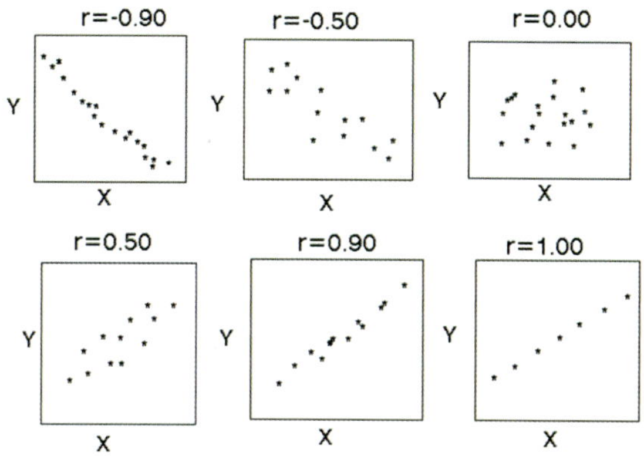

그림 6-5 상관계수 값에 따른 관측값들의 분포

2 파이썬을 이용한 상관계수 계산

이제 판다스의 메서드를 이용하여 상관계수를 계산하는 방법에 대해 알아보자. 다음은 10명의 실험자를 대상으로 맥주를 마신 잔 수(`beers`)와 혈중알코올농도(`bal`)를 측정한 데이터다.

표 6-3 음주량과 혈중알코올농도 측정 데이터 예

beers	5	2	9	8	3	7	3	5	3	5
bal	0.10	0.03	0.19	0.12	0.04	0.095	0.07	0.06	0.02	0.05

[코드 6-4]는 음주량과 혈중알코올농도에 대한 상관분석 과정을 나타낸다.

코드 6-4 code6_4.py

```
import pandas as pd
import numpy as np
import matplotlib.pyplot as plt

beers = [5, 2, 9, 8, 3, 7, 3, 5, 3, 5]                # 데이터 입력(음주량)
bal = [0.1, 0.03, 0.19, 0.12, 0.04, 0.0095, 0.07,  # 데이터 입력(혈중알코올농도)
       0.06, 0.02, 0.05]

dict = {'beers': beers, 'bal': bal}                # 딕셔너리 정의
df = pd.DataFrame(dict)                            # 데이터프레임 생성
df

df.plot.scatter(x='beers', y='bal',                # 산점도
                title='Beers~Blood Alcohol Level')
plt.show()

# 회귀선을 포함한 산점도
df.plot.scatter(x='beers', y='bal',                # 산점도
                title='Beers~Blood Alcohol Level')

m, b = np.polyfit(beers, bal, 1)                   # 회귀식 계산
plt.plot(beers, m * np.array(beers) + b)           # 회귀선 출력
plt.show()

# 두 변수 간 상관계수 계산
df['beers'].corr(df['bal'])                        # 상관계수 계산
```

[코드 6-4]의 실행 결과를 나누어 설명하면 다음과 같다.

```
>>> import pandas as pd
>>> import numpy as np
>>> import matplotlib.pyplot as plt
```

작업에 필요한 라이브러리를 불러온다.

```
>>> beers = [5, 2, 9, 8, 3, 7, 3, 5, 3, 5]           # 데이터 입력(음주량)
>>> bal  = [0.1, 0.03, 0.19, 0.12, 0.04, 0.0095,      # 데이터 입력(혈중알코올농도)
...         0.07, 0.06, 0.02, 0.05]
```

beers와 bal에 음주량과 혈중알코올농도 데이터를 입력한다.

```
>>> dict = {'beers': beers, 'bal': bal }              # 딕셔너리 정의
>>> df = pd.DataFrame(dict)                           # 데이터프레임 생성
>>> df
   beers     bal
0      5  0.1000
1      2  0.0300
2      9  0.1900
3      8  0.1200
4      3  0.0400
5      7  0.0095
6      3  0.0700
7      5  0.0600
8      3  0.0200
9      5  0.0500
```

입력된 데이터를 묶어서 딕셔너리 dict를 만들고, 이 dict를 입력값으로 하여 데이터프레임 df를 만든 뒤 내용을 확인한다.

```
>>> df.plot.scatter(x='beers', y='bal',               # 산점도
...                 title='Beers~Blood Alcohol Level')
<Axes: title={'center': 'Beers~Blood Alcohol Level'}, xlabel='beers',
ylabel='bal'>
>>>
```

```
>>> plt.show()
```

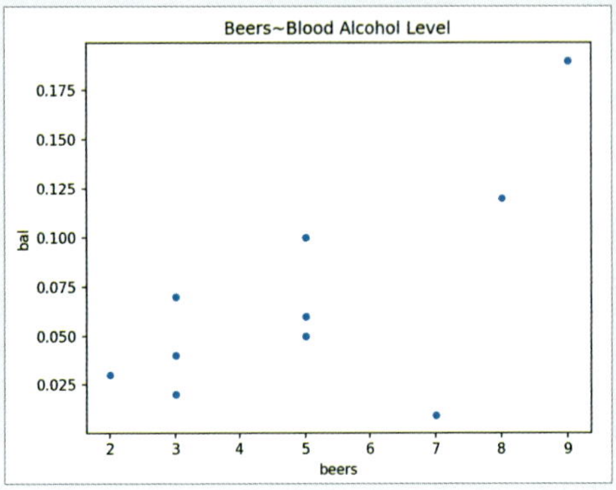

산점도를 작성하여 관측값들의 분포를 확인한다. 음주량이 많을수록 혈중알코올농도도 높아지는 추세를 확인할 수 있다.

```
>>> # 회귀선을 포함한 산점도
>>>
>>> df.plot.scatter(x='beers', y='bal',                 # 산점도
...                  title='Beers~Blood Alcohol Level')
<Axes: title={'center': 'Beers~Blood Alcohol Level'}, xlabel='beers',
ylabel='bal'>
>>> m, b = np.polyfit(beers, bal, 1)                    # 회귀식 계산
>>> plt.plot(beers, m * np.array(beers) + b)            # 회귀선 출력
[<matplotlib.lines.Line2D object at 0x000002B35627BDA0>]
>>> plt.show()
```

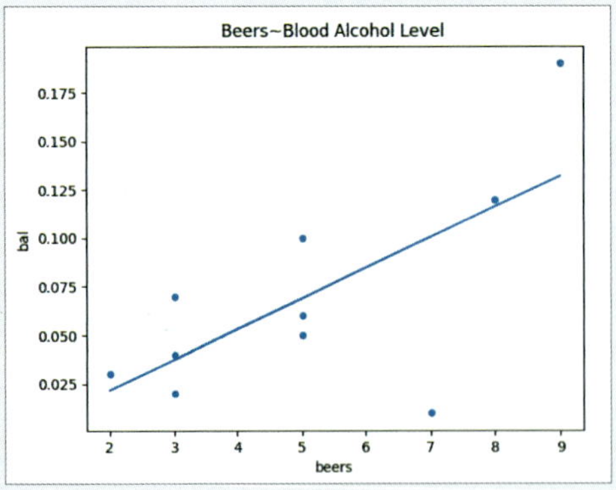

이번에는 산점도 위에 회귀선을 함께 출력하였다. 넘파이의 polyfit() 함수는 두 변수의 선형 관계를 가장 잘 나타낼 수 있는 선의 식(이를 회귀식이라고 함)을 자동으로 찾아준다. 이 식은 y=ax+b 형태의 1차식이다. 회귀식을 이용하여 산점도 위에 선(회귀선)을 그리면 위와 같이 관측값들의 추세를 가장 잘 나타낼 수 있는 선을 볼 수 있다.

```
>>> # 두 변수 간 상관계수 계산
>>>
>>> df['beers'].corr(df['bal'])       # 상관계수 계산
np.float64(0.6797024899347416)
```

corr() 메서드는 상관계수를 구하는 역할을 한다. 이 예에서는 상관계수 값이 약 0.68로 나오는데, 이 정도면 두 변수 사이의 상관성이 상당히 높다고 말할 수 있다.

여기서 잠깐! 상관계수 값과 두 변수의 상관성

상관계수 값이 어느 정도 되어야 두 변수가 상관성이 있다고 판단할 수 있을까? 이와 관련해서 정해진 기준은 없다. 다만 상관계수 값이 0.5보다 크거나 −0.5보다 작으면 두 변수의 상관성이 높다고 판단할 수 있다.

corr() 메서드는 기본적으로 두 변수 간의 상관계수를 구하는 데 쓰이지만, 여러 개의 변수를 입력하면 해당 변수들 간의 상관계수 값을 테이블 형태로 보여준다. [코드 6-5]는 iris 데이터셋의 4개 변수에 대해 상호 간의 상관계수를 구하는 예다.

코드 6-5 code6_5.py

```
# 여러 변수 간 상관계수
import pandas as pd
df = pd.read_csv('d:/data/iris.csv')
df2 = df.loc[:, ~df.columns.isin(['Species'])]      # 품종 컬럼 제외

df2.corr()                                          # 4개 변수 간 상관성 분석
```

[코드 6-5]의 실행 결과를 나누어 설명하면 다음과 같다.

```
>>> import pandas as pd
>>> df = pd.read_csv('d:/data/iris.csv')
>>> df2 = df.loc[:, ~df.columns.isin(['Species'])]   # 품종 컬럼 제외
```

iris 데이터셋을 파일에서 불러온 뒤 문자열 컬럼인 Species를 제외하고 새로운 데이터프레임 df2를 생성하였다.

```
>>> df2.corr()                                       # 4개 변수 간 상관성 분석
              Sepal_Length  Sepal_Width Petal_Length  Petal_Width
Sepal_Length      1.000000    -0.117570     0.871754     0.817941
Sepal_Width      -0.117570     1.000000    -0.428440    -0.366126
Petal_Length      0.871754    -0.428440     1.000000     0.962865
Petal_Width       0.817941    -0.366126     0.962865     1.000000
```

실행 결과를 보면 4개의 변수가 x축, y축 방향으로 나열되어 있고, 두 변수가 만나는 지점에 두 변수의 상관계수가 표시되어 있다. 예를 들면 Petal_Length와 Sepal_Width의 상관계수 값은 -0.428440이다. 이 결과를 보면 가장 상관성이 높은 변수들은 Petal_Length와 Petal_Width로, 상관계수 값이 무려 0.962865여서 거의 1에 가깝다.

하나 더 알기 상관계수의 종류

상관계수라고 하면 보통 **피어슨 상관계수**를 의미하며, 판다스에서도 기본적으로 피어슨 상관계수를 적용한다. 그러나 피어슨 상관계수 외에도 다른 상관계수를 적용할 수 있다. 예를 들어 두 변숫값의 순위를 기준으로 하는 **켄달-타우 상관계수**와 데이터의 종류에 따라 피어슨 또는 켄달-타우 상관계수를 선택적으로 적용하는 **스피어스먼 상관계수**가 있다. 판다스에서는 이 세 가지 방법을 모두 사용할 수 있으며, 다음과 같이 method 매개변수로 상관계수의 종류를 지정할 수 있다.

```
df.corr(method='person')      # 피어슨 상관계수(기본)
df.corr(method='kendall')     # 켄달-타우 상관계수
df.corr(method='spearman')    # 스피어먼 상관계수
```

03 선그래프

다중 변수 데이터의 변수 중 하나가 연월일과 같이 시간을 나타내는 값을 갖는 경우 x축을 시간 축으로 하여 선그래프를 그리면 시간의 변화에 따른 데이터의 증감 추이를 쉽게 확인할 수 있다. 시간의 변화에 따라 데이터를 수집했다면 이 데이터를 **시계열 데이터**times series data라고 한다. 시계열 데이터를 분석할 때는 다양한 분석 방법을 쓸 수 있는데, 여기서는 단순히 선그래프를 통해서 증감 추이를 확인하는 방법만 살펴본다.

1 선그래프 작성

[표 6-4]는 어떤 학급의 월별 지각생 통계를 나타낸 것이다.

표 6-4 월별 지각생 통계 데이터 예

month	1	2	3	4	5	6	7	8	9	10	11	12
late	5	8	7	9	4	6	12	13	8	6	6	4

[코드 6-6]을 통해 판다스에서 데이터를 입력하고 선그래프를 작성하는 방법에 대해 알아보자.

코드 6-6 code6_6.py

```
import pandas as pd
import matplotlib.pyplot as plt

# 선그래프 그리기
late = pd.Series([5, 8, 7, 9, 4, 6, 12, 13, 8, 6, 6, 4],
                 index=list(range(1, 13)))
late.plot(title='Late student per month',     # 제목
          xlabel= 'month',                    # x축 레이블
          ylabel='frequency',                 # y축 레이블
          linestyle='solid')                  # 선의 종류
```

```
plt.show()

late.plot(title='Late student per month',       # 제목
          xlabel= 'month',                      # x축 레이블
          ylabel='frequency',                   # y축 레이블
          linestyle='dashed',                   # 선의 종류
          marker='o')                           # 점의 종류

plt.show()
```

[코드 6-6]의 실행 결과를 나누어 설명하면 다음과 같다.

```
>>> import pandas as pd
>>> import matplotlib.pyplot as plt
```

필요한 라이브러리를 불러온다.

```
>>> # 선그래프 그리기
>>>
>>> late = pd.Series([5, 8, 7, 9, 4, 6, 12, 13, 8, 6, 6, 4],
...                  index=list(range(1, 13)))
```

월과 월별 지각생 수 데이터를 입력하여 시리즈 객체 `late`를 생성한다. 월과 지각생 수를 각각 변수로 구성하여 데이터프레임을 만들 수도 있지만, 여기서는 지각생 수만 변수로 보고 월은 인덱스로 간주하여 시리즈에 데이터를 저장하였다. 이렇게 구성하면 그래프를 작성할 때 더 간편하다. `list(range(1,13))`은 1부터 12까지의 정수 리스트를 생성하는 파이썬 명령문이다.

```
>>> late.plot(title='Late student per month',   # 제목
...           xlabel= 'month',                  # x축 레이블
...           ylabel='frequency',               # y축 레이블
...           linestyle='solid')                # 선의 종류
```

```
<Axes: title={'center': 'Late student per month'}, xlabel='month',
ylabel='frequency'>
>>>
>>> plt.show()
```

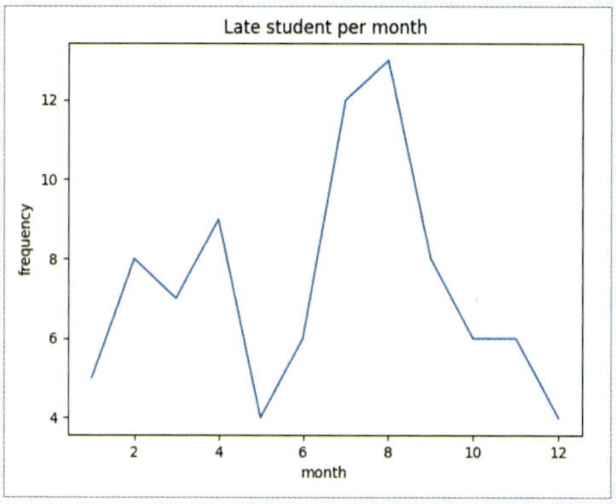

선그래프를 작성하는 메서드는 `plot()`이다. `plot()`에서 매개변수 `linestyle`은 선의 종류를 결정하며, `solid`가 기본값이다. `linestyle` 값에 따른 선그래프의 종류는 [그림 6-6]과 같다.

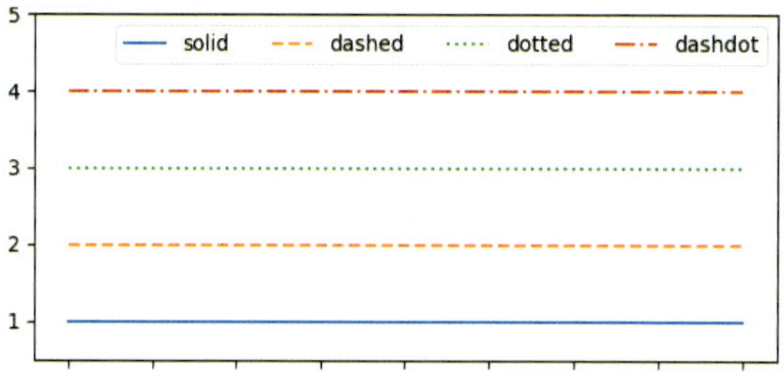

그림 6-6 선의 종류

[코드 6-6]의 결과 그래프를 보면, 지각생 수가 5월에 급감했다가 7, 8월에 급증하였다. 이러한 관찰 결과를 바탕으로 7, 8월에 지각생이 급증하는 원인을 파악하고 지각생을 줄이기 위한 방안을 수립할 수 있다. 이것이 이 데이터를 분석한 목적이라고 할 수 있다.

```
>>> late.plot(title='Late student per month',    # 제목
...           xlabel= 'month',                   # x축 레이블
...           ylabel='frequency',                # y축 레이블
...           linestyle='dashed',                # 선의 종류
...           marker='o')                        # 점의 종류
<Axes: title={'center': 'Late student per month'}, xlabel='month',
label='frequency'>
>>>
>>> plt.show()
```

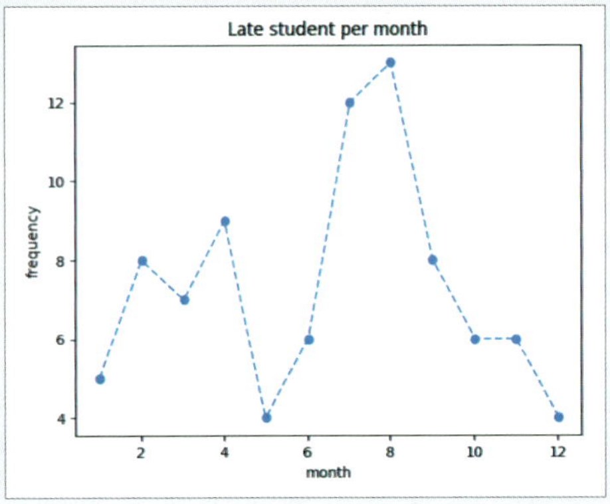

선이 꺾이는 지점에 점을 표시하려면 매개변수 marker에 값을 지정하면 된다. 표시되는 점의 모양은 marker의 값에 따라 달라진다. 구체적인 모양은 [표 6-1]을 참조하자.

2 복수의 선그래프 작성

선그래프에는 복수의 선도 나타낼 수 있다. [표 6-5]는 2개 반의 지각생 통계 데이터를 나타낸 예다.

표 6-5 2개 반의 지각생 통계 데이터 예

month	1	2	3	4	5	6	7	8	9	10	11	12
late1	5	8	7	9	4	6	12	13	8	6	6	4
late2	4	6	5	8	7	8	10	11	6	5	7	3

코드 6-7 code6_7.py

```python
import pandas as pd
import matplotlib.pyplot as plt

# 시계열 데이터에 대한 복수의 선그래프 그리기
late1 = [5, 8, 7, 9, 4, 6, 12, 13, 8, 6, 6, 4]
late2 = [4, 6, 5, 8, 7, 8, 10, 11, 6, 5, 7, 3]

dict = {'class_1': late1, 'class_2': late2}

late = pd.DataFrame(dict,
                    index=list(range(1,13)))
late

late.plot(title='Late student per month',           # 제목
          xlabel= 'month',                          # x축 레이블
          ylabel='frequency',                       # y축 레이블
          marker='o')                               # 점의 종류

plt.legend(loc='upper right')                       # 범례 지정
plt.show()
```

[코드 6-7]의 실행 결과를 나누어 설명하면 다음과 같다.

```python
>>> import pandas as pd
>>> import matplotlib.pyplot as plt
```

필요한 라이브러리를 불러온다.

```python
>>> # 시계열 데이터에 대한 복수의 선그래프 그리기
>>>
>>> late1 = [5, 8, 7, 9, 4, 6, 12, 13, 8, 6, 6, 4]
>>> late2 = [4, 6, 5, 8, 7, 8, 10, 11, 6, 5, 7, 3]
>>> dict = {'class_1': late1, 'class_2': late2}
```

2개 반의 월별 지각생 데이터를 late1와 late2에 각각 저장한 뒤 둘을 dict로 묶어서 저장한다.

```
>>> late = pd.DataFrame(dict,
...                     index=list(range(1,13)))
>>>
>>> late
    class_1  class_2
1         5        4
2         8        6
3         7        5
4         9        8
5         4        7
6         6        8
7        12       10
8        13       11
9         8        6
10        6        5
11        6        7
12        4        3
```

dict를 이용하여 데이터프레임 객체를 생성한다. 이때 각 행의 인덱스는 월로 지정하였다. 그래프 그리기에서 가장 중요한 작업 중 하나가 데이터를 준비하는 일인데, late의 내용이 전형적인 데이터의 모습이니 잘 기억해 두기 바란다. **행의 인덱스가 x축 눈금으로 사용**된다는 점도 기억하자. 또한 **데이터프레임의 컬럼이 각각 선그래프로 표현**된다.

```
>>> late.plot(title='Late student per month',     # 제목
...           xlabel= 'month',                    # x축 레이블
...           ylabel='frequency',                 # y축 레이블
...           marker='o')                         # 점의 종류
<Axes: title={'center': 'Late student per month'}, xlabel='month',
 ylabel='frequency'>
>>>
>>> plt.legend(loc='upper right')                 # 범례 지정
```

```
<matplotlib.legend.Legend object at 0x0000017C18EE0A40>
>>> plt.show()
```

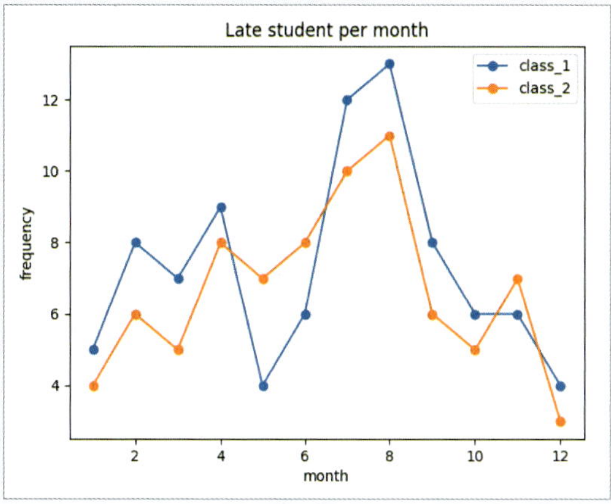

그래프를 보면 데이터프레임의 각 컬럼이 하나의 선으로 표현된 것을 알 수 있다. 또한 컬럼명이 범례에 표시되어 반별 지각생 수의 추이를 구분할 수 있다. 그래프에 범례를 표시하기 위해 `plt.legend()` 메서드를 사용하였으며, `loc` 매개변수로 범례의 위치를 지정하였다.

04 데이터 탐색 실습

5장과 6장에 걸쳐 단일 변수 데이터와 다중 변수 데이터를 탐색하는 기본적인 방법을 학습하였다. 다음 단계로 넘어가기 전에 지금까지 배운 방법을 활용하여 실제 데이터에 대한 탐색적 데이터 분석을 수행해 보자.

1 BostonHousing 데이터셋 소개

이 절의 분석 대상 데이터는 `BostonHousing` 데이터셋이다. 이 데이터셋은 미국 보스턴 지역의 주택 가격 정보와 주택 가격에 영향을 미치는 여러 요소에 대한 정보를 담고 있다. 총 14개의 변수로 구성되어 있는데, 여기서는 5개의 변수만 선택하여 분석하기로 한다. [표 6-6]은 분석할 변수의 이름과 설명을 정리한 것이다.

표 6-6 BostonHousing 분석 대상 변수 설명

변수	설명
CRIM	지역의 1인당 범죄율
RM	주택 1가구당 방의 개수
DIS	보스턴의 5개 직업센터까지의 거리
TAX	재산세율
MEDV	주택 가격

2 탐색적 데이터 분석 과정

앞에서 소개한 `BostonHousing` 데이터셋을 바탕으로 탐색적 데이터 분석을 실습해 보자.

0단계: 라이브러리 및 그래프 환경 설정

분석에 사용되는 라이브러리들을 불러오고, 그래프에 한글 표시를 위한 설정을 한다.

```
>>> # (0단계) 라이브러리 및 그래프 환경 설정
>>> import pandas as pd
>>> import matplotlib.pyplot as plt
>>> from pandas.api.types import CategoricalDtype
```

먼저 분석에 필요한 라이브러리를 불러온다. CategoricalDtype 메서드는 자료형을 범주형으로 정의하는 데 사용된다.

```
>>> # 그래프에 한글 표시 준비
>>> plt.rcParams['font.family'] ='Malgun Gothic'
>>> plt.rcParams['axes.unicode_minus'] = False
```

그래프에 한글을 표시하기 위해 matplotlib의 폰트를 Malgun Gothic으로 변경하고, 마이너스(-) 부호가 정상적으로 표시되도록 설정한다.

1단계: 데이터 준비

데이터 분석에 사용되는 BostonHousing 데이터셋을 준비한다.

```
>>> # (1단계) 데이터 준비
>>> df = pd.read_csv('d:/data/BostonHousing.csv')
>>> df = df[['crim', 'rm', 'dis', 'tax', 'medv']]
>>> df
        crim     rm     dis  tax  medv
0    0.00632  6.575  4.0900  296  24.0
1    0.02731  6.421  4.9671  242  21.6
2    0.02729  7.185  4.9671  242  34.7
3    0.03237  6.998  6.0622  222  33.4
4    0.06905  7.147  6.0622  222  36.2
..       ...    ...     ...  ...   ...
501  0.06263  6.593  2.4786  273  22.4
502  0.04527  6.120  2.2875  273  20.6
503  0.06076  6.976  2.1675  273  23.9
504  0.10959  6.794  2.3889  273  22.0
505  0.04741  6.030  2.5050  273  11.9
```

```
[506 rows x 5 columns]
```

분석 대상인 BostonHousing 데이터셋을 준비하고, 5개의 변수만 선택하여 데이터프레임 df에 저장한다.

```
>>> titles = ['1인당 범죄율', '방의 개수', '직업센터까지의 거리',
...           '재산세', '주택 가격']
```

그래프에 변수명 대신 한글 설명을 표시하기 위해 5개 변수에 대한 한글 설명을 titles 리스트에 작성한다.

2단계: 그룹 컬럼 추가

데이터프레임에 주택 가격에 따른 그룹 컬럼을 추가한다.

```
>>> # (2단계) 그룹 컬럼 추가
>>> grp = pd.Series(['M' for i in range(len(df))])
>>> grp.loc[df.medv >= 25.0] = 'H'
>>> grp.loc[df.medv <= 17.0] = 'L'
>>> df['grp'] = grp
```

데이터프레임 df에 주택 가격에 따른 그룹 정보 컬럼 grp를 추가한다. grp는 주택 가격을 상(H), 중(M), 하(L)의 세 그룹으로 구분하여 표시한다. 여기서는 주택 가격이 25.0 이상이면 상(H), 17.0 이하이면 하(L), 나머지를 중(M)으로 분류하였다.

```
>>> # 그룹 컬럼의 자료형과 레이블 순서 변경
>>>
>>> new_odr = ['H', 'M', 'L']
>>> new_dtype = CategoricalDtype(categories=new_odr, ordered=True)
>>> df.grp = df.grp.astype(new_dtype)
>>> df.grp.dtype
CategoricalDtype(categories=['H', 'M', 'L'], ordered=True,
categories_dtype=object)
```

가격에 의한 그룹 정보는 범주형 데이터다. 그런데 문자열은 그래프에 표시될 때 알파벳 순서인 H, L, M 순서로 출력되어 자연스럽지 않다. 따라서 우리가 원하는 순서인 H, M, L로 변경할 필요가 있다. 그룹 정보의 논리적 순서를 변경하려면 grp 컬럼의 자료형을 범주형 categorical type으로 바꿔야 한다.

grp 컬럼의 자료형을 범주형으로 변경하기 위해 CategoricalDtype()을 사용하였다. 이 함수에서 매개변수 categories는 각 범주의 값과 순서를 지정하며, ordered는 범주형 데이터에 순서를 적용할지를 설정한다.

3단계: 데이터셋의 형태와 기본적인 내용 파악

데이터셋이 준비되었다. 이제 데이터셋의 형태와 기본적인 내용을 파악해 보자.

```
>>> # (3단계) 데이터셋의 형태와 기본적인 내용 파악
>>> df.shape
(506, 6)
>>> df.head()
      crim     rm     dis  tax  medv grp
0  0.00632  6.575  4.0900  296  24.0   M
1  0.02731  6.421  4.9671  242  21.6   M
2  0.02729  7.185  4.9671  242  34.7   H
3  0.03237  6.998  6.0622  222  33.4   H
4  0.06905  7.147  6.0622  222  36.2   H
>>> df.dtypes                                   # 컬럼별 자료형
crim     float64
rm       float64
dis      float64
tax        int64
medv     float64
grp     category
dtype: object
>>> df.grp.value_counts(sort=False)             # 주택 가격 그룹별 분포
grp
H    132
M    247
L    127
Name: count, dtype: int64
```

먼저 df.shape의 결과를 보면, df 데이터셋은 506개의 주택 정보를 담고 있으며 6개의 변수로 구성되어 있음을 알 수 있다. 6개의 변수 중 grp만 범주형category이고 나머지 변수는 모두 숫자형이다.

df.head() 명령으로 데이터가 어떤 형태로 저장되어 있는지 확인한다. grp는 그룹 정보를 담고 있으므로 그룹별 관측값의 개수를 알아볼 필요가 있다. df.grp.value_counts() 명령으로 도수분포를 계산한 결과, 가격이 상에 해당하는 주택이 132채, 중에 해당하는 주택이 247채, 하에 해당하는 주택이 127채임을 알 수 있다.

4단계: 히스토그램으로 관측값의 분포 확인

그룹 정보(grp)를 제외하고 나머지 5개 변수에 대한 관측값들의 분포를 확인해 보자.

```
>>> # (4단계) 히스토그램으로 관측값의 분포 확인
>>> # 화면 분할 정의
>>> fig, axes = plt.subplots(nrows=2, ncols=3)
>>> fig.subplots_adjust(hspace=0.5, wspace=0.3) # 그래프 여백
>>>
>>> # 각 분할 영역에 그래프 작성하기
>>> for i in range(5) :
...     df[df.columns[i]].plot.hist(ax=axes[i//3, i%3],
...                                 ylabel='', xlabel=titles[i])
...
<Axes: xlabel='1인당 범죄율'>
<Axes: xlabel='방의 개수'>
<Axes: xlabel='직업센터까지의 거리'>
<Axes: xlabel='재산세'>
<Axes: xlabel='주택 가격'>
>>> # 통합 그래프에 제목 지정
>>> fig.suptitle('Histogram', fontsize=14)
Text(0.5, 0.98, 'Histogram')
>>>
>>> # 분할 그래프 화면에 나타내기
>>> fig.show()
```

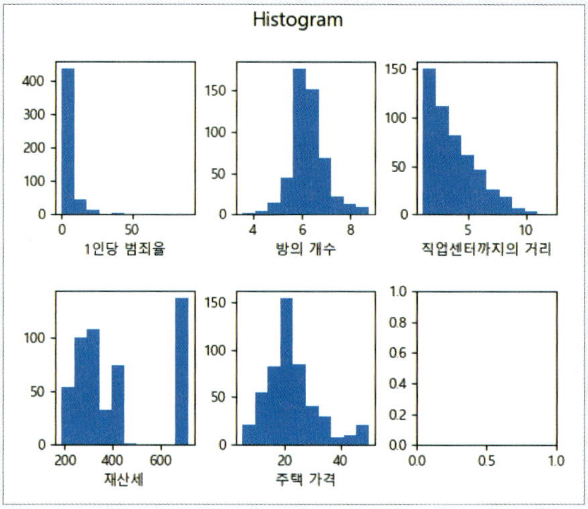

결과를 보면 방의 개수(rm), 주택 가격(mdev) 변수만 종 모양의 정규분포에 가깝고, 1인당 범죄율(crim), 직업센터까지의 거리(dis)는 관측값들이 한쪽으로 쏠려서 분포함을 알 수 있다. 재산세(tax)는 중간에 관측값이 없는 빈 구간이 존재하는 특징을 보인다. 관측값이 종 모양의 정규분포를 보이지 않으면 분포에 대한 해석이 필요하다. 이는 상세 분석을 진행할 때 주택 시장에 대한 지식이 있는 전문가와 함께 분석을 진행할 필요가 있음을 시사한다.

5단계: 상자그림으로 관측값의 분포 확인

이번에도 그룹 정보(grp)를 제외하고 나머지 5개 변수에 대해 boxplot() 메서드를 작성하여 분포를 확인해 보자.

```
>>> # (5단계) 상자그림으로 관측값의 분포 확인
>>> fig, axes = plt.subplots(nrows=2, ncols=3)
>>> fig.subplots_adjust(hspace=0.5, wspace=0.3)  # 그래프 여백
>>>
>>> # 각 분할 영역에 그래프 작성하기
>>> for i in range(5) :
...     df[df.columns[i]].plot.box(ax=axes[i//3, i%3],
...                                label=titles[i])
...
```

```
<Axes: >
<Axes: >
<Axes: >
<Axes: >
<Axes: >
>>> fig.suptitle('Boxplot', fontsize=14)
Text(0.5, 0.98, 'Boxplot')
>>> fig.show()
```

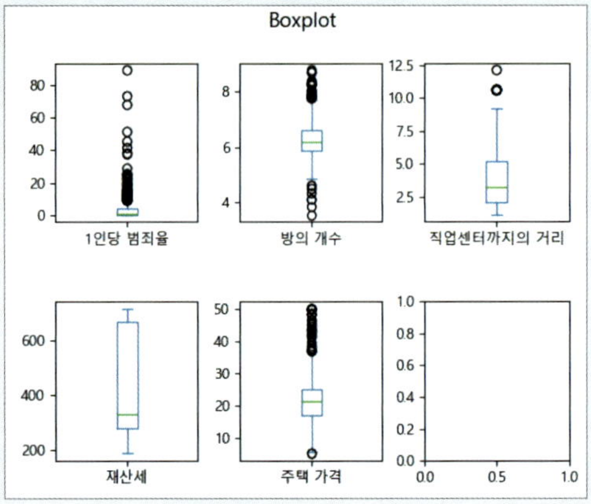

결과를 보면 1인당 범죄율(crim)은 관측값이 좁은 범위에 밀집되어 있어 편차가 매우 작은 반면, 재산세(tax)는 넓게 분포하여 비교적 편차가 크다. 또한 변수별로 여러 특잇값이 존재함을 확인할 수 있다.

6단계: 그룹별 관측값의 분포 확인

이제 그룹 정보를 이용하여 변수별로 그룹별 분포를 확인해 보자.

```
>>> # (6단계) 그룹별 관측값의 분포 확인
>>> fig, axes = plt.subplots(nrows=2, ncols=3)
>>> fig.subplots_adjust(hspace=0.5, wspace=0.3)    # 그래프 여백
>>>
>>> # 각 분할 영역에 그래프 작성하기
>>>
```

```
>>> for i in range(5) :
...     df.boxplot(column=df.columns[i], by='grp', grid=False,
...                ax=axes[i//3,i%3], xlabel=titles[i] )
...
<Axes: title={'center': 'crim'}, xlabel='1인당 범죄율'>
<Axes: title={'center': 'rm'}, xlabel='방의 개수'>
<Axes: title={'center': 'dis'}, xlabel='직업센터까지의 거리'>
<Axes: title={'center': 'tax'}, xlabel='재산세'>
<Axes: title={'center': 'medv'}, xlabel='주택 가격'>
>>> fig.suptitle('Boxplot by group', fontsize=14)
Text(0.5, 0.98, 'Boxplot by group')
>>> fig.show()
```

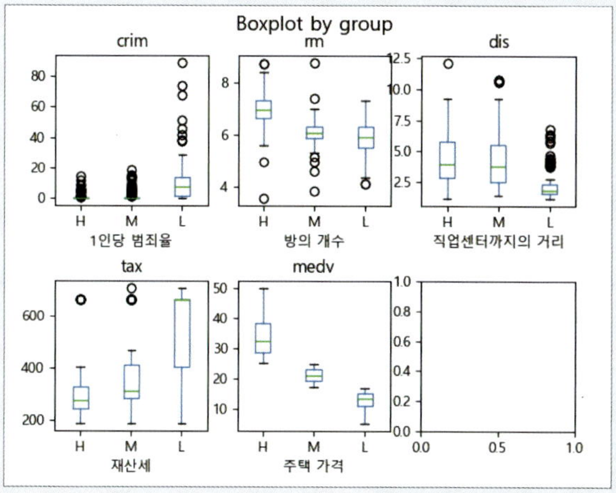

1인당 범죄율(crim)을 주택 가격별 그룹으로 살펴보면, 주택 가격이 높은 지역이나 중간 지역의 범죄율은 낮고, 주택 가격이 낮은 지역의 범죄율이 높은 경향을 보인다. 또한 주택 가격별로 방의 개수(rm)을 비교해 보면, 주택 가격이 높을수록 방의 개수도 많아지는 경향을 보인다. 주택 가격이 중간인 지역과 낮은 지역의 방 개수 평균은 큰 차이가 나지 않지만, 중간 그룹의 방 개수는 5.2~6.8로 비교적 균일하게 분포된 반면, 하위 그룹의 방 개수는 4.5~7.2로 더 넓게 퍼져 있음을 알 수 있다. 다른 변수에 대해서도 여러분 스스로 그룹별 분포를 작성하여 관찰해 보자.

7단계: 다중 산점도를 통한 변수 간 상관관계의 확인

변수별로 데이터 분포 상태를 확인했으니 이제 변수 간 상관관계를 다중 산점도를 통해 확인해 보자.

```
>>> # (7단계) 다중 산점도를 통한 변수 간 상관관계의 확인
>>> pd.plotting.scatter_matrix(df.iloc[:, :5])
array([[<Axes: xlabel='crim', ylabel='crim'>,
        <Axes: xlabel='rm', ylabel='crim'>,
        (중략)
        <Axes: xlabel='tax', ylabel='medv'>,
        <Axes: xlabel='medv', ylabel='medv'>]], dtype=object)
>>> plt.show()
```

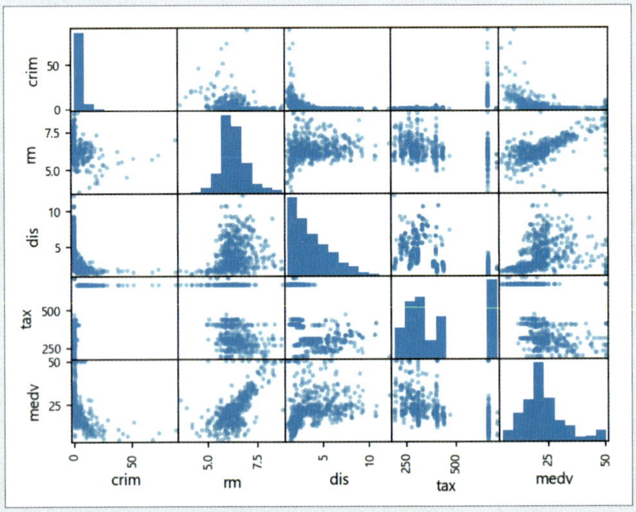

결과를 보면 BostonHousing 데이터셋의 중심 주제인 medv(주택 가격)와 양의 상관관계가 있는 변수는 rm(가구당 방의 개수)으로 파악된다. crim(1인당 범죄율)은 주택 가격과 음의 상관관계가 있는 것으로 보인다. 가구당 방의 개수가 많아지면 집이 커서 주택 가격이 높아진다는 의미로, 범죄율이 높은 지역은 주택 가격이 떨어진다는 의미로 해석할 수 있다.

8단계: 그룹 정보를 포함한 변수 간 상관관계의 확인

그룹 정보를 포함하여 다중 산점도를 작성하고, 출력 결과를 분석하여 시사점이 있는지 확인해 본다.

```
>>> # (8단계) 그룹 정보를 포함한 변수 간 상관관계의 확인
>>> dict = {'H':'red', 'M':'green', 'L':'gray'}
>>> colors = list(dict[key] for key in df.grp)  # 각 점의 색을 지정
>>> pd.plotting.scatter_matrix(df.iloc[:, :5], c=colors)
array([[<Axes: xlabel='crim', ylabel='crim'>,
        <Axes: xlabel='rm', ylabel='crim'>,
        (중략)
        <Axes: xlabel='tax', ylabel='medv'>,
        <Axes: xlabel='medv', ylabel='medv'>]], dtype=object)
>>> plt.show()
```

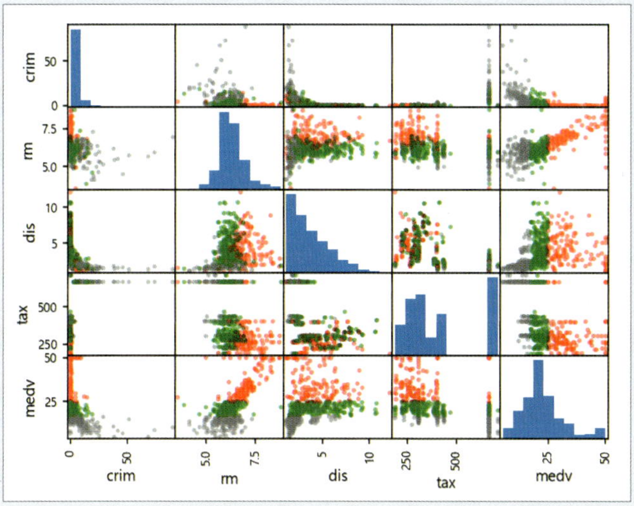

결과를 관찰해 보면 (crim-medv), (rm-medv), (dis-medv), (tax-medv) 산점도에서 그룹별로 분포 위치가 뚜렷하게 구분되는 것을 알 수 있다. 또한 주택 가격 중간 그룹(녹색)은 상위 그룹(빨간색), 하위 그룹(회색)에 비해 주택 가격의 변동폭이 좁다는 사실도 관찰할 수 있다.

9단계: 변수 간 상관계수의 확인

상관계수를 계산하여 변수 간 상관관계를 확인해 보자.

```
>>> # (9단계) 변수 간 상관계수의 확인
>>> df.iloc[:, :5].corr()
          crim        rm       dis       tax      medv
crim  1.000000 -0.219247 -0.379670  0.582764 -0.388305
rm   -0.219247  1.000000  0.205246 -0.292048  0.695360
dis  -0.379670  0.205246  1.000000 -0.534432  0.249929
tax   0.582764 -0.292048 -0.534432  1.000000 -0.468536
medv -0.388305  0.695360  0.249929 -0.468536  1.000000
```

medv(주택 가격)를 기준으로 보았을 때 상관계수가 가장 높은 것은 rm(가구당 방의 개수)으로 0.6953599다. 산점도상에서 음의 상관관계가 높은 것으로 보였던 crim(1인당 범죄율)은 상관계수가 -0.388305로, 실제로는 상관도가 높지 않음을 알 수 있다.

분석 코드 정리

지금까지 BostonHousing 데이터셋에 대한 탐색적 분석을 통해 각 변수의 분포 상태와 변수 간 관계, 주택 가격대별 그룹 분포의 특징을 관찰할 수 있었다. 이러한 관찰을 기반으로 심화된 분석을 어떤 내용으로 진행할지 계획을 세우게 된다. [코드 6-8]은 지금까지 진행한 탐색적 데이터 분석 코드를 모아서 정리한 것이다.

코드 6-8 code6_8.py

```
## (0단계) 라이브러리 및 그래프 환경 설정
import pandas as pd
import matplotlib.pyplot as plt
from pandas.api.types import CategoricalDtype

# 그래프에 한글 표시 준비
plt.rcParams['font.family'] ='Malgun Gothic'
plt.rcParams['axes.unicode_minus'] = False

## (1단계) 데이터 준비
df = pd.read_csv('d:/data/BostonHousing.csv')
df = df[['crim', 'rm', 'dis', 'tax', 'medv']]
df
```

```
titles = ['1인당 범죄율', '방의 개수', '직업센터까지의 거리',
          '재산세', '주택 가격']

## (2단계) 그룹 컬럼 추가
grp = pd.Series(['M' for i in range(len(df))])
grp.loc[df.medv >= 25.0] = 'H'
grp.loc[df.medv <= 17.0] = 'L'
df['grp'] = grp

# 그룹 컬럼의 자료형과 레이블 순서 변경
new_odr = ['H', 'M', 'L']
new_dtype = CategoricalDtype(categories=new_odr, ordered=True)
df.grp = df.grp.astype(new_dtype)
df.grp.dtype

## (3단계) 데이터셋의 형태와 기본적인 내용 파악
df.shape
df.head()
df.dtypes                                # 컬럼별 자료형
df.grp.value_counts(sort=False)          # 주택 가격 그룹별 분포

## (4단계) 히스토그램으로 관측값의 분포 확인
# 화면 분할 정의
fig, axes = plt.subplots(nrows=2, ncols=3)
fig.subplots_adjust(hspace=0.5, wspace=0.3)  # 그래프 여백

# 각 분할 영역에 그래프 작성하기
for i in range(5) :
    df[df.columns[i]].plot.hist(ax=axes[i//3, i%3],
                                ylabel='', xlabel=titles[i])

# 통합 그래프에 제목 지정
fig.suptitle('Histogram', fontsize=14)

# 분할 그래프 화면에 나타내기
fig.show()
```

```
## (5단계) 상자그림으로 관측값의 분포 확인
fig, axes = plt.subplots(nrows=2, ncols=3)
fig.subplots_adjust(hspace=0.5, wspace=0.3)   # 그래프 여백

# 각 분할 영역에 그래프 작성하기
for i in range(5) :
        df[df.columns[i]].plot.box(ax=axes[i//3, i%3],
                                   label=titles[i])

fig.suptitle('Boxplot', fontsize=14)
fig.show()

## (6단계) 그룹별 관측값의 분포 확인
fig, axes = plt.subplots(nrows=2, ncols=3)
fig.subplots_adjust(hspace=0.5, wspace=0.3)     # 그래프 여백

# 각 분할 영역에 그래프 작성하기
for i in range(5) :
    df.boxplot(column=df.columns[i], by='grp', grid=False,
               ax=axes[i//3, i%3], xlabel=titles[i])

fig.suptitle('Boxplot by group', fontsize=14)
fig.show()

## (7단계) 다중 산점도를 통한 변수 간 상관관계의 확인
pd.plotting.scatter_matrix(df.iloc[:, :5])
plt.show()

## (8단계) 그룹 정보를 포함한 변수 간 상관관계의 확인
dict = {'H':'red', 'M':'green', 'L':'gray'}
colors = list(dict[key] for key in df.grp)     # 각 점의 색을 지정

pd.plotting.scatter_matrix(df.iloc[:, :5], c=colors)
plt.show()

## (9단계) 변수 간 상관계수의 확인
df.iloc[:, :5].corr()
```

실전 분석

문제 1

state_x77 데이터셋은 미국의 50개 주에 대한 통계 정보를 담고 있다. 이 데이터셋의 변수로는 주 이름(State), 인구수(Population), 수입(Income), 문맹률(Illiteracy), 기대수명(Life_Exp), 살인 범죄율(Murder), 고교 졸업률(HS_Grad), 결빙 일수(Frost), 면적(Area)이 있다. 또한 state_division 데이터셋에는 50개 주가 위치한 지역명이 담겨 있다. 다음 순서를 따라 분석해 보자.

TIP state_x77.csv 파일은 한빛아카데미 홈페이지에서 다운로드할 수 있다.

01 state_x77과 state_division을 읽어서 데이터프레임 state에 저장하시오.

```
import pandas as pd
import matplotlib.pyplot as plt

state = pd.read_csv('d:/data/state_x77.csv')
division = pd.read_csv('d:/data/state_division.csv')
state['division'] = division
state.head()
```

02 문맹률과 수입 사이에 연관성이 있는지 산점도와 상관계수를 통해 확인해 보시오.

```
state.plot.scatter(x='Illiteracy', y='Income')
plt.show()
state['Illiteracy'].corr(state['Income'])
```

03 수입과 기대수명 사이에 연관성이 있는지 산점도와 상관계수를 통해 확인해 보시오.

```
state.plot.scatter(x='Income', y='Life_Exp')
plt.show()
state['Income'].corr(state['Life_Exp'])
```

04 전체 변수(컬럼)에 대한 다중 산점도를 작성하여 연관성이 높은 변수들을 확인해 보시오.

```
pd.plotting.scatter_matrix(state, figsize=(10,10))
plt.show()
```

05 전체 변수(컬럼)에 대한 다중 상관계수를 작성하여 연관성이 높은 변수들을 확인해 보시오.

```
state_tmp = state.drop(['State','division'],axis=1)
state_tmp.corr()
```

06 지역별로 주의 인구수 합계를 계산하고 이를 막대그래프로 나타내시오.

```
pop = state.groupby('division')['Population'].sum()
pop                                      # 지역별 주의 인구수 합계
pop.plot.bar()
plt.xlabel('Division')
plt.ylabel('Population')
plt.title('Population by Division')
plt.subplots_adjust(bottom=0.3)
plt.show()
```

07 고교 졸업률과 수입으로 산점도를 작성하되, 지역별로 주의 색을 다르게 표시하시오.

```
dict = {'East South Central':'black', 'Pacific':'grey', 'Mountain':'brown',
        'West South Central':'red', 'New England':'orange',
        'South Atlantic':'green', 'East North Central':'blue',
        'West North Central':'cyan', 'Middle Atlantic':'purple'}
colors = list(dict[key] for key in state.division)  # 각 점의 색을 지정

state.plot.scatter(x='HS_Grad', y='Income', c=colors)
plt.show()
```

요약

01 산점도는 2개의 변수로 구성된 데이터를 2차원상의 분포로 표현하는 그래프다. 값들의 분포를 확인하여 두 변수 간의 관계를 시각적으로 파악할 수 있다.

02 파이썬에서는 다중 산점도를 작성할 수 있으므로 여러 변수 간의 관계를 한눈에 파악하는 데 유용하다.

03 두 변수 간의 선형적 관계를 시각적 방법이 아닌 수치적으로 확인하는 방법을 상관분석이라고 한다.

04 상관분석에서는 다음과 같이 두 변수 사이의 상관계수(r)를 구한다.

$$r = \frac{\sum_{i=1}^{n}((\mathrm{x}_i - \bar{\mathrm{x}})(\mathrm{y}_i - \bar{\mathrm{y}}))}{\sqrt{\sum_{i=1}^{n}(\mathrm{x}_i - \bar{\mathrm{x}})^2 \sum_{i=1}^{n}(\mathrm{y}_i - \bar{\mathrm{y}})^2}}$$

$r<0$이면 두 변수가 음의 상관관계에 있고, $r>0$이면 양의 상관관계에 있다. r의 절댓값이 클수록 두 변수의 상관도가 높다고 볼 수 있다.

05 시간의 변화에 따라 수집된 데이터를 시계열 데이터라고 하며, 시계열 데이터를 분석하는 대표적인 방법이 선그래프다. 선그래프에는 선을 하나만 나타낼 수도 있고 여러 개를 나타낼 수도 있다.

06 `BostonHousing` 데이터셋은 보스턴 지역 주택 가격의 영향을 분석하기 위해 수집된 데이터로, 집값에 영향을 미치는 다양한 요인을 포함하고 있다.

07 `BostonHousing` 데이터에서 주택 가격에 가장 크게 영향을 미치는 요인은 가구당 방의 개수다.

연습문제

[01~12] 펭귄에 대한 조사 자료를 담고 있는 seaborn 라이브러리의 penguin 데이터셋을 대상으로 분석을 진행하려 한다. 주요 컬럼 대한 설명은 다음과 같다.

컬럼명	설명
species	펭귄의 종
island	서식지(섬)
bill_length_mm	부리의 가로 길이
bill_depth_mm	부리의 세로 길이
flipper_length_mm	날개 길이
body_mass_g	몸무게
sex	펭귄의 성별

다음 코드를 실행하여 데이터를 준비한 후, 아래에 이어지는 문제를 해결하시오.

```
import seaborn as sns
import pandas as pd
import matplotlib.pyplot as plt

df = sns.load_dataset('penguins')
df = df.dropna()
```

01 부리의 가로 길이와 세로 길이에 대한 산점도를 작성하시오.

02 부리의 가로 길이와 세로 길이에 대한 상관계수를 구하시오.

03 부리의 가로 길이와 날개 길이에 대한 산점도를 작성하시오.

04 부리의 가로 길이와 날개 길이에 대한 상관계수를 구하시오.

05 펭귄의 종에는 어떤 종류가 있는지 확인하시오.

06 부리의 가로 길이와 세로 길이에 대한 산점도를 작성하되, 종별로 점의 색을 다르게 표시하시오.

07 문제 06의 결과를 바탕으로 펭귄의 종별 특징을 설명하시오.

08 부리의 가로 길이와 날개 길이에 대한 산점도를 작성하되, 성별로 점의 색을 달리하여 표시하시오.

09 부리의 가로 길이와 날개 길이에 대해 관찰 가능한 성별 특징을 설명하시오.

10 `penguins` 데이터셋에서 숫자형 컬럼들에 대해 다중 산점도를 작성하시오.

11 `penguins` 데이터셋에서 숫자형 컬럼들의 다중 상관계수를 구하고, 이를 출력하시오.

12 문제 11의 결과에서 가장 상관계수가 큰 두 변수를 찾으시오.

[13~18] 다음 코드를 실행하여 대기의 질 데이터를 담고 있는 `airquality` 데이터셋에서 데이터를 불러온 후, 아래에 이어지는 문제를 해결하시오.

TIP `airquality` 데이터셋은 한빛아카데미 홈페이지에서 다운로드할 수 있다.

```
df = pd.read_csv('d:/data/airquality.csv')
df = df.dropna()
```

13 오존농도(`Ozone`)와 일사량(`Solar.R`)에 대해 산점도를 작성하시오.

14 오존농도(Ozone)와 일사량(Solar.R)에 대한 상관계수를 구하시오.

15 오존농도(Ozone)와 일사량(Solar.R)에 대해 산점도를 작성하되, 월별로 점의 색을 다르게 표시하시오.

16 오존농도(Ozone), 일사량(Solar.R), 풍속(Wind), 기온(Temp)에 대해 다중 산점도를 작성하시오.

17 월(Month)과 가장 상관계수가 큰 변수를 찾으시오.

18 오존농도(Ozone), 일사량(Solar.R), 풍속(Wind), 기온(Temp)에 대해 5월과 9월의 상관계수 변화가 가장 큰 변수의 조합을 구하시오.

CHAPTER 07

데이터 전처리

PREVIEW

데이터 분석을 수행하려면 정리된 데이터셋이 필요하다. 그러나 분석용으로 확보한 초기 데이터는 분석에 적합하지 않은 형태인 경우가 많다. 이러한 데이터를 분석에 적합한 형태로 변환하는 과정을 전처리라고 한다. 7장에서는 전처리 과정에 필요한 다양한 기법을 학습한다.

1절 데이터 전처리의 필요성과 개념에 대해서 살펴본다.

2절 데이터에 포함된 결측값을 확인하고 이 결측값을 제거하거나 추정하는 방법에 대해서 알아본다.

3절 정상 범위를 벗어난 특잇값을 찾아내어 제거하는 방법을 알아본다.

4절 데이터프레임을 특정 컬럼을 기준으로 정렬하는 방법과 정렬된 데이터에서 각 행의 순위를 구하는 방법을 알아본다.

5절 임의 샘플링과 층화 샘플링을 통해 표본을 추출하는 방법과 주어진 값들로부터 조합을 생성하는 방법을 알아본다.

6절 그룹핑을 적용하여 데이터를 집계하고, 흩어져 있는 데이터를 하나로 병합하는 방법을 알아본다.

7절 피벗 테이블을 작성하고 이를 해석하는 방법을 알아본다.

01 데이터 전처리 개요

우리는 지금까지 잘 정리된 데이터셋을 대상으로 데이터를 분석하는 방법을 학습하였다. 그런데 정작 현실에서는 그렇게 잘 정리된 데이터셋을 얻기가 쉽지 않다. 그렇기 때문에 실제로 데이터 분석을 제대로 하기 위해서는 초기에 확보한 데이터를 정제하고 가공하여 분석에 적합한 데이터를 확보해야 한다. 이러한 과정을 **데이터 전처리**data preprocessing라고 한다. [그림 7-1]은 정제되지 않은 데이터의 예다.

	A	B	C	D
1	RowID	Variable_1	Variable_2	Variable_3
2	1	12.34	aa	12
3	2	34	aa	33
4	3	44	cc	22
5	4	-433	ff	44
6	5		#DIV/0!	66
7	6	43	dd	33
8	7	34	#NAME?	66
9	8	6743	df	22
10	9	3	fg	
11	10	4	dd	88
12	11	3	g	55
13	12	#N/A	dd	aa

그림 7-1 정제되지 않은 데이터 예

[그림 7-1]을 통해, 정제되지 않은 데이터의 문제점을 살펴보면 다음과 같다.

- 곳곳에 #N/A, #DIV/0!, #NAME?과 같은 오류 값이 존재한다.
- 값이 들어 있지 않은 공란도 있다.
- Variable_1 컬럼의 -433은 잘못 입력한 값으로 의심된다.
- Variable_3 컬럼에는 대부분 숫자형 값이지만, 마지막에 문자형 값인 aa가 포함되어 있다.

이처럼 정제되지 않은 데이터를 사용하면 분석 작업을 원활하게 진행하기가 어렵다. 즉 데이터 전처리가 올바르게 이루어지지 않으면 이후의 분석 단계를 제대로 수행하기가 어렵다. 데이터 전처리는 전체 분석 과정에서 상당한 시간을 차지하므로, 이를 효율적으로 수행하는 방법을 아는 일이 매우 중요하다.

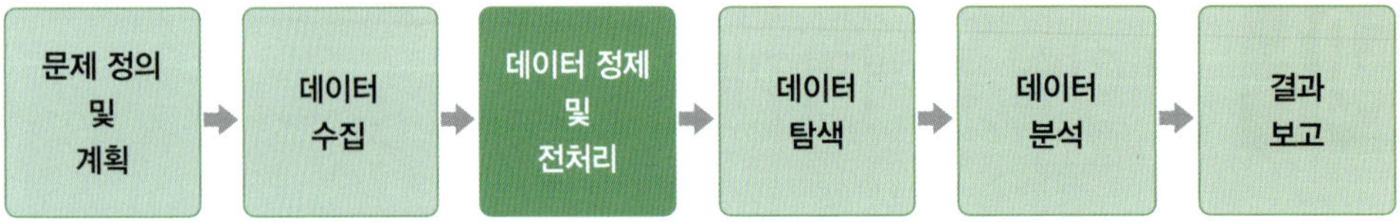

그림 7-2 데이터 분석 과정과 데이터 전처리

데이터 전처리에서 다루게 될 주요 문제는 다음과 같다.

- 결측값을 어떻게 처리할 것인가?
- 정상 범위를 벗어나는 특잇값은 어떻게 다룰 것인가?
- 어떤 자료들을 통합할 것인가?
- 데이터에 중복된 정보는 없는가?
- 변형이나 가공이 필요한 컬럼은 무엇인가?
- 최종 분석 대상에 포함할 변수와 관측값은 무엇인가?
- 어떤 컬럼이 범주형 자료인가?

이제 데이터 전처리 과정에서 자주 접하는 문제를 어떻게 해결할 수 있는지 살펴보자.

02 결측값

1 결측값의 개념

결측값missing value은 데이터를 수집하고 저장하는 과정에서 저장할 값을 얻지 못할 때 발생한다. 통계조사를 실시한다고 가정해 보자. 통계조사 응답자가 어떤 문항에 대해 응답을 하지 않았다면 그 문항의 데이터 값은 결측값이 된다. 데이터셋에 결측값이 섞여 있으면 데이터를 분석할 때 여러 문제가 발생한다. 예를 들어, 성적 자료에 결측값이 포함되어 있다면 성적 자료에 대한 합계나 평균 등의 계산 작업이 불가능해진다.

결측값을 처리하는 방법에는 두 가지가 있다. 하나는 결측값을 제거하거나 제외하는 방법이고, 다른 하나는 결측값을 추정하여 적당한 값으로 치환하는 방법이다.

2 판다스를 이용한 결측값 처리

판다스 시리즈를 통해 결측값의 존재 여부를 파악하고, 결측값을 대체하거나 제외하는 방법을 알아보자. 이후 데이터프레임에서도 동일한 내용을 학습한다.

시리즈의 결측값 처리

[코드 7-1]을 통해 판다스 시리즈에서 결측값을 확인하고, 결측값을 제외하거나 처리하는 방법을 살펴보자.

코드 7-1 code7_1.py

```
import pandas as pd

score = pd.Series([30, 20, 40, pd.NA, 30, pd.NA])
score
score.sum()                          # 결측값을 제외하고 계산
score.mean()                         # 결측값을 제외하고 계산
score + 5                            # 결측값은 산술 연산이 안 됨
```

```
pd.isna(score)                            # 결측값인지 확인
pd.isna(score).sum()                      # 결측값의 개수 확인

score.size                                # 값의 개수(결측값 포함)
score.count()                             # 값의 개수(결측값 제외)

pd.notna(score)                           # 결측값이 아닌지 확인
pd.notna(score).sum()                     # 결측값이 아닌 값의 개수 확인

score = score.dropna()                    # 결측값 제외
score
score = score.reset_index(drop=True)      # 인덱스 초기화
score
```

[코드 7-1]의 실행 결과를 나누어 설명하면 다음과 같다.

```
>>> import pandas as pd
>>> score = pd.Series([30, 20, 40, pd.NA, 30, pd.NA])
>>> score
0     30
1     20
2     40
3   <NA>
4     30
5   <NA>
dtype: object
```

필요한 라이브러리를 불러오고 결측값이 포함된 시리즈 객체 score를 생성한다. 시리즈 객체에 결측값을 포함하려면 값 대신 pd.NA를 입력하면 된다. 결측값을 입력한 후 시리즈 객체의 내용을 출력해 보면 결측값은 <NA>로 표시된다. 여기서 NA는 'Not Available'의 약자다.

하나 더 알기 결측값의 표현

판다스 객체를 조회할 때 None, NaN, <NA>로 표시되는 값들은 모두 결측값으로 간주된다. 판다스 객체에 결측값을 입력할 때는 pd.NA, None, np.nan을 주로 사용한다.

```
>>> score.sum()                          # 결측값을 제외하고 계산
120
>>> score.mean()                         # 결측값을 제외하고 계산
np.float64(30.0)
>>> score + 5                            # 결측값은 산술 연산이 안 됨
0      35
1      25
2      45
3    <NA>
4      35
5    <NA>
dtype: object
```

결측값이 포함된 시리즈 객체에 통계 메서드를 적용하거나 산술 연산을 실행하면 결측값은 자동으로 제외하고 계산이 이루어진다. 이 점을 유의하자.

```
>>> pd.isna(score)                       # 결측값인지 확인
0    False
1    False
2    False
3     True
4    False
5     True
dtype: bool
>>> pd.isna(score).sum()                 # 결측값의 개수 확인
np.int64(2)
```

시리즈 객체에 포함된 값들이 결측값인지를 확인하려면 `pd.isna()` 클래스 메서드를 적용한다. 결측값은 `True`로, 정상적인 값은 `False`로 표시된다. 결측값의 개수를 확인하려면 `pd.isna()` 클래스 메서드의 결과에 `sum()` 메서드를 적용한다. 이때 `True`는 1, `False`는 0으로 계산되므로 `sum()` 메서드의 결과가 곧 결측값의 개수가 된다.

```
>>> score.size                          # 값의 개수(결측값 포함)
6
>>> score.count()                       # 값의 개수(결측값 제외)
np.int64(4)
```

시리즈 객체는 size 속성을 통해 값의 개수를 저장하고 있다. size 속성은 결측값도 하나의 값으로 보고 개수를 센다. 결측값을 제외한 값들의 개수만 알고 싶다면 count() 메서드를 사용한다.

```
>>> pd.notna(score)                     # 결측값이 아닌지 확인
0     True
1     True
2     True
3    False
4     True
5    False
dtype: bool
>>> pd.notna(score).sum()               # 결측값이 아닌 값의 개수 확인
np.int64(4)
```

결측값이 아닌 정상적인 값인지를 확인하려면 pd.notna() 메서드를 사용한다. 결측값이 아닌 값은 True, 결측값은 False로 표시된다.

```
>>> score = score.dropna()              # 결측값 제외
>>> score
0     30
1     20
2     40
4     30
dtype: object
```

결측값을 제외하고 정상적인 값들만 추출하려면 dropna() 메서드를 사용한다. 결과를 보면 결측값이 제거된 것을 알 수 있다. 결측값을 제거한 결과로 레이블 인덱스 3과 5도 함께 삭제되어 인덱스의 연속성에 문제가 생겼다. 따라서 인덱스를 초기화할 필요가 있다.

```
>>> score = score.reset_index(drop=True)         # 인덱스 초기화
>>> score
0       30
1       20
2       40
3       30
dtype: object
```

인덱스를 초기화한 후 score의 레이블 인덱스를 확인하면, 인덱스가 순차적인 값으로 변경된 것을 볼 수 있다.

데이터프레임의 결측값 처리

이제 데이터프레임에 포함된 결측값을 다루는 방법에 대해 알아보자.

코드 7-2 code7_2.py

```
import pandas as pd
import numpy as np

# 결측값을 포함하는 데이터프레임 생성
df = pd.read_csv('d:/data/iris.csv')
df.iloc[0, 1] = pd.NA  ; df.iloc[0, 2] = pd.NA
df.iloc[1, 2] = np.nan ; df.iloc[2, 3] = None
df.head()

# 결측값 확인
df.isnull().sum()                            # 컬럼별 결측값 확인
df.isnull().sum(axis=1)                      # 행별 결측값 확인
df.loc[df.isnull().sum(axis=1)>0, :]         # 결측값 행 출력

# 결측값 제거
df = df.dropna()                             # 결측값이 있는 행 제거
df = df.reset_index(drop=True)               # 인덱스 초기화
df.head()
```

[코드 7-2]의 실행 결과를 나누어 설명하면 다음과 같다.

```
>>> import pandas as pd
>>> import numpy as np
>>> # 결측값을 포함하는 데이터프레임 생성
>>>
>>> df = pd.read_csv('d:/data/iris.csv')
>>>
>>> df.iloc[0, 1] = pd.NA  ; df.iloc[0, 2] = pd.NA
>>>
>>> df.iloc[1, 2] = np.nan ; df.iloc[2, 3] = None
>>> df.head()
   Sepal_Length  Sepal_Width  Petal_Length  Petal_Width  Species
0           5.1          NaN           NaN          0.2   setosa
1           4.9          3.0           NaN          0.2   setosa
2           4.7          3.2           1.3          NaN   setosa
3           4.6          3.1           1.5          0.2   setosa
4           5.0          3.6           1.4          0.2   setosa
```

필요한 라이브러리를 불러온 뒤, iris 데이터셋의 일부 값을 결측값으로 대체하였다. 결측값은 pd.NA, np.nan, None 세 종류를 사용하였는데, 결과는 모두 NaN으로 표시된다.

```
>>> # 결측값 확인
>>>
>>> df.isnull().sum()                              # 컬럼별 결측값 확인
Sepal_Length    0
Sepal_Width     1
Petal_Length    2
Petal_Width     1
Species         0
dtype: int64
```

isnull() 메서드는 데이터프레임 내 각 값이 결측값인지를 True와 False로 알려준다. 여기에 sum() 메서드를 적용하면 컬럼별로 True의 개수, 즉 결측값의 개수를 계산하여 보여준다. 결과적으로 총 4개의 결측값이 존재함을 알 수 있다.

여기서 잠깐! isnull()과 isna() 메서드

isnull()과 isna()는 동일한 기능(결측값 여부 확인)을 하는 메서드다.

```
>>> df.isnull().sum(axis=1)                        # 행별 결측값 확인
0      2
1      1
2      1
3      0
4      0
      ..
145    0
146    0
147    0
148    0
149    0
Length: 150, dtype: int64
```

isnull() 메서드에 sum(axis=1)을 적용하면 결측값의 개수를 행 단위로 집계하여 보여준다. axis=0은 열 방향을, axis=1은 행 방향을 의미한다. 이를 통해 0~2행에 결측값이 존재함을 알 수 있다.

```
>>> df.loc[df.isnull().sum(axis=1)>0, :]           # 결측값 행 출력
   Sepal_Length  Sepal_Width  Petal_Length  Petal_Width  Species
0           5.1          NaN           NaN          0.2   setosa
1           4.9          3.0           NaN          0.2   setosa
2           4.7          3.2           1.3          NaN   setosa
```

결측값이 포함된 행들만 출력하였다. df.loc[] 조건문을 사용하여 결측값의 개수가 0보다 큰 행들만 추출하도록 하였다.

```
>>> df = df.dropna()                          # 결측값이 있는 행 제거
>>> df = df.reset_index(drop=True)            # 인덱스 초기화
>>> df.head()
```

```
   Sepal_Length  Sepal_Width  Petal_Length  Petal_Width  Species
0           4.6          3.1           1.5          0.2   setosa
1           5.0          3.6           1.4          0.2   setosa
2           5.4          3.9           1.7          0.4   setosa
3           4.6          3.4           1.4          0.3   setosa
4           5.0          3.4           1.5          0.2   setosa
```

결측값이 포함된 행을 제거한 후, 인덱스를 초기화하여 행 제거로 인해 발생한 인덱스의 불연속성 문제를 해결하였다. df의 내용을 출력해 보면 결측값이 제거된 것을 확인할 수 있다.

3 결측값의 추정

데이터셋에 포함된 결측값의 개수가 적다면 결측값이 포함된 행을 제거하고 분석 작업을 진행하면 된다. 하지만 결측값을 포함한 행이 많을 경우, 단순히 이를 모두 제거하면 데이터가 부족해져 분석이 어려워진다. 이 경우에는 결측값을 적당한 값으로 추정하여 대체한 후 분석을 진행하는 것이 유리하다.

[그림 7-3]은 결측값을 추정하는 원리를 설명한다. 먼저 결측값이 없는 데이터를 이용하여 통계적 또는 머신러닝 기법을 적용해 결측값이 있는 컬럼의 값을 추정하는 모델을 만들고, 이를 통해 결측값을 예측한다.

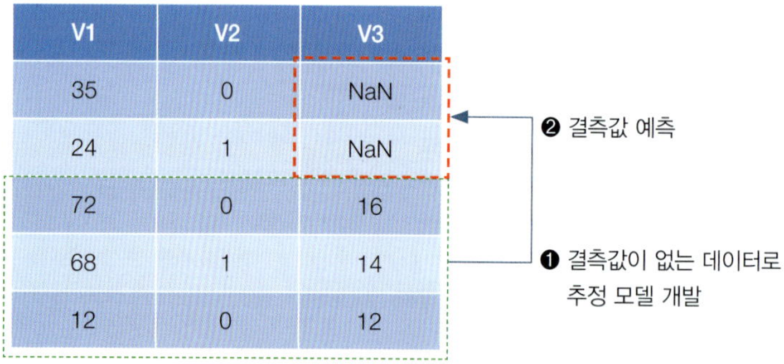

그림 7-3 결측값의 추정 원리

결측값 추정에는 여러 라이브러리를 사용할 수 있는데, 여기서는 사이킷런 라이브러리에서 제공하는 KNNImputer를 이용한다. KNNImputer는 관측값 간의 거리를 기반으로 결측값을 예측한다. 이때 관측값을 구성하는 변수들의 범위가 다르면 범위가 넓은 변수의 영향이 과도

하게 커질 수 있다. 예를 들어 키(100~190)와 시력(0.0~2.0)으로 구성된 데이터셋에서는 거리 계산 시 키가 시력보다 큰 영향을 미친다. 따라서 거리 기반의 결측값 추정에서는 변수들의 범위를 표준화하는 **데이터 스케일링** data scaling 이 필요하다.

KNNImputer를 이용한 결측값 추정 절차는 다음과 같다.

❶ 결측값이 포함된 원본 데이터셋(df_miss)을 표준화하여 스케일링된 데이터셋(df_scaled)을 생성한다.

❷ 스케일링된 데이터셋(df_scaled)에 KNNImputer를 적용하여 결측값을 예측해 채워 넣는다.

❸ 결측값이 채워진 데이터셋(df_scaled)을 원래의 범위로 복원하여 최종 데이터셋(df_filled)을 생성한다.

이 절차에 따라 결측값을 채우는 과정을 [코드 7-3]을 통해 알아보자.

코드 7-3 code7_3.py

```
import pandas as pd
from sklearn.impute import KNNImputer
from sklearn.preprocessing import MinMaxScaler

df_org = pd.read_csv('d:/data/iris.csv')
df_miss = df_org.copy()

# 결측값 생성
df_miss.iloc[0, 3] = pd.NA ; df_miss.iloc[0, 2] = pd.NA
df_miss.iloc[1, 2] = None ; df_miss.iloc[2, 3] = None
df_miss.head(4)

# (1) 데이터 표준화
scaler = MinMaxScaler()                              # 스케일러 정의
df_scaled = scaler.fit_transform(df_miss.iloc[:, :4])  # 표준화
df_scaled[0:5, :]

# (2) 결측값 추정
imputer = KNNImputer(n_neighbors=5)                  # 추정 모델 정의
df_scaled = imputer.fit_transform(df_scaled)         # 결측값 추정
df_scaled[0:5, :]
```

```
# (3) 표준화 이전으로 변환
df_filled = scaler.inverse_transform(df_scaled)
df_filled[0:5, :]

df_miss.iloc[:, :4] = df_filled                          # 추정값 → 결측값

# 추정값의 정확도 확인
df_miss.head(4)
df_org.head(4)
```

[코드 7-3]의 실행 결과를 나누어 설명하면 다음과 같다.

```
>>> import pandas as pd
>>> from sklearn.impute import KNNImputer
>>> from sklearn.preprocessing import MinMaxScaler
```

필요한 라이브러리를 불러온다. KNNImputer는 결측값을 추정하는 모델을 만들 때 사용하고 MinMaxScaler는 데이터를 표준화하는 데 사용한다.

```
>>> df_org = pd.read_csv('d:/data/iris.csv')
>>> df_miss = df_org.copy()
>>> # 결측값 생성
>>>
>>>
>>> df_miss.iloc[0, 3] = pd.NA  ; df_miss.iloc[0, 2] = pd.NA
>>>
>>> df_miss.iloc[1, 2] = None ; df_miss.iloc[2, 3] = None
>>> df_miss.head(4)
   Sepal_Length  Sepal_Width  Petal_Length  Petal_Width  Species
0           5.1          3.5           NaN          NaN   setosa
1           4.9          3.0           NaN          0.2   setosa
2           4.7          3.2           1.3          NaN   setosa
3           4.6          3.1           1.5          0.2   setosa
```

결측값이 없는 데이터프레임 df_org와 4개의 결측값을 포함하는 데이터프레임 df_miss를 생성하였다.

```
>>> # (1) 데이터 표준화
>>>
>>> scaler = MinMaxScaler()                                  # 스케일러 정의
>>> df_scaled = scaler.fit_transform(df_miss.iloc[:, :4])   # 표준화
>>> df_scaled[0:5, :]
array([[0.22222222, 0.625     ,        nan,        nan],
       [0.16666667, 0.41666667,        nan, 0.04166667],
       [0.11111111, 0.5       , 0.05084746,        nan],
       [0.08333333, 0.45833333, 0.08474576, 0.04166667],
       [0.19444444, 0.66666667, 0.06779661, 0.04166667]])
```

df_miss의 숫자형 컬럼에 표준화를 적용하여 df_scaled를 생성하였다. 표준화 방법에는 여러 가지가 있지만, 여기서는 모든 값을 0에서 1 사이로 변환하는 MinMax 표준화를 적용하였다. df_scaled는 넘파일 배열로 변환되었으며, 각 컬럼의 값이 0에서 1 사이로 표준화된 것을 확인할 수 있다. 결측값은 표준화되지 않고 그대로 남아 있다.

```
>>> # (2) 결측값 추정
>>>
>>> imputer = KNNImputer(n_neighbors=5)                     # 추정 모델 정의
```

결측값을 추정하기 위해 최근접 이웃(KNN) 모델을 기반으로 하는 KNNImputer 객체를 생성하고, 이를 imputer에 저장하였다.

하나 더 알기 최근접 이웃(KNN) 모델

최근접 이웃(KNN)은 머신러닝 예측 모델 중 하나로, 주어진 값과 가장 가까운 이웃들의 데이터를 바탕으로 예측한다. 매개변수 **n_neighbors**는 이웃의 개수를 정의하며 일반적으로 3~5로 지정하면 적당하다. 이 모델은 이웃 간의 거리를 기반으로 작동하기 때문에, 거리 계산이 불가능한 범주형 컬럼은 모델 생성 시 제외해야 한다.

```
>>> df_scaled = imputer.fit_transform(df_scaled)    # 결측값 추정
```

imputer의 fit_transform() 메서드를 이용해서 df_scaled에 있는 결측값을 추정하여 채워 넣은 후, 그 결과를 df_scaled에 저장하였다.

```
>>> df_scaled[0:5, :]
array([[0.22222222, 0.625     , 0.0779661 , 0.09166667],
       [0.16666667, 0.41666667, 0.08474576, 0.04166667],
       [0.11111111, 0.5       , 0.05084746, 0.04166667],
       [0.08333333, 0.45833333, 0.08474576, 0.04166667],
       [0.19444444, 0.66666667, 0.06779661, 0.04166667]])
```

df_scaled의 내용을 확인해 보면 결측값이 0에서 1 사이의 값으로 채워진 것을 알 수 있다. 추정된 결측값들은 표준화된 값이므로, 이를 원래 데이터의 범위에 맞게 변환해야 한다.

```
>>> # (3) 표준화 이전으로 변환
>>>
>>> df_filled = scaler.inverse_transform(df_scaled)
>>> df_filled[0:5, :]
array([[5.1 , 3.5 , 1.46, 0.32],
       [4.9 , 3.  , 1.5 , 0.2 ],
       [4.7 , 3.2 , 1.3 , 0.2 ],
       [4.6 , 3.1 , 1.5 , 0.2 ],
       [5.  , 3.6 , 1.4 , 0.2 ]])
```

df_scaled에 있는 각 변수의 표준화된 값을 원래의 범위로 되돌리기 위해 inverse_transform() 메서드를 사용하여 df_filled를 생성했다. df_filled를 확인해 보면 각 변수의 값이 원래의 범위로 환원된 것을 확인할 수 있다. 0에서 1 사이의 값으로 채워졌던 결측값도 원래 데이터의 범위에 맞춰 변환되었다.

```
>>> df_miss.iloc[:, :4] = df_filled                # 추정값 → 결측값
```

추정값이 포함된 df_filled를 df_miss에 저장하여 df_miss의 결측값을 제거하였다.

```
>>> # 추정값의 정확도 확인
>>>
>>> df_miss.head(4)
   Sepal_Length  Sepal_Width  Petal_Length  Petal_Width  Species
0           5.1          3.5          1.46         0.32   setosa
1           4.9          3.0          1.50         0.20   setosa
2           4.7          3.2          1.30         0.20   setosa
3           4.6          3.1          1.50         0.20   setosa
>>> df_org.head(4)
   Sepal_Length  Sepal_Width  Petal_Length  Petal_Width  Species
0           5.1          3.5           1.4          0.2   setosa
1           4.9          3.0           1.4          0.2   setosa
2           4.7          3.2           1.3          0.2   setosa
3           4.6          3.1           1.5          0.2   setosa
```

추정된 값(df_miss의 붉은색 글씨)과 원래 값(df_org의 붉은색 글씨)을 비교해 보았다. 약간씩 차이가 나는 것을 볼 수 있다. 이렇게 추정값은 어쩔 수 없이 오차를 포함한다.

이처럼 결측값을 추정한 후에는 전체 데이터셋을 활용하여 분석을 진행할 수 있다. 추정된 값을 사용하면 분석 결과의 신뢰도가 다소 낮아질 수 있으나, 결측값이 있는 상태로 아무 분석도 못 하는 것보다는 낫다. 또한 결측값을 추정할 때 사용할 수 있는 데이터(데이터프레임에서 결측값을 포함하지 않은 행)가 충분히 많아야 추정의 정확도도 높아진다는 점을 기억하자.

03 특잇값

1 특잇값의 개념

특잇값outlier은 정상적이라고 생각되는 데이터의 분포 범위 밖에 위치하는 값들로, '이상치'라고도 한다. 특잇값은 입력 오류에 의해 발생하기도 하고, 실제로 특이한 값일 수도 있다. 예를 들면 일반인의 몸무게 자료에 씨름 선수의 몸무게가 합쳐진 경우처럼 말이다. 이러한 특잇값의 성질은 제조 공정에서 불량인 제품을 선별하거나 은행 거래 시스템에서 사기 거래를 탐지할 때 사용하기도 한다.

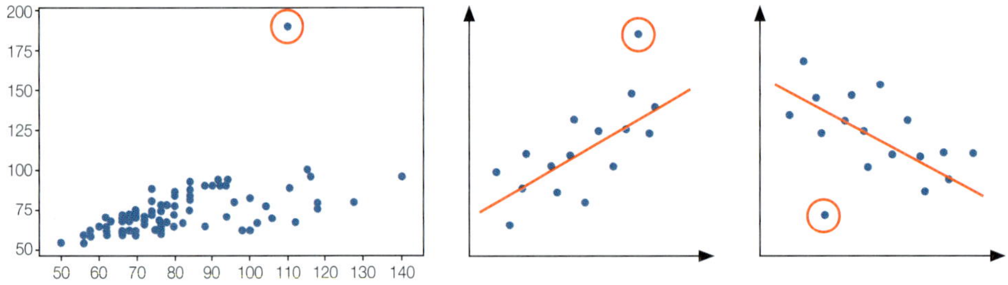

그림 7-4 특잇값의 사례 © Minitap와 Laerd Statistics

데이터 분석에서는 특잇값을 포함한 채 평균 등을 계산하면 전체 데이터의 양상을 파악하는 데 왜곡이 생길 수 있다. 따라서 데이터를 분석할 때 특잇값을 제외하는 경우가 많다.

데이터셋에 특잇값이 포함되어 있는지를 다음과 같은 기준을 통해 찾을 수 있다.

- 논리적으로 있을 수 없는 값이 있는지 찾아본다.
  - 예 좋아하는 색을 1~5로 표시하기로 했는데 7이 존재함/몸무게에 마이너스 값이 있음
- 상식을 벗어난 값이 있는지 찾아본다.
  - 예 나이가 120세 이상인 사람
- 통계적 기법을 이용하여 찾아본다.
  - 예 `Z-score`, 사분범위(`IQR`) 등을 이용함

앞의 기준에서 첫 번째와 두 번째의 경우, 해당 값을 찾아줄 특별한 방법이 없으므로 분석자가 각 컬럼의 특성을 이해한 후 특잇값이 포함되어 있는지를 직접 탐색해야 한다.

2 특잇값 추출 및 제거

통계적 기법 중 하나인 Z-score는 데이터 값들이 평균으로부터 표준편차에 비해 얼마나 떨어져 있는지를 나타내는 지수다. 예를 들어 어떤 값의 Z-score가 1이라면, 해당 값이 평균보다 표준편차만큼 크다는 의미다. Z-score가 2라면 평균보다 표준편차의 두 배만큼 크다는 의미이고 −1이면 평균보다 표준편차만큼 작다는 뜻이다. 일반적으로 Z-score의 절댓값이 2 이상일 때 그 값을 이상치로 판단한다.

사분범위(IQR)는 사분위수를 이용하여 특잇값을 식별하는 방법이다. 사분범위는 Q3에서 Q1을 뺀 값(Q3−Q1)로 계산되며, 데이터의 중앙 50%가 포함된 구간을 의미한다. 이 구간에서 멀어질수록 특잇값일 가능성도 커진다. 통계적으로 Q1과 Q3에서 각각 IQR의 1.5배 이상 떨어진 값을 특잇값으로 판단한다. [그림 7−5]는 IQR을 활용한 상한 및 하한을 넘어서는 값들이 특잇값임을 보여준다.

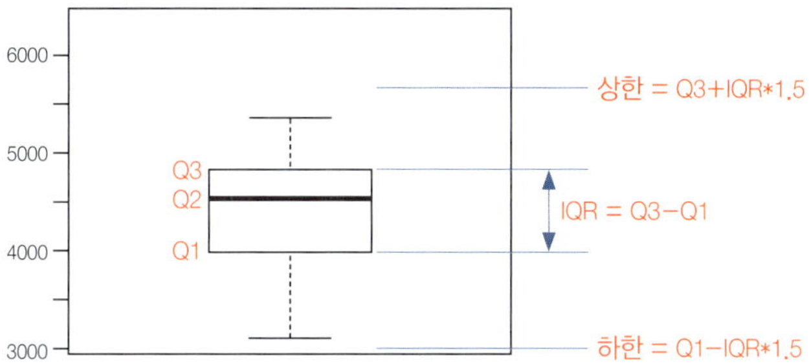

그림 7-5 사분범위(IQR)를 이용한 특잇값 판단

이제 [코드 7−4]를 통해 Z-score와 IQR을 이용하여 특잇값을 찾아 제거하는 방법을 알아보자.

코드 7-4 code7_4.py

```
import pandas as pd
import numpy as np
from scipy import stats
```

```
df = pd.read_csv('d:/data/iris.csv')
sw = df.Sepal_Width

# Z-score 이용
z = np.abs(stats.zscore(sw))
outliers = sw[z > 2]
print(outliers)

# IQR 이용
Q1 = sw.quantile(0.25)
Q3 = sw.quantile(0.75)
IQR = Q3 - Q1

outliers = sw[(sw < Q1 - IQR*1.5) | (sw > Q3 + IQR*1.5)]
print(outliers)

# 특잇값 제거
clean = sw.loc[~sw.isin(outliers)]
len(clean)
```

[코드 7-4]의 실행 결과를 나누어 설명하면 다음과 같다.

```
>>> import pandas as pd
>>> import numpy as np
>>> from scipy import stats
>>> df = pd.read_csv('d:/data/iris.csv')
>>> sw = df.Sepal_Width
```

필요한 라이브러리를 불러온 후, 특잇값 분석에 사용할 데이터를 준비하였다. iris 데이터셋의 Sepal_Width를 sw에 저장하여 특잇값 포함 여부를 분석한다.

```
>>> # Z-score 이용
>>>
>>> z = np.abs(stats.zscore(sw))
```

sw에 대해 Z-score의 절댓값을 계산하였다.

```
>>> outliers = sw[z > 2]
>>> print(outliers)
14      4.0
15      4.4
32      4.1
33      4.2
60      2.0
Name: Sepal_Width, dtype: float64
```

계산된 Z-score를 이용해 특잇값을 도출하여 출력했다. 총 5개의 특잇값이 식별되었다. 여기서 특잇값의 기준은 Z-score의 절댓값 2다. 즉 2 이상이면 특잇값으로 간주한다. 기준이 되는 2를 임곗값threshold이라고 하는데, 임곗값이 커지면 특잇값의 개수가 줄어들고 임곗값이 작아지면 특잇값의 개수가 늘어난다.

```
>>> # IQR 이용
>>>
>>> Q1 = sw.quantile(0.25)
>>> Q3 = sw.quantile(0.75)
>>> IQR = Q3 - Q1
>>> outliers = sw[(sw < Q1 - IQR*1.5) | (sw > Q3 + IQR*1.5)]
>>> print(outliers)
15      4.4
32      4.1
33      4.2
60      2.0
Name: Sepal_Width, dtype: float64
```

이번에는 IQR을 이용하여 특잇값을 도출했다. 총 4개의 특잇값이 식별되었다.

```
>>> # 특잇값 제거
>>>
>>> clean = sw.loc[~sw.isin(outliers)]
>>> len(clean)
146
```

특잇값을 제거하는 방법은 간단하다. sw에 있는 값들 중 특잇값 outliers에 포함되지 않는 값들만 추출하면 된다. 특잇값을 제거한 clean에 들어 있는 값의 개수는 146개로, 4개의 특잇값이 제거되었다.

특잇값을 확인하고 데이터에서 제거하는 방법을 살펴보았다. Z-score와 IQR을 이용한 결과가 서로 다른 이유는 특잇값을 판단하는 방식과 임곗값을 설정하는 방식이 다르기 때문이다. 어떤 값을 특잇값으로 정의할지는 사용자의 판단에 따라 달라질 수 있다.

04 정렬과 순위

1 정렬

정렬sort은 데이터를 주어진 기준에 따라 크기순으로 재배열하는 과정으로, 데이터 분석 과정에서 빈번하게 수행하는 작업 중 하나다. 여기서는 데이터프레임을 기준으로 정렬 방법을 알아본다. 데이터프레임의 정렬은 특정 컬럼의 값을 기준으로 행들의 순서를 바꾸는 작업으로, sort_values() 메서드를 이용하여 수행한다.

코드 7-5 code7_5.py

```
import pandas as pd

df = pd.read_csv('d:/data/iris.csv')

# 데이터프레임의 정렬
# 오름차순 정렬
df_sorted = df.sort_values('Sepal_Length')
df_sorted.head(10)

# 내림차순 정렬
df_sorted = df.sort_values('Sepal_Length', ascending=False)
df_sorted.head(10)

# 여러 개의 기준 컬럼 적용
df_sorted = df.sort_values(['Species', 'Sepal_Width'])
df_sorted.head(10)
```

[코드 7-5]의 실행 결과를 나누어 설명하면 다음과 같다.

```
>>> import pandas as pd
>>> df = pd.read_csv('d:/data/iris.csv')
```

필요한 라이브러리를 불러오고 iris 데이터셋을 df에 저장하였다.

```
>>> # 데이터프레임 정렬
>>> # 오름차순 정렬
>>>
>>> df_sorted = df.sort_values('Sepal_Length')
>>> df_sorted.head(10)
    Sepal_Length  Sepal_Width  Petal_Length  Petal_Width   Species
13           4.3          3.0           1.1          0.1    setosa
42           4.4          3.2           1.3          0.2    setosa
38           4.4          3.0           1.3          0.2    setosa
8            4.4          2.9           1.4          0.2    setosa
41           4.5          2.3           1.3          0.3    setosa
22           4.6          3.6           1.0          0.2    setosa
3            4.6          3.1           1.5          0.2    setosa
6            4.6          3.4           1.4          0.3    setosa
47           4.6          3.2           1.4          0.2    setosa
2            4.7          3.2           1.3          0.2    setosa
```

sort_values() 메서드에 정렬 기준이 되는 컬럼을 매개변수 값으로 입력하면 데이터프레임 df 의 행들이 오름차순으로 정렬된다. 정렬된 결과에서 Sepal_Length 컬럼의 값을 보면 오름차순으로 정렬된 것을 볼 수 있다. 이때 각 행의 레이블 인덱스는 원래 데이터프레임에서의 행 번호를 유지한다. df_sorted의 첫 번째 행은 df의 13번(인덱스 기준) 행이었음을 알 수 있다.

```
>>> # 내림차순 정렬
>>>
>>> df_sorted = df.sort_values('Sepal_Length', ascending=False)
>>> df_sorted.head(10)
     Sepal_Length  Sepal_Width  Petal_Length  Petal_Width    Species
131           7.9          3.8           6.4          2.0  virginica
135           7.7          3.0           6.1          2.3  virginica
```

```
122          7.7          2.8          6.7          2.0  virginica
117          7.7          3.8          6.7          2.2  virginica
118          7.7          2.6          6.9          2.3  virginica
105          7.6          3.0          6.6          2.1  virginica
130          7.4          2.8          6.1          1.9  virginica
107          7.3          2.9          6.3          1.8  virginica
125          7.2          3.2          6.0          1.8  virginica
109          7.2          3.6          6.1          2.5  virginica
```

정렬은 기본적으로 오름차순으로 실행되므로 내림차순으로 정렬하려면 sort_values() 메서드의 매개변수인 ascending의 값을 False로 설정한다. 정렬된 결과에서 Sepal_Length 컬럼의 값을 보면 내림차순으로 정렬된 것을 볼 수 있다.

```
>>> # 여러 개의 기준 컬럼 적용
>>>
>>> df_sorted = df.sort_values(['Species','Sepal_Width'])
>>> df_sorted.head(10)
    Sepal_Length  Sepal_Width  Petal_Length  Petal_Width    Species
41           4.5          2.3           1.3          0.3     setosa
8            4.4          2.9           1.4          0.2     setosa
1            4.9          3.0           1.4          0.2     setosa
12           4.8          3.0           1.4          0.1     setosa
13           4.3          3.0           1.1          0.1     setosa
25           5.0          3.0           1.6          0.2     setosa
38           4.4          3.0           1.3          0.2     setosa
45           4.8          3.0           1.4          0.3     setosa
3            4.6          3.1           1.5          0.2     setosa
9            4.9          3.1           1.5          0.1     setosa
```

정렬할 때 기준 컬럼이 반드시 하나일 필요는 없다. 위 예에서는 기준 컬럼을 Species, Sepal_Width의 2개로 설정하였다. 이렇게 설정하면 1차로 Species 컬럼을 기준으로 하여 행들을 오름차순으로 정렬한다. 만일 Species 컬럼에서 값이 동일한 행들이 있으면 그 행들은 2차로 Sepal_Width 컬럼의 값을 기준으로 하여 오름차순 정렬한다. 정렬된 결과를 보면 Species 컬럼의 값이 setosa인 행들이 보인다. 이 행들은 Sepal_Width 컬럼의 값을 기준으로 하여 오름차순으로 재정렬되었다.

2 순위

순위ranking는 데이터프레임을 기준 컬럼에 의해 정렬한다고 가정했을 때 특정 행이 전체에서 몇 번째에 위치하는가를 의미한다. 순위에는 오름차순 기준 순위와 내림차순 기준 순위가 있다. 간단한 1차원 데이터에 대해 오름차순 순위를 표현해 보면 [그림 7-6]과 같다. **순위는 0이 아닌 1부터 시작**한다.

데이터	85	70	75	60	50
순위	5	3	4	2	1

그림 7-6 순위의 의미(오름차순 기준)

iris 데이터셋에 대해 순위를 확인해 보자.

코드 7-6 code7_6.py

```
import pandas as pd

df = pd.read_csv('d:/data/iris.csv')

# 순위
df['Petal_Length'].rank().astype(int)                     # 오름차순 순위
df['Petal_Length'].rank(ascending = False).astype(int)    # 내림차순 순위
```

[코드 7-6]의 실행 결과를 나누어 설명하면 다음과 같다.

```
>>> import pandas as pd
>>> df = pd.read_csv('d:/data/iris.csv')
```

필요한 라이브러리를 불러오고 iris 데이터셋을 df에 저장하였다.

```
>>> # 순위
>>>
>>> df['Petal_Length'].rank().astype(int)                 # 오름차순 순위
```

```
0         18
1         18
2          8
3         31
4         18
          ...
145      117
146      106
147      117
148      121
149      112
Name: Petal_Length, Length: 150, dtype: int32
```

순위를 구하는 메서드는 rank()다. 여기에 astype(int)가 붙은 이유는 rank()의 결과가 실수로 표현되므로 이것을 정수로 바꾸기 위함이다. 결과를 보면 첫 번째 행의 값이 18인데 이는 Petal_Length 컬럼의 첫 번째 행의 값이 전체에서 18번째에 위치함을 의미한다. 첫 번째 행의 순위 값(18)과 두 번째 행의 순위 값(18)이 같은데, 이는 값이 같으면 순위도 같기 때문이다.

```
>>> df['Petal_Length'].rank(ascending = False).astype(int)   # 내림차순 순위
0        133
1        133
2        143
3        120
4        133
          ...
145       33
146       44
147       33
148       29
149       38
Name: Petal_Length, Length: 150, dtype: int32
```

순위는 오름차순 정렬을 기준으로 평가하는 것이 기본이지만 내림차순 정렬을 기준으로 순위를 평가할 수도 있다. 이 경우에는 rank() 메서드 안에 ascending = False를 설정한다.

05 데이터 샘플링과 조합

1 데이터 샘플링

샘플링 sampling은 주어진 값들이 있을 때 그중에서 임의 개수의 값들을 추출하는 작업을 의미하는 통계 용어다. 1부터 10까지 적힌 10개의 쪽지가 추첨함 안에 있고 4개의 쪽지를 임의로 추출한다고 하자. 이때 한 번 추출한 쪽지는 다시 추첨함에 넣지 않고 추출하는 방식을 **비복원추출**이라고 하고, 추출한 쪽지의 내용을 확인한 다음 다시 추첨함에 넣고 새로운 쪽지를 추출하는 방식을 **복원추출**이라고 한다. 데이터 분석에서는 주로 비복원추출 방식을 이용한다.

샘플링 기법에는 크게 두 가지가 있다. 첫째는 **임의 샘플링** random sampling으로, 이는 n개의 원소로 구성된 집합에서 r개의 원소를 임의로 추출하는 기법이다. 둘째는 **층화 샘플링** stratified sampling으로, 데이터가 여러 그룹으로 구성된 경우 각 그룹에서 골고루 원소를 추출하는 기법이다.

데이터셋의 크기가 너무 크면 분석하는 데 너무 많은 시간이 걸린다. 이럴 때 샘플링이 필요하다. 즉 일부 데이터만 추출하여 대략의 결과를 미리 확인하고자 할 때 샘플링을 사용한다.

2 데이터 조합

조합 combination은 어떤 집합에 대해 중복이 없고 순서와 상관없이 r개의 원소를 선택하는 모든 경우의 수를 구하는 것을 의미한다. 예를 들어 알파벳 a, b, c의 3개 중 2개의 원소를 선택할 경우에 가능한 조합은 ab, ac, bc로 세 가지다.

[코드 7-7]을 통해 샘플링하는 방법과 조합을 구하는 방법을 살펴보자.

코드 7-7 code7_7.py

```
import pandas as pd
import itertools

df = pd.read_csv('d:/data/iris.csv')

# 임의 샘플링
df20 = df.sample(n=20, random_state=123)
df20

# 층화 샘플링
stratified = df.groupby('Species').apply(
    lambda x: x.sample(frac=0.2, random_state=123)
)
stratified

# 조합
species = df.Species.unique()

comb = list(itertools.combinations(species, 2))
comb
```

[코드 7-7]의 실행 결과를 나누어 설명하면 다음과 같다.

```
>>> import pandas as pd
>>> import itertools
>>> df = pd.read_csv('d:/data/iris.csv')
```

필요한 라이브러리를 불러오고 iris 데이터셋을 df에 저장하였다. itertools 라이브러리는 조합을 생성하는 데 사용된다.

```
>>> # 임의 샘플링
>>>
>>> df20 = df.sample(n=20, random_state=123)
>>> df20
     Sepal_Length  Sepal_Width  Petal_Length  Petal_Width     Species
72            6.3          2.5           4.9          1.5  versicolor
112           6.8          3.0           5.5          2.1   virginica
132           6.4          2.8           5.6          2.2   virginica
88            5.6          3.0           4.1          1.3  versicolor
37            4.9          3.6           1.4          0.1      setosa
138           6.0          3.0           4.8          1.8   virginica
(중략)
135           7.7          3.0           6.1          2.3   virginica
104           6.5          3.0           5.8          2.2   virginica
36            5.5          3.5           1.3          0.2      setosa
13            4.3          3.0           1.1          0.1      setosa
63            6.1          2.9           4.7          1.4  versicolor
45            4.8          3.0           1.4          0.3      setosa
```

데이터프레임의 sample() 메서드는 임의 샘플링 기능을 제공한다. 실행 결과 20개의 행이 추출되었다. sample() 메서드에 사용되는 매개변수의 의미는 [표 7-1]과 같다.

표 7-1 sample() 메서드의 주요 매개변수

매개변수	설명
n	추출할 행의 개수를 지정한다.
frac	전체에서 몇 %의 행을 추출할지를 지정한다. 예를 들어 0.2는 20%를 의미한다.
random_state	임의 추출의 결과를 일정하게 고정한다.

임의 샘플링은 글자 그대로 임의로 추출하기 때문에 추출할 때마다 다른 결과를 생성한다. 따라서 추출된 표본을 기반으로 어떤 분석 결과를 제시했을 때, 추후 동일한 결과를 재현하기가 어렵다. 그래서 임의로 샘플링하더라도 결과를 일정하게 유지하기 위해 random_state를 설정한다. 동일한 random_state 값을 지정하면 매번 동일한 샘플링 결과를 얻을 수 있다.

```
>>> # 층화 샘플링
>>>
>>> stratified = df.groupby('Species').apply(
...     lambda x: x.sample(frac=0.2, random_state=123)
...     )
>>>
>>> stratified
               Sepal_Length  Sepal_Width  Petal_Length  Petal_Width  Species
Species
setosa     10           5.4          3.7           1.5          0.2  setosa
           13           4.3          3.0           1.1          0.1  setosa
           30           4.8          3.1           1.6          0.2  setosa
           46           5.1          3.8           1.6          0.2  setosa
           (생략)
versicolor 60           5.0          2.0           3.5          1.0  versicolor
           63           6.1          2.9           4.7          1.4  versicolor
           80           5.5          2.4           3.8          1.1  versicolor
           96           5.7          2.9           4.2          1.3  versicolor
           (생략)
virginica  110          6.5          3.2           5.1          2.0  virginica
           113          5.7          2.5           5.0          2.0  virginica
           130          7.4          2.8           6.1          1.9  virginica
           146          6.3          2.5           5.0          1.9  virginica
           (생략)
```

위 코드는 iris 데이터셋의 품종(Species)을 기준으로 각 그룹에서 20%씩 샘플링한 예다. 이렇게 그룹별로 일정 비율을 샘플링하는 기법을 층화 샘플링이라고 한다. 코드를 살펴보면, 먼저 품종에 따라 데이터를 그룹화한 후, 그룹별로 람다lamda 함수를 적용하였다. 이 람다 함수의 내용이 임의 샘플링이다.

이제 조합을 생성하는 코드를 살펴보자.

```
>>> # 조합
>>> species = df.Species.unique()
```

먼저 iris 데이터셋에서 품종 정보를 추출하여 species에 저장한다. species에는 'setosa', 'versicolor', 'virginica' 이렇게 3개의 값이 저장된다.

```
>>> comb = list(itertools.combinations(species, 2))
```

itertools 라이브러리의 combinations() 메서드를 이용하여 3개의 품종에 대해 2개씩 짝지은 조합을 생성하여 comb에 저장한다.

```
>>> comb
[('setosa', 'versicolor'), ('setosa', 'virginica'), ('versicolor', 'virginica')]
>>>
```

comb의 내용을 출력하면 3개의 조합이 생성된 것을 알 수 있다.

06 데이터 집계와 병합

1 데이터 집계

데이터프레임과 같은 2차원 데이터는 데이터 그룹을 대상으로 합계나 평균을 계산해야 할 일이 많다. 이와 같은 작업을 **집계**aggregation라고 하며, 판다스의 groupby() 메서드를 사용하여 이 작업을 구현할 수 있다. 실습을 통해 다양한 집계 문제를 해결해 보자.

iris 데이터셋에서 각 변수의 품종별 평균 및 표준편차 출력하기

[코드 7-8]은 groupby() 메서드를 이용하여 iris 데이터셋에서 품종별로 꽃잎과 꽃받침의 폭·길이의 평균, 표준편차를 출력하는 코드다.

코드 7-8 ode7_8.py

```
import pandas as pd
df = pd.read_csv('d:/data/iris.csv')

df_agg = df.groupby('Species').mean()                     # 평균
df_agg

df_agg = df.groupby('Species').std()                      # 표준편차
df_agg
```

[코드 7-8]의 실행 결과를 나누어 설명하면 다음과 같다.

```
>>> import pandas as pd
>>> df = pd.read_csv('d:/data/iris.csv')
```

필요한 라이브러리를 불러오고 iris 데이터셋을 df에 저장하였다.

```
>>> df_agg = df.groupby('Species').mean()                 # 평균
>>> df_agg
```

```
            Sepal_Length  Sepal_Width  Petal_Length  Petal_Width
Species
setosa             5.006        3.428         1.462        0.246
versicolor         5.936        2.770         4.260        1.326
virginica          6.588        2.974         5.552        2.026
```

각 행을 품종(Species)을 기준으로 그룹핑한 후, 각 그룹에 평균(means())을 적용하였다. 결과를 보면 왼쪽에 집계 기준이 되는 품종이 표시되고, 그에 따라 각 컬럼의 품종별 평균값이 표시된다.

```
>>> df_agg = df.groupby('Species').std()                    # 표준편차
>>> df_agg
            Sepal_Length  Sepal_Width  Petal_Length  Petal_Width
Species
setosa          0.352490     0.379064      0.173664     0.105386
versicolor      0.516171     0.313798      0.469911     0.197753
virginica       0.635880     0.322497      0.551895     0.274650
```

동일한 방법으로 그룹핑한 결과에 표준편차(std()) 메서드를 적용하였다.

mtcars 데이터셋에서 각 변수의 최댓값 출력하기

[코드 7-9]는 groupby() 메서드를 이용하여 mtcars 데이터셋에서 cyl과 vs를 기준으로 다른 컬럼들의 최댓값을 출력하는 코드다.

코드 7-9 code7_9.py

```
import pandas as pd
df = pd.read_csv('d:/data/mtcars.csv')

df_agg = df.groupby(['cyl','vs']).max()
df_agg
```

실행 결과

```
>>> import pandas as pd
>>> df = pd.read_csv('d:/data/mtcars.csv')
```

```
>>> df_agg = df.groupby(['cyl','vs']).max()
>>> df_agg
                   model   mpg  disp   hp  drat     wt   qsec  am gear carb
cyl vs
4   0      Porsche 914-2  26.0 120.3   91  4.43  2.140  16.70   1    5    2
    1        Volvo 142E  33.9 146.7  113  4.93  3.190  22.90   1    5    2
6   0      Mazda RX4 Wag  21.0 160.0  175  3.90  2.875  17.02   1    5    6
    1           Valiant  21.4 258.0  123  3.92  3.460  20.22   0    4    4
8   0   Pontiac Firebird  19.2 472.0  335  4.22  5.424  18.00   1    5    8
```

[코드 7-9]에서 주목할 부분은 그룹핑 기준이 1개가 아닌 2개 이상일 때의 처리 방법이다. 그룹핑의 기준이 되는 컬럼 목록을 리스트로 묶어서 groupby()에 입력하면, 왼쪽에 그룹핑의 기준인 cyl과 vs의 값이 표시되고 이에 따라 각 그룹의 최댓값(max())이 컬럼별로 나타난다.

판다스에서는 기준 컬럼을 중심으로 데이터를 집계하는 작업을 매우 간단히 해결할 수 있다. [코드 7-9]의 내용만 기억하고 있으면 어떤 종류의 집계 작업도 손쉽게 해결된다.

2 데이터 병합

데이터를 분석하기 위해 자료를 모으다 보면 연관된 정보가 여러 파일에 흩어져 있는 경우가 있다. 이렇게 흩어진 데이터를 하나로 모으는 작업을 **병합**merge이라고 한다. 데이터 병합에는 행/열 방향 병합과 공통 컬럼에 의한 병합이 있다.

행 방향 병합과 열 방향 병합

판다스에서 행 방향 병합과 열 방향 병합은 단순히 2개의 데이터프레임을 물리적으로 합쳐 하나로 만드는 작업을 의미하며, pd.concat() 클래스 메서드를 이용한다.

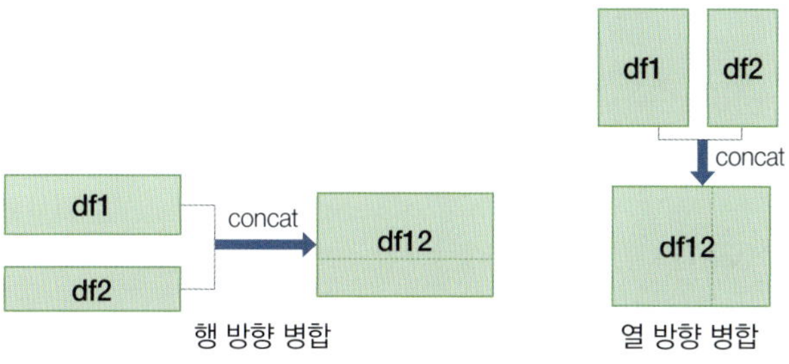

그림 7-7 행 방향 병합과 열 방향 병합

[코드 7-10]을 통해 행 방향 병합과 열 방향 병합을 실제 데이터프레임을 이용해 어떻게 구현하는지 살펴보자.

코드 7-10 code7_10.py

```
import pandas as pd

df1 = pd.DataFrame([[169, 58, 1.0],
                    [172, 73, 1.2],
                    [184, 82, 0.7]],
                  columns = ['height', 'weight', 'eye'])
df2 = pd.DataFrame([[176, 71, 0.8, 'M'],
                    [169, 62, 0.7, 'F'],
                    [158, 60, 1.3, 'M']],
                  columns = ['height', 'weight', 'eye', 'gender'])
df3 = pd.DataFrame([[3, 22],
                    [2, 21]],
                  columns = ['grade', 'age'])

df1
df2
df3

df12 = pd.concat([df1, df2])           # 행 방향 병합
df12
df12 = df12.reset_index(drop=True)
df12
df13 = pd.concat([df1, df3], axis=1)   # 열 방향 병합
df13
```

[코드 7-10]의 실행 결과를 나누어 설명하면 다음과 같다.

```
>>> import pandas as pd
>>> df1 = pd.DataFrame([[169, 58, 1.0],
...                     [172, 73, 1.2],
...                     [184, 82, 0.7]],
...                    columns = ['height', 'weight', 'eye'])
>>>
>>> df2 = pd.DataFrame([[176, 71, 0.8, 'M'],
...                     [169, 62, 0.7, 'F'],
...                     [158, 60, 1.3, 'M']],
...                    columns = ['height', 'weight', 'eye', 'gender'])
>>>
>>> df3 = pd.DataFrame([[3, 22],
...                     [2, 21]],
...                    columns = ['grade', 'age'])
```

데이터프레임 병합 실습을 위해 3개의 데이터프레임(df1, df2, df3)을 생성하였다.

```
>>> df1
   height  weight  eye
0     169      58  1.0
1     172      73  1.2
2     184      82  0.7
>>> df2
   height  weight  eye  gender
0     176      71  0.8       M
1     169      62  0.7       F
2     158      60  1.3       M
>>> df3
    grade  age
0       3   22
1       2   21
```

3개의 데이터프레임의 내용을 출력한 결과, 각 데이터프레임은 컬럼의 개수와 행의 개수가 서로 다름을 알 수 있다.

```
>>> df12 = pd.concat([df1, df2])          # 행 방향 병합
>>> df12
   height  weight  eye   gender
0     169      58  1.0      NaN
1     172      73  1.2      NaN
2     184      82  0.7      NaN
0     176      71  0.8        M
1     169      62  0.7        F
2     158      60  1.3        M
```

데이터프레임 df1과 df2를 행 방향으로 병합한 결과다. 두 데이터프레임의 행들이 합쳐져 새로운 데이터프레임 df12가 생성되었다. df1에는 gender 컬럼이 없기 때문에 gender 컬럼의 값은 결측값인 NaN으로 표시되었다. 행 방향 병합은 일반적으로 두 데이터프레임의 형태가 같을 때, 즉 **컬럼의 수·이름·순서·자료형 등이 같을 때 사용**한다. 물론 형태가 달라도 병합되지만, 그 결과가 현실적인 의미를 가지기 어려울 수 있다.

병합된 데이터프레임의 인덱스를 보면, 병합 전 데이터프레임의 번호가 그대로 유지되고 있다. 이 때문에 인덱스가 중복되거나 불규칙할 수 있으므로, 이를 초기화하는 작업이 필요하다.

```
>>> df12 = df12.reset_index(drop=True)
>>> df12
   height  weight  eye   gender
0     169      58  1.0      NaN
1     172      73  1.2      NaN
2     184      82  0.7      NaN
3     176      71  0.8        M
4     169      62  0.7        F
5     158      60  1.3        M
```

인덱스 번호를 초기화한 결과다.

```
>>> df13 = pd.concat([df1, df3], axis=1)    # 열 방향 병합
>>> df13
   height  weight  eye  grade   age
0     169      58  1.0    3.0  22.0
1     172      73  1.2    2.0  21.0
2     184      82  0.7    NaN   NaN
```

df1과 df3을 열 방향으로 병합한 결과다. 일반적으로 열 방향 병합은 행의 개수가 같은 두 데이터프레임에 대해 수행한다. concat()의 매개변수에서 axis=1은 열 방향 병합을 지시한다. 반면 axis=0은 행 방향 병합을 의미하며, 기본값이 0이므로 행 방향 병합 시에는 생략이 가능하다.

공통 컬럼에 의한 병합

공통 컬럼에 의한 병합은 SQL의 조인join 연산과 동일한 개념이다. 학생의 성적 정보는 A 파일에, 주소 및 연락처는 B 파일에 저장되어 있다고 가정해 보자. 그리고 학생 정보를 분석하기 위해 학번을 기준으로 두 파일을 병합할 필요가 있다고 하자. 판다스에서는 이러한 병합 작업을 하는 데 merge() 또는 join() 메서드를 사용할 수 있다. 두 메서드의 사용 방법은 유사하다. 이 책에서는 merge()를 중심으로 학습해 보자. merge() 메서드의 주요 매개변수는 [표 7-2]와 같다.

표 7-2 merge() 메서드의 주요 매개변수

매개변수	설명
right	병합 대상이 되는 데이터프레임을 지정한다.
how	병합 방법을 설정한다. 기본값은 'inner'이며, 'left', 'right', 'outer', 'inner', 'cross' 등의 값을 사용할 수 있다.
on	병합을 위한 공통 컬럼을 지정한다. 기본값은 None이며, 이 경우 이름이 동일한 컬럼들이 자동으로 공통 컬럼으로 간주된다.

[표 7-2]에서 볼 수 있듯이 매개변수를 통해 병합하는 방법이 다양하다. 이때 각 병합 결과는 지정한 값에 따라 달라지므로 이 개념을 이해하는 것이 중요하다. [그림 7-8]에 있는 2개의 데이터프레임에 대해 각각의 병합 방법을 설정하고 그 결과를 [그림 7-9]에 나타내었다. 'cross'는 거의 사용되지 않으므로 이 방법에 대한 설명은 생략한다.

df1

name	kor
a	90
b	80
c	40

df2

name	math
a	75
b	60
d	90

그림 7-8 병합이 필요한 2개의 데이터프레임

<table>
<tr><th>병합 방법</th><th>설명</th><th>병합 결과</th></tr>
<tr><td>'inner'</td><td>두 데이터프레임의 공통 컬럼의 값이 일치하는 행끼리 연결하여 병합한다.</td><td>df12<table><tr><th>name</th><th>kor</th><th>math</th></tr><tr><td>a</td><td>90</td><td>75</td></tr><tr><td>b</td><td>80</td><td>60</td></tr></table></td></tr>
<tr><td>'left'</td><td>왼쪽에 있는 데이터프레임을 기준으로 공통 컬럼의 값이 일치하는 행끼리 연결하여 병합한다.</td><td>df12<table><tr><th>name</th><th>kor</th><th>math</th></tr><tr><td>a</td><td>90</td><td>75</td></tr><tr><td>b</td><td>80</td><td>60</td></tr><tr><td>c</td><td>40</td><td>NaN</td></tr></table></td></tr>
<tr><td>'right'</td><td>오른쪽 데이터프레임을 기준으로 공통 컬럼의 값이 일치하는 행끼리 연결하여 병합한다.</td><td>df12<table><tr><th>name</th><th>kor</th><th>math</th></tr><tr><td>a</td><td>90</td><td>75</td></tr><tr><td>b</td><td>80</td><td>60</td></tr><tr><td>d</td><td>NaN</td><td>90</td></tr></table></td></tr>
<tr><td>'outer'</td><td>'left'의 결과와 'right'의 결과를 합친 합집합 방식으로 병합한다.</td><td>df12<table><tr><th>name</th><th>kor</th><th>math</th></tr><tr><td>a</td><td>90</td><td>75</td></tr><tr><td>b</td><td>80</td><td>60</td></tr><tr><td>c</td><td>40</td><td>NaN</td></tr><tr><td>d</td><td>NaN</td><td>90</td></tr></table></td></tr>
</table>

그림 7-9 병합 방법에 따른 병합 결과

이제 [코드 7-11]을 통해 각 병합 방법을 실제 코드로 어떻게 구현하는지 살펴보자.

코드 7-11 code7_11.py

```
import pandas as pd

df1 = pd.DataFrame([['a', 90], ['b', 80], ['c', 40]],
                   columns = ['name', 'kor'])
df2 = pd.DataFrame([['a', 75], ['b', 60], ['d', 90]],
                   columns = ['name', 'math'])
df1
df2

df12 = df1.merge(df2, on='name')                # inner
df12

df12 = df1.merge(df2, how='left', on='name')    # left
df12

df12 = df1.merge(df2, how='right', on='name')   # right
df12

df12 = df1.merge(df2, how='outer', on='name')   # outer
df12
```

[코드 7-11]의 실행 결과를 나누어 설명하면 다음과 같다.

```
>>> import pandas as pd
>>> df1 = pd.DataFrame([['a', 90], ['b', 80], ['c', 40]],
...                    columns = ['name', 'kor'])
>>>
>>> df2 = pd.DataFrame([['a', 75], ['b', 60], ['d', 90]],
...                    columns = ['name', 'math'])
>>>
>>> df1
```

```
  name  kor
     a   90
1    b   80
2    c   40
>>> df2
  name math
0    a   75
1    b   60
2    d   90
```

필요한 라이브러리를 불러오고 실습에 필요한 데이터프레임 df1과 df2를 생성하였다.

```
>>> df12 = df1.merge(df2, on='name')                 # inner
>>> df12
  name  kor  math
0    a   90    75
1    b   80    60
```

공통 컬럼에 의한 병합 방법 중 가장 많이 사용되는 병합은 'inner' 병합으로, 이 방식이 기본값으로 설정되어 있다. 'inner' 병합은 두 데이터프레임에서 공통 컬럼의 값이 일치하는 행들만 연결하여 병합한다. df1과 df2의 공통 컬럼은 name이고, 이 컬럼의 값이 일치하는 행은 name이 a와 b인 경우다.

```
>>> df12 = df1.merge(df2, how='left', on='name')    # left
>>> df12
  name  kor  math
0    a   90  75.0
1    b   80  60.0
2    c   40   NaN
```

'left' 병합은 왼쪽에 있는 df1을 기준으로 이루어지기 때문에 먼저 df1의 행들이 모두 병합 결과에 포함된다. 그리고 공통 컬럼의 값이 일치하는 행들을 df2에서 찾아 병합 결과에 추가한다. df1에서 name이 c인 행은 df2에서 일치하는 행이 없기 때문에, 이 경우 df2의 math 컬럼의 값은 결측값(NaN)으로 입력된다.

```
>>> df12 = df1.merge(df2, how='right', on='name')   # right
>>> df12
  name   kor  math
0    a  90.0    75
1    b  80.0    60
2    d   NaN    90
```

'right' 병합은 오른쪽에 있는 df2를 기준으로 이루어진다. df2에 있던 정보는 모두 병합 결과에 포함된 것을 알 수 있다.

```
>>> df12 = df1.merge(df2, how='outer', on='name')   # outer
>>> df12
  name   kor  math
0    a  90.0  75.0
1    b  80.0  60.0
2    c  40.0   NaN
3    d   NaN  90.0
```

'outer' 병합은 두 데이터프레임의 정보를 최대한 병합 결과에 포함시키는 방향으로 처리된다. 'left'에 의한 병합과 'right'에 의한 병합의 합집합과 같다.

하나 더 알기 공통 컬럼 이름이 다를 경우의 병합 방법

df1과 df2의 공통 컬럼 이름이 다른 경우에는 어떻게 병합해야 할까? 예를 들어 df1의 공통 컬럼 이름이 name1이고, df2의 공통 컬럼 이름이 name2라면, 다음과 같이 lef_on과 right_on 매개변수를 사용하여 각각의 데이터프레임에서 병합할 칼럼을 지정해 주면 된다.

```
df1.merge(df2, left_on='name1', right_on='name2')
```

지금까지 merge() 메서드를 이용한 병합 방법을 살펴보았다. 앞서 언급했듯이 판다스에서는 병합 작업을 위해 join() 메서드도 제공한다. merge()가 공통 컬럼의 일치하는 값을 기반으로 병합하는 반면, join()은 행의 인덱스를 기준으로 병합한다는 점에서 차이가 있다.

07 피벗 테이블

피벗Pivot은 많은 양의 데이터에서 필요한 자료만 뽑아 새롭게 집계된 표를 작성해 주는 기능이다. 피벗은 본래 '회전 축'을 뜻하는데, 원본 데이터를 기반으로 보고자 하는 관점에 맞춰 x축과 y축을 설정하고, 이를 기준으로 원본 값들을 집계하여 표를 만들어준다. [그림 7-10]은 원본 데이터를 사용하여 작성한 피벗 테이블의 예다.

원본 데이터

날짜	거래처	상품	판매액
05.01	대한농산	사과	5000
05.01	우리사랑	사과	1000
05.01	우리사랑	배	3000
05.01	효림	딸기	4000
05.02	대한농산	배	3500
05.02	우리사랑	배	4000
05.02	효림	사과	3000
05.02	대한농산	딸기	2000

→

피벗 테이블1

	대한농산	우리사랑	효림
사과	5000	1000	3000
배	3500	7000	0
딸기	2000	0	4000

피벗 테이블2

	05.01	05.02
사과	5000	1000
배	3500	7000
딸기	2000	0

그림 7-10 원본 데이터와 피벗 테이블의 예

피벗 테이블은 원본 데이터를 어떤 관점에서 보고자 하는지에 따라 다양한 형태로 만들 수 있다. [그림 7-10]의 피벗 테이블1은 판매액 합계를 **상품과 거래처의 관점**에서 정리한 표이고, 피벗 테이블2는 판매액 합계를 **상품과 판매 일자의 관점**에서 정리한 표다. [코드 7-12]를 통해 판다스의 `pivot_table()` 메서드를 이용하는 방법을 살펴보자.

코드 7-12 code7_12.py

```
import seaborn as sns

# 피벗 테이블 작성
df = sns.load_dataset('tips')
```

```
df.head()

p1 = df.pivot_table(index = 'sex',          # 행 위치에 들어갈 컬럼
                    columns = 'day',        # 열 위치에 들어갈 컬럼
                    values = 'total_bill',  # 데이터로 사용할 컬럼
                    aggfunc = 'mean'        # 데이터 집계함수
                   )
p1.head()

p2 = df.pivot_table(index = 'sex',          # 행 위치에 들어갈 컬럼
                    columns = 'time',       # 열 위치에 들어갈 컬럼
                    values = 'total_bill',  # 데이터로 사용할 컬럼
                    aggfunc = 'mean'        # 데이터 집계함수
                   )
p2.head()

p3 = df.pivot_table(index = 'time',         # 행 위치에 들어갈 컬럼
                    columns = 'day',        # 열 위치에 들어갈 컬럼
                    values = 'tip',         # 데이터로 사용할 컬럼
                    aggfunc = 'max'         # 데이터 집계함수
                   )
p3.head()
```

[코드 7-12]의 실행 결과를 나누어 설명하면 다음과 같다.

```
>>> import seaborn as sns
>>> # 피벗 테이블 작성
>>>
>>> df = sns.load_dataset('tips')
>>> df.head()
   total_bill   tip     sex smoker  day    time  size
0       16.99  1.01  Female     No  Sun  Dinner     2
1       10.34  1.66    Male     No  Sun  Dinner     3
2       21.01  3.50    Male     No  Sun  Dinner     3
3       23.68  3.31    Male     No  Sun  Dinner     2
4       24.59  3.61  Female     No  Sun  Dinner     4
```

실습을 진행하기 위해 seabone 라이브러리가 제공하는 tips 데이터셋을 불러왔다. tips 데이터셋은 한 레스토랑의 매출 데이터를 담고 있으며, 총 지불 금액(total_bill), 팁 금액(tip), 고객의 성별(sex), 흡연 여부(smoker), 방문 요일(day), 방문 시간대(time), 일행의 수(size) 정보를 포함하고 있다. tips의 자료구조는 판다스 데이터프레임이다.

```
>>> p1 = df.pivot_table(index = 'sex',          # 행 위치에 들어갈 컬럼
...                     columns = 'day',        # 열 위치에 들어갈 컬럼
...                     values = 'total_bill',  # 데이터로 사용할 컬럼
...                     aggfunc = 'mean'        # 데이터 집계함수
...                    )
>>>
>>> p1.head()
day          Thur        Fri        Sat        Sun
sex
Male    18.714667  19.857000  20.802542  21.887241
Female  16.715312  14.145556  19.680357  19.872222
```

판다스는 pivot_table() 메서드를 통해 피벗 기능을 제공한다. pivot_table() 메서드에 사용되는 주요 매개변수는 [표 7-3]과 같다.

표 7-3 pivot_table() 메서드의 주요 매개변수

매개변수	설명
index	피벗 테이블의 행을 구성할 컬럼을 지정한다.
columns	피벗 테이블의 열을 구성할 컬럼을 지정한다.
values	피벗 테이블의 값을 구성할 컬럼을 지정한다.
aggfunc	피벗 테이블의 값을 집계하는 데 사용되는 통계함수 지정한다.

위 코드의 실행 결과로 출력된 피벗 테이블은 성별(sex)과 요일(day)을 기준으로 총 지불 금액(total_bill)의 평균(mean)을 집계한 것이다. 전반적으로 볼 때 남성들이 지불한 금액이 여성들이 지불한 금액에 비해 많고, 일요일에 지불 금액이 가장 높은 것을 확인할 수 있다.

```
>>> p2 = df.pivot_table(index = 'sex',          # 행 위치에 들어갈 컬럼
...                     columns = 'time',       # 열 위치에 들어갈 컬럼
...                     values = 'total_bill',  # 데이터로 사용할 컬럼
...                     aggfunc = 'mean'        # 데이터 집계함수
...                    )
>>>
>>> p2.head()
time        Lunch     Dinner
sex
Male    18.048485  21.461452
Female  16.339143  19.213077
```

이번에는 성별(sex)과 방문 시간대(time)를 기준으로 총 지불 금액(total_bill)의 평균(mean)을 집계하였다. 점심때보다 저녁 시간에 지불 금액이 더 높은 것을 알 수 있다.

```
>>> p3 = df.pivot_table(index = 'time',         # 행 위치에 들어갈 컬럼
...                     columns = 'day',        # 열 위치에 들어갈 컬럼
...                     values = 'tip',         # 데이터로 사용할 컬럼
...                     aggfunc = 'max'         # 데이터 집계함수
...                    )
>>>
>>> p3.head()
day     Thur   Fri   Sat  Sun
time
Lunch    6.7  3.48   NaN  NaN
Dinner   3.0  4.73  10.0  6.5
```

방문 시간대(time)와 요일(day)을 기준으로 팁 금액(tip)의 최댓값(max)을 집계하였다. 토요일 저녁에 가장 많은 팁 금액이 기록된 것을 확인할 수 있다.

하나 더 알기 피벗 테이블 컬럼의 자료형

피벗 테이블을 만들 때 행과 열을 구성하는 컬럼은 모두 '범주형'이어야 한다. [그림 7-10]을 보고 그 이유를 생각해 보자.

실전 분석

문제 1

airquality 데이터셋에는 5월부터 9월까지의 오존 농도(Ozone), 일사량(Solar.R), 풍속(Wind), 기온(Temp) 측정 자료가 저장되어 있다. 다음 과정을 따라 데이터를 분석해 보자.

TIP airquality.csv 파일은 한빛아카데미 홈페이지에서 다운로드할 수 있다.

01 airquality 데이터셋을 읽어서 데이터프레임 df에 저장하고 내용을 확인하시오.

```
import pandas as pd
import matplotlib.pyplot as plt

df = pd.read_csv('d:/data/airquality.csv')
df.head()
```

02 각 열에 포함된 결측값의 개수를 확인하고, 결측값이 포함된 행의 개수를 확인하시오.

```
df.isnull().sum()                    # 컬럼별 결측값 확인
df.isna().sum(axis=1).sum()          # 결측값이 있는 행의 수 확인
```

03 결측값이 포함된 행을 제거하여 df_cleaned에 저장하시오.

```
df_cleaned = df.reset_index(drop=True)
```

04 IQR을 이용하여 오존 농도의 이상치를 제거하시오.

```
ozone = df_cleaned['Ozone']
Q1 = ozone.quantile(0.25)
Q3 = ozone.quantile(0.75)
IQR = Q3 - Q1

outliers = ozone[(ozone < Q1 - IQR*1.5) |
                 (ozone > Q3 + IQR*1.5)]
print(outliers)

df_cleaned = df_cleaned.loc[~df_cleaned['Ozone'].isin(outliers)]
df_cleaned
```

05 월별로 오존 농도, 일사량, 풍속, 기온의 평균을 구하고, 결과를 선그래프로 나타내시오.

```
result = df_cleaned.groupby('Month')[['Ozone', 'Solar.R', 'Wind', 'Temp']]
        .mean()
result
result.plot(marker='o')
plt.show()
```

문제 2

사원(emp) 데이터셋과 부서(dept) 데이터셋은 부서 번호(DEPTNO) 컬럼을 공유한다. 두 데이터셋을 병합하고 분석해 보자.

TIP emp.csv 파일과 dept.csv 파일은 한빛아카데미 홈페이지에서 다운로드할 수 있다.

01 사원, 부서 데이터셋을 읽어서 데이터프레임 emp, dept에 저장하고 내용을 확인하시오.

```
emp = pd.read_csv('d:/data/emp.csv')
dept = pd.read_csv('d:/data/dept.csv')
emp.head()
dept.head()
```

02 부서 번호(DEPTNO)를 기준으로 emp와 dept를 병합하여 df에 저장하고 df의 내용을 확인하시오.

```
df = emp.merge(dept, on='DEPTNO')
df.head()
```

03 행은 부서 위치(LOC), 열은 담당 업무(JOB), 값은 급여(SAL) 합계인 피벗 테이블을 작성하시오.

```
df.pivot_table(index='LOC', columns='JOB', values='SAL', aggfunc='sum')
```

04 행은 부서명(DNAME), 열은 담당 업무(JOB), 값은 사원 수(ENAME) 합계인 피벗 테이블을 작성하시오.

```
df.pivot_table(index='DNAME', columns='JOB', values='ENAME',
               aggfunc= 'count')
```

요약

01 데이터 전처리data preprocessing란 분석에 적합한 데이터를 도출하기 위해 초기 데이터를 정제하고 가공하는 과정을 말한다.

02 결측값missing value은 데이터를 수집하거나 저장하는 과정에서 값을 얻지 못하는 경우에 발생한다. 결측값은 분석에서 제외하거나 적절한 값으로 치환하여 분석한다. 결측값을 확인하려면 `isna()`를 사용한다. 결측값을 제거할 때는 `reset_index(drop=True)`를, 결측값을 추정할 때는 `KNNImputer()` 메서드를 이용한다.

03 특잇값outlier은 '이상치'라고도 하며, 정상적인 데이터 분포 범위 밖에 위치하는 값을 말한다. `Z-score`나 사분범위(IQR) 등을 이용해 특잇값 여부를 판단한다.

04 정렬sort은 데이터를 주어진 기준에 따라 크기순으로 재배열하는 과정이다. 정렬을 수행하려면 `sort_values()` 메서드를 이용한다.

05 데이터 샘플링sampling은 주어진 데이터에서 임의 개수의 값들을 추출하는 작업이다. 샘플링 기법에는 크게 임의 샘플링random sampling과 층화 샘플링stratified sampling이 있다.

06 조합combination은 어떤 집합에 대해 중복이 없고 순서와 상관없이 r개의 원소를 선택하는 모든 경우의 수를 구하는 것을 말한다. 집계aggregation는 데이터프레임과 같은 2차원 데이터에서 데이터 그룹에 대한 합계나 평균을 계산하는 작업이다. 집계를 수행하려면 `groupby()` 메서드를 이용한다.

07 데이터 병합merge은 흩어진 데이터를 하나로 모으는 작업이다. 행/열 방향 병합을 진행하려면 `pd.concat()` 클래스 메서드를, 공통 컬럼에 의한 병합을 진행하려면 `merge()` 또는 `join()` 메서드를 이용한다.

08 피벗Pivot은 많은 양의 데이터에서 필요한 자료만 추출하여 새롭게 집계표를 작성해 주는 기능이다. 피벗 테이블을 만들려면 `pivot_table()` 메서드를 이용한다.

연습문제

[01~10] seaborn 라이브러리에 포함된 planets 데이터셋은 발견된 행성에 대한 데이터를 담고 있다. 다음 코드를 실행하여 데이터를 준비한 후, 아래에 이어지는 문제를 해결하시오.

```
import seaborn as sns
df = sns.load_dataset('planets')
```

01 각 컬럼별 결측값의 개수를 출력하시오.

02 데이터셋 전체에서 결측값의 총 개수를 출력하시오.

03 mass, distance 컬럼을 제외한 후, 결측값이 없는 행들만 추출하여 df_clean에 저장하시오.

04 orbital_period 컬럼의 결측값을 추정하여 채운 후, 결측값 추정 전과 추정 후의 평균값을 비교하여 출력하시오.

05 orbital_period 컬럼에서 Z-score를 특잇값을 찾아 출력하시오.

06 distance 컬럼에서 IQR을 이용하여 특잇값을 찾아 출력하시오.

07 문제 06에서 구한 특잇값을 제거한 데이터를 dist_clean에 저장하고, 제거 전후의 평균값을 비교하여 출력하시오.

08 df의 내용을 mass 컬럼 기준으로 내림차순 정렬하여 출력하시오.

09 df의 mass 컬럼 값을 내림차순 기준으로 순위를 계산하여 새로운 rank 컬럼에 저장한 후 df의 내용을 출력하시오.

10 데이터프레임 df에서 임의로 20개의 행을 추출하여 df20에 저장하고 내용을 출력하시오(표본 추출 시 random_state=123을 사용함).

[11~16] 펭귄에 대한 조사 자료를 담고 있는 seaborn 라이브러리의 penguin 데이터셋을 대상으로 분석을 진행하려고 한다. 주요 컬럼에 대한 설명은 다음과 같다.

컬럼명	설명
species	펭귄의 종
island	서식지(섬)
bill_length_mm	부리의 가로 길이
bill_depth_mm	부리의 세로 길이
flipper_length_mm	날개 길이
body_mass_g	몸무게
sex	펭귄의 성별

다음 코드를 실행하여 데이터를 준비한 후, 아래에 이어지는 문제를 해결하시오.

```
import seaborn as sns
df = sns.load_dataset('penguins')
df = df.dropna()
```

11 펭귄의 종을 기준으로 부리의 가로 길이와 세로 길이의 평균을 출력하시오.

12 펭귄의 성별을 기준으로 몸무게와 날개의 길이의 최댓값을 출력하시오.

13 펭귄의 종과 성별을 기준으로 부리의 가로 길이와 세로 길이의 평균을 출력하시오.

14 펭귄의 종과 성별을 기준으로 빈도수를 집계하여 출력하시오.

15 펭귄의 종과 서식지를 기준으로 평균 날개 길이를 집계하여 출력하시오.

16 펭귄의 종과 성별을 기준으로 평균 몸무게를 집계하여 출력하시오.

[17~20] 국가코드 데이터셋과 무역국가 데이터셋을 활용하여 아래에 이어지는 문제를 해결하시오.

TIP 국가코드.csv와 무역국가.csv 파일은 한빛아카데미 홈페이지에서 다운로드할 수 있다.

17 국가코드 데이터셋과 무역국가 데이터셋을 병합하여 df_merge에 저장하시오.

18 무역 대상 국가명과 수출 품목을 출력하시오.

19 국가별 수출 금액과 수입 금액을 집계하여 출력하시오.

20 수출 금액과 수입 금액이 가장 많은 상위 5개 국가의 수출 금액, 수입 금액, 합계 금액을 출력하시오.

CHAPTER 08

고급 데이터 시각화

PREVIEW

데이터 시각화는 숫자나 문자 형태로 이루어진 데이터를 그래프나 이미지로 변환하여 데이터에 담긴 특징이나 패턴, 정보를 직관적으로 파악할 수 있도록 돕는 중요한 수단이다. 데이터 시각화는 분석 과정에서뿐 아니라, 분석 결과를 정리하여 보고서를 작성하는 과정에서도 중요한 역할을 한다.

1절 고급 데이터 시각화에 널리 사용되는 seaborn 라이브러리에 대해 배운다. 라이브러리의 특징을 살펴보고 이 라이브러리를 사용하여 막대그래프, 산점도, 상자그림을 작성하는 방법에 대해 알아본다.

2절 버블 차트 작성 방법을 배운다. 버블 차트는 산점도와 유사하지만, 원의 크기를 달리하여 추가적인 정보를 표현할 수 있다.

3절 모자이크 플롯 작성 방법을 배운다. 모자이크 플롯은 2개의 범주형 변수에 따라 데이터를 그룹핑한 뒤, 각 그룹의 비율을 타일의 면적으로 표현하는 2차원 시각화 도구다.

4절 히트맵 작성 방법을 배운다. 히트맵은 데이터 값을 격자 모양의 사각형에 배치한 형태로, 값의 크기에 따라 색상을 달리 부여하여 전체 값들의 분포를 직관적으로 관찰할 수 있도록 돕는다.

5절 레이더 차트 작성 방법을 배운다. 레이더 차트는 여러 변수를 하나의 원형 축으로 표현하며, 각 변수의 값을 점으로 표시하고 점들을 연결하여 다각형 모양으로 시각화하는 도구다.

6절 트리맵 작성 방법을 배운다. 트리맵은 계층 구조를 포함하는 데이터를 사각형 타일의 크기와 색상으로 시각화하여, 각 계층 및 데이터를 직관적으로 관찰할 수 있도록 돕는다.

01 seaborn 라이브러리

seaborn은 파이썬에서 고급 시각화에 사용되는 라이브러리로, 미적으로 뛰어난 그래프를 작성할 수 있는 기본 스타일과 색상 팔레트를 제공한다. seaborn은 matplotlib 라이브러리를 기반으로 구축되었으며, 판다스의 자료구조와도 밀접하게 통합되어 있다. 판다스도 그래프 작성 기능을 제공하지만 seaborn 라이브러리를 활용하면 더 다양하고 아름다운 그래프들을 편리하게 작성할 수 있다. seaborn의 가장 큰 장점은 간결함이다. 이 라이브러리를 이용하면 비교적 짧은 코드로도 데이터 분석에 필요한 주요 그래프를 빠르고 편리하게 만들 수 있다. seaborn의 그래프 메서드는 matplotlib이나 판다스의 그래프 메서드와 유사하기 때문에 배우기 쉽다. 이번 절에서는 그룹이 포함된 데이터를 seaborn으로 시각화하여 그 특징을 이해해 보자.

1 막대그래프

seaborn 라이브러리가 제공하는 tips 데이터셋은 특정 레스토랑의 매출 데이터를 담고 있다. 총 지불 금액(total_bill), 팁 금액(tip), 고객의 성별(sex), 흡연 여부(smoker), 방문 요일(day), 방문 시간대(time), 일행의 수(size) 정보를 포함한다. tips 데이터셋을 사용하여 막대그래프를 작성해 보자.

코드 8-1 code8_1.py

```
import seaborn as sns
import matplotlib.pyplot as plt
df= sns.load_dataset('tips')
df.head()

# 그래프 테마 설정
sns.set_theme(style="whitegrid", rc={"figure.figsize": (5, 5)})
sns.set_palette('hls', 4)
```

```
# 요일별 평균 지불 금액
sns.barplot(data=df,                          # df 이름
            x='day',                          # x축 컬럼
            y='total_bill',                   # y축 컬럼
            estimator='mean',                 # y축 컬럼 적용 함수
            hue='day',                        # 그룹 지정
            legend=None                       # 범례 표시 안 함
            )
plt.show()

# 요일별 성별 평균 지불 금액
sns.barplot(data=df,                          # df 이름
            x='day',                          # x축 컬럼
            y='total_bill',                   # y축 컬럼
            estimator='mean',                 # y축 컬럼 적용 함수
            hue='sex',                        # y축 값의 그룹핑 기준
            ci=None                           # 에러선 삭제
            )
plt.show()

# 누적 막대그래프
df2 = df.pivot_table(index='day',             # 행 위치에 들어갈 컬럼
                     columns='sex',           # 열 위치에 들어갈 컬럼
                     values='total_bill',     # 데이터로 사용할 컬럼
                     aggfunc='mean'           # 데이터 집계함수
            )
df2

df2.plot.bar(stacked=True)
plt.subplots_adjust(bottom=0.2)
plt.show()
```

[코드 8-1]의 실행 결과를 나누어 설명하면 다음과 같다.

```
>>> import seaborn as sns
>>> import matplotlib.pyplot as plt
>>> df= sns.load_dataset('tips')
>>> df.head()
   total_bill   tip     sex smoker  day    time  size
0       16.99  1.01  Female     No  Sun  Dinner     2
1       10.34  1.66    Male     No  Sun  Dinner     3
2       21.01  3.50    Male     No  Sun  Dinner     3
3       23.68  3.31    Male     No  Sun  Dinner     2
4       24.59  3.61  Female     No  Sun  Dinner     4
```

필요한 라이브러리를 불러온 후, seaborn이 제공하는 tips 데이터셋을 df에 저장하였다.

```
>>> # 그래프 테마 설정
>>>
>>> sns.set_theme(style="whitegrid", rc={"figure.figsize": (5, 5)})
```

set_theme() 메서드는 그래프 전체에 적용되는 테마를 설정한다. 여기서는 [표 8-1]과 같이 두 가지 항목을 설정하였다.

표 8-1 set_theme() 메서드의 주요 매개변수

매개변수	설명
style	그래프의 스타일을 지정한다. "whitegrid"는 흰색 바탕에 격자를 표시하는 스타일이다. sns.axes_style()을 실행하면 지정 가능한 스타일 목록을 볼 수 있다.
rc	여러 매개변수를 딕셔너리 형태로 지정한다. "figure.figsize": (5, 5)는 그래프의 크기를 가로, 세로 각각 5인치로 지정한다.

```
>>> sns.set_palette('hls', 4)
```

set_palette() 메서드는 막대에 입힐 색이 포함된 팔레트를 지정한다. 위 코드는 hls라는 이름의 팔레트에서 4개의 색을 가져오라는 의미다. 막대가 4개이기 때문에 색이 4개 필요하다.

seaborn 그래프의 장점 중 하나는 미적인 팔레트를 제공한다는 것이다. 팔레트는 어울리는 색 조합을 미리 정해놓은 것으로, 사용자가 막대의 색을 일일이 지정할 필요 없이 팔레트만

지정하면 그래프 메서드가 팔레트에서 자동으로 색을 가져와 막대에 적용한다. 덕분에 초보자도 보기 좋은 그래프를 작성할 수 있다. 필요에 따라 다양한 팔레트를 지정할 수 있으니 관련 정보를 찾아보도록 하자.

여기서 잠깐! 다양한 seaborn 색상 팔레트

seaborn 그래프 작성 시 참고할 수 있는 다양한 색상 팔레트는 seaborn 공식 문서의 Color Palettes 섹션(https://seaborn.pydata.org/tutorial/color_palettes.html)에서 확인할 수 있다.

```
>>> # 요일별 평균 지불 금액
>>>
>>> sns.barplot(data=df,                          # df 이름
...             x='day',                          # x축 컬럼
...             y='total_bill',                   # y축 컬럼
...             estimator='mean',                 # y축 컬럼 적용 함수
...             hue='day',                        # 그룹 지정
...             legend=None                       # 범례 표시 안 함
...             )
<Axes: xlabel='day', ylabel='total_bill'>
>>>
>>> plt.show()
```

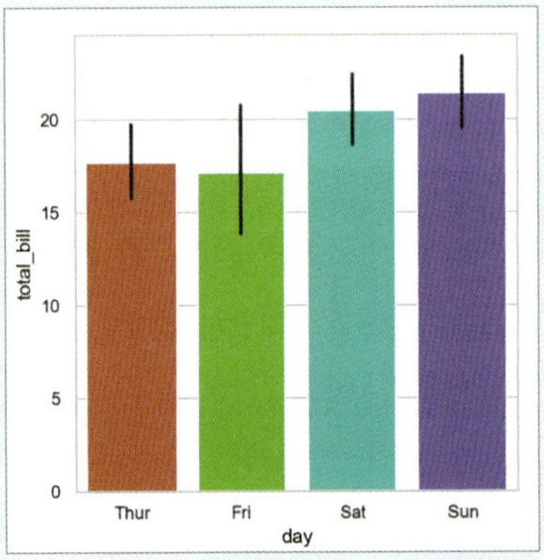

barplot() 메서드를 이용하여 요일별 평균 지불 금액을 막대그래프로 나타냈다. barplot() 메서드에 사용된 매개변수는 [표 8-2]와 같다.

표 8-2 barplot() 메서드의 주요 매개변수

매개변수	설명
data	그래프를 작성할 데이터가 저장된 데이터프레임을 지정한다.
x	x축에 표시되는 값들이 저장된 컬럼을 지정한다.
y	y축에 표시되는 값들이 저장된 컬럼을 지정한다.
estimator	y축의 값들을 집계할 함수를 지정한다. 여기서는 평균(mean)을 집계함수로 지정하였다.
hue	값을 그룹핑하는 기준이 되는 컬럼을 지정한다. 여기서는 요일(day)을 기준으로 지정했는데, 이는 팔레트에서 색을 가져다 칠할 때 같은 그룹의 데이터에 대해서는 같은 색을 칠하기 위해서다. 즉 요일별로 색을 다르게 칠하기 위해 요일을 그룹핑 기준으로 정하였다.
legend	범례의 표시 방법을 지정한다. 값이 None이면 범례를 표시하지 않는다.

막대 위쪽에는 굵은 직선 형태의 에러선error bar이 표시된다. 이 에러선은 95% 신뢰수준에서 평균값의 신뢰 구간을 의미한다. 즉 요일별로 평균 지불 금액을 100회 측정했을 때 그중 95번은 평균값이 이 구간 안에 위치함을 나타낸다. 신뢰 구간이 길수록 평균값의 변동폭이 크다는 의미로 해석할 수 있는데, 금요일이 이 경우에 해당한다.

위 명령문에서 그래프 작성 코드를 보면 seaborn 그래프의 특징을 알 수 있다. 일반적으로 막대그래프를 작성하려면 막대의 길이를 결정할 값을 사전에 계산해 놓아야 한다. 그런데 seaborn에서는 매개변수 estimator를 통해서 barplot() 메서드가 막대의 길이를 자동으로 계산하게 설정할 수 있다. seaborn에서는 이렇게 작업 단계가 줄기 때문에 그래프 작성 시간을 단축할 수 있다.

```
>>> # 요일별 성별 평균 지불 금액
>>>
>>> sns.barplot(data=df,                    # df 이름
...             x='day',                    # x축 컬럼
...             y='total_bill',             # y축 컬럼
...             estimator='mean',           # y축 컬럼 적용 함수
...             hue='sex',                  # y축 값의 그룹핑 기준
...             ci=None                     # 에러선 삭제
...             )
<Axes: xlabel='day', ylabel='total_bill'>
>>>
```

```
>>> plt.show()
```

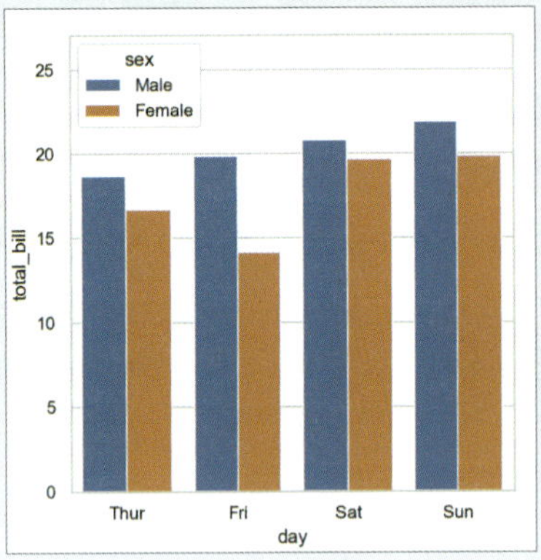

이번에는 요일별 평균 지불 금액을 성별로 세분화하여 표시하였다. 이를 위해 그룹핑 기준(hue)을 성별(sex)로 지정하였다. 매개변수 `ci`는 에러선을 설정하는 역할을 하며, `None`으로 지정하면 에러선을 표시하지 않는다.

```
>>> # 누적 막대그래프
>>>
>>> df2 = df.pivot_table(index = 'day',           # 행 위치에 들어갈 컬럼
...                      columns = 'sex',         # 열 위치에 들어갈 컬럼
...                      values = 'total_bill',   # 데이터로 사용할 컬럼
...                      aggfunc = 'mean'         # 데이터 집계함수
...                      )
>>>
>>> df2
sex        Male     Female
day
Thur  18.714667  16.715312
Fri   19.857000  14.145556
Sat   20.802542  19.680357
Sun   21.887241  19.872222
```

앞의 그래프에서는 평균 지불 금액을 성별로 나누어 표시하되, 성별마다 개별 막대를 생성하여 표시하였다. 이번에는 성별로 구분하되 막대는 하나로 하고, 하나의 막대 안에서 성별을

나누어 표시한다. 이러한 막대그래프를 누적 막대그래프라고 한다. seaborn 그래프로도 누적 막대그래프를 작성할 수 있지만 seaborn에서는 설정이 복잡하기 때문에 여기서는 판다스의 막대그래프를 활용할 것이다. 다만 판다스의 막대그래프를 이용하려면 필요한 데이터를 미리 준비해야 한다. 여기서는 df2에 데이터를 저장하였다.

```
>>> df2.plot.bar(stacked=True)
<Axes: xlabel='day'>
>>> plt.subplots_adjust(bottom=0.2)
>>> plt.show()
```

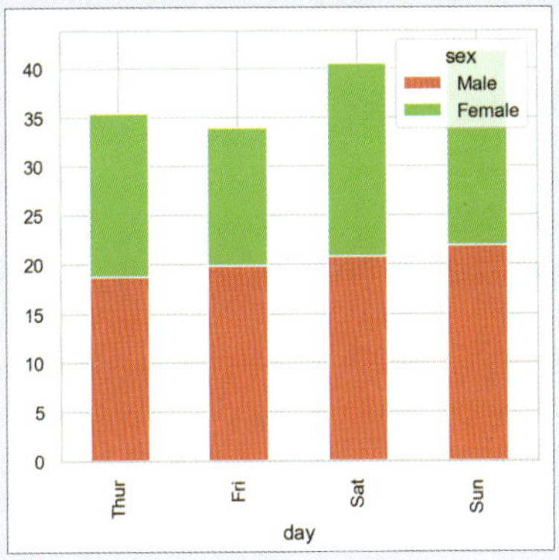

데이터 준비가 완료되면 판다스의 plot.bar() 메서드를 사용하고 매개변수로 stacked=True를 입력하여 누적 막대그래프를 작성한다. df2의 내용과 그래프를 비교해 보자. df2의 행 인덱스가 x축으로 배치되고 Male 컬럼과 Female 컬럼이 하나의 막대 안에서 누적 형태로 표시되었다. 누적 막대그래프를 작성하려면 이와 같이 적합한 데이터 구조를 준비하는 작업이 중요하다.

2 선그래프

그룹이 있는 데이터를 대상으로 또 다른 그래프를 작성해 보자. 이번에는 lineplot() 메서드를 이용하여 선그래프를 작성한다. 사용할 데이터셋은 월별, 연도별 항공기 탑승객 수를 기록한 flights다. 실행 결과에는 데이터셋의 일부 내용과 작성된 그래프만 제시하기로 한다. lineplot()에서 x축과 y축, 그룹을 적절히 지정하면 데이터프레임을 별도로 가공하지 않아도 멋진 그래프를 작성할 수 있다.

코드 8-2 code8_2.py

```
import seaborn as sns
import matplotlib.pyplot as plt

df = sns.load_dataset('flights')
df.head()

# 그래프 테마 설정
sns.set_theme(style="whitegrid", rc={"figure.figsize": (8, 5)})
sns.set_palette('hls', 12)

# 월별, 연도별 항공기 탑승객 수
sns.lineplot(data=df,                       # df 이름
             x='year',                      # x축 컬럼
             y='passengers',                # y축 컬럼
             hue='month'                    # 그룹 지정
            )
plt.show()
```

실행 결과

```
>>> import seaborn as sns
>>> import matplotlib.pyplot as plt
>>> df = sns.load_dataset('flights')
>>> df.head()
   year month  passengers
0  1949   Jan         112
1  1949   Feb         118
2  1949   Mar         132
3  1949   Apr         129
4  1949   May         121
>>> # 그래프 테마 설정
>>>
>>> sns.set_theme(style="whitegrid", rc={"figure.figsize": (8, 5)})
>>> sns.set_palette('hls', 12)
>>> # 월별, 연도별 항공기 탑승객 수
>>>
```

```
>>> sns.lineplot(data=df,                # df 이름
...              x='year',               # x축 컬럼
...              y='passengers',         # y축 컬럼
...              hue='month'             # 그룹 지정
...             )
<Axes: xlabel='year', ylabel='passengers'>
>>>
>>> plt.show()
```

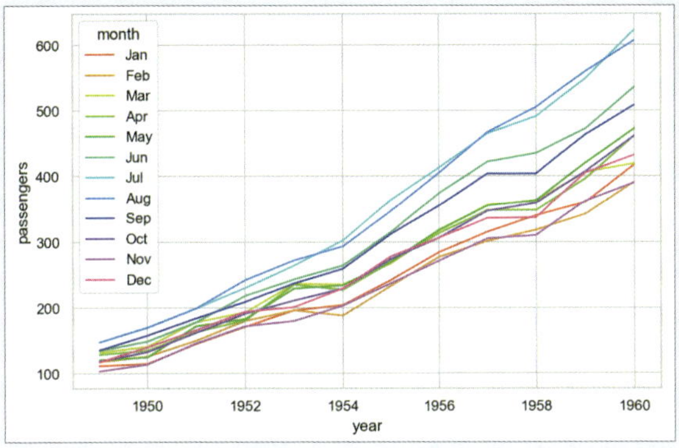

그래프를 보면 매년 항공기 탑승객의 수가 가파르게 증가하는 것을 확인할 수 있다. 또한 월별 탑승객 수의 차이도 시간이 지남에 따라 점점 커지고 있다. 특히 휴가철인 7월과 8월에는 탑승객 수가 가장 많아지는 경향을 보인다.

3 상자그림

일별로 기록된 기온 데이터를 이용해 월별 기온 분포를 확인할 수 있는 상자그림을 작성해 보자. 상자의 색은 기온이 높을수록 빨간색, 기온이 낮을수록 파란색으로 설정하여 시각적 효과를 높였다.

코드 8-3 code8_3.py

```
import pandas as pd
import seaborn as sns
import matplotlib.pyplot as plt
```

```
df = pd.read_csv('d:/data/seoul_temp.csv')
df.head()
df['month'] = (df.날짜 - 20230000) // 100   # 월 컬럼 생성
df.head()

# 그래프 테마 설정
sns.set_theme(style="white", rc={"figure.figsize": (7, 4)})
# 월별 평균 기온에 의한 순위 계산
tmp = df.groupby('month').mean()
rank = tmp['평균기온'].rank() -1
rank = rank.astype(int).to_list()
rank

# 팔레트 색 선택 및 순서 변경
mycolor = sns.color_palette('bwr', 12)
mycolor = pd.Series(mycolor)[rank].to_list()

# 월별 기온 분포를 상자그림으로 작성
plt.rcParams['font.family'] = 'Malgun Gothic'   # 한글 폰트 설정
plt.rcParams['axes.unicode_minus'] = False      # 마이너스 부호 깨짐 방지

sns.boxplot(data=df,                            # df 이름
            x='month',                          # x축 컬럼
            y='평균기온',                        # y축 컬럼
            hue='month',                        # 그룹 지정
            legend=None,                        # 범례 표시 안 함
            palette=mycolor                     # 팔레트 지정
            ).set(title='월별 기온 분포')

plt.ylabel('기온')                               # y축 레이블
plt.subplots_adjust(bottom=0.2)                 # 하단 여백
plt.show()
```

[코드 8-3]의 실행 결과를 나누어 설명하면 다음과 같다. [코드 8-3]의 실행 결과에서는 주요 코드만 설명한다.

```
>>> df.head()
         날짜  평균기온  평균강수량  평균일조시간  평균습도  평균순간최대풍속  month
0  20231231   2.1     4.7     0.6   95.5       8.3
1  20231230   0.6    13.1     0.0   92.0       6.9
2  20231229   1.3     0.0     1.8   71.0       5.7
3  20231228   1.2     0.0     8.1   69.5       8.0
4  20231227   1.5     0.0     8.2   76.6       4.7
```

이 데이터는 그래프 작성 대상이 되는 데이터다. 월별로 상자그림을 작성해야 하므로, **날짜** 컬럼에서 월만 추출하여 새로운 컬럼에 저장해야 한다.

```
>>> df['month'] = (df.날짜 - 20230000) // 100   # 월 컬럼 생성
```

날짜 컬럼에서 월만 추출하여 month 컬럼으로 저장하였다.

```
>>> # 월별 평균 기온에 의한 순위 계산
>>>
>>> tmp = df.groupby('month').mean()
>>> rank = tmp['평균기온'].rank() -1
>>> rank = rank.astype(int).to_list()
>>> rank
[0, 2, 4, 5, 7, 8, 10, 11, 9, 6, 3, 1]
```

월별 평균 기온을 계산하고 순위를 구한다. 이는 순위에 따라 색을 선택하기 위해서다. 순위를 구한 결과, 1월이 가장 추운 달(평균 기온이 가장 낮은 달)임을 알 수 있다.

```
>>> # 팔레트 색 선택 및 순서 변경
>>>
>>> mycolor = sns.color_palette('bwr', 12)
>>> mycolor = pd.Series(mycolor)[rank].to_list()
```

선택한 팔레트는 bwr로, 차가운 색부터 따뜻한 색 순으로 배열된다. 이 팔레트에서 총 12개의 색을 선택하였다. 선택한 12개의 색은 [그림 8-1]과 같다.

그림 8-1 bwr 팔레트에서 12개의 색 선택

선택한 12개의 색을 월별 평균 기온 순위에 따라 [그림 8-2]와 같이 재배열하였다. 기온이 낮은 달일수록 파란색 계열이, 기온이 높은 달일수록 빨간색 계열이 적용되도록 설정하였다.

그림 8-2 월별 평균 기온 순위에 따른 색

```
>>> plt.show()
```

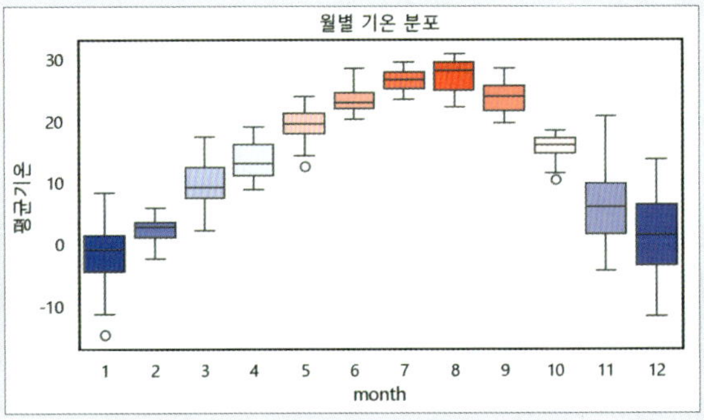

그래프를 보면 8월이 가장 덥고 1월이 가장 춥다. 7월은 기온 변화가 가장 적은 달로 보인다. 반대로 11월, 12월, 1월은 기온 변화가 큰 편이다. 값의 분포 범위가 넓을수록 기온 변화가 크다는 것을 의미한다.

02 버블 차트

버블 차트bubble chart는 산점도와 비슷하지만, 점의 크기를 다르게 하여 추가 정보를 표현할 수 있다. 산점도가 2개 변수에 대한 정보를 표시한다면, 버블 차트는 3개 변수에 대한 정보를 표시할 수 있다. [코드 8-4]는 버블 차트의 작성 예다. 대상 데이터는 미국의 주별 범죄 발생 건수다. 주별 살인 건수와 절도 건수를 각각 x축, y축으로 나타내고 주의 인구를 원의 크기로 표현해 보자.

코드 8-4 code8_4.py

```
import pandas as pd
import seaborn as sns
import matplotlib.pyplot as plt

df = pd.read_csv('d:/data/crimeRatesByState2005.csv')
df.head()

# 버블 차트
sns.set_theme(rc={'figure.figsize':(7, 7)})

sns.scatterplot(
                data=df,
                x="murder",                # x축
                y="burglary",              # y축
                size="population",         # 원의 크기
                sizes=(20, 4000),          # 원의 크기 범위
                hue="state",               # 원의 색
                alpha=0.5,                 # 투명도
                legend=False               # 범례 표시 여부
                )
plt.xlim(0, 12)                            # x축 값의 범위
```

```
# 주 이름을 버블 위에 표시
for i in range(0, df.shape[0]):
    plt.text(x=df.murder[i], y=df.burglary[i], s=df.state[i],
             horizontalalignment='center', size='small', color='dimgray')

plt.show()
```

[코드 8-4]의 실행 결과를 나누어 설명하면 다음과 같다.

```
>>> import pandas as pd
>>> import seaborn as sns
>>> import matplotlib.pyplot as plt
>>> df = pd.read_csv('d:/data/crimeRatesByState2005.csv')
>>> df.head()
        state  murder  ...  motor_vehicle_theft  population
0     Alabama     8.2  ...                288.3     4545049
1      Alaska     4.8  ...                391.0      669488
2     Arizona     7.5  ...                924.4     5974834
3    Arkansas     6.7  ...                262.1     2776221
4  California     6.9  ...                712.8    35795255
```

필요한 라이브러리와 범죄 발생 통계 데이터를 불러왔다. 버블 차트를 작성하는 데 사용할 컬럼은 살인 건수(murder), 절도 건수(burglary), 주의 인구(population), 주의 이름(state)이다.

```
>>> # 버블 차트
>>>
>>> sns.set_theme(rc={'figure.figsize':(7,7)})
```

그래프의 크기를 폭 7인치, 높이 7인치로 설정하였다.

```
>>> sns.scatterplot(
...             data=df,
...             x="murder",                 # x축
...             y="burglary",               # y축
...             size="population",          # 원의 크기
...             sizes=(20, 4000),           # 원의 크기 범위
...             hue="state",                # 원의 색
...             alpha=0.5,                  # 투명도
...             legend=False                # 범례 표시 여부
...             )
<Axes: xlabel='murder', ylabel='burglary'>
```

버블 차트 작성에는 산점도 작성에 사용한 scatterplot() 메서드를 이용한다. 각 매개변수의 의미는 [표 8-3]과 같다.

표 8-3 scatterplot() 메서드의 주요 매개변수

매개변수	설명
data	그래프 작성에 사용할 데이터가 저장된 데이터프레임을 지정한다.
x	버블 차트에서 x축에 표시할 컬럼을 지정한다.
y	버블 차트에서 y축에 표시할 컬럼을 지정한다.
size	원의 크기를 결정할 컬럼을 지정한다. "population"을 지정했으므로 인구가 많은 주일수록 원의 크기가 커진다.
sizes	원의 크기를 적당한 범위로 제한하여, 원이 너무 커서 겹치는 것을 방지한다. (20, 4000)은 가장 작은 원의 크기를 20, 가장 큰 원의 크기를 4000으로 제한한다는 의미다.
hue	원의 색을 결정할 기준이 되는 컬럼을 지정한다. "state"를 지정했기 때문에 주별로 색이 다르게 표시된다.
alpha	원의 투명도를 지정한다.
legend	범례 표시 여부를 지정한다. False는 범례를 표시하지 않는다는 의미다.

```
>>> plt.xlim(0, 12)                    # x축 값의 범위
(0.0, 12.0)
```

버블 차트에 표시할 x축 값의 범위를 지정한다. 보통 이 설정은 특잇값을 그래프에서 제외할 때 사용한다. 여기서는 (0, 12)로 설정하여, x축 컬럼인 살인 건수(murder)가 12건을 넘는 주는 그래프에 표시되지 않도록 했다.

```
>>> # 주 이름을 버블 위에 표시
>>>
>>> for i in range(0, df.shape[0]):
...     plt.text(x=df.murder[i], y=df.burglary[i], s=df.state[i],
...              horizontalalignment='center', size='small', color='dimgray')
...
Text(8.2, 953.8, 'Alabama')
Text(4.8, 622.5, 'Alaska')
(중략)
Text(4.4, 621.2, 'West Virginia')
Text(3.5, 440.8, 'Wisconsin')
Text(2.7, 476.3, 'Wyoming')
```

plt.text()는 지정된 위치에 텍스트를 표시하는 역할을 한다. plt.text() 메서드에 사용된 매개변수에 대한 설명은 [표 8-4]와 같다.

표 8-4 plt.text() 메서드의 주요 매개변수

매개변수	설명
x	텍스트의 x축 좌표(컬럼)를 지정한다.
y	텍스트의 y축 좌표(컬럼)를 지정한다.
s	지정된 좌표에 출력할 문자열을 지정한다. 여기서는 주의 이름(df.state)을 표시한다.
horizontalalignment	텍스트의 수평 정렬 기준을 설정한다.
size	텍스트 폰트 크기를 지정한다.
color	텍스트의 색을 지정한다.

```
>>> plt.show()
```

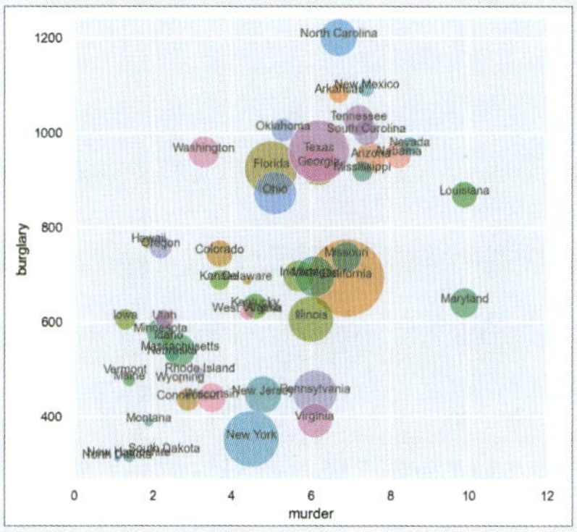

그래프를 보면 살인 건수(`murder`)와 절도 건수(`burglary`)는 대체로 비례 관계를 보인다. 즉, 살인 건수가 많은 주는 절도 건수도 많다. 인구가 많은 주로는 California, New York, Texas 등이 있으며, 이들 주의 살인 건수는 평균에 가깝지만, 절도 건수는 편차가 큰 편이다. 그래프의 왼쪽 아래에 위치한 주들은 살인 건수와 절도 건수가 모두 낮아 상대적으로 안전한 지역으로 보인다. 반면, 그래프의 오른쪽 위에 위치한 주들은 상대적으로 덜 안전한 지역으로 해석할 수 있다.

03 모자이크 플롯

모자이크 플롯mosaic plot은 주로 2개의 범주형 변수에 대하여 각 데이터 그룹의 비율을 타일의 크기로 표현하는 시각화 도구다. 사각형을 그룹에 따라 분할하여 타일로 나누어 배치한다. 타이타닉호 탑승객 데이터를 대상으로 탑승객 성별에 따른 생존 여부를 [코드 8-5]를 통해 확인해 보자. 모자이크 플롯을 작성하기 위해서는 사전에 statsmodels 라이브러리를 설치해야 한다.

코드 8-5 code8_5.py

```
import matplotlib.pyplot as plt
import seaborn as sns
from statsmodels.graphics.mosaicplot import mosaic

plt.rcParams['font.family'] ='Malgun Gothic'   # 한글 폰트 설정
plt.rcParams['axes.unicode_minus'] =False      # 마이너스 부호 깨짐 방지

# 데이터 준비
df = sns.load_dataset('titanic')
df.head()
dict1 = {0:'사망', 1:'생존'}
dict2 = {'male':'남성', 'female':'여성'}

df = df.replace({'survived': dict1})
df = df.replace({'sex': dict2})
df.head()

# 그래프 설정
props = lambda key: {'color': 'lightgreen' if '생존' in key else 'yellow'}

# 그래프 작성
mosaic(data = df.sort_values('sex'),
```

```
        index = ['sex', 'survived'],
        properties = props,                    # 타일 색상 변경
        axes_label = True,                     # 축 레이블 표시
        title='타이타닉 남녀 생존비율'            # 그래프 제목
        )

plt.show()
```

[코드 8-5]의 실행 결과를 나누어 설명하면 다음과 같다.

```
>>> import matplotlib.pyplot as plt
>>> import seaborn as sns
>>> from statsmodels.graphics.mosaicplot import mosaic
>>> plt.rcParams['font.family'] ='Malgun Gothic'   # 한글 폰트 설정
>>> plt.rcParams['axes.unicode_minus'] =False      # 마이너스 부호 깨짐 방지
```

필요한 라이브러리를 불러온다. 모자이크 플롯은 statsmodels 라이브러리에 포함된 mosaic 메서드를 사용하여 작성한다.

```
>>> # 데이터 준비
>>>
>>> df = sns.load_dataset('titanic')
>>> df.head()
   survived  pclass    sex   age ...  deck  embark_town alive  alone
0         0       3   male  22.0 ...   NaN  Southampton    no  False
1         1       1 female  38.0 ...     C    Cherbourg   yes  False
2         1       3 female  26.0 ...   NaN  Southampton   yes   True
3         1       1 female  35.0 ...     C  Southampton   yes  False
4         0       3   male  35.0 ...   NaN  Southampton    no   True
```

타이타닉 데이터셋을 불러와 내용을 확인하였다. 생존 여부(survived)와 성별(sex) 컬럼을 이용할 예정인데, 두 컬럼의 값이 숫자와 영어로 되어 있어 이를 한글로 변환하려고 한다. 생존 여부(survived)에서 0은 사망을, 1은 생존을 의미한다.

```
>>> dict1 = {0:'사망', 1:'생존'}
>>> dict2 = {'male':'남성', 'female':'여성'}
>>> df = df.replace({'survived': dict1})
>>> df = df.replace({'sex': dict2})
>>> df.head()
   survived  pclass  sex   age  ...  deck  embark_town  alive  alone
0       사망       3  남성  22.0  ...   NaN  Southampton     no  False
1       생존       1  여성  38.0  ...     C    Cherbourg    yes  False
2       생존       3  여성  26.0  ...   NaN  Southampton    yes   True
3       생존       1  여성  35.0  ...     C  Southampton    yes  False
4       사망       3  남성  35.0  ...   NaN  Southampton     no   True
[5 rows x 15 columns]
```

딕셔너리를 이용하여 생존 여부(survived)와 성별(sex) 컬럼의 값을 모두 한글로 변환했다.

```
>>> # 그래프 설정
>>>
>>> props = lambda key: {'color': 'lightgreen' if '생존' in key else 'yellow'}
```

모자이크 플롯의 타일 색을 지정하기 위한 람다 함수를 정의하였다. 이 함수는 첫 번째 컬럼인 생존 여부(survived)의 값에 따라 타일의 색을 결정한다.

하나 더 알기 람다 함수의 key

위 람다 함수는 다음 함수와 동일한 의미를 갖는다.

```
def props(key):
    if '생존' in key:
        return {'color':'lightgreen'}
   else:
       return {'color':'yellow'}
```

mosaic() 함수에서 key는 모자이크 플롯의 각 타일을 형성하는 컬럼 값들의 조합을 의미한다. 성별(sex)과 생존 여부(survived)에 따른 key는 [['남성', '사망'], ['남성', '생존'],['여성', 사망'],['여성', '생존']]의 총 4개가 된다.

```
>>> # 그래프 작성
>>>
>>> mosaic(data = df.sort_values('sex'),
...         index = ['sex', 'survived'],
...         properties = props,                    # 타일 색상 변경
...         axes_label = True,                     # 축 레이블 표시
...         title = '타이타닉 남녀 생존비율'           # 그래프 제목
...         )
(<Figure size 700x400 with 3 Axes>, {('남성', '사망'): (0.0, 0.0,
0.6443651551445914, 0.8083971970957582), ('남성', '생존'): (0.0,
0.8117194562319708, 0.6443651551445914, 0.1882805437680291), ('여성', '사
망'): (0.6493402795227009, 0.0, 0.35065972047729926, 0.25710476754766487), ('
여성', '생존'): (0.6493402795227009, 0.2604270266838775, 0.35065972047729926,
0.7395729733161224)})
```

모자이크 플롯을 작성하기 위해 mosaic() 메서드를 실행하였다. mosaic() 메서드의 주요 매개변수는 [표 8-5]와 같다.

표 8-5 mosaic() 메서드의 주요 매개변수

매개변수	설명
data	그래프 작성 대상 데이터가 저장된 데이터프레임을 지정한다.
index	모자이크 플롯을 작성할 2개의 범주형 컬럼을 정의한다.
properties	타일의 색상을 변경하기 위해 사용할 람다 함수를 지정한다.
axes_label	축 레이블 표시 여부를 지정한다.
title	그래프의 제목을 설정한다.

```
>>> plt.show()
```

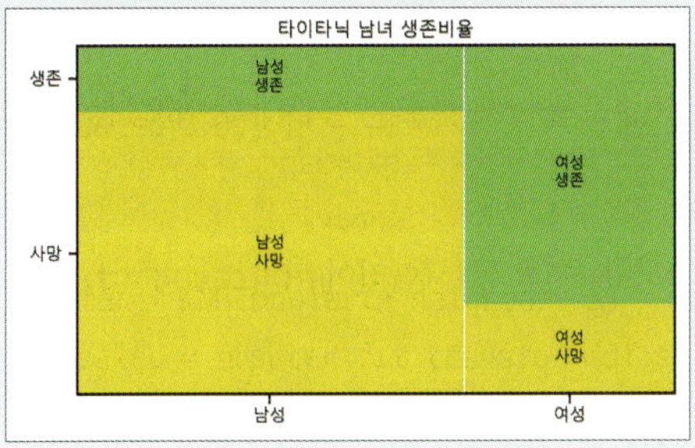

모자이크 플롯으로 분석 결과를 나타내면 여러 관점에서 데이터를 해석할 수 있다. 여기서는 남녀 승객 비율, 전체 생존자와 사망자 비율, 성별에 따른 생존율을 비교해 본다.

① 남녀 승객의 비율

모자이크 플롯을 세로로 분할하면 왼쪽이 남성 승객, 오른쪽이 여성 승객이다. 타일의 면적은 승객의 비율을 나타낸다. 이를 통해 타이타닉호에는 남성 승객이 여성 승객보다 두 배 이상 많이 탑승했음을 알 수 있다.

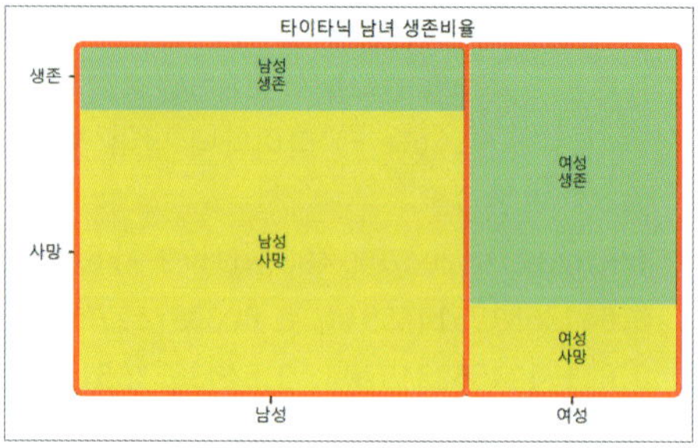

② 전체 생존자와 사망자의 비율

모자이크 플롯을 가로로 분할하면 초록색 영역은 생존자, 노란색 영역은 사망자를 나타낸다. 이 결과를 통해 사망자 수가 생존자 수보다 훨씬 많다는 것을 확인할 수 있다.

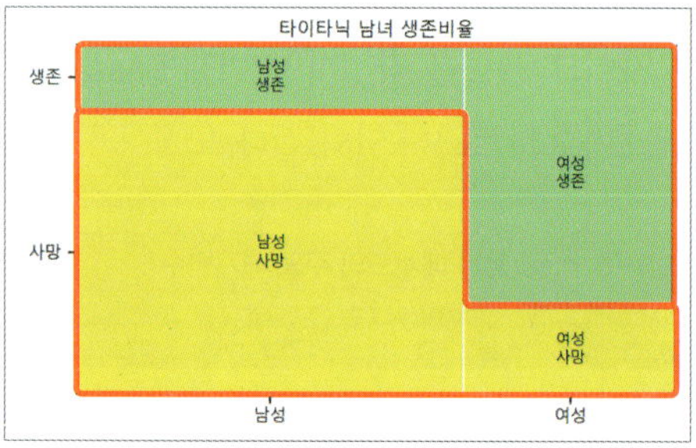

③ 성별에 따른 생존율

성별에 따라 생존자 비율을 살펴보자. 남성 승객의 경우 대부분 사망한 반면, 여성 승객은 대다수가 생존했다(생존한 남성은 대부분 아동임). 이는 여성의 생존율이 남성보다 월등히 높다는 것을 보여준다. 이러한 결과는 성인 남성들이 아이들과 여성들에게 구명보트를 양보했기 때문으로 해석할 수 있다.

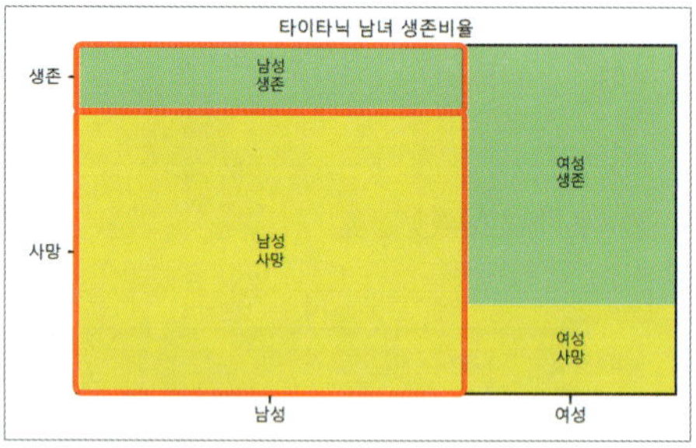

04 히트맵

히트맵heat map은 열을 뜻하는 히트와 지도를 뜻하는 맵이 결합된 용어로서, 2차원 격자 위에 온도를 나타내는 색상으로 값의 크기를 표현하는 시각화 도구다. 색상을 통해 데이터를 직관적으로 비교할 수 있다는 장점이 있다. 히트맵은 격자 모양으로 표현되므로, 데이터 역시 격자 모양으로 준비해야 한다.

[코드 8-6]은 월별, 연도별 항공기 탑승객 수를 히트맵으로 표현한 코드다. 피벗 테이블로 요약한 데이터의 모양에 유의하여 코드를 살펴보자.

코드 8-6 code8_6.py

```
import seaborn as sns
import matplotlib.pyplot as plt

flights = sns.load_dataset('flights')
flights.head()

# 피벗 테이블 생성
df = flights.pivot_table(index = 'month',         # 행 위치에 들어갈 컬럼
                         columns = 'year',        # 열 위치에 들어갈 컬럼
                         values = 'passengers',   # 데이터로 사용할 컬럼
                         aggfunc = 'mean'         # 데이터 집계함수
                         )
df.head()

# 히트맵 작성
sns.set_theme(rc={'figure.figsize':(8, 7)})
sns.heatmap(df).set_title('Heatmap of Flight Passenger', fontsize=20)
plt.show()
```

[코드 8-6]의 실행 결과를 나누어 설명하면 다음과 같다.

```
>>> import seaborn as sns
>>> import matplotlib.pyplot as plt
>>> flights = sns.load_dataset('flights')
>>> flights.head()
   year  month  passengers
0  1949    Jan         112
1  1949    Feb         118
2  1949    Mar         132
3  1949    Apr         129
4  1949    May         121
```

필요한 라이브러리와 항공기 탑승객 데이터를 불러왔다. 그런데 히트맵을 작성하려면 데이터가 연도와 월을 기준으로 격자 형태로 구성되어야 한다. 현재 데이터는 이러한 격자 형태가 아니므로 추가적인 가공이 필요하다.

```
>>> # 피벗 테이블 생성
>>>
>>> df = flights.pivot_table(index = 'month',          # 행 위치에 들어갈 컬럼
...                          columns = 'year',         # 열 위치에 들어갈 컬럼
...                          values = 'passengers',    # 데이터로 사용할 컬럼
...                          aggfunc = 'mean'          # 데이터 집계함수
...                          )
>>>
>>> df.head()
year    1949   1950   1951   1952   1953  ...   1956   1957   1958   1959   1960
month                                     ...
Jan    112.0  115.0  145.0  171.0  196.0  ...  284.0  315.0  340.0  360.0  417.0
Feb    118.0  126.0  150.0  180.0  196.0  ...  277.0  301.0  318.0  342.0  391.0
Mar    132.0  141.0  178.0  193.0  236.0  ...  317.0  356.0  362.0  406.0  419.0
Apr    129.0  135.0  163.0  181.0  235.0  ...  313.0  348.0  348.0  396.0  461.0
May    121.0  125.0  172.0  183.0  229.0  ...  318.0  355.0  363.0  420.0  472.0
```

데이터가 연도와 월을 기준으로 격자 형태로 정리되었다.

```
>>> # 히트맵 작성
>>>
>>> sns.set_theme(rc={'figure.figsize':(8, 7)})
>>> sns.heatmap(df).set_title('Heatmap of Flight Passenger', fontsize=20)
Text(0.5, 1.0, 'Heatmap of Flight Passenger')
>>> plt.show()
```

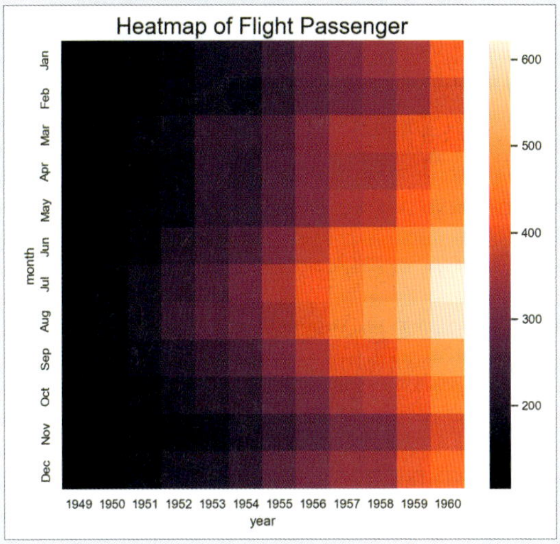

seaborn의 heatmap() 메서드를 이용하여 히트맵을 작성하였다. 데이터만 잘 준비하면, heatmap() 메서드에서 특별한 매개변수를 지정하지 않아도 손쉽게 히트맵을 그릴 수 있다.

그래프를 보면, 색이 밝을수록 탑승객 수가 많고 색이 어두울수록 탑승객 수가 적다. 해가 갈수록 전반적으로 색이 밝아지는 경향을 볼 수 있는데, 이는 항공기 탑승객 수가 지속적으로 증가했음을 나타낸다. 특히 7월과 8월의 탑승객 수 변화는 다른 달과 비교했을 때 증가 속도가 더 빠르다. 이를 통해 7월과 8월이 성수기라고 해석할 수 있다.

05 레이더 차트

레이더 차트radar chart는 방사형 차트라고도 불리며, 여러 변수의 값을 비교할 수 있는 시각화 도구다. 변수의 수에 따라 원을 동일한 간격으로 나누고, 중심으로부터 일정한 간격으로 동심원을 그리며 척도를 나타내는 축을 생성한다. 이후 각 변수의 정량화된 점수를 축 위에 점으로 표시하고, 이 점들을 연결하여 다각형 모양을 만든다.

레이더 차트는 다양한 분야에서 활용되는데, 대표적인 활용 사례로 여러 제품의 품질 평가가 있다. 예를 들어 견고성, 사용 편의성, 가격, 디자인, 고객 서비스와 같은 항목에 대해 5단계로 점수를 매기고 이를 레이더 차트로 표현하면 각 제품의 장단점과 균형을 한눈에 파악할 수 있다. 학생들의 과목별 성적도 레이더 차트로 표현하면 어떤 과목을 잘하고, 어떤 과목이 부족한지 시각적으로 쉽게 확인할 수 있다.

[코드 8-7]은 학생 4명의 성적을 레이더 차트로 분석한 예다. 레이더 차트는 현재까지 쉽게 사용할 수 있는 라이브러리가 없으므로, radar() 함수로 간단히 구현하였다. 이 코드를 통해 레이더 차트를 작성하는 과정을 살펴보자. radar() 함수 코드에 대한 자세한 설명은 생략한다.

여기서 잠깐!

예제 코드를 실행하기 전에 plotly와 kaleido 라이브러리를 설치해야 한다. 터미널(또는 명령 프롬프트)에서 pip install plotly와 pip install kaleido==0.1.0post1을 실행하면 된다.

코드 8-7 code8_7.py

```
import matplotlib.image as mpimg
import plotly.graph_objects as go
import pandas as pd
import matplotlib.pyplot as plt
```

```
##########################################################################
def radar(df, fills, min_max, title=''):
    fig = go.Figure()
    categories = df.columns.to_list()
    categories.append(categories[0])
    i=0
    while (i < len(df)) :
          scores = df.iloc[i,:].to_list()
          scores.append(scores[0])
          fig.add_trace(go.Scatterpolar(
              r = scores,                         # 축의 값
              theta = categories,                 # 축의 레이블
              fill = fills[i],                    # 다각형 채우기 색
              name = df.index[i]                  # 다각형 레이블
          ))
          i += 1

        fig.update_layout(
            polar_radialaxis_visible=True,
            polar_radialaxis_range=min_max,     # 축의 값 범위
            showlegend=True,
            margin_t=50,                        # 상단 여백
            margin_l=100,                       # 좌측 여백
            margin_r=100,                       # 우측 여백
            margin_b=25,                        # 하단 여백
            width=700,                          # 그래프의 폭(pixel)
            height=700,                         # 그래프의 높이(pixel)
            title_text=title,                   # 그래프 제목
            title_font_size=30,                 # 제목 폰트 사이즈
            font_size=20                        # 폰트 사이즈
            )

    # 그래프 저장 & display
    plt.axis('off')
    fig.write_image('rader.png')
    plt.imshow(mpimg.imread('rader.png'))
    plt.show()
##########################################################################
```

```
# 데이터 입력
df = pd.DataFrame({
    'Kor': [72, 70, 90, 60, 66],
    'Eng': [84, 85, 95, 70, 85],
    'Math': [71, 40, 88, 80, 75],
    'Sci': [83, 80, 91, 90, 70],
    'Phy': [60, 60, 60, 70, 50]
})
df.index =  ['AVG', 'John', 'Tom', 'Smith', 'Grace']
df

fills = [None, 'toself']
radar(df=df.iloc[[0, 3], :],
      fills=fills,
      min_max=[0, 100],
      title='Scores of Smith'
      )

fills = ['toself', 'toself', 'toself', 'toself']
radar(df=df.iloc[1:, :],
      fills=fills,
      min_max=[0, 100],
      title='Scores of Student'
      )
```

[코드 8-7]의 실행 결과를 나누어 설명하면 다음과 같다.

```
>>> # 데이터 입력
>>>
>>> df = pd.DataFrame({
...     'Kor': [72, 70, 90, 60, 66],
...     'Eng': [84, 85, 95, 70, 85],
...     'Math': [71, 40, 88, 80, 75],
...     'Sci': [83, 80, 91, 90, 70],
...     'Phy': [60, 60, 60, 70, 50]
...     })
```

```
>>>
>>> df.index =  ['AVG', 'John', 'Tom', 'Smith', 'Grace']
>>> df
       Kor  Eng  Math  Sci  Phy
AVG     72   84    71   83   60
John    70   85    40   80   60
Tom     90   95    88   91   60
Smith   60   70    80   90   70
Grace   66   85    75   70   50
```

radar() 함수를 사용하려면 데이터의 형식이 중요하다. df에는 5개의 컬럼이 있으며, 각 컬럼은 레이더 차트에서 하나의 축을 형성한다. 또한 df에는 5개의 행이 있으며, 각 행은 레이더 차트에서 하나의 다각형을 만드는 데 사용된다. 첫 번째 행은 과목별 평균 점수를 나타내고, 나머지 행은 4명의 학생에 대한 과목별 점수를 나타낸다.

```
>>> fills = [None, 'toself']
>>> radar(df=df.iloc[[0, 3], :],
...       fills=fills,
...       min_max=[0, 100],
...       title='Scores of Smith'
...       )
```

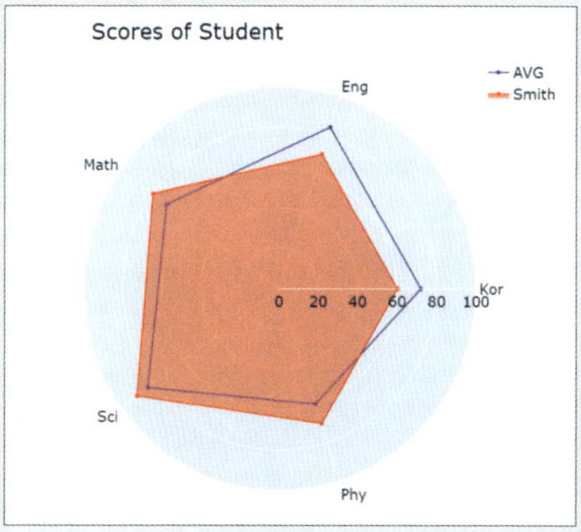

radar() 함수를 이용하여 Smith 학생의 성적을 레이더 차트로 시각화하였다. radar() 함수의 주요 매개변수는 [표 8-6]과 같다.

표 8-6 radar( ) 함수의 주요 매개변수

매개변수	설명
df	그래프 작성 대상 데이터가 저장된 데이터프레임을 지정한다. 데이터의 형식은 코드에 있는 바와 같이 축을 나타내는 컬럼과 축의 값을 나타내기 위한 행으로 구성한다.
fills	다각형의 내부 색을 다각형의 개수만큼 지정한다. None이면 아무 색도 칠하지 않고, toself이면 프로그램이 임의로 색을 지정한다. green과 같이 사용자가 지정할 수도 있다.
min_max	각 축에 표현할 값(성적)의 범위를 지정한다. [0,100]은 0점에서 100점 사이의 점수를 의미한다.
title	그래프의 제목을 설정한다.

위 실행 결과의 레이더 차트는 전체 학생의 평균 점수(파란색 다각형)와 Smith 학생의 과목별 점수를 표현한 것이다. Smith 학생은 수학(Math), 과학(Sci), 물리(Phy)에서 평균보다 높은 점수를 얻었지만, 영어(Eng)와 한국어(Kor)는 평균보다 낮은 점수를 기록했다. 이와 같이 레이더 차트를 통해 어떤 영역에 강점이 있고, 어떤 영역이 부족한지 시각적으로 쉽게 확인할 수 있다.

```
>>> fills = ['toself', 'toself', 'toself', 'toself']
>>> radar(df=df.iloc[1:, :],
...       fills=fills,
...       min_max=[0, 100],
...       title='Scores of Student'
...       )
```

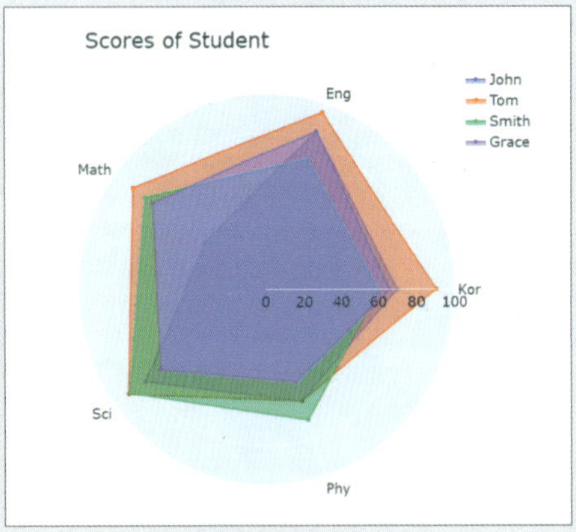

이번에는 학생 4명의 성적을 레이더 차트로 표현하였다. 이 차트에서 각 학생의 성적을 과목별로 비교할 수 있다. 그러나 위 실행 결과에서 볼 수 있듯이 다각형이 여러 개 겹치면 한눈에 비교하기가 어려워진다. 따라서 레이더 차트는 2~3개 정도의 다각형을 표현할 때 가장 적합하다.

하나 더 알기 레이더 차트 값의 표준화 필요성

레이더 차트의 각 축에 표현되는 값들은 동일한 범위를 가져야 한다. 예를 들어 키, 몸무게, 시력을 레이더 차트에 나타낼 경우, 값의 범위가 크게 차이 난다면 의미 있는 해석이 어려운 차트가 생성될 수 있다. 이 문제를 해결하기 위해 키, 몸무게, 시력 값을 0~1 또는 0~100 사이로 표준화한 뒤 차트를 작성하는 것이 바람직하다.

06 트리맵

트리맵tree map은 계층 구조를 포함하는 데이터를 2차원으로 시각화하는 도구로, 모자이크 플롯과 비슷하다. 다만 모자이크 플롯이 데이터의 그룹을 하나의 타일로 표현하는 반면, 트리맵은 관측값 하나를 하나의 타일로 표현한다는 차이점이 있다.

트리맵에서는 타일의 색과 크기가 각각 다른 정보를 나타내며, 타일들은 계층에 따라 구조화된다. [코드 8-8]은 2014년 세계 각국의 인구와 국민총소득(GNI) 정보를 담은 `GNI2014` 데이터셋을 사용해 트리맵을 작성하는 예다. 각 나라는 특정 대륙에 속해 있으므로 `GNI2014` 데이터셋은 대륙-국가라는 계층 구조를 포함하고 있다. 실행 결과에서는 설명이 필요한 부분만 제시하기로 한다.

여기서 잠깐!

예제 코드를 실행하기 전에 `plotly`와 `webbrowser` 라이브러리(패키지)를 설치해야 한다. 이 라이브러리들은 트리맵 작성과 화면 출력에 필요하다.

코드 8-8 code8_8.py

```
import plotly.express as px
import webbrowser
import matplotlib.pyplot as plt
import pandas as pd

df = pd.read_csv('d:/data/GNI2014.csv')
df.head()

fig = px.treemap(data_frame = df,
                 path=['continent', 'iso3'],        # 데이터의 계층 구조
                 values='population',               # 타일 면적 기준 컬럼
                 color='GNI',                       # 색 온도 기준 컬럼
```

```
                color_continuous_scale='Bluyl'   # 컬러 팔레트
                )

plt.axis('off')                                  # 축 눈금 제거
fig.update_layout(margin_t=50, margin_l=25,      # 여백 설정
                  margin_r=25, margin_b=25,
                  width = 800,                   # 그래프의 폭(pixel)
                  height = 600,                  # 그래프의 높이(pixel)
                  title_text = 'GNI 2014',       # 그래프 제목
                  title_font_size = 20           # 제목 폰트 크기
                 )

# 그래프 저장 & 화면에 표시하기
fig.write_html('d:/treemap.html')               # html 파일로 결과 저장
webbrowser.open('d:/treemap.html')              # 웹 브라우저에서 그래프 확인
```

[코드 8-8]의 실행 결과를 나누어 설명하면 다음과 같다.

```
>>> df.head()
  iso3          country      continent  population     GNI
0  BMU          Bermuda  North America       67837  106140
1  NOR           Norway         Europe     4676305  103630
2  QAT            Qatar           Asia      833285   92200
3  CHE      Switzerland         Europe     7604467   88120
4  MAC  Macao SAR, China           Asia      559846   76270
```

트리맵을 작성하는 데 사용될 데이터셋이다. 이 데이터셋은 국가 코드(iso3), 국가명(country), 소속 대륙(continent), 인구(population), 국민총소득(GNI) 컬럼을 포함하고 있다.

```
>>> fig = px.treemap(data_frame = df,
...                  path=['continent', 'iso3'],        # 데이터의 계층 구조
...                  values='population',               # 타일 면적 기준 컬럼
...                  color='GNI',                       # 색 온도 기준 컬럼
```

```
...                color_continuous_scale='Bluyl'      # 컬러 팔레트
...                )
```

treemap() 메서드를 이용하여 트리맵을 작성한다. treemap() 메서드의 주요 매개변수는 [표 8-7]과 같다.

표 8-7 treemap() 메서드의 주요 매개변수

매개변수	설명
data_frame	트리맵 작성에 사용할 데이터프레임을 지정한다.
path	데이터의 계층 구조를 정의한다. 여기서는 ['continent', 'iso3']로 정의했는데, 이는 대륙에 국가가 포함됨을 의미한다. 하나의 타일은 하나의 국가를 나타내며, 같은 대륙에 속한 국가들은 하나의 큰 타일로 묶어서 표현한다.
values	타일의 면적을 결정할 기준 컬럼을 지정한다. 여기서는 인구수(population)를 기준으로 설정했다.
color	타일의 색을 결정할 기준 칼럼을 지정한다. 여기서는 국민총소득(GNI)을 기준으로 설정했다.
color_continuous_scale	색 온도를 표현할 팔레트를 지정한다. Bluyl는 노란색부터 초록색까지를 표현한다.

```
>>> # 그래프 저장 & 화면에 표시하기
>>>
>>> fig.write_html('d:/treemap.html')              # html 파일로 결과 저장
>>> webbrowser.open('d:/treemap.html')             # 웹 브라우저에서 그래프 확인
```

`plotly` 라이브러리로 작성한 그래프는 VS Code에서 직접 화면에 표시할 수 없다. 따라서 그래프를 html 파일로 저장한 후, 저장된 html 파일을 웹 브라우저에서 열어 확인한다.

그래프를 보면 각 타일은 하나의 국가 정보를 나타낸다. 타일의 면적은 인구수를 나타내며, 면적이 넓을수록 인구가 많은 국가임을 알 수 있다. 또한 타일의 색은 국민총소득(GNI)를 나타내며, 색이 초록색에 가까울수록 국민총소득이 높은 국가임을 보여준다. 같은 대륙에 속한 국가들은 대륙을 나타내는 큰 타일 안에 그룹핑되어 있다. 이를 통해 대륙별로 국가의 분포를 한눈에 확인할 수 있다.

이 트리맵을 통해 다음과 같은 패턴을 관찰할 수 있다.

- 아시아 대륙은 다른 대륙에 비해 압도적으로 인구가 많다. 특히 중국(`CHN`)과 인도(`IND`)가 압도적인 1, 2위를 차지하고 있다.
- 유럽 대륙에는 국민총소득이 높은 부유한 국가들이 다수 분포해 있다.
- 아프리카 대륙에 속한 대다수 국가는 국민총소득이 낮은 편이다.
- 북미 대륙에서는 미국(`USA`)과 캐나다(`CAN`)가 상대적으로 잘사는 국가로 나타난다.

이처럼 트리맵은 데이터를 직관적으로 표현하여 전체적인 분포와 주요 특징을 한눈에 파악할 수 있게 한다.

8장에서는 다양한 형태의 시각화 도구를 작성하고 그 특징을 살펴보았다. 각각의 시각화 도구는 표현하고자 하는 정보의 내용과 표현 방법이 모두 다르다. 따라서 자신이 가지고 있는 데이터나 분석 결과에 가장 적합한 시각화 도구를 선택하여 사용하는 것이 중요하다. 시각화 도구를 선택하여 구현할 때 정해진 기준이나 공식이 있는 것은 아니므로 시각화 도구 작성 연습과 데이터 분석 경험을 통해 자신만의 감각을 키워가는 것이 필요하다.

실전 분석

문제 1

seaborn에서 제공하는 titanic 데이터셋을 사용하여 다음 순서를 따라 선실별 생존율을 분석하시오.

01 titanic 데이터셋을 df에 저장하고, 다음 조건에 따라 값을 변경하시오.

조건
- 생존 여부(survived): 0은 '사망', 1은 '생존'으로 값을 변경한다.
- 선실(pclass): 1은 '1등실', 2는 '2등실', 3은 '3등실'로 값을 변경한다.

```
import matplotlib.pyplot as plt
import seaborn as sns
from statsmodels.graphics.mosaicplot import mosaic

plt.rcParams['font.family'] ='Malgun Gothic'   # 한글 폰트 설정
plt.rcParams['axes.unicode_minus'] = False     # 마이너스 부호 깨짐 방지

df = sns.load_dataset('titanic')

dict1 = {0:'사망', 1:'생존'}
dict2 = {1:'1등실', 2:'2등실', 3:'3등실'}

df = df.replace({'survived': dict1})
df = df.replace({'pclass': dict2})
df.head()
```

02 선실별 인원수를 막대그래프로 나타내되, 각 막대는 사망 인원과 생존 인원을 구분하여 표시하시오.

```
df2 = df.pivot_table(index = 'pclass',          # 행 위치에 들어갈 컬럼
                     columns = 'survived',      # 열 위치에 들어갈 컬럼
                     values = 'class',          # 데이터로 사용할 컬럼
                     aggfunc = 'count'          # 데이터 집계함수
                     )
df2

df2.plot.bar(stacked = True)
plt.subplots_adjust(bottom = 0.2)
plt.show()
```

03 선실별 생존 인원을 모자이크 플롯으로 나타내되, x축에는 선실(pclass)을, y축에는 생존 여부(survived)를 표시하시오.

```
props = lambda key: {'color': 'lightgreen' if '생존' in key else 'yellow'}

# 그래프 작성
mosaic(data = df.sort_values('pclass'),
       index = ['pclass', 'survived'],
       properties = props,                      # 타일 색상 변경
       axes_label = True,                       # 축 레이블 표시
       title ='타이타닉 선실별 생존비율'          # 그래프 제목
       )

plt.show()
```

04 선실별 생존 인원을 트리맵으로 나타내시오. 단, 선실 타일 안에 생존 여부 타일이 포함되도록 그래프를 작성한다.

```
import plotly.express as px
import matplotlib.image as mpimg

df3 = df.groupby(['pclass', 'survived'])['sex'].count()
df3 = df3.reset_index()
df3.columns = ['pclass', 'survived', 'population']

fig = px.treemap(data_frame = df3,
                 path = ['pclass', 'survived'],          # 데이터의 계층 구조
                 values = 'population',                  # 타일 면적 기준 컬럼
                 color = 'population',                   # 색 온도 기준 컬럼
                 color_continuous_scale = 'Bluyl'        # 컬러 팔레트
                 )

plt.axis('off')                                          # 축 눈금 제거
fig.update_layout(title_text = 'Titinic',                # 그래프 제목
                  title_font_size = 20)                  # 제목 폰트 크기

# 그래프 저장 & 화면에 표시하기
fig.write_image('treemap.png')
plt.imshow(mpimg.imread('treemap.png'))
plt.show()
```

요약

01 seaborn은 파이썬에서 고급 시각화에 사용되는 라이브러리로, 아름답게 구현되는 기본 스타일과 색상 팔레트를 제공하므로 더욱 미적인 그래프를 작성할 수 있다. seaborn은 matplotlib 라이브러리를 기반으로 구축되었으며, 판다스의 자료구조와도 밀접하게 통합되어 있다.

02 데이터에 그룹 정보가 포함된 경우, seaborn은 별도로 데이터를 가공하지 않고도 그룹별 그래프를 손쉽게 작성할 수 있도록 지원한다.

03 버블 차트는 산점도와 비슷하지만, 점의 크기를 다르게 하여 추가적인 정보를 표현할 수 있는 시각화 도구다. 산점도가 2개 변수의 정보를 표시한다면, 버블 차트는 3개 변수에 대한 정보를 시각적으로 나타낼 수 있다.

04 모자이크 플롯은 2개의 범주형 변수에 대해 각 데이터 그룹의 비율을 타일의 크기로 표현하는 시각화 도구다. 사각형을 그룹에 따라 분할하여 타일로 배치하므로, 그룹 간 비율을 직관적으로 확인할 수 있다.

05 히트맵은 열을 뜻하는 '히트'와 지도를 뜻하는 '맵'의 결합어로, 2차원 격자 형태로 구성된 데이터를 색상으로 표현하는 시각화 도구다. 데이터를 히트맵으로 표현하려면 데이터가 격자 형태로 준비되어 있어야 한다.

06 레이더 차트는 방사형 차트라고도 불리며, 여러 변수의 값을 비교하는 데 사용된다. 변수의 수에 따라 원을 같은 간격으로 나누고, 중심으로부터 일정한 간격으로 동심원을 그리며 척도를 나타내는 축을 만든 뒤, 각 변수의 정량화된 점수에 따라 축 위에 점을 찍고 축들의 점을 이어 다각형 모양을 만든다.

07 트리맵은 계층 구조를 포함하는 데이터를 2차원으로 시각화하는 도구로, 모자이크 플롯과 유사하다. 그러나 모자이크 플롯이 데이터의 그룹을 하나의 타일로 표현하는 반면, 트리맵은 각 관측값을 하나의 타일로 표현한다. 타일의 색과 크기는 각각 다른 정보를 나타내며, 타일들은 계층에 따라 구조화된다.

08 각각의 시각화 도구는 표현하고자 하는 정보의 내용과 표현 방법이 모두 다르다. 따라서 자신이 가지고 있는 데이터 또는 분석 결과를 표현할 때 어떤 시각화 도구를 사용하는 것이 가장 효과적인지 판단해야 한다.

연습문제

[01~04] prestige 데이터셋은 직군별 평판도 데이터를 저장하고 있다. 다음 코드를 실행하여 데이터를 준비한 후 아래에 이어지는 문제를 해결하시오.

```
import pandas as pd
import seaborn as sns
import matplotlib.pyplot as plt
df = pd.read_csv('d:/data/prestige.csv')
df = df.dropna()
```

TIP prestige.csv 파일은 한빛아카데미 홈페이지에서 다운로드할 수 있다.

01 직종별 연봉(income)에 대해 상자그림을 작성하되 직종 유형(type)별로 각각 작성하여 한 화면에 나타내시오. 상자의 색상은 'bwr' 팔레트에서 세 가지를 선택하여 사용하시오.

02 직종별 교육 연수(education)와 수입(income)에 대해 버블 차트를 작성하시오. 버블의 크기는 여성 비율(women)로 하고 버블 위에 직종명(job)을 표기하시오. 버블의 색상은 직종 유형(type)에 따라 설정하고 범례를 추가하시오.

03 문제 02의 결과를 바탕으로 관찰되는 사항을 두 가지 이상 제시하시오.

04 df에 group 컬럼을 추가하되, 교육 연수가 14년 초과인 직종은 'High', 9년 미만인 직종은 'Low', 나머지는 'Mid'로 저장하시오. 이후 직종 유형(type)과 group에 대해 모자이크 플롯을 작성하시오.

[05~09] prestige 데이터셋을 활용하여 직종별 레이더 차트를 작성하시오. 레이더 차트 작성 함수는 8장 5절에 제시된 radar()를 이용한다. 아래에 이어지는 문제를 해결하시오.

05 직종별 교육 연수(education), 수입(income), 여성 비율(women), 직업 평판도(prestige) 컬럼을 선택하여 df_new에 저장하시오. 선택된 값들의 범위가 서로 다르므로 min-max 정규화를 실시하시오. df_new의 인덱스는 직종명(job)으로 설정하시오.

06 문제 05의 4개 컬럼별 평균을 계산하여 df_new의 새로운 행으로 추가하시오. 새로운 행의 인덱스는 'avg'로 하시오. df_new의 내용을 확인하시오.

07 df_new로부터 전체 평균(avg)과 컴퓨터 개발자(computer.programers) 직종의 데이터를 이용하여 레이더 차트를 작성하시오.

08 df_new로부터 전체 평균(avg)과 사무직(office.clerks) 직종의 데이터를 이용하여 레이더 차트를 작성하시오.

09 df_new로부터 전체 평균(avg)과 자동차 수리(auto.repairmen) 직종의 데이터를 이용하여 레이더 차트를 작성하시오.

10 prestige 데이터셋을 활용하여 트리맵을 작성하시오. 데이터의 계층 구조는 직종 유형(type)과 직종명(job)으로 설정하시오. 타일의 면적은 수입(income), 색상은 교육 연수(education)를 기준으로 지정하시오.

CHAPTER 09
지도와 데이터

PREVIEW

과거에 작성된 지도에는 지형, 도로, 지명 등 지리적 요소만 표시되어 있지만, 현대의 온라인 지도(구글 지도, 다음 지도, 네이버 지도 등)는 다양한 정보를 결합하여 보여줌으로써 현대인의 삶을 더욱 편리하게 만들어준다. 데이터 분석 분야에서도 지도는 분석 결과를 시각적으로 표현하는 중요한 도구로 자리 잡았다. 9장에서는 파이썬의 `folium` 라이브러리를 중심으로 지도를 연동하고, 지도 위에 필요한 정보를 표현하는 방법을 학습한다.

1절 지도 시각화에 필요한 조건과 사용되는 주요 라이브러리를 살펴본다. 이어서 2개의 라이브러리를 설치하고 지도를 화면에 표시하기 위한 함수를 정의한다.

2절 특정 지역의 지도를 가져와 표시하는 방법을 알아본다. 이 과정에서 사용 가능한 지도의 종류를 알아보고 지도 생성에 필요한 중심점 좌표 입력 방법도 배운다.

3절 지도 위에 마커와 텍스트를 표시하는 방법을 배운다. 이를 통해 정보의 특성에 따라 적합한 마커를 선택해 활용할 수 있다.

4절 지도 위에 데이터를 시각적으로 표현하는 방법을 배운다. 원의 크기와 색상을 조절하여 특정 지역이나 위치와 관련된 값을 효과적으로 표현할 수 있다.

01 지도 사용을 위한 준비

1 지도 서비스의 중요성

인터넷이 발전하면서 지도 서비스는 현대인의 생활에 없어서는 안 될 중요한 도구로 자리 잡았다. 예를 들어 대표적인 서비스라 할 수 있는 내비게이션 서비스를 이용하면 맛집을 안내받을 수 있고, 실시간으로 버스의 위치도 확인할 수 있다. 데이터 분석 분야에서도 정보를 전달하기 위한 중요한 수단으로 지도가 활용되고 있다.

[그림 9-1]은 캐나다 토론토 시내에 심은 나무들의 종류를 지도상에 나타낸 것이다. 이 지도에서는 어떤 종류의 나무들이 있는지, 지역별로 나무들의 분포가 어떻게 다른지를 쉽게 파악할 수 있다.

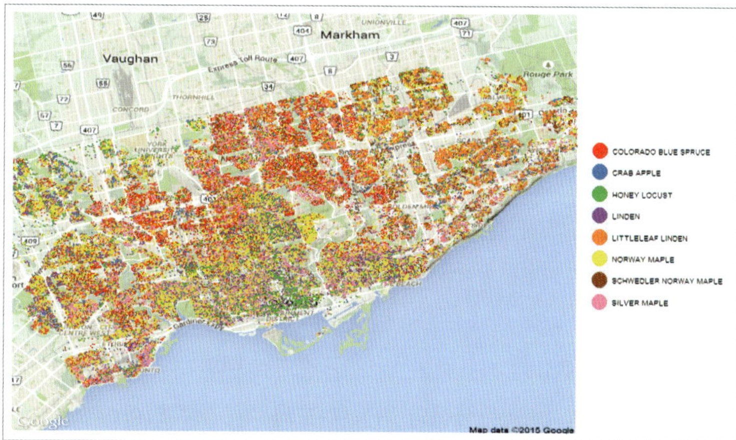

그림 9-1 캐나다 토론토 시내의 나무 종류 지도 © Martin Straeche, 2015

2 지도 사용을 위한 준비 절차

파이썬에서 지도를 사용하려면 몇 가지 준비가 필요하다. 다음 절차를 차례로 따라 하면서 실행해 보자.

❶ 지도를 다루기 위해 folium 라이브러리를 설치한다.

❷ 주소를 위도와 경도로 변환하기 위해 geokakao 라이브러리를 설치한다.

❸ VS Code에서 지도 작업 결과를 확인하기 위해 showMap() 함수를 정의한다.

folium 라이브러리 설치하기

folium은 파이썬에서 지도 시각화에 가장 널리 사용되는 라이브러리다. 지도 위에 데이터를 인터랙티브하게 표현할 수 있으며, 마커를 추가하거나 원으로 범위를 나타낼 수도 있다. folium의 가장 큰 장점은 서비스가 안정적이고 시각화 결과를 html 파일로 저장할 수 있다는 점이다.

folium은 오픈소스 방식의 무료 지도 서비스인 OpenStreetMap을 기반으로 작동한다. 국내에서 제공되는 지도 서비스에 비해 품질이 다소 떨어질 수 있지만, 지도 시각화를 학습하기에는 충분하다.

folium 라이브러리는 일반적인 파이썬 라이브러리 설치 방법과 동일하게 다음 명령어로 설치할 수 있다.

```
pip install folium
```

간혹 설치 과정에서 오류가 발생할 수 있다. 이 경우 charset과 charset-normalizer 라이브러리를 설치한 후 다시 folium을 설치해 본다.

geokakao 라이브러리 설치하기

geokakao는 카카오에서 제공하는 주소를 사용하여 위도와 경도로 변환해 주는 파이썬 패키지다. 지도를 화면에 표시하려면 지도 중심점의 좌표(위도와 경도)를 알아야 하는데, geokakao를 사용하여 주소를 입력하면 해당 주소의 위도와 경도 값을 알려준다.

이 라이브러리는 카카오의 오픈 API를 기반으로 작동한다. 단, 하루 접속 건수가 제한되어 있어 사용량 초과 시 기능이 동작하지 않을 수 있으니 유의하자.

geokakao는 다음 명령어로 설치할 수 있다.

```
pip install geokakao
```

지도 작업 결과를 확인하기 위한 showMap( ) 함수 정의하기

`folium` 라이브러리는 기본적으로 지도를 웹 브라우저에 출력하도록 설계되어 있다. 그러나 VS Code에서는 작성된 지도를 직접 확인하기 어렵다. 이 문제를 해결하기 위해 `showMap()` 함수를 정의한다.

`showMap()` 함수는 생성된 지도 객체를 VS Code에서 설정한 작업 폴더의 `map.html` 파일에 저장한 후 `webbrowser` 라이브러리를 이용하여 웹 브라우저에서 해당 파일을 열어 지도를 표시한다. 이 책에서는 `showMap()` 함수를 정의하여 `displayMap.py` 파일에 저장해 두고 이 파일을 불러와 사용하기로 한다. 독자들은 이 파일을 VS code 작업 폴더(workspace)에 생성하여 활용하기 바란다.

TIP VS Code의 작업 폴더를 지정하거나 위치를 확인하는 방법은 35쪽에 있는 '프로그램의 작성과 실행' 항목을 참조한다.

displayMap.py

```
import webbrowser
import os

# 지도를 웹 브라우저에 표시
def showMap(map):
    map.save("map.html")                          # 지도가 포함된 html 파일 생성
    filepath = os.getcwd()
    file_uri = 'file:///' + filepath + '/map.html'
    webbrowser.open_new_tab(file_uri)             # html 파일 오픈
```

`webbrowser` 라이브러리는 파이썬 프로그램 내에서 웹 브라우저를 제어할 수 있는 강력한 도구로, 간편하게 쓸 수 있다. html 형식의 파일이나 웹 주소(URL)를 입력받아 웹 브라우저상에 해당 내용을 출력하는 작업을 지원한다.

02 특정 지역의 지도 보기

지도에 데이터를 표현하려면 먼저 원하는 지역의 지도를 가져와야 한다. 이 작업은 두 가지 방법으로 진행할 수 있다. 하나는 중심점 좌표를 알고 있을 때 지도를 표시하는 방법이고 다른 하나는 중심점 위치의 주소를 알고 있을 때 지도를 표시하는 방법이다. 이 두 가지 방법을 각각 살펴보자.

코드 9-1 code9_1.py

```
import folium
import geokakao as gk
import displayMap as dm

# 지도 중심의 좌표를 알 때
loc = [37.54, 127.05]                          # 위도, 경도
map = folium.Map(location=loc)                 # 지도 객체 생성
dm.showMap(map)                                # 웹 브라우저에 지도 표시

# 지도 중심의 주소를 알 때
loc = gk.convert_address_to_coordinates('경기 용인시 수지구 죽전로 152')
loc                                            # 지도의 중심 좌표
map = folium.Map(location=loc, zoom_start=16)  # 지도 객체 생성
dm.showMap(map)                                # 웹 브라우저에 지도 표시
```

[코드 9-1]의 실행 결과를 나누어 설명하면 다음과 같다.

```
>>> import folium
>>> import geokakao as gk
>>> import displayMap as dm
```

지도를 작성하는 데 필요한 folium 라이브러리, 주소를 좌표로 변환하는 데 필요한 geokakao 라이브러리, 지도를 화면에 출력하는 데 필요한 displayMap 모듈을 불러온다. 1절에서 설명했듯이, displayMap.py 파일은 [코드 9-1] 파일과 동일한 폴더, 즉 VS Code에서 지정한 작업 폴더(workspace)에 있어야 displayMap 모듈을 정상적으로 불러올 수 있다.

여기서 잠깐! displayMap 모듈 불러오기

import displayMap as dm의 실행이 정상적으로 이루어지지 않는 경우 다음과 같이 실행해 보자.

```
import os
os.chdir('D:/ds_study/')          # displayMap.py가 있는 폴더의 경로 지정
import displayMap as dm
```

```
>>> # 지도 중심의 좌표를 알 때
>>>
>>> loc = [37.54, 127.05]                        # 위도, 경도
```

지도를 가져오기 위해 지도의 중심점 좌표를 입력한다. 이때 좌표는 [위도, 경도] 순으로 입력한다.

```
>>> map = folium.Map(location = loc)             # 지도 객체 생성
```

입력한 좌표를 중심으로 하는 지도를 생성하여 map 객체에 저장한다. 매개변수 location에는 가져올 지도의 중심점 좌표를 입력한다.

```
>>> dm.showMap(map)                                        # 웹 브라우저에 지도 표시
```

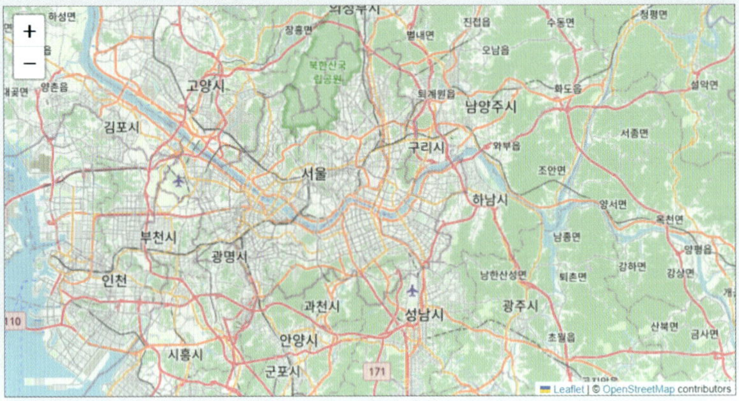

dm.showMap(map)은 map 객체에 저장된 동적 지도를 웹 브라우저에 표시한다. 표시된 지도는 확대, 축소, 위치 이동 등의 동작이 가능하다. 지도 왼쪽 상단에 있는 +와 – 아이콘을 사용하여 지도를 확대하거나 축소할 수 있다.

```
>>> # 지도 중심의 주소를 알 때
>>>
>>> loc = gk.convert_address_to_coordinates('경기 용인시 수지구 죽전로 152')
>>> loc                                                    # 지도의 중심 좌표
('37.3211938747541', '127.132535935195')
```

지도를 표시할 위치의 좌표를 모르고 주소만 알고 있는 경우, 주소를 좌표로 변환해야 한다. 이 작업은 여러 라이브러리가 지원하는데, geokakao도 그중 하나다.

convert_address_to_coordinates() 메서드에 주소를 입력하면 해당 주소에 대응하는 좌푯값을 반환한다. 위 코드에서는 입력한 주소에 대응하는 좌푯값이 loc 변수에 저장된 것을 확인할 수 있다. 만일 입력한 주소에 대응하는 좌표를 찾지 못하면 아무 값도 반환하지 않으므로 주소를 좌표로 변환할 때는 반환된 좌푯값이 올바른지 반드시 확인해야 한다.

```
>>> map = folium.Map(location = loc, zoom_start=16) # 지도 객체 생성
>>> dm.showMap(map)                                 # 웹 브라우저에 지도 표시
```

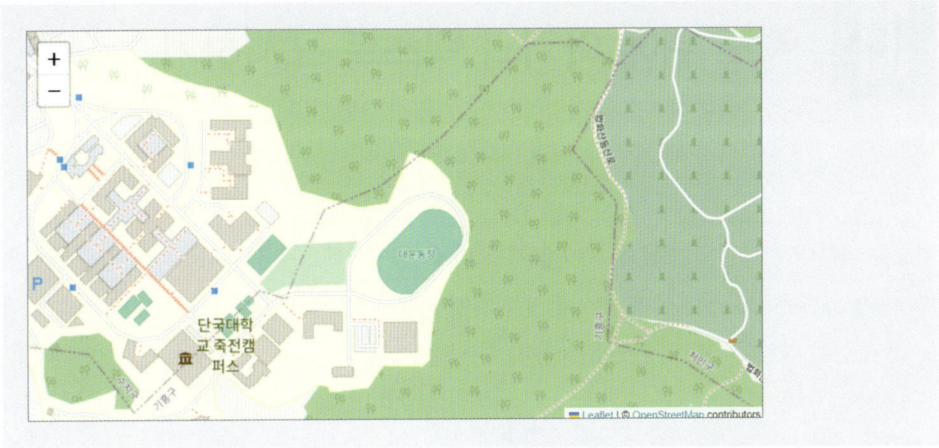

지도 객체를 생성하는 Map() 클래스 메서드는 다양한 매개변수를 제공한다. Map() 클래스 메서드의 주요 매개변수는 [표 9-1]과 같다.

표 9-1 Map() 클래스 메서드의 주요 매개변수

매개변수	설명	매개변수 값
location	지도 중심의 좌푯값	[위도, 경도]
zoom_start	지도의 확대 수준	0~18(기본값: 10) 값이 클수록 더 상세한 지도가 표시된다.
tiles	출력될 지도 유형	'OpenStreetMap'(기본값), 'Cartodb Positron'

tiles에 따른 지도의 종류는 [그림 9-2]와 같다.

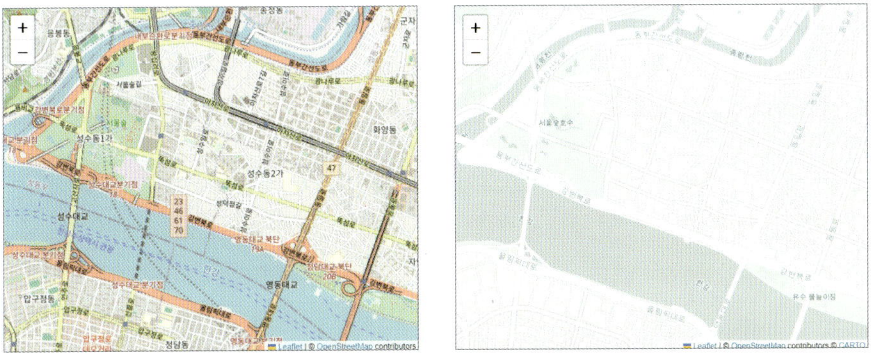

(a) OpenStreetMap

(b) Cartodb Positron

그림 9-2 tiles에 따른 지도 유형

03 지도 위에 마커와 텍스트 표시하기

지도를 나타내는 방법을 배웠으니 이제 지도 위에 마커와 텍스트를 표시하는 방법을 알아보자. **마커**marker는 지도상에서 특정 지점의 위치에 표시하는 기호로, 지점의 특성에 따라 [그림 9-3]과 같이 다양한 유형의 마커를 사용할 수 있다.

그림 9-3 다양한 마커의 예

1 기본 마커 표시하기

[코드 9-2]는 서울 종로구 사직로 161(경복궁 부근)의 지도를 가져와 지도 중심 지점에 마커를 표시하는 예다. 마커를 표시하려면 지도 객체의 `folium.Marker()` 메서드에 마커를 표시할 좌푯값을 입력한다.

코드 9-2 code9_2.py

```
import folium
import geokakao as gk
import displayMap as dm

loc = gk.convert_address_to_coordinates('서울 종로구 사직로 161')
```

```
loc
map = folium.Map(location=loc, zoom_start=16)       # 지도 객체 생성
folium.Marker(location=loc,                          # 기본 마커 표시
              popup='경복궁').add_to(map)
dm.showMap(map)                                      # 웹 브라우저에 지도 표시
```

실행 결과

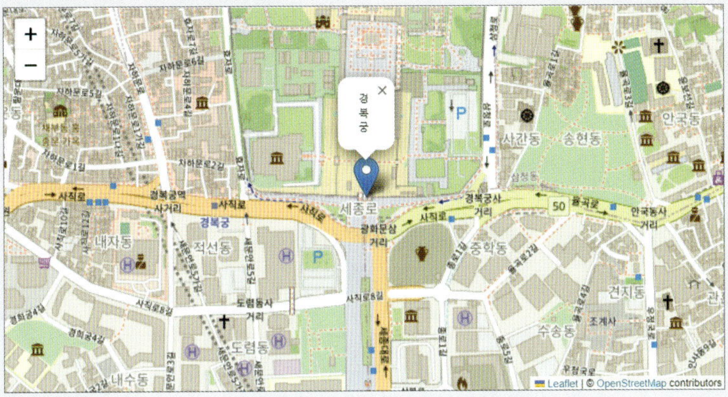

웹 브라우저에 지도와 기본 마커가 표시되었다. `folium.Marker()` 메서드의 주요 매개변수는 [표 9-2]와 같다.

표 9-2 folium.Marker( ) 메서드의 주요 매개변수

매개변수	설명
location	마커의 위치를 지정한다.
popup	마커를 클릭했을 때 표시할 텍스트를 입력한다.
icon	마커의 색이나 모양을 지정한다.

2 마커 아이콘 변경하기

[코드 9-3]은 마커 아이콘의 색과 모양을 변경하는 예다. `folium.Marker()` 메서드의 매개변수인 `icon`에 `folium.Icon()` 메서드를 이용하여 아이콘의 색과 모양을 지정할 수 있다.

코드 9-3 code9_3.py

```
import folium
import geokakao as gk
import displayMap as dm

loc = gk.convert_address_to_coordinates('강원특별자치도 강릉시 창해로 514')
loc
map = folium.Map(location=loc, zoom_start=13)       # 지도 객체 생성
folium.Marker(location=loc,                         # 마커 표시
              icon=folium.Icon(color='red', icon='star')).add_to(map)
dm.showMap(map)                                     # 웹 브라우저에 지도 표시
```

실행 결과

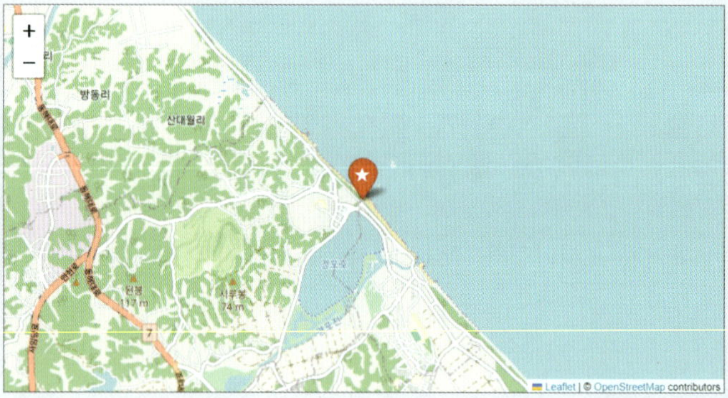

지도(map)와 마커(Marker)의 실행 결과가 웹 브라우저에 표시되었다. folium.Marker(...).add_to(map)은 마커를 생성하고 이를 map 객체에 추가하라는 의미다. folium.Marker()의 매개변수인 icon에는 마커의 색과 모양을 지정하는 내용이 folium.Icon() 메서드를 통해 입력된다. folium.Icon() 메서드의 주요 매개변수는 [표 9-3]과 같다.

표 9-3 folium.Icon() 메서드의 주요 매개변수

매개변수	설명	매개변수 값
color	마커의 색	'red', 'blue'(기본값), 'green', 'purple', 'orange', 'darkred', 기타
icon	마커의 모양	'home', 'glass', 'flag', 'star', 'bookmark', 기타 추가적인 아이콘 타입

TIP 추가적인 아이콘 타입은 Font Awesome에서 제공되며, 자세한 목록은 https://getbootstrap.com/docs/3.3/components/에서 확인할 수 있다.

3 마커 위치에 텍스트 추가하기

앞에서 지도 위에 마커를 추가하는 방법을 살펴보았다. 일반적으로 마커 위치에 텍스트를 함께 표시해야 할 때가 많으므로, 이번에는 텍스트를 추가하는 방법에 대해 알아보자. [코드 9-4]는 지도 위의 마커 위치에 '경포해수욕장'을 함께 표시하는 예다. [코드 9-3]에 이어서 [코드 9-4]를 실행한다.

코드 9-4 code9_4.py

```
# 마커 위치에 텍스트 추가
html_start =  html='<div \
                  style="\
                      font-size: 12px;\
                      color: blue;\
                      background-color:rgba(255, 255, 255, 0.2);\
                      width:85px;\
                      text-align:left;\
                      margin:0px;\
                  "><b>'
html_end = '</b></div>'

folium.Marker(location=loc,
              icon=folium.DivIcon(
                  icon_anchor=(0, 0),          # 텍스트 위치 설정
                  html=html_start+'경포해수욕장'+html_end
              )).add_to(map)

dm.showMap(map)                              # 웹 브라우저에 지도 표시
```

[코드 9-4]의 실행 결과를 나누어 설명하면 다음과 같다.

```
>>> # 마커 위치에 텍스트 추가
>>>
>>> html_start =  html='<div \
```

```
...                         style="\
...                             font-size: 12px;\
...                             color: blue;\
...                             background-color:rgba(255, 255, 255, 0.2);\
...                             width:85px;\
...                             text-align:left;\
...                             margin:0px;\
...                         "><b>'
>>>
>>> html_end = '</b></div>'
```

`folium` 라이브러리는 텍스트를 지도 위에 표시할 때 html 문법을 사용하여 표현한다. 위 코드에서 `html_start`와 `html_end`는 html 문서의 기본 골격을 작성한 것으로, 그 사이에 표시할 텍스트를 넣어 연결한다.

html 문법에 익숙하다면 이 코드를 수정하여 원하는 텍스트를 출력하도록 조정할 수 있다. html 문법을 잘 모르는 경우, [표 9-4]를 참고하여 `html_start`의 내용을 일부 수정하면 원하는 결과를 얻을 수 있다.

표 9-4 html_start의 주요 매개변수

매개변수	설명
`font-size`	표시할 텍스트의 글씨 크기를 정의한다. 단위는 px이며, 숫자가 커질수록 큰 글씨가 표시된다.
`color`	표시할 텍스트의 색을 정의한다.
`background-color`	표시할 텍스트의 배경을 정의한다. `rgba(255, 255, 255, 0.2)`는 흰색 배경에 투명도 20%를 의미한다.

```
>>> folium.Marker(location=loc,
...               icon=folium.DivIcon(
...                   icon_anchor=(0, 0),              # 텍스트 위치 설정
...                   html=html_start+'경포해수욕장'+html_end
...               )).add_to(map)
<folium.map.Marker object at 0x000001D3F672CE60>
```

텍스트를 추가할 때도 folium.Marker() 메서드를 이용한다. 마커를 추가한 방식과 다른 점은 매개변수인 icon에 folium.Icon()이 아닌 folium.DivIcon()을 적용한다는 점이다. folium.DivIcon() 메서드의 주요 매개변수는 [표 9-5]와 같다.

표 9-5 folium.DivIcon() 메서드의 주요 매개변수

매개변수	설명
icon_anchor	표시할 텍스트의 위치를 설정한다. (0, 0)일 때 텍스트가 마커 하단 꼭짓점 부근에 출력된다.
html	표시할 텍스트를 정의한 html 문자열을 입력한다. 위 코드에서 출력할 문자열은 html_start+'경포해수욕장'+html_end다.

```
>>> dm.showMap(map)                                    # 웹 브라우저에 지도 표시
```

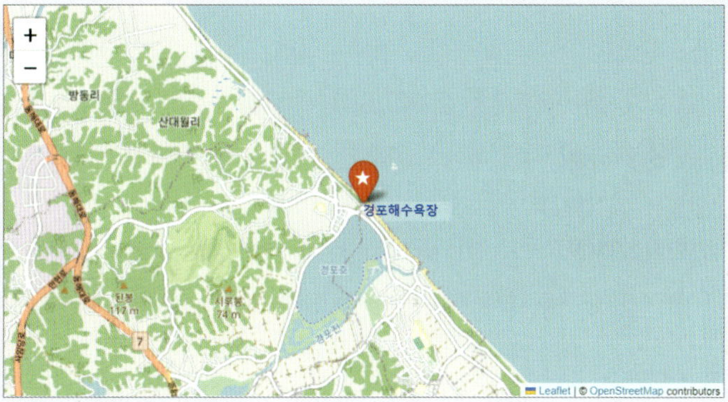

dm.showMap(map) 명령을 실행하면 지도(map), 마커(marker), 텍스트가 포함된 결과가 웹 브라우저에 표시된다.

4 다수의 마커 표시하기

지도상에는 여러 개의 마커와 텍스트를 동시에 표시할 수 있다. [코드 9-5]는 제주도에 있는 주요 관광 명소 6곳의 명칭과 마커를 지도에 표시하는 예다. 여기서 다룰 6개 관광 명소의 주소는 [표 9-6]과 같다.

표 9-6 제주도 주요 관광 명소의 주소 예

지명	주소
용두암	제주시 용두암길 15
성산일출봉	서귀포시 성산읍 성산리
정방폭포	서귀포시 동홍동 299-3
중문관광단지	서귀포시 중문동 2624-1
한라산1100고지	서귀포시 색달동 산1-2
차귀도	제주시 한경면 고산리 산 117

코드 9-5

code9_5.py

```
import folium
import geokakao as gk
import displayMap as dm
import pandas as pd

# 관광지 정보를 데이터프레임으로 저장
names = ['용두암', '성산일출봉', '정방폭포',
         '중문관광단지', '한라산1100고지', '차귀도']
addr =  ['제주시 용두암길 15',
         '서귀포시 성산읍 성산리',
         '서귀포시 동홍동 299-3',
         '서귀포시 중문동 2624-1',
         '서귀포시 색달동 산1-2',
         '제주시 한경면 고산리 산 117']

dict = {"names": names, "addr": addr}
df = pd.DataFrame(dict)
df

# 관광지의 좌표를 df에 추가
gk.add_coordinates_to_dataframe(df, 'addr')
df
df.dtypes

# 문자열 좌푯값을 숫자로 변환
df.decimalLatitude = pd.to_numeric(df.decimalLatitude)
```

```
df.decimalLongitude = pd.to_numeric(df.decimalLongitude)
df.dtypes

# 지도의 중심점 계산
center = [df.decimalLatitude.mean(), df.decimalLongitude.mean()]
center

# 지도 객체 생성
map = folium.Map(location=center, zoom_start=10)

# 지도에 마커 추가
for i in range(len(df)):
    folium.Marker(location=[df.iloc[i, 2], df.iloc[i, 3]],
                  icon=folium.Icon(color='red', icon='star')).add_to(map)
dm.showMap(map)

# 지도에 텍스트(관광지명) 추가
html_start =  html='<div \
                   style="\
                       font-size: 12px;\
                       color: blue;\
                       background-color:rgba(255, 255, 255, 0.2);\
                       width:85px;\
                       text-align:left;\
                       margin:0px;\
                   "><b>'
html_end = '</b></div>'

for i in range(len(df)):
    folium.Marker(location=[df.iloc[i, 2], df.iloc[i, 3]],
                  icon=folium.DivIcon(
                       icon_anchor=(0, 0),          # 텍스트 위치 설정
                       html=html_start+df.names[i]+html_end
                       )).add_to(map)

# 웹 브라우저에 지도 출력
dm.showMap(map)
```

[코드 9-5]의 실행 결과를 나누어 설명하면 다음과 같다.

```
>>> import folium
>>> import geokakao as gk
>>> import displayMap as dm
>>> import pandas as pd
```

작업에 필요한 라이브러리를 불러온다.

```
>>> # 관광지 정보를 데이터프레임으로 저장
>>>
>>> names = ['용두암', '성산일출봉', '정방폭포',
...          '중문관광단지', '한라산1100고지', '차귀도']
>>> addr =  ['제주시 용두암길 15',
...          '서귀포시 성산읍 성산리',
...          '서귀포시 동홍동 299-3',
...          '서귀포시 중문동 2624-1',
...          '서귀포시 색달동 산1-2',
...          '제주시 한경면 고산리 산 117']
>>>
>>> dict = {"names": names, "addr": addr}
>>> df = pd.DataFrame(dict)
>>> df
        names                   addr
0         용두암           제주시 용두암길 15
1       성산일출봉         서귀포시 성산읍 성산리
2        정방폭포         서귀포시 동홍동 299-3
3      중문관광단지        서귀포시 중문동 2624-1
4  한라산 1100고지          서귀포시 색달동 산1-2
5         차귀도    제주시 한경면 고산리 산 117
```

관광지 이름과 주소를 컬럼으로 하는 데이터프레임 df를 생성하고 내용을 확인하였다. 데이터프레임에 한글이 포함된 경우 출력 시 줄이 잘 맞지 않는다. 위의 출력 결과는 이해를 돕기 위해 인위적으로 정렬한 상태다.

```
>>> # 관광지의 좌표를 df에 추가
>>>
>>> gk.add_coordinates_to_dataframe(df, 'addr')
```

1개의 주소를 좌표로 변환할 때는 convert_address_to_coordinates() 메서드를 이용하였다. 그러나 다수의 주소가 데이터프레임에 저장된 경우라면 add_coordinates_to_dataframe() 메서드를 사용하는 것이 더 편리하다. 이 메서드에 데이터프레임 이름(df)과 주소 컬럼의 이름('addr')을 매개변수로 받아 여러 주소로부터 한 번에 좌푯값을 얻을 수 있다.

```
>>> df
           names              addr    decimalLatitude decimalLongitude
0          용두암        제주시 용두암길 15  33.5148035919525  126.511798046978
1       성산일출봉        귀포시 성산읍 성산리  33.4641549468641  126.933094402743
2         정방폭포      서귀포시 동홍동 299-3  33.2450439717872  126.571611812583
3     중문관광단지     서귀포시 중문동 2624-1  33.2458014088806  126.420647253077
4  한라산1100고지      서귀포시 색달동 산1-2  33.3575245371214  126.462896523457
5          차귀도  제주시 한경면 고산리 산 117  33.3114857877205  126.146243639486
>>> df.dtypes
names               object
addr                object
decimalLatitude     object
decimalLongitude    object
dtype: object
```

df의 내용을 출력해 보면 관광지 주소에 대한 위도(decimalLatitude)와 경도(decimalLongitude)가 새로운 컬럼으로 추가된 것을 확인할 수 있다. 그러나 추가된 컬럼의 자료형은 숫자형이 아닌 문자형(object)으로 나타난다. 이를 숫자형으로 변환해야 한다.

```
>>> # 문자열 좌푯값을 숫자로 변환
>>>
>>> df.decimalLatitude = pd.to_numeric(df.decimalLatitude)
>>> df.decimalLongitude = pd.to_numeric(df.decimalLongitude)
>>> df.dtypes
names               object
```

```
addr                    object
decimalLatitude        float64
decimalLongitude       float64
dtype: object
```

pd.to_numeric() 메서드를 사용하여 문자열로 저장된 좌푯값을 숫자형으로 변환하였다.

```
>>> # 지도의 중심점 계산
>>>
>>> center = [df.decimalLatitude.mean(), df.decimalLongitude.mean()]
>>> center
[np.float64(33.35646904072105), np.float64(126.50771527972067)]
```

지도를 생성하려면 지도의 중심점을 매개변수로 입력해야 한다. 여기서는 여러 관광지의 위도와 경도의 평균값을 계산하여 이를 지도의 중심점으로 설정하였다.

```
>>> # 지도 객체 생성
>>>
>>> map = folium.Map(location=center, zoom_start=10)
```

지도 객체인 map을 생성하였다.

```
>>> # 지도에 마커 추가
>>>
>>> for i in range(len(df)):
...     folium.Marker(location=[df.iloc[i, 2], df.iloc[i, 3]],
...                   icon=folium.Icon(color='red', icon='star')).add_to(map)
...
<folium.map.Marker object at 0x000001D3F6890740>
<folium.map.Marker object at 0x000001D3F68905F0>
<folium.map.Marker object at 0x000001D3F6890560>
<folium.map.Marker object at 0x000001D3F6891130>
<folium.map.Marker object at 0x000001D3F6891010>
<folium.map.Marker object at 0x000001D3F6890320>
```

```
>>> dm.showMap(map)
```

지도에 마커를 여러 개 추가하는 방법은 간단하다. for 문을 이용하여 데이터프레임에서 좌푯값을 차례로 가져와 마커를 생성하고 이를 map 객체에 추가하면 된다. 이를 통해 지도에 6개의 마커가 표시되는 것을 확인할 수 있다.

```
>>> # 지도에 텍스트(관광지명) 추가
>>>
>>> html_start =  html='<div \
...                     style="\
...                         font-size: 12px;\
...                         color: blue;\
...                         background-color:rgba(255, 255, 255, 0.2);\
...                         width:85px;\
...                         text-align:left;\
...                         margin:0px;\
...                     "><b>'
>>>
>>> html_end = '</b></div>'
>>> for i in range(len(df)):
...     folium.Marker(location=[df.iloc[i,2], df.iloc[i,3]],
...                    icon=folium.DivIcon(
...                         icon_anchor=(0, 0),          # 텍스트 위치 설정
...                         html=html_start+df.names[i]+html_end
```

```
...                               )).add_to(map)
... # 웹 브라우저에 지도 출력
...
<folium.map.Marker object at 0x000001D3F6893AD0>
<folium.map.Marker object at 0x000001D3F6893F20>
<folium.map.Marker object at 0x000001D3F6893B60>
<folium.map.Marker object at 0x000001D3F6892EA0>
<folium.map.Marker object at 0x000001D3F68939E0>
<folium.map.Marker object at 0x000001D3F68929C0>
>>> dm.showMap(map)
```

관광지 이름을 지도에 추가할 때도 for 문을 이용하여 텍스트를 하나씩 추가한다. 이 작업을 통해 생성된 지도에서 각 마커와 함께 관광지 명칭이 표시된 최종 결과를 확인할 수 있다.

하나 더 알기 한글이 포함된 데이터프레임

데이터프레임에 한글이 포함된 경우, 내용을 출력하면 줄이 잘 맞지 않아 가독성이 떨어질 수 있다. 한글을 보기 좋게 출력하려면 다음과 같이 `tabulate` 라이브러리를 설치해야 한다. 여기서 `[widechars]` 옵션은 한국어, 일본어, 중국어 등이 테이블에 포함될 때 정렬 상태를 유지하는 기능을 수행한다.

```
pip install tabulate[widechars]
```

다음은 한글이 포함된 데이터프레임을 출력하는 예제 코드다.

```
import pandas as pd
from tabulate import tabulate

tabulate.WIDE_CHARS_MODE = False    # 한글 출력을 위한 설정 필요

df = pd.read_csv("d:/data/seoul_201512.csv")
df.iloc[:, 0:4].head()
print(tabulate(df.iloc[:, 0:4].head(), headers='keys'))
```

데이터프레임을 일반적으로 출력한 경우와 **tabulate()**를 이용하여 출력한 경우의 실행 결과를 보면 다음과 같다.

일반 출력

```
>>> df.iloc[:, 0:4].head()
     상가업소번호        상호명 상권업종대분류명    상권업종중분류명
0  26017701        갤러리        소매   취미/오락관련소매
1  23387487      착한꽃돼지        음식          한식
2  20001551    한빛나노메디칼        소매    의약/의료품소매
3  25161980   디아이앤아이건설       부동산          분양
4  22463539    한국보안시스템     생활서비스       개인서비스
```

tabulate()를 이용한 출력

```
>>> print(tabulate(df.iloc[:, 0:4].head(), headers='keys'))
      상가업소번호  상호명           상권업종대분류명  상권업종중분류명
--  ------------  --------------  ----------------  ----------------
 0      26017701  갤러리          소매              취미/오락관련소매
 1      23387487  착한꽃돼지      음식              한식
 2      20001551  한빛나노메디칼  소매              의약/의료품소매
 3      25161980  디아이앤아이건설 부동산            분양
 4      22463539  한국보안시스템  생활서비스        개인서비스
```

여기서 주의할 점은 **tabulate()**의 내용을 출력할 때 위와 같이 반드시 **print()**를 사용해야 한다는 점이다. 그렇게 하지 않으면 줄 바꿈이 정상적으로 이루어지지 않아 예상치 못한 출력 결과가 나타날 수 있다.

04 지도 위에 데이터 표시하기

지도 위에는 마커나 텍스트뿐 아니라 원과 같은 도형도 표시할 수 있다. 이러한 기능을 활용하면 지역별 인구수 등의 데이터를 지도 위에 시각적으로 표현할 수 있다.

4절에서는 wind 데이터셋을 이용하여 지도 위에 데이터를 표현하는 방법을 학습한다. 이 데이터셋에는 미국 루이지애나주 부근에서 측정된 풍속 데이터가 담겨 있다. [코드 9-6]을 통해 각 측정 위치의 풍속(spd)을 원의 크기로 시각화하는 방법을 알아보자.

코드 9-6 code9_6.py

```
import folium
import displayMap as dm
import pandas as pd

df = pd.read_csv('d:/data/wind.csv')
df.head()

df = df.sample(50, random_state=123)

# 지도의 중심점 구하기
center = [df.lat.mean(), df.lon.mean()]

# 지도 가져오기
map = folium.Map(location=center, zoom_start=5)
dm.showMap(map)

# 측정 위치에 마커 표시하기
for i in range(len(df)):
    folium.Marker(location=[df.lat.iloc[i], df.lon.iloc[i]],
                  icon=folium.Icon(color='blue', icon='flag')).add_to(map)
dm.showMap(map)
```

```
# 풍속을 원의 크기로 표시하기
map = folium.Map(location=center, zoom_start=5)          # 마커 없는 지도

for i in range(len(df)):
    folium.CircleMarker(location=[df.lat.iloc[i], df.lon.iloc[i]],
                        radius=(df.spd.iloc[i]**0.5)*2,   # 원의 반지름
                        color='red',                      # 원의 색
                        stroke=False,                     # 윤곽선 없음
                        fill=True,                        # 원의 내부 색
                        fill_opacity='50%'                # 원의 내부 색 투명도
                        ).add_to(map)
dm.showMap(map)
```

[코드 9-6]의 실행 결과를 나누어 설명하면 다음과 같다.

```
>>> import folium
>>> import displayMap as dm
>>> import pandas as pd
```

작업에 필요한 라이브러리를 불러온다.

```
>>> df = pd.read_csv('d:/data/wind.csv')
>>> df.head()
      lon   lat       dir  dur  std  spd
0 -99.900  24.3  3.141593  0.0  0.0  0.0
1 -99.856  24.3  3.141593  0.0  0.0  0.0
2 -99.811  24.3  3.141593  0.0  0.0  0.0
3 -99.767  24.3  3.141593  0.0  0.0  0.0
4 -99.723  24.3  3.141593  0.0  0.0  0.0
```

파일에 있는 wind 데이터셋을 읽어와 df에 저장하였다. df에 있는 컬럼 중 경도(lon), 위도(lat), 풍속(spd) 컬럼을 이용하기로 한다.

```
>>> df = df.sample(50, random_state=123)
```

wind 데이터셋에는 5만여 개의 관측 지점 데이터가 들어 있으므로, 이 중에서 50개를 무작위로 추출하여 사용하기로 한다.

```
>>> # 지도의 중심점 구하기
>>>
>>> center = [df.lat.mean(), df.lon.mean()]
>>> # 지도 가져오기
>>>
>>> map = folium.Map(location=center, zoom_start=5)
>>> dm.showMap(map)
```

지도의 중심점을 계산하여 center에 저장하고, 이를 이용하여 지도 객체를 생성하였다. 좌푯값을 입력할 때는 위도(lat)를 먼저 쓰고 경도(lon)를 뒤에 쓰는 순서를 반드시 지켜야 한다.

```
>>> # 측정 위치에 마커 표시하기
>>>
>>> for i in range(len(df)):
...     folium.Marker(location=[df.lat.iloc[i], df.lon.iloc[i]],
...                   icon=folium.Icon(color='blue', icon='flag')).add_to(map)
...
<folium.map.Marker object at 0x000001D3F6891490>
<folium.map.Marker object at 0x000001D3F6893020>
(중략)
<folium.map.Marker object at 0x000001D3F6890EC0>
<folium.map.Marker object at 0x000001D3F68910A0>
>>> dm.showMap(map)
```

바람 측정 지점의 좌푯값을 이용하여 각 측정 지점을 지도상에 표시하였다.

```
>>> # 풍속을 원의 크기로 표시하기
>>>
>>> map = folium.Map(location=center, zoom_start=5)  # 마커 없는 지도
```

마커 대신 측정 지점의 풍속을 원으로 표시하기 위해, 마커가 없는 map 객체를 새로 생성하였다.

```
>>> for i in range(len(df)):
...     folium.CircleMarker(location=[df.lat.iloc[i], df.lon.iloc[i]],
...                         radius=(df.spd.iloc[i]**0.5)*2,  # 원의 반지름
...                         color='red',                     # 원의 색
...                         stroke=False,                    # 윤곽선 없음
...                         fill=True,                       # 원의 내부 색
...                         fill_opacity='50%'               # 원의 내부 색 투명도
...                        ).add_to(map)
...
<folium.vector_layers.CircleMarker object at 0x000001D3F680FA70>
<folium.vector_layers.CircleMarker object at 0x000001D3F680C6B0>
(중략)
```

```
<folium.vector_layers.CircleMarker object at 0x000001D3F67D9940>
<folium.vector_layers.CircleMarker object at 0x000001D3F67DB8C0>
>>> dm.showMap(map)
```

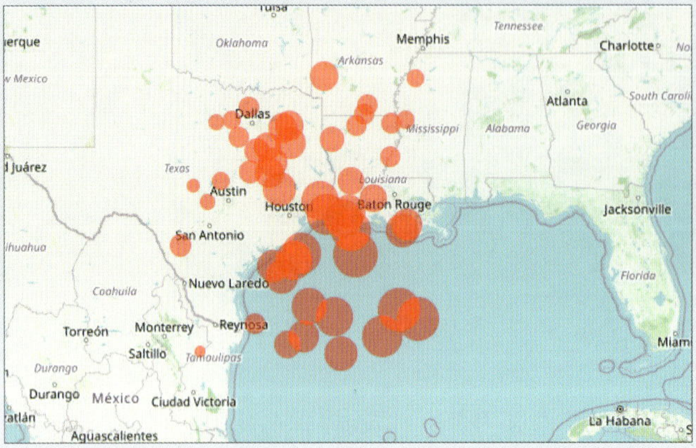

지도 위에 원을 표시할 때는 folium의 CircleMarker() 메서드를 사용한다. 이 메서드에서 입력해야 할 주요 매개변수는 [표 9-7]과 같다.

표 9-7 CircleMarker() 메서드의 주요 매개변수

매개변수	설명
location	원의 좌표를 [위도, 경도] 형식으로 입력한다.
radius	원의 반지름을 설정한다.
color	원의 색을 정의한다.
stroke	원의 테두리 표시 여부를 지정한다.
fill	원의 내부 색상을 설정한다. True로 설정하면 내부 색상이 적용된다.
fill_opacity	원의 내부 색상 투명도를 설정한다. 값이 0%에 가까울수록 투명도가 높아진다.

지도에서 원의 크기는 풍속을 기준으로 계산하였다. 즉, 풍속이 높을수록 원의 크기도 커진다. 지도를 관찰해 보면 바다 쪽 원이 육지 쪽 원보다 큰 것을 알 수 있는데, 이는 육상에서보다 해상에서 풍속이 더 빠르다는 것을 의미한다. 육상에서는 내륙으로 갈수록 풍속이 감소하는 경향을 관찰할 수 있다.

데이터를 원의 크기로 표현할 때 몇 가지 어려움이 있을 수 있다. 예를 들어 풍속(spd) 값을 그대로 원의 크기로 사용할 경우, 원이 지나치게 커져 많은 원이 서로 겹치게 된다. 따라

서 적정한 크기의 원을 찾기 위해 여러 가지 시도를 해보아야 한다. 앞의 예에서는 (`df.spd.iloc[i]**0.5)*2`라는 식을 사용하였다. 즉, 풍속의 제곱근을 구한 뒤 2를 곱하는 방식으로 원의 크기를 조정하였다.

풍속 값의 최댓값과 최솟값 차이가 크지 않다면 단순히 곱하거나 나누는 방식으로 적절한 크기를 설정할 수 있다. 반면, 최댓값과 최솟값의 차이가 클 때는 로그나 제곱근을 활용하도록 하자.

하나 더 알기 추가 학습 주제

`folium` 라이브러리는 본문에서 다룬 내용 외에도 다양한 기능을 제공한다. 지도 시각화에 관심이 있다면 다음 내용을 추가로 학습해 보기를 추천한다.

- 지도에 범례 표시하기
- 지역 구획(행정구역)상에 정보 표시하기
- 기본 지도 변경하기(예 구글 지도, 네이버 지도)
- 히트맵(heat map)으로 정보 시각화하기

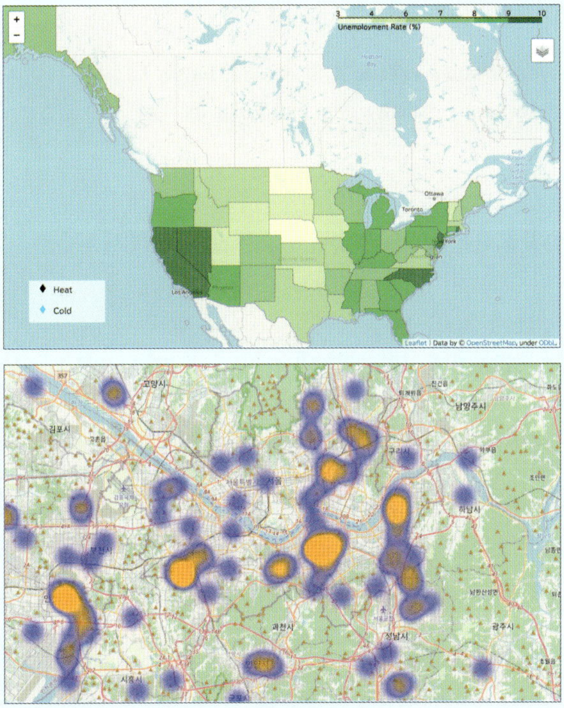

그림 9-4 folium 라이브러리의 활용 예 © Stack Overflow

실전 분석

문제 1

서울시 지하철역의 아침 출근 시간대 탑승객 수를 지도 위에 표시하고자 한다. 다음 순서를 따라 지도 시각화를 실시하시오.

TIP subway_line_1_8_20231231.csv와 seoul_subway_address_2023.csv 파일은 한빛아카데미 홈페이지에서 다운로드할 수 있다.

01 지하철 탑승객 데이터셋과 지하철역 주소 데이터를 읽는다.

```
import folium
import displayMap as dm
import geokakao as gk
import pandas as pd

df_subway = pd.read_csv('d:/data/subway_line_1_8_20231231.csv')
df_addr = pd.read_csv('d:/data/seoul_subway_address_2023.csv')
```

02 지하철 탑승객 데이터셋에서 2호선의 오전 8~9시대 탑승객 수를 역별로 집계한다.

```
time_zone = ['t07_08시간대', 't08_09시간대']
df_subway = df_subway.loc[df_subway.호선명==2]                # 2호선 추출
df_subway = df_subway.groupby('역명')[time_zone].sum()      # 역별 승객 수 집계
df_subway['탑승객 수'] = df_subway.sum(axis=1)              # 탑승객 수 합계
df_subway.head()
```

03 탑승객 데이터와 역 주소 데이터를 병합한 뒤, 주소를 이용해 위도와 경도 값을 추가한다.

```
df_merge = pd.merge(df_subway, df_addr, on='역명', how='inner')

# add lat, lon
gk.add_coordinates_to_dataframe(df_merge, '도로명주소')

# 문자열 좌푯값을 숫자로 변환
df_merge.decimalLatitude  = pd.to_numeric(df_merge.decimalLatitude)
df_merge.decimalLongitude = pd.to_numeric(df_merge.decimalLongitude)
df_merge.info()
```

04 지도의 중심점을 계산한다.

```
center = df_merge[['decimalLatitude','decimalLongitude']].mean().to_list()
```

05 역의 위치를 지도 위에 마커로 표시한다.

```
# 지도 객체 생성
map = folium.Map(location=center, zoom_start=12)

# 지도에 마커 추가
for i in range(len(df_merge)):
    folium.Marker(location=[df_merge.loc[i, 'decimalLatitude'],
                            df_merge.loc[i, 'decimalLongitude']],
                  icon=folium.Icon(color='red', icon='star')).add_to(map)
dm.showMap(map)
```

06 역별 탑승객 수를 역의 위치에 원으로 표시하고, 역 이름도 함께 나타낸다.

```
# 지도 객체 생성
map = folium.Map(location=center, zoom_start=12)

for i in range(len(df_merge)):
    folium.CircleMarker(location=[df_merge.loc[i, 'decimalLatitude'],
                                  df_merge.loc[i, 'decimalLongitude']],
            radius=((df_merge.loc[i, '탑승객 수']/150000)), # 원의 반지름
            color='red',                  # 원의 색
            stroke=False,                 # 윤곽선 없음
            fill=True,                    # 원의 내부 색
            fill_opacity='50%'            # 원의 내부 색 투명도
            ).add_to(map)

# 지도에 텍스트(역명) 추가
html_start =  html='<div \
                 style="\
                    font-size: 12px;\
                    color: blue;\
                    background-color:rgba(255, 255, 255, 0.2);\
                    width:85px;\
                    text-align:left;\
                    margin:0px;\
                 "><b>'
html_end = '</b></div>'

for i in range(len(df_merge)):
    folium.Marker(location=[df_merge.loc[i, 'decimalLatitude'],
                            df_merge.loc[i, 'decimalLongitude']],
                 icon=folium.DivIcon(
                    icon_anchor=(0, 0),         # 텍스트 위치 설정
```

```
                html=html_start+df_merge.loc[i, '역명']+html_end
            )).add_to(map)

# 웹 브라우저에 지도 출력
dm.showMap(map)
```

실행 결과

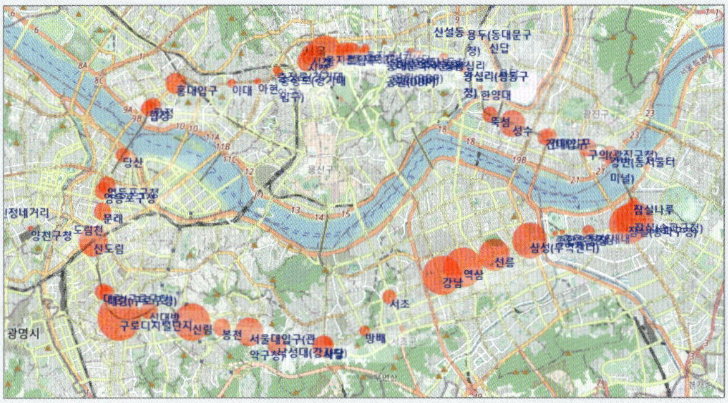

요약

01 지도는 데이터 분석 분야에서 정보를 전달하기 위한 중요한 수단으로 활용된다. 지도를 다루려면 `folium`과 `geokakao` 라이브러리를 설치해야 한다. `folium`은 파이썬에서 지도 시각화에 가장 널리 사용되는 라이브러리다. `geokakao`는 카카오에서 제공하는 주소를 위치로 변환하는 기능을 구현한다.

02 `folium.Map()` 클래스 메서드를 사용하여 지도 중심 좌푯값을 입력받아 지도를 생성한다. `geokakao.convert_address_to_coordinates()`는 주소를 위도와 경도 값으로 변환하는 데 사용된다.

03 마커는 지도 위에서 특정 지점의 위치를 나타내는 아이콘으로, `folium`은 다양한 모양의 아이콘을 지원한다. `folium.Marker()` 메서드를 사용해 마커의 위치와 모양을 지정할 수 있다.

04 지도 위에는 마커뿐 아니라 텍스트도 표시할 수 있다. 텍스트를 표시하려면 html 태그를 이용하는 비교적 복잡한 방법을 사용한다.

05 다수의 아이콘이나 텍스트를 지도에 표시하려는 경우, 필요한 주소 정보를 데이터프레임에 저장하고 `for` 문을 이용하여 처리한다.

06 지도 위에는 마커나 텍스트뿐 아니라 원과 같은 도형도 표시할 수 있다. 이러한 기능은 지역별 인구수 등의 데이터를 시각화하는 데 유용하다.

07 지도 위에 원을 표시하려면 `folium.CircleMarker()` 메서드를 사용한다. 이 메서드를 사용하여 원의 위치, 반지름, 색, 투명도 등을 세부적으로 설정할 수 있다. `folium`은 원의 적정 크기를 자동으로 계산해 주지 않기 때문에, 여러 번 시도하여 적절한 원의 크기를 지정해야 한다.

08 `folium`은 지도상 범례 표시, 행정구역 정보 표시, 히트맵 시각화 등 다양한 기능을 제공한다. 또한 기본 지도를 구글 지도나 네이버 지도와 같은 다른 지도 서비스로 변경할 수도 있다.

연습문제

※ 다음 코드를 실행하여 문제를 해결하는 데 필요한 라이브러리를 불러온다.

```
import folium
import geokakao as gk
import displayMap as dm
import pandas as pd
```

TIP displayMap은 이 책에서 제공하는 displayMap.py 파일을 이용하며, 한빛아카데미 홈페이지에서 다운로드할 수 있다.

[01~04] **국립공원_야영장.csv** 파일에는 전국 국립공원의 야영장 데이터가 포함되어 있다. 아래에 이어지는 문제를 해결하시오.

TIP 국립공원_야영장.csv 파일은 한빛아카데미 홈페이지에서 다운로드할 수 있다.

01 파일을 읽어서 df에 저장하시오. df에서 경상남도 데이터만 추출하여 df_new에 저장하시오.

02 경상남도에 위치한 국립공원 캠핑장의 위치를 캠핑장 이름과 함께 지도에 마커로 표시하시오. 마커의 모양은 flag로 하시오.

03 경상남도에 있는 국립공원 캠핑장의 위치에 원을 표시하되, 원의 크기는 해당 야영장의 야영동 수로 반영하시오.

04 전국 국립공원 캠핑장의 위치에 원을 표시하되, 원의 크기는 야영동 수로 하고 원의 색은 다음 기준을 따르시오.

기준	• 고도 500 초과: red	• 고도 200 미만: green	• 나머지: orange

[05~10] **병원현황.csv** 파일에는 전국 병원 데이터가 포함되어 있다. 아래에 이어지는 문제를 해결하시오.

TIP 병원현황.csv 파일은 한빛아카데미 홈페이지에서 다운로드할 수 있다.

05 파일을 읽어서 df에 저장하시오. 이후 결측값이 포함된 행을 제거한 다음, 병원의 구분별 병원 수 집계를 출력하시오.

06 전국의 '상급종합' 병원의 위치를 지도에 마커로 표시하시오. 마커의 모양은 home으로 하시오.

07 전국의 '종합병원' 위치를 파란색 원으로 나타내시오. 원의 크기는 4.0으로 하시오.

08 전국의 '한방병원'과 '한의원'의 위치를 지도에 원으로 표시하되 다음 기준을 따르시오.

> 기준 • 한방병원: 원의 크기는 7.0, 원의 색상은 빨간색(red)
> • 한의원: 원의 크기는 4.0, 원의 색상은 파란색(blue)

09 경기도 지역의 '보건소'와 '요양병원'의 위치를 지도에 원으로 나타내되 다음 기준을 따르시오.

> 기준 • 보건소: 원의 크기는 7.0, 원의 색상은 빨간색(red)
> • 요양병원: 원의 크기는 4.0, 원의 색상은 녹색(green)

10 전국의 '상급종합' 병원의 위치를 지도에 원으로 표시하되 원의 크기는 병원의 총의사수를 반영하고, 원의 색상은 빨간색(red)으로 설정하시오. 또한 병원의 이름을 지도에 표시하시오.

CHAPTER 10
워드클라우드와 구매 패턴 분석

PREVIEW

SNS가 활성화되면서 인터넷에는 사람들의 생각과 의견을 담은 방대한 텍스트 데이터가 생겨났다. 10장에서는 사람들의 관심사를 분석하여 활용할 수 있는 대표적인 도구로 워드클라우드와 연관규칙을 살펴본다. 워드클라우드는 텍스트 데이터를 분석하여 시각적으로 표현하는 방법이다. 연관규칙은 데이터 안에 숨겨진 패턴을 분석하는 도구로, 이 연관규칙을 사용하여 소비자의 구매 패턴을 효과적으로 파악할 수 있다. 한편, 특정 주제의 데이터를 체계적으로 수집하여 분석 도구와 함께 제공하는 웹사이트도 다양하게 존재한다. 이러한 자원들을 활용하면 생활과 비즈니스에 유용한 정보를 얻을 수 있다.

1절 소셜 미디어 분석 도구인 워드클라우드를 활용하여 영화 관람 댓글을 분석한다. 데이터 수집부터 전처리, 워드클라우드 작성에 이르기까지의 전 과정을 배운다.

2절 연관규칙을 사용하여 장바구니 데이터를 분석하는 방법에 대해 배운다. 연관규칙의 평가 기준인 지지도, 신뢰도, 향상도에 대한 이론적 내용도 함께 살펴본다.

3절 인터넷 검색어를 기반으로 사용자 관심사를 분석하는 네이버 데이터랩의 주요 기능을 살펴보고, 네이버 데이터랩을 활용한 실습을 진행한다.

01 워드클라우드 분석

1 워드클라우드의 개념

지금까지 우리는 숫자 형태의 데이터를 다루는 방법에 대해 살펴보았다. 그러나 분석 대상 데이터 중에는 숫자가 아닌 문자나 문장 형태의 데이터도 존재한다. 이를테면 이메일 내용이나 SNS 메시지, 기사에 대한 댓글 등이 대표적인 문자 형태의 데이터다. 그런데 문자 형태의 데이터에는 숫자 형태의 데이터를 다룰 때 사용하는 방법을 적용하기 어렵다. 이러한 문제를 해결하기 위해 등장한 방법 중 하나가 워드클라우드다.

워드클라우드word cloud는 텍스트 데이터를 분석하는 대표적인 방법으로, 대상 데이터에서 단어(주로 명사)를 추출하고 단어들의 출현 빈도수를 계산하여 시각화하는 기능을 한다. 출현 빈도수가 높은 단어는 그만큼 중요하거나 관심도가 높은 단어라는 의미다. 워드클라우드에서는 단어의 출현 빈도수가 높을수록 큰 글씨로 중앙 가까이에 표현된다.

그림 10-1 워드클라우드의 예

2 워드클라우드를 이용하기 위한 준비

한글 워드클라우드를 작성하려면 먼저 다음 세 가지 라이브러리를 설치해야 한다.

❶ konlpy

한국어 자연어 처리를 위한 파이썬 라이브러리다. 문장에서 명사들을 추출할 때 사용한다.

```
pip install konlpy
```

❷ wordcloud

워드클라우드 작성에 관련된 기능을 제공하는 파이썬 라이브러리다.

```
pip install wordcloud
```

❸ PIL(pillow)

영상 처리 기능과 그래픽 기능을 제공하는 파이썬 라이브러리다.

```
pip install pillow
```

여기서 잠깐! JDK 설치와 환경 변수 설정

`konlpy` 라이브러리는 자바 기반으로 작성되었기 때문에 `konlpy`를 실행하려면 먼저 JDK(Java Development Kit)를 설치해야 한다. 또한 어떤 환경에서든 사용할 수 있도록 시스템 환경 변수를 설정해야 한다.

명령 프롬프트에서 [그림 10-2]와 같이 `java -version`을 실행했을 때 버전 정보가 출력되면 JDK 설치 및 환경 변수 설정이 정상적으로 이루어진 것이다. JDK가 정상적으로 설치되지 않거나, 정상적으로 설치되었더라도 실습 코드에 오류가 발생하는 경우에는 404쪽의 [여기서 잠깐: 워드클라우드 예제 실행 시 오류 해결]을 참조한다.

TIP JDK 설치 및 환경 변수 설정 방법은 한빛아카데미 홈페이지의 자료실에서 제공하는 PDF를 참고한다.

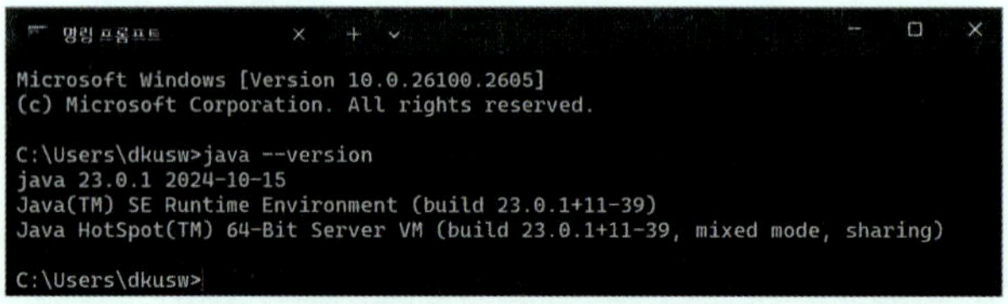

```
Microsoft Windows [Version 10.0.26100.2605]
(c) Microsoft Corporation. All rights reserved.

C:\Users\dkusw>java --version
java 23.0.1 2024-10-15
Java(TM) SE Runtime Environment (build 23.0.1+11-39)
Java HotSpot(TM) 64-Bit Server VM (build 23.0.1+11-39, mixed mode, sharing)

C:\Users\dkusw>
```

그림 10-2 JDK 설치 및 환경 변수 설정이 정상적으로 이루어진 상태

워드클라우드 작성 과정은 [그림 10-3]과 같이 6단계로 진행된다.

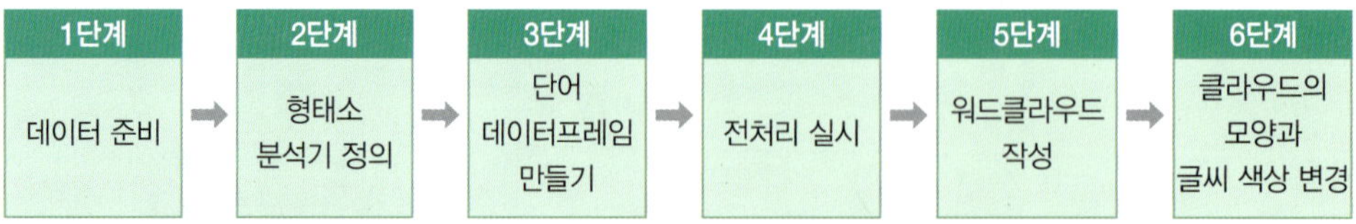

그림 10-3 워드클라우드 작성 과정

3 워드클라우드 작성 과정

[코드 10-1]을 통해, 영화 관람평 데이터를 활용한 워드클라우드 작성 과정을 알아보자.

코드 10-1 code10_1.py

```
import pandas as pd
import matplotlib.pyplot as plt
from wordcloud import WordCloud
import konlpy

# (1) 데이터 준비
df = pd.read_csv('d:/data/movie_review.csv')
df

# (2) 형태소 분석기 정의
kkma = konlpy.tag.Kkma()                    # 형태소 분석기 꼬꼬마(Kkma)

# (3) 단어 데이터프레임 만들기
nouns = df['Review'].apply(kkma.nouns)
nouns

nouns = nouns.explode()
nouns

# (4) 전처리 실시
# 모시 → 티모시, imax → 아이맥스,..
nouns[nouns=='모시'] = '티모시'
nouns[nouns=='IMAX'] = '아이맥스'
nouns[nouns=='파트3'] = '3편'

# 글자 수 2개 이상인 단어만 추출
df_word = pd.DataFrame({'word' : nouns})
df_word['count'] = df_word['word'].str.len()
df_word = df_word.query('count >= 2')
df_word
```

```
# 단어 빈도수 집계 및 정렬
df_word = df_word.groupby('word', as_index = False)
df_word = df_word.count().sort_values('count', ascending = False)
df_word

# 불필요한 단어 제거
del_idx = df_word.loc[df_word.word.isin(['영화', '편이', '영화관',
                                         '파트' ])].index
df_word = df_word.drop(index=del_idx)

# (5) 워드클라우드 작성
# 빈도수 상위 10개 단어
plt.rcParams['font.family'] ='Malgun Gothic'
plt.rcParams['axes.unicode_minus'] =False

df_top10 = df_word.iloc[:10, :].sort_values('count', ascending=True)
df_top10.plot.barh(x='word', y='count')
plt.show()

# 워드클라우드
dic_word = df_word.set_index('word').to_dict()['count']
dic_word

wc = WordCloud(random_state=123,
                font_path='c:/Windows/Fonts/malgun.ttf',
                width=400,
                height=400,
                background_color='white')

img_wordcloud = wc.generate_from_frequencies(dic_word) # 워드클라우드 → 이미지

plt.figure(figsize = (10, 10))                      # 크기 지정하기
plt.axis('off')                                     # 축 없애기
plt.imshow(img_wordcloud)                           # 결과 보여주기
plt.show()                                          # 결과를 화면에 출력
```

```
# (6) 클라우드의 모양과 글씨 색상 변경
import PIL
import numpy as np

icon = PIL.Image.open('d:/data/cloud.png').convert("RGBA")
img = PIL.Image.new(mode = 'RGBA', size=icon.size, color=(255, 255, 255))
img.paste(icon, icon)
img = np.array(img)

wc = WordCloud(random_state=123,
               font_path='c:/Windows/Fonts/malgun.ttf',
               width=400,
               height=400,
               background_color='white',
               mask=img,
               colormap='inferno')

img_wordcloud = wc.generate_from_frequencies(dic_word)  # 워드클라우드 → 이미지

plt.figure(figsize = (10, 10))                          # 크기 지정하기
plt.axis('off')                                         # 축 없애기
plt.imshow(img_wordcloud)                               # 결과 보여주기
plt.show()                                              # 결과를 화면에 출력
```

[코드 10-1]의 실행 결과를 나누어 설명하면 다음과 같다.

```
>>> import pandas as pd
>>> import matplotlib.pyplot as plt
>>> from wordcloud import WordCloud
>>> import konlpy
```

작업에 필요한 라이브러리를 불러온다.

1단계: 데이터 준비

```
>>> df = pd.read_csv('d:/data/movie_review.csv')
>>> df
    Review
0   또 이어지나요! 잼있게 보았어요~^^
1   사운드가 웅장하고 아이맥스로도 보고싶어지네요.. 파트3도 기다려집니다
2   압도적인 체험 입니다!
3   방식과 템포의 유지속에 할애한 시간만큼의 납득에는 의문
4   IMAX로 보는 듄 : 파트2 볼만했어요.
..  ...
595  2회차인데 확실히 큰화면과 사운드 좋은걸로 보니 몰입감이 더 좋네여 이양이면 아이...
596  영화관에서 꼭 봐야하는 영화네요! 재밌게 잘 봤어요.
597  재밌어요~ 1을 안봤지만 ㅎㅎ
598  꼭 반드시 IMAX로!!!!
599  1편봐도 이해 어려울수도?

[600 rows x 1 columns]
```

movie_review.csv 파일을 읽어와 df에 저장한다. df에는 review라는 단 하나의 컬럼이 있으며, 이 컬럼에는 행마다 한 사람의 영화 관람평이 문자열 형태로 저장되어 있다. 총 600건의 관람평이 수집된 것을 알 수 있다.

TIP movie_review.csv 파일은 한빛아카데미 홈페이지에서 다운로드할 수 있다.

2단계: 형태소 분석기 정의

```
>>> kkma = konlpy.tag.Kkma()              # 형태소 분석기 꼬꼬마(Kkma)
```

형태소는 언어학에서 일정한 의미를 가지는 가장 작은 말의 단위를 말한다. 형태소 분석은 붙어 있는 형태소들을 독립된 단위로 분리하는 작업이다. 예를 들어, '사운드가'라는 단어가 있을 때, 명사('사운드')와 조사('가')를 분리하여 각각 독립적으로 저장하는 것이다. 여기서는 konlpy 라이브러리에 포함된 꼬꼬마(Kkma) 형태소 분석기를 kkma에 저장하였다.

3단계: 단어 데이터프레임 만들기

```
>>> nouns = df['Review'].apply(kkma.nouns)
>>> nouns
0 [잼]
1 [사운드, 아이맥스, 지네, 파트, 파트3, 3]
2 [압도, 압도적인, 적인, 체험]
3 [방식, 템포, 유지, 유지속, 속, 할애, 시간, 시간만큼, 만큼, 납득, 의문]
4 [듄, 파트, 파트2, 2]
  ...
595  [2, 2회차, 회, 차, 화면, 사운드, 몰입, 몰입감이, 감이, 여, 양이면, ...
596  [영화관, 영화]
597  [1]
598  []
599  [1, 1편, 편, 이해, 수도]
Name: Review, Length: 600, dtype: object
```

형태소 분석기 kkma를 이용하여 관람평 문장에서 명사만 추출한 결과를 데이터프레임 nouns에 저장하였다. nouns의 출력 결과를 살펴보면 각 관람평 문자열에서 명사만 추출하여 리스트 형태로 저장한 것임을 알 수 있다. kkma는 명사(nouns), 형태소 추출(morphs), 품사 부착(pos) 메서드를 기본으로 제공한다.

```
>>> nouns = nouns.explode()
>>> nouns
0       잼
1       사운드
1       아이맥스
1       지네
1       파트
        ...
599     1
599     1편
599     편
599     이해
599     수도
Name: Review, Length: 4218, dtype: object
```

명사 리스트를 풀어서 한 행에 하나의 명사만 포함되도록 구조를 변경하였다. explode() 메서드는 리스트 형태로 저장된 값을 여러 행으로 풀어서 전개하는 데 사용된다.

4단계: 전처리 실시

```
>>> # 모시 → 티모시, imax → 아이맥스,..
>>>
>>> nouns[nouns=='모시'] = '티모시'
>>> nouns[nouns=='IMAX'] = '아이맥스'
>>> nouns[nouns=='파트3'] = '3편'
```

관람평에서 추출한 명사 중 일부는 불완전한 단어이거나 불필요한 단어이므로 이 부분을 정리할 필요가 있다. 우선 단어가 잘린 경우, 같은 단어인데 한글과 영어로 달리 표기된 경우를 처리한다. '모시'는 '티모시', 'IMAX'는 '아이맥스', '파트3'은 '3편'으로 변경하였다.

```
>>> # 글자 수 2개 이상인 단어만 추출
>>>
>>> df_word = pd.DataFrame({'word' : nouns})
>>> df_word['count'] = df_word['word'].str.len()
>>> df_word = df_word.query('count >= 2')
>>> df_word
     word    count
1    사운드    3.0
1    아이맥스  4.0
1    지네     2.0
1    파트     2.0
1    파트3    3.0
..   ...      ...
596  영화관    3.0
596  영화     2.0
599  1편     2.0
599  이해     2.0
599  수도     2.0

[2896 rows x 2 columns]
```

추출된 명사와 각 명사의 글자 수(길이)를 기반으로 데이터프레임 df_word를 생성한 뒤, 글자 수가 2개 이상인 단어들만 추출하였다.

```
>>> # 단어 빈도수 집계 및 정렬
>>>
>>> df_word = df_word.groupby('word', as_index = False)
>>> df_word = df_word.count().sort_values('count', ascending = False)
>>> df_word
      word   count
728   영화     115
1032  티모시    71
656   아이맥스  57
614   시간      50
18    1편       47
...   ...      ...
440   방대       1
441   방면       1
442   방문       1
443   방식       1
1140  힌지       1

[1141 rows x 2 columns]
```

df_word.groupby()를 사용하여 단어(word)를 기준으로 그룹핑하고, df_word.count()를 사용하여 그룹별 단어의 빈도를 계산하였다. 여기에 sort_values()를 적용하여 단어의 빈도수가 높은 순으로 정렬하였다. 출력 결과를 살펴보면, '영화'라는 단어가 115회로 가장 많이 등장했고, 그 뒤를 이어 '티모시'가 71회, '아이맥스'가 57회 등장했다.

```
>>> # 불필요한 단어 제거
>>>
>>> del_idx = df_word.loc[df_word.word.isin(['영화', '편이', '영화관',
...                                          '파트' ])].index
>>>
>>> df_word = df_word.drop(index=del_idx)
```

다음으로, 단어 리스트에서 불필요한 단어들을 제거했다. 예를 들어 '영화'는 데이터의 특성상 관람평에 자주 등장하는 단어이지만 분석에 유의미한 정보를 제공하지 않으므로 제거 대상에 포함하였다. 이렇게 의미가 모호하거나 분석에 불필요하다고 판단되는 단어들을 제거하여 데이터의 품질을 개선한다.

5단계: 워드클라우드 작성

```
>>> # 빈도수 상위 10개 단어
>>>
>>> plt.rcParams['font.family'] ='Malgun Gothic'
>>> plt.rcParams['axes.unicode_minus'] =False
>>>
>>> df_top10 = df_word.iloc[:10,:].sort_values('count', ascending=True)
>>> df_top10.plot.barh(x='word',y='count')
<Axes: ylabel='word'>
>>> plt.show()
```

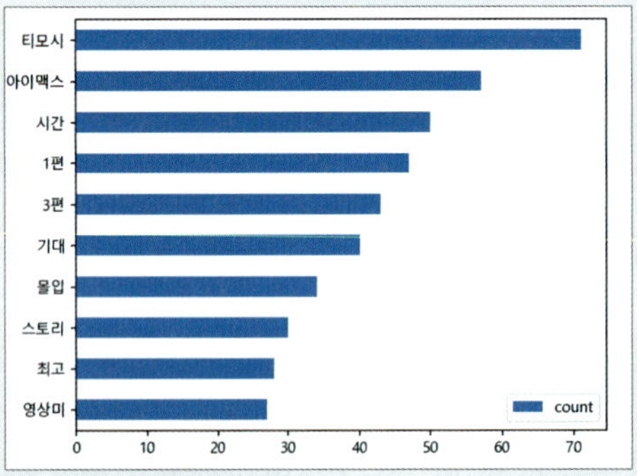

워드클라우드를 작성하기 전에 빈도수가 높은 상위 10개 단어를 막대그래프로 시각화하였다. 막대그래프를 통해 관객들의 관심사를 파악할 수 있다.

```
>>> # 워드클라우드
>>>
>>> dic_word = df_word.set_index('word').to_dict()['count']
>>> dic_word
```

```
{'티모시': 71, '아이맥스': 57, '시간': 50, '1편': 47, '3편': 43, '기대': 40, '몰입':
34, '스토리': 30, '최고': 28, '영상미': 27, '스케일': 23, '관람': 20, '사막': 19, '가
입': 18, '연기': 18, '다음': 18, '사운드': 17, '배우': 16, '이해': 16, '느낌': 15, '3
시간': 15, '듄1': 15, '몰입감': 15, '내용': 15, '모래': 15, '시작': 14, (중략)
'밝기': 1, '밥돌이': 1, '방대': 1, '방면': 1, '방문': 1, '방식': 1, '힌지': 1}
```

단어와 빈도수를 조합하여 딕셔너리 구조의 dic_word를 생성하였다. dic_word를 생성한 이유는 워드클라우드 생성 메서드가 딕셔너리 형태의 데이터를 입력값으로 요구하기 때문이다.

```
>>> wc = WordCloud(random_state=123,
...                font_path='c:/Windows/Fonts/malgun.ttf',
...                width=400,
...                height=400,
...                background_color='white')
```

WordCloud() 메서드를 사용하여 워드클라우드 객체를 생성한다. WordCloud() 메서드의 주요 매개변수는 다음과 같다.

표 10-1 WordCloud() 메서드의 주요 매개변수

매개변수	설명
random_state	워드클라우드에는 단어가 무작위로 배치되므로, 결과의 재현성을 보장할 수 있도록 값을 설정한다.
font_path	워드클라우드에 표현되는 단어의 폰트를 지정한다. 한글의 경우 기본 폰트가 표시되지 않으므로 '맑은 고딕'으로 설정해야 한다. 예를 들어 'c:/Windows/Fonts/malgun.ttf'는 맑은 고딕 폰트의 파일 경로다.
width, height	워드클라우드의 폭과 높이를 픽셀 단위로 설정한다.
background_color	워드클라우드의 배경색을 지정한다. 기본값은 'black'이며, 여기서는 'white'로 설정했다.
mask	워드클라우드의 모양을 결정하는 넘파이 배열이다. 기본값은 사각형이며, 커스텀 이미지를 사용하면 특정 모양을 만들 수 있다.
colormap	워드클라우드에 표시되는 단어의 색상을 지정한다. 기본값은 'viridis'이며, 'plasma', 'inferno', 'magma', 'cividis' 등 다양한 옵션이 제공된다.

```
>>> img_wordcloud = wc.generate_from_frequencies(dic_word) # 워드클라우드 → 이미지
>>> plt.figure(figsize = (10, 10))                         # 크기 지정하기
<Figure size 1000x1000 with 0 Axes>
>>> plt.axis('off')                                         # 축 없애기
(0.0, 1.0, 0.0, 1.0)
>>> plt.imshow(img_wordcloud)                               # 결과 보여주기
<matplotlib.image.AxesImage object at 0x0000017B425DF800>
>>> plt.show()
```

워드클라우드 객체를 이미지로 변환하여 화면에 출력하였다. 워드클라우드를 통해 다음과 같은 내용을 파악할 수 있다.

- 관객들은 영화의 주인공인 티모시에게 깊은 인상을 받은 것으로 보인다.
- 일반 상영관이 아닌 아이맥스(IMAX) 상영관에서 보아야 좋은 영화임을 강조하고 있다.
- '기대', '3편'이라는 단어가 자주 등장하는 것으로 보아 이 영화의 후속편에 대한 기대감이 높다는 것을 알 수 있다.
- '시간'이라는 단어도 눈에 띄는데, 이는 상영시간이 약 3시간에 달하는 긴 영화라는 점과 관련이 있어 보인다.
- 단어의 빈도를 막대그래프로 표현해도 관객 반응을 파악할 수 있지만, 워드클라우드로 표현하면 훨씬 더 입체적이고 직관적으로 데이터를 파악할 수 있다.

6단계: 클라우드의 모양과 글씨 색상 변경

워드클라우드의 기본 모양은 사각형이지만, 사용자가 원하는 형태로 변경할 수 있다. 글씨 색상도 변경할 수 있다. 워드클라우드의 모양을 구름 형태로 변경하고, 글씨 색상은 주황색 계열로 바꾸어보자.

```
>>> import PIL
>>> import numpy as np
>>> icon = PIL.Image.open('d:/data/cloud.png').convert("RGBA")
>>> img = PIL.Image.new(mode = 'RGBA', size=icon.size, color=(255, 255, 255))
>>> img.paste(icon, icon)
>>> img = np.array(img)
```

구름 모양의 클라우드를 준비하는 과정이다. 구름 모양의 이미지 파일(cloud.png)을 읽고, 간단한 영상 처리를 거쳐 이를 넘파이 배열로 만든다. 넘파이 배열은 3차원 배열로, 구름 모양의 영역은 검은색(0, 0, 0)으로, 배경 영역은 흰색(255, 255, 255)으로 처리된다.

그림 10-4 cloud.png 파일

```
>>> wc = WordCloud(random_state=123,
...                font_path='c:/Windows/Fonts/malgun.ttf',
...                width=400,
...                height=400,
...                background_color='white',
...                mask=img,
...                colormap='inferno')
```

WordCloud() 메서드의 매개변수인 mask에 앞서 준비한 이미지 배열을 입력하여 워드클라우드의 모양을 구름 형태로 지정했다. colormap에는 글씨 색상을 주황색 계열로 표현하기 위해 'inferno'로 지정했다. colormap은 matplotlib에서 제공하는 여러 색상 팔레트 중 하나를 선택하여 사용할 수 있다.

```
>>> img_wordcloud = wc.generate_from_frequencies(dic_word)# 워드클라우드 → 이미지
>>> plt.figure(figsize = (10, 10))                      # 크기 지정하기
<Figure size 1000x1000 with 0 Axes>
>>> plt.axis('off')                                      # 축 없애기
(0.0, 1.0, 0.0, 1.0)
>>> plt.imshow(img_wordcloud)                            # 결과 보여주기
<matplotlib.image.AxesImage object at 0x0000017B648156A0>
```

```
>>> plt.show()
```

구름 모양의 워드클라우드가 완성되었다.

하나 더 알기 다양한 워드클라우드 모양

이 책에서는 구름 모양 외에도 원 모양, 영사기 모양, 타원 모양의 이미지 파일을 제공한다. 이 이미지 파일들을 활용하여 다양한 모양의 워드클라우드를 작성해서 데이터를 더 생동감 있게 표현해 보자.

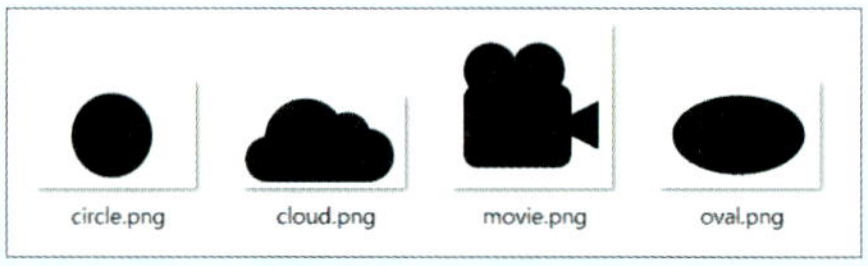

그림 10-5 워드클라우드 모양 이미지 파일들

여기서 잠깐! 워드클라우드 전처리의 중요성과 반복 작업

마음에 드는 워드클라우드 모양을 한 번에 얻기 어려운 경우가 많다. 불필요한 단어나 분리된 단어, 비슷한 단어 등이 섞여 있기 때문이다. 먼저 기본 내용을 바탕으로 워드클라우드를 작성한 뒤, 처리해야 할 단어들을 파악한다. 이후 전처리를 거쳐 워드클라우드를 다시 작성하는 과정을 반복하면서 점차 마음에 드는 결과물을 얻을 수 있다.

여기서 잠깐! 워드클라우드 예제 실행 시 오류 해결

워드클라우드 예제 코드를 실행할 때 Java 설치 문제로 인해 오류가 발생할 수 있다. 특히, 명령 프롬프트에서 `The terminal process...`로 시작하는 오류 메시지가 출력되거나 `konlpy` 라이브러리의 `Kkma` 실행 시 문제가 생긴다면, 이는 Java 환경 설정이 올바르지 않거나 시스템과의 호환성 문제일 가능성이 있다.

이 경우 로컬 환경에서 문제를 해결하기 어렵다면 구글 코랩(Colab)을 사용하는 것이 좋다. 구글 코랩은 별도의 설치 없이 웹 브라우저에서 실행할 수 있어 환경 설정 문제를 피할 수 있다.

한빛아카데미 홈페이지에 부록으로 제공된 '코랩에서 워드클라우드 실습하기.pdf'를 참고하면 구글 코랩에서 예제를 실행하는 방법을 익힐 수 있다. 이 방법을 통해 오류 없이 워드클라우드 실습을 진행할 수 있다.

02 구매 패턴 분석

상품의 유통·판매 분야는 데이터 분석이 활발히 적용되는 분야 중 하나다. 소매점이나 대형 마트에서는 물건을 어떻게 진열해야 매출을 올릴 수 있는지에 관심이 많다. 계산대 부근에 껌이나 캔디류, 건전지 등이 진열되어 있는 것은 결코 우연이 아니며 철저한 분석의 결과다. 과거에는 소비자의 구매 행태에 대한 분석을 전문가들이 수행하였으나, 현재는 데이터를 다룰 수 있는 기본적인 기술과 약간의 분석 개념만 이해하면 누구나 쉽게 분석할 수 있다. 이번 절에서는 장바구니 분석market basket analysis으로 알려진 구매 패턴 분석에 대해 알아보고, 이 분석 방법을 실제 구매 데이터에 적용하는 실습을 해보자.

1 연관규칙

데이터 안에 포함된 일정한 패턴을 **연관규칙**association rule이라고 한다. 구매 데이터에서 찾을 수 있는 연관규칙의 예는 다음과 같다.

"맥주를 사는 사람은 땅콩도 함께 구매한다."
"분유를 사는 사람은 기저귀도 함께 구매한다."

이러한 패턴은 다음과 같이 표현할 수 있다.

{맥주} → {땅콩}
{분유} → {기저귀}

구매 패턴은 소비자의 영수증 데이터를 모아 분석하면 찾을 수 있다. 위와 같은 패턴을 발견했다면, 맥주와 땅콩을 함께 진열하고 분유를 기저귀와 함께 진열함으로써 매출 증가를 기대할 수 있다.

2 아프리오리 알고리즘

아프리오리 알고리즘 Apriori Algorithm은 연관규칙 분석에 널리 이용되는 머신러닝 기법 중 하나다. 1994년에 라케쉬 아그라왈Raksh Agrawal과 라마크리슈난 스리컨트Ramakrishnan Srikant가 이 기법을 제안하였다. [표 10-2]의 구매 내역 예제를 사용하여 아프리오리 알고리즘을 이해해 보자.

표 10-2 구매 내역 예제

거래 번호	구매 상품
1	맥주, 땅콩
2	맥주, 오징어
3	맥주, 라면, 땅콩
4	초콜릿, 껌
5	초콜릿, 생수, 껌

[표 10-2]의 구매 내역에서 연관된 구매 상품을 찾는 가장 쉬운 방법은 [표 10-3]과 같은 구매 행렬을 만들어보는 것이다.

표 10-3 구매 행렬

	맥주	땅콩	오징어	라면	초콜릿	껌	생수
맥주	–	2	1	1	0	0	0
땅콩	2	–	1	0	0	0	0
오징어	1	1	–	0	0	0	0
라면	1	0	0	–	0	0	0
초콜릿	0	0	0	0	–	2	1
껌	0	0	0	0	2	–	1
생수	0	0	0	0	1	1	–

구매 행렬 안의 숫자는 구매 상품의 조합이 영수증에 함께 나타나는 빈도수를 표시한 것이다. 예를 들면 맥주, 땅콩을 함께 구매한 경우는 2개의 영수증에서 발견된다. 구매 행렬 안에서 빈도수가 높은 상품의 조합이 연관 구매의 후보가 될 수 있음을 직관적으로 알 수 있지만, 연관

의 정도를 측정하려면 좀 더 신뢰할 만한 척도가 필요하다. 아프리오리 알고리즘에서는 지지도, 신뢰도, 향상도라는 세 가지 척도를 제시한다.

지지도

지지도support는 상품 X, Y를 함께 구매한 비율이 전체 거래에서 차지하는 비율을 측정하는 척도로, 연관규칙 {X} → {Y}에 대한 지지도는 다음과 같이 계산된다.

$$support(\{X\} \rightarrow \{Y\}) = \frac{X, Y\text{를 함께 포함한 거래 건수}}{\text{전체 거래 건수}}$$

{맥주}→{땅콩}에 대한 지지도는 다음과 같이 계산된다.

$$support(\{\text{맥주}\} \rightarrow \{\text{땅콩}\}) = \frac{2}{5} = 0.4$$

신뢰도

연관규칙 {X} → {Y}의 **신뢰도**confidence는 상품 X를 구매했다는 전제하에 상품 X와 Y를 동시에 구매한 빈도수를 계산하는 식으로 조건부 확률과 유사하다. 신뢰도가 높을수록 유용한 규칙일 가능성이 크다는 의미다.

$$confidence(\{X\} \rightarrow \{Y\}) = \frac{X, Y\text{를 포함한 거래 건수}}{X\text{를 포함한 거래 건수}}$$

{맥주}→{땅콩}에 대한 신뢰도는 다음과 같이 계산된다.

$$confidence(\{\text{맥주}\} \rightarrow \{\text{땅콩}\}) = \frac{2}{3} = 0.67$$

{땅콩}→{맥주}에 대한 신뢰도는 다음과 같이 계산된다.

$$confidence(\{\text{땅콩}\} \rightarrow \{\text{맥주}\}) = \frac{2}{2} = 1$$

{맥주}→{땅콩}에 대한 신뢰도는 {땅콩}→{맥주}에 대한 신뢰도와 다르다. 맥주를 사면 **많은 경우** 땅콩도 함께 사지만, 땅콩을 사면 **반드시** 맥주를 함께 산다는 것을 알 수 있다.

향상도

향상도Improvement, lift는 연관규칙 {X}→{Y}에서 X를 구매했을 때 Y의 비율이 그러한 조건이 없던 때에 비해 얼마나 증가하는가를 보여주는 척도다. 값이 1보다 크면 X를 샀을 때 Y를 살 확률이 높은 것을 의미하고, 값이 1 미만이면 X를 샀을 때 Y를 사지 않을 확률이 높은 것을 의미한다. 향상도가 1이면 X를 산 것과 Y를 산 것은 관계가 없다는 의미다.

$$lift(\{X\} \rightarrow \{Y\}) = \frac{confidence(\{X\} \rightarrow \{Y\})}{support(\{Y\})}$$

{맥주}→{땅콩}에 대한 향상도는 다음과 같이 계산된다.

$$lift(\{\text{맥주}\} \rightarrow \{\text{땅콩}\}) = \frac{2/3}{2/5} = 1.67$$

이처럼 지지도, 신뢰도, 향상도라는 척도를 이용하여 유용한 연관규칙을 찾는 것이 아프리오리 알고리즘의 기본 아이디어다. 아프리오리 알고리즘은 파이썬 패키지로 구현되어 있으므로 사용자가 일일이 지지도, 신뢰도, 향상도를 계산할 필요가 없다.

하나 더 알기 트랜잭션

구매 패턴 분석에서 자주 사용되는 용어 중 하나가 트랜잭션(transaction)이다. 트랜잭션은 한 건의 거래를 의미하며, 거래한 상품의 종류·가격·구매 수량 등의 정보를 포함한다. 쉽게 말해, 우리가 상품을 구매한 후에 받는 영수증이 바로 트랜잭션에 대한 증빙 서류라 할 수 있다. 즉, 영수증 하나는 트랜잭션 한 건에 대응된다. 보통 트랜잭션은 일련번호를 부여하여 관리한다.

3 구매 패턴의 분석 과정

아프리오리 알고리즘에 대해 학습한 내용을 바탕으로 실제 판매 데이터를 분석해 보자. 분석 대상은 미국의 패스트푸드 체인점 중 하나인 치폴레Chipotle의 판매 데이터다. 구매 패턴 분석에 사용할 아프리오리 알고리즘은 mlxtend 라이브러리를 통해 제공되므로, 분석을 시작하기 전에 해당 라이브러리를 설치해야 한다.

```
pip install mlxtend
```

이제 [코드 10-2]를 통해 구매 패턴 분석 과정을 살펴보자.

코드 10-2 code10_2.py

```
import pandas as pd
import matplotlib.pyplot as plt
from mlxtend.frequent_patterns import association_rules, apriori
from mlxtend.preprocessing import TransactionEncoder

# (1) 데이터 준비
df = pd.read_csv('d:/data/chipotle.csv')

df.info()
df.iloc[:, [0, 1, 2, 4]].head()

# (2) 데이터 탐색
len(df['Item'].unique())                           # 음식의 종류
temp = df[df.item_price==df.item_price.max()]      # 가장 비싼 음식
temp = temp[['Item', 'item_price']].drop_duplicates()
temp

temp = df[df.item_price==df.item_price.min()]      # 가장 저렴한 음식
temp = temp[['Item', 'item_price']].drop_duplicates()
temp

len(df['Transaction'].unique())                    # 트랜잭션 수

# 많이 판매된 음식
sales_quantity = df.groupby('Item').count()
sales_quantity = sales_quantity.sort_values('Transaction', ascending=False)
sales_quantity['Transaction']
```

```
# 매출 상위 10개 상품
top_ten = sales_quantity.sort_values('Transaction').tail(10)
top_ten = top_ten['Transaction']

top_ten.plot.barh(xlabel='Transaction',          # x축 레이블
                  ylabel='',                     # y축 레이블
                  title='Top 10 Items',          # 그래프 제목
                  figsize=(9, 5))
plt.subplots_adjust(left=0.2)                    # 그래프 왼쪽 여백
plt.show()

## (3) 연관 분석
# 전처리
temp = df[['Transaction', 'Item']].drop_duplicates()
temp = temp.groupby('Transaction')['Item'].apply(list)
temp

te = TransactionEncoder()
trans_matrix = te.fit(temp).transform(temp)
trans_matrix

basket = pd.DataFrame(trans_matrix, columns = te.columns_)
basket.head()

# 연관규칙 탐색
freq_item = apriori(df=basket, min_support = 0.01, use_colnames = True)
freq_item

rules = association_rules(df=freq_item, metric = 'lift', min_threshold = 1,
                          num_itemsets=len(basket))
rules.sort_values('confidence', ascending = False, inplace = True)
rules.head(10)
rules.iloc[0, :].transpose()
```

[코드 10-2]의 실행 결과를 나누어 설명하면 다음과 같다.

```
>>> import pandas as pd
>>> import matplotlib.pyplot as plt
>>> from mlxtend.frequent_patterns import association_rules, apriori
>>> from mlxtend.preprocessing import TransactionEncoder
```

연관규칙 분석에 필요한 라이브러리들을 불러온다.

1단계: 데이터 준비

```
>>> df = pd.read_csv('d:/data/chipotle.csv')
>>> df.info()
<class 'pandas.core.frame.DataFrame'>
RangeIndex: 4622 entries, 0 to 4621
Data columns (total 5 columns):
 #   Column              Non-Null Count  Dtype
---  -------             --------------  ------
 0   Transaction         4622 non-null   int64
 1   quantity            4622 non-null   int64
 2   Item                4622 non-null   object
 3   choice_description  3376 non-null   object
 4   item_price          4622 non-null   float64
dtypes: float64(1), int64(2), object(2)
memory usage: 180.7+ KB
>>> df.iloc[:, [0, 1, 2, 4]].head()
   Transaction  quantity                                  Item  item_price
0            1         1          Chips and Fresh Tomato Salsa        2.39
1            1         1                                  Izze        3.39
2            1         1                      Nantucket Nectar        3.39
3            1         1  Chips and Tomatillo-Green Chili Salsa        2.39
4            2         2                           Chicken Bowl       16.98
```

데이터 파일에서 데이터를 읽어온 후, 정보를 확인하였다. 각 컬럼의 의미는 [표 10-4]와 같다.

표 10-4 치폴레 판매 데이터의 컬럼

컬럼	의미
Transaction	거래 번호. 영수증 1개당 거래 번호가 1개씩 부여된다.
quantity	주문 수량
Item	주문한 음식명
choice_description	주문 시 선택 사항(예 탄산음료 용량)
item_price	음식 가격

2단계: 데이터 탐색

```
>>> len(df['Item'].unique())                                # 음식의 종류
50
>>> temp = df[df.item_price==df.item_price.max()]           # 가장 비싼 음식
>>> temp = temp[['Item', 'item_price']].drop_duplicates()
>>> temp
                          Item  item_price
3598  Chips and Fresh Tomato Salsa       44.25
>>> temp = df[df.item_price==df.item_price.min()]           # 가장 저렴한 음식
>>> temp = temp[['Item', 'item_price']].drop_duplicates()
>>> temp
             Item  item_price
28    Canned Soda        1.09
34  Bottled Water        1.09
>>> len(df['Transaction'].unique())                         # 트랜잭션 수
1834
```

치폴레는 총 50가지의 음식 메뉴를 제공한다. 가장 비싼 음식은 Chips and Fresh Tomato Salsa로 44.25$이고 가장 저렴한 음식은 Canned Soda와 Bottled Water로 1.09$다. 데이터에는 총 1834건의 트랜잭션이 포함되어 있다.

```
>>> # 많이 판매된 음식
>>>
>>> sales_quantity = df.groupby('Item').count()
>>> sales_quantity = sales_quantity.sort_values('Transaction', ascending=False)
>>> sales_quantity['Transaction']
Item
Chicken Bowl                          726
Chicken Burrito                       553
Chips and Guacamole                   479
Steak Burrito                         368
Canned Soft Drink                     301
Steak Bowl                            211
(중략)
Crispy Tacos                            2
Chips and Mild Fresh Tomato Salsa       1
Carnitas Salad                          1
Veggie Crispy Tacos                     1
Name: Transaction, dtype: int64
```

많이 판매된 음식들을 정렬하여 확인한 결과, Chicken Bowl, Chicken Burrito, Chips and Guacamole 등이 많이 팔린 음식으로 나타났다.

```
>>> # 매출 상위 10개 상품
>>>
>>> top_ten = sales_quantity.sort_values('Transaction').tail(10)
>>> top_ten = top_ten['Transaction']
>>> top_ten.plot.barh(xlabel='Transaction',          # x축 레이블
...                   ylabel='',                     # y축 레이블
...                   title='Top 10 Items',          # 그래프 제목
...                   figsize=(9, 5))
<Axes: title={'center': 'Top 10 Items'}, xlabel='Transaction'>
>>>
>>> plt.subplots_adjust(left=0.2)                    # 그래프 왼쪽 여백
>>> plt.show()
```

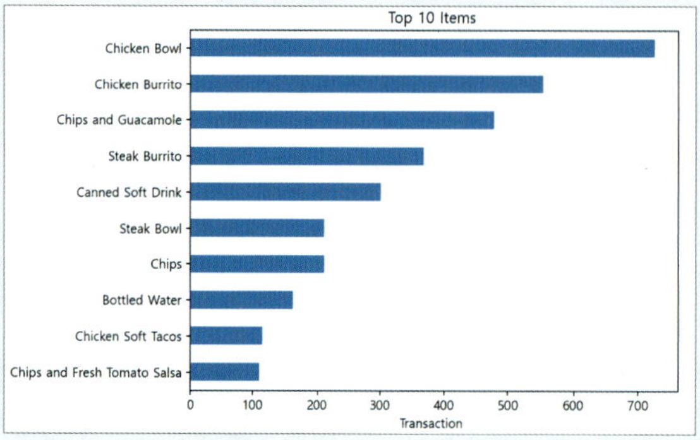

매출 상위 10개 음식을 막대그래프로 시각화하였다.

3단계: 연관 분석

연관 분석을 진행하려면 먼저 데이터 전처리를 해야 한다. 데이터를 다음과 같은 형태로 준비한다.

- **컬럼**: 판매하는 상품(음식)이 배치된다.
- **행**: 각 트랜잭션(구매 기록)이 배치된다.
- **값**: 특정 트랜잭션과 상품이 만나는 지점에는 `True` 또는 `False`가 기록된다.
  - `True`: 해당 트랜잭션이 해당 상품을 포함하고 있음을 의미한다.
  - `False`: 해당 트랜잭션이 해당 상품을 포함하지 않음을 의미한다.

```
Item         6 Pack Soft Drink  Barbacoa Bowl  ...  Veggie Salad Bowl  Veggie Soft Tacos
Transaction                                    ...
1                        False          False  ...              False              False
2                        False          False  ...              False              False
3                        False          False  ...              False              False
4                        False          False  ...              False              False
5                        False          False  ...              False              False
```

그림 10-6 연관 분석에 필요한 데이터의 구조

```
>>> # 전처리
>>>
>>> temp = df[['Transaction','Item']].drop_duplicates()
>>> temp = temp.groupby('Transaction')['Item'].apply(list)
```

```
>>> temp
Transaction
1       [Chips and Fresh Tomato Salsa, Izze, Nantucket...
2                                          [Chicken Bowl]
3                              [Chicken Bowl, Side of Chips]
4                           [Steak Burrito, Steak Soft Tacos]
5                        [Steak Burrito, Chips and Guacamole]
                             ...
1830                         [Steak Burrito, Veggie Burrito]
1831                    [Carnitas Bowl, Chips, Bottled Water]
1832                 [Chicken Soft Tacos, Chips and Guacamole]
1833                                       [Steak Burrito]
1834                                   [Chicken Salad Bowl]
Name: Item, Length: 1834, dtype: object
```

mlxtend에서 제공하는 전처리 함수를 이용하기 위해 동일 트랜잭션에 속하는 상품들을 하나의 리스트로 묶는 작업을 수행했다. 이 과정에서 동일 트랜잭션에 중복된 상품이 있다면 제거한다. 출력 결과를 보면 동일 트랜잭션의 상품들이 하나로 묶인 것을 확인할 수 있다.

```
>>> te = TransactionEncoder()
>>> trans_matrix = te.fit(temp).transform(temp)
>>> trans_matrix
array([[False, False, False, ..., False, False, False],
       [False, False, False, ..., False, False, False],
       [False, False, False, ..., False, False, False],
       ...,
       [False, False, False, ..., False, False, False],
       [False, False, False, ..., False, False, False],
       [False, False, False, ..., False, False, False]], shape=(1834, 50))
```

mlxtend의 TransactionEncoder()를 이용하여 트랜잭션 매트릭스(trans_matrix)를 생성하였다. 매트릭스의 행은 각 트랜잭션을 의미하고, 하나의 열은 하나의 상품을 의미한다.

```
>>> basket = pd.DataFrame(trans_matrix, columns = te.columns_)
>>> basket.head()
```

```
  6 Pack Soft Drink  Barbacoa Bowl  ... Veggie Salad Bowl  Veggie Soft Tacos
0             False          False  ...             False              False
1             False          False  ...             False              False
2             False          False  ...             False              False
3             False          False  ...             False              False
4             False          False  ...             False              False

[5 rows x 50 columns]
```

넘파이 배열 형태로 생성된 트랜잭션 매트릭스를 판다스 데이터프레임으로 변환하였다.

```
>>> # 연관규칙 탐색
>>>
>>> freq_item = apriori(df=basket, min_support = 0.01, use_colnames = True)
>>> freq_item
     support                                        itemsets
0   0.029444                             (6 Pack Soft Drink)
1   0.033261                                 (Barbacoa Bowl)
2   0.047983                              (Barbacoa Burrito)
3   0.013631                          (Barbacoa Soft Tacos)
4   0.083969                                 (Bottled Water)
..       ...                                             ...
75  0.014722                 (Veggie Bowl, Chips and Guacamole)
76  0.016903              (Veggie Burrito, Chips and Guacamole)
77  0.015267              (Chicken Bowl, Bottled Water, Chips)
78  0.019084          (Chicken Bowl, Chips, Canned Soft Drink)
79  0.012541  (Chicken Bowl, Chips and Guacamole, Canned Sof...

[80 rows x 2 columns]
```

`apriori()` 메서드를 사용하여 지지도가 `0.01` 이상인 상품 조합을 추출하였다. `freq_item`에는 상품의 조합(`itemsets`)과 해당 조합의 지지도(`support`)가 담겨 있다. 지지도 0.01은 해당 상품의 조합이 1834×0.01=약 18건 이상의 트랜잭션에서 나타났음을 의미한다.

지지도 설정은 검색할 연관규칙의 개수에 영향을 준다. `apriori()` 메서드의 주요 매개변수는 [표 10-5]와 같다.

표 10-5 apriori() 메서드의 주요 매개변수

매개변수	설명
df	트랜잭션 매트릭스가 저장된 데이터프레임을 입력한다.
min_support	연관규칙의 최소 지지도를 지정한다. 기본값은 0.5다.
use_colnames	연관규칙을 표현할 때 컬럼명(상품명) 사용 여부를 결정한다.

여기서 잠깐! 최소 지지도 설정의 중요성

최소 지지도의 기본값을 너무 높게 설정하면 검색되는 규칙의 개수가 적어서 유의미한 규칙을 찾지 못하거나 너무 당연한 규칙만 얻게 된다. 반대로 기준값을 너무 낮게 설정하면 검색되는 규칙의 개수가 많아져서 신뢰도가 낮은 규칙까지 포함되거나 검색 시간이 지나치게 길어질 수 있다. 따라서 적절한 결과를 얻기 위해서는 검색 기준값을 여러 가지로 테스트해 보아야 한다.

```
>>> rules = association_rules(df=freq_item, metric = 'lift', min_threshold = 1,
...                           num_itemsets=len(basket))
```

association_rules() 메서드를 사용하여 연관규칙을 찾는다. association_rules() 메서드의 주요 매개변수는 [표 10-6]과 같다.

표 10-6 association_rules() 메서드의 주요 매개변수

매개변수	설명
df	apriori() 메서드의 결과 테이블을 입력한다.
metric	연관규칙 선택에 사용할 평가 척도를 지정한다. 가능한 척도는 'support', 'confidence', 'lift', 'leverage', 'conviction', 'zhangs_metric' 등이다.
min_threshold	연관규칙 선택의 기준값으로, 설정된 평가 척도에 따라 값의 범위가 다르다. 예를 들어 'lift'의 범위는 [0, ∞]다.
num_itemsets	연관규칙 탐색 시 데이터셋에서 몇 개의 트랜잭션을 참조할지를 정한다. 이 매개변수를 len(basket)으로 설정하면 전체 트랜잭션을 참조한다.

```
>>> rules.sort_values('confidence', ascending = False, inplace = True)
>>> rules.head(10)
```

```
                              antecedents  ...  zhangs_metric
38                 (Bottled Water, Chips)  ...       0.592135
21     (Chips and Tomatillo Red Chili Salsa)  ...       0.480136
44              (Canned Soft Drink, Chips)  ...       0.458816
19                                 (Chips)  ...       0.483072
5                          (Bottled Water)  ...       0.274638
36           (Chicken Bowl, Bottled Water)  ...       0.748685
13                     (Canned Soft Drink)  ...       0.195642
3                      (6 Pack Soft Drink)  ...       0.345586
10                           (Canned Soda)  ...       0.540805
49  (Chips and Guacamole, Canned Soft Drink)  ...       0.099421

[10 rows x 10 columns]
```

선택된 연관규칙들을 'confidence'의 값에 따라 내림차순으로 정렬한 다음 상위 10개의 규칙을 출력하였다. 그러나 출력 결과에 많은 컬럼이 생략되어 있어 연관규칙을 명확히 확인하기 어렵다.

```
>>> rules.iloc[0, :].transpose()
antecedents           (Bottled Water, Chips)
consequents                   (Chicken Bowl)
antecedent support                  0.019084
consequent support                  0.335333
support                             0.015267
confidence                               0.8
lift                                2.385691
leverage                            0.008868
conviction                          3.323337
zhangs_metric                       0.592135
Name: 38, dtype: object
```

첫 번째 연관규칙을 행, 열 전환transpose하여 출력하였다. 선행사건antecedents과 결과consequents는 연관규칙 {Bottled Water, Chips} → {Chicken Bowl}을 의미한다. 나머지 항목들은 이 연관규칙에 대한 다양한 평가 척도를 나타낸다. 이 책에서 설명하지 않은 leverage, conviction, zhangs_metric 척도도 포함되어 있다.

선택된 연관규칙들을 한눈에 파악하기 어려워서 `rules`를 csv 파일로 저장한 후, 약간의 가공을 거쳐 [그림 10-7]과 같은 결과를 얻었다.

	antecedents	consequents	confidence	lift
38	{'Bottled Water', 'Chips'}	{'Chicken Bowl'}	0.8	2.385691057
21	{'Chips and Tomatillo Red Chili Salsa'}	{'Chicken Bowl'}	0.630434783	1.880028279
44	{'Canned Soft Drink', 'Chips'}	{'Chicken Bowl'}	0.603448276	1.799551444
19	{'Chips'}	{'Chicken Bowl'}	0.586538462	1.749124453
5	{'Bottled Water'}	{'Chicken Bowl'}	0.448051948	1.336141907
36	{'Chicken Bowl', 'Bottled Water'}	{'Chips'}	0.405797101	3.578037904
13	{'Canned Soft Drink'}	{'Chicken Bowl'}	0.402173913	1.199328385
3	{'6 Pack Soft Drink'}	{'Chips and Guacamole'}	0.388888889	1.504688233
10	{'Canned Soda'}	{'Steak Burrito'}	0.382978723	2.0537514
49	{'Chips and Guacamole', 'Canned Soft Drink'}	{'Chicken Bowl'}	0.370967742	1.10626803
1	{'6 Pack Soft Drink'}	{'Chicken Burrito'}	0.351851852	1.319624328
34	{'Veggie Burrito'}	{'Chips and Guacamole'}	0.340659341	1.318078546
32	{'Veggie Bowl'}	{'Chips and Guacamole'}	0.329268293	1.274004322
43	{'Chicken Bowl', 'Canned Soft Drink'}	{'Chips'}	0.315315315	2.780232155

그림 10-7 도출된 연관규칙의 일부 내용

연관규칙들을 살펴보면 `Chicken Bowl`이 포함된 규칙이 매우 많은데, 이는 `Chicken Bowl`이 가장 인기 있는 메뉴이기 때문이다. 따라서 인기 메뉴를 주문하면서 다른 메뉴를 함께 주문하는 경우가 많아 `Chicken Bowl`이 포함된 연관규칙은 큰 의미를 갖기 어렵다. `Chicken Bowl`이 포함되지 않은 연관규칙 중 신뢰도confidence와 향상도lift 값이 높은 두 가지를 살펴보자.

```
{6 Pack Soft Drink} → {Chips and Guacamole}
{6 Pack Soft Drink} → {Chicken Burrito}
```

이 규칙은 소프트 드링크를 낱개가 아닌 팩으로 주문한 고객이 칩과 과카몰리 소스 메뉴나 치킨 브리토를 함께 주문하는 경향이 있음을 보여준다. 소프트 드링크를 팩으로 주문하는 경우는 일행이 많은 상황일 것이다. 따라서 칩과 과카몰리 소스나 치킨 브리토는 단체 방문 고객이 선호하는 메뉴임을 유추할 수 있다. 이 규칙을 활용하여 두 메뉴를 소프트 드링크 팩과 세트로 구성하고 가격을 할인하면 판매량을 늘릴 수 있을 것이다.

지금까지 판매 데이터를 활용한 연관규칙 검색 및 해석 사례를 살펴보았다. 검색된 연관규칙은 상품의 진열을 바꾸거나, 새로운 메뉴를 개발하거나, 효과적인 영업 전략을 수립하는 데 활용될 수 있다.

03 인터넷 검색어 분석

인터넷 검색어를 중심으로 사용자들의 관심사를 분석할 수 있도록 지원해 주는 사이트가 많다. 그중에서도 네이버 데이터랩과 구글 트렌드가 대표적이다. 네이버 데이터랩에서는 주로 국내 관심사를 알아볼 수 있고, 구글 트렌드에서는 전 세계적인 관심사를 확인할 수 있다. 이번 절에서는 네이버 데이터랩을 이용하여 인터넷 검색어를 분석해 보자.

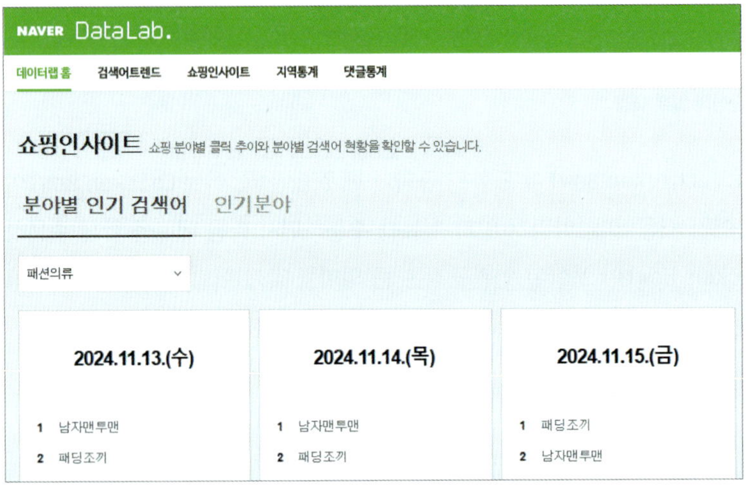

그림 10-8 네이버 데이터랩 초기 화면(http://datalab.naver.com/)

1 분야별 인기 검색어 확인

네이버 데이터랩을 이용하여 가장 먼저, 가장 쉽게 할 수 있는 작업은 분야별로 현재 인기가 있는 검색어를 확인하는 일이다. [그림 10-9]와 같이 분야를 '디지털/가전'으로 정하여 분야별 인기 검색어를 확인해 보았다. 검색 시점에서는 '가습기', '무선청소기', 스마트폰 액세서리 등에 소비자들의 관심이 많은 것을 확인할 수 있다.

그림 10-9 디지털/가전 분야의 인기 검색어

2 관심 키워드로 트렌드 분석

이제 관심 있는 키워드를 중심으로 트렌드를 알아보자. 키워드는 '국내여행'과 '해외여행'으로 하였다. 검색 기간은 현재 기준 '1년'으로 하였고 범위와 성별은 '전체'로 하였다. 선택 연령대는 '20~30대'로 한정했다.

그림 10-10 키워드를 통한 검색어 트렌드 조회

검색 결과는 [그림 10-11]과 같다. 연말에는 해외여행에 대한 관심이 더 높기도 하였으나 시간이 흐름에 따라 국내 여행에 대한 관심이 상승하며 해외여행을 추월하는 모습을 보인다. 여행 비수기인 겨울철에 국내 여행에 대한 관심도가 높아진 것도 주목할 만하다.

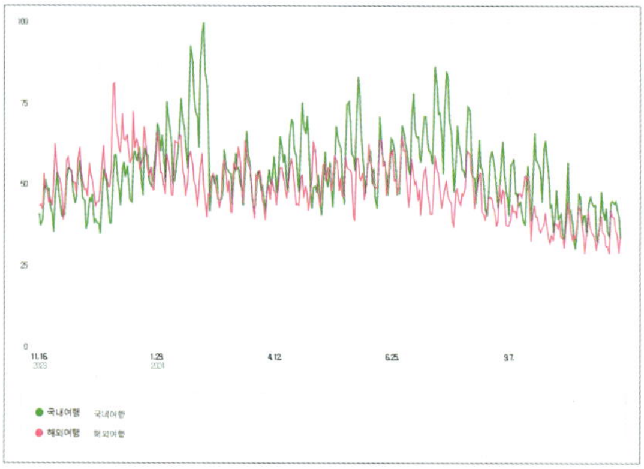

그림 10-11 '국내여행'과 '해외여행'에 대한 검색어 트렌드

3 지역별 관심 업종 분석

네이버 데이터랩으로 지역별 관심 업종 순위와 업종별 인기 지역을 분석할 수 있다. 네이버 데이터랩의 메뉴에서 [지역통계]를 선택하면 된다. [그림 10-12]는 서울시 강남구의 음식점 업종에 관련된 검색어 트렌드를 보여준다. 그래프를 보면 역삼동, 논현동, 신사동에서 검색 빈도가 높은 것을 알 수 있다. 이 결과를 바탕으로 어느 지역에 어떤 분야의 점포를 내는 것이 좋은지에 대한 아이디어를 얻을 수 있다.

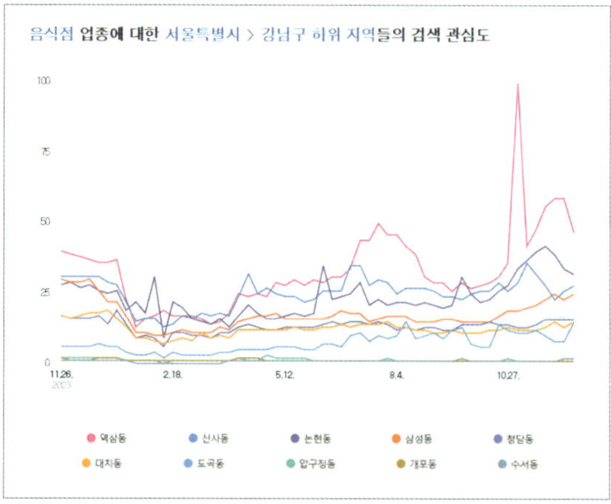

그림 10-12 서울시 강남구의 음식점 업종에 대한 검색어 트렌드

지금까지 살펴본 것처럼, 인터넷 검색어 사이트를 활용하여 검색어 트렌드를 손쉽게 확인할 수 있다. 데이터는 현실을 반영하고 있으므로, 데이터를 면밀히 관찰하고 분석하면 효과적인 의사결정을 위한 중요한 정보를 얻을 수 있다.

실전 분석

문제 1

반기문 전 UN 총장의 국회 연설문을 워드클라우드로 시각화하시오. 단 두 글자 이상의 단어만 포함되도록 하시오.

TIP 반기문_국회_연설문.txt 파일은 한빛아카데미 홈페이지에서 다운로드할 수 있다.

01 필요한 라이브러리와 데이터를 불러온다.

```
import pandas as pd
import matplotlib.pyplot as plt
from wordcloud import WordCloud
import konlpy
```

02 데이터를 준비한다.

```
df = pd.read_fwf('d:/data/반기문_국회_연설문.txt').iloc[:, 0]
df.head()
```

03 품사 분류를 위한 사전으로 꼬꼬마(Kkma)를 선택한다.

```
kkma = konlpy.tag.Kkma()
```

04 사전을 이용하여 데이터프레임에서 명사들을 추출한다.

```
nouns = df.apply(kkma.nouns)
nouns = nouns.explode()
nouns
```

05 전처리를 한다.

```
# 글자 수 2개 이상인 단어만 추출
df_word = pd.DataFrame({'word' : nouns})
df_word['count'] = df_word['word'].str.len()
df_word = df_word.query('count >= 2')
df_word

# 단어 빈도수 집계 및 정렬
df_word = df_word.groupby('word', as_index = False)
df_word = df_word.count().sort_values('count', ascending = False)
df_word.head(10)
```

06 워드클라우드를 작성한다.

```
dic_word = df_word.set_index('word').to_dict()['count']
dic_word

wc = WordCloud(random_state=123,
               font_path='c:/Windows/Fonts/malgun.ttf',
               width=400,
               height=400,
               background_color='white')

img_wordcloud = wc.generate_from_frequencies(dic_word) # 워드클라우드 → 이미지

plt.figure(figsize = (10, 10))                         # 크기 지정하기
plt.axis('off')                                        # 축 없애기
plt.imshow(img_wordcloud)                              # 결과 보여주기
plt.show()                                             # 결과를 화면에 출력
```

실행 결과

요약

01 워드클라우드는 문자형 데이터를 분석하는 대표적인 방법으로, 대상 데이터에서 단어(주로 명사)를 추출하고 단어들의 출현 빈도수를 계산하여 시각화하는 기능을 한다.

02 데이터에 존재하는 일정한 패턴을 연관규칙이라고 한다. 예를 들어 구매 데이터에서 "맥주를 사는 사람은 땅콩도 함께 구매한다"와 같은 연관규칙을 찾을 수 있다.

03 아프리오리 알고리즘은 연관규칙 분석에 널리 이용되는 머신러닝 기법 중 하나다. 1994년에 라케쉬 아그라왈Raksh Agrawal과 라마크리슈난 스리컨트Ramakrishnan Srikant가 이 기법을 제안하였다.

04 지지도는 특정 상품 X와 Y를 함께 구매한 비율이 전체 거래에서 차지하는 비율을 측정하는 척도다.

05 연관규칙 {X}→{Y}의 신뢰도는 상품 X를 구매했을 때 상품 Y도 함께 구매한 빈도를 나타내며, 조건부 확률과 유사하다. 신뢰도가 높을수록 해당 규칙이 유용할 가능성도 크다.

06 향상도는 연관규칙 {X}→{Y}에서 X를 구매했을 때 Y를 구매할 확률이, X와 관계없이 Y를 구매할 확률에 비해 얼마나 증가했는지를 나타낸다. 값이 1보다 크면 X를 구매할 때 Y를 구매할 가능성이 높음을, 값이 1보다 작으면 X를 구매할 때 Y를 구매할 가능성이 낮음을 의미한다.

07 사용자들의 관심사를 분석할 수 있도록 지원하는 대표적인 사이트로 네이버 데이터랩과 구글 트렌드가 있다. 네이버 데이터랩은 주로 국내의 관심사를, 구글 트렌드는 전 세계적인 관심사를 확인하는 데 유용하다.

08 네이버 데이터랩에서 분야별 인기 검색어 확인, 관심 키워드 기반 트렌드 분석, 지역별 관심 업종과 업종별 인기 지역 분석 등을 할 수 있다.

연습문제

[01~07] shopping_qna.txt 파일에는 어느 쇼핑몰 고객센터의 상담원(A)과 고객(B)의 대화가 저장되어 있다. 아래에 이어지는 문제 순서에 따라 대화를 분석하고 워드클라우드를 작성하시오(데이터는 AI 허브에서 다운로드하여 가공한 것임).

TIP shopping_qna.txt 파일은 한빛아카데미 홈페이지에서 다운로드할 수 있다.

01 shopping_qna.txt 파일을 pd.read_csv() 메서드로 읽어 df에 저장하시오.

02 df의 각 행 데이터를 상담원/고객 구분 표시(A, B) 부분과 나머지 대화 부분으로 나누어, 2개의 컬럼에 저장하시오. 이때 각 컬럼의 이름은 group과 conversation으로 설정하시오.

03 상담원(A)의 대화만 df_A에 저장한 뒤, 한글 형태소 분석기를 사용하여 명사만 추출하시오. 추출한 명사를 nouns에 저장하고, nouns.explode()를 실행하여 한 컬럼에 하나의 단어만 위치하도록 데이터 구조를 변경하시오.

참고 실행 시간이 오래 걸릴 수 있음

04 다음과 같이 전처리를 수행하여 그 결과를 df_word에 저장하고, 빈도수가 높은 단어순으로 정렬하시오.

전처리
- 글자 수 2개 이상인 단어만 추출한다.
- 불필요한 단어인 '고객', '저희', '상담', '감사'는 제거한다.

05 빈도수 상위 10개 단어를 막대그래프로 시각화하시오.

06 df_word에 대해 워드클라우드를 작성하고 화면에 나타내시오.

07 문제 **03~06**의 과정을 고객(B)의 대화에 대해서 동일하게 수행하되, 다음 조건을 따르시오.

> **조건**
> - 전처리는 필요하다고 판단되는 항목에 대해 수행한다.
> - 고객 대화의 워드클라우드는 타원형으로 작성한다.

[08~14] 베이커리의 판매 정보를 담은 `bread_basket.csv` 파일을 대상으로 아래에 이어지는 문제 순서에 따라 연관규칙을 탐색하시오.

TIP `bread_basket.csv` 파일은 한빛아카데미 홈페이지에서 다운로드할 수 있다.

08 필요한 라이브러리를 불러오고, `bread_basket.csv`을 읽어서 `df`에 저장한 후 `df`의 내용을 출력하여 확인하시오.

09 많이 팔린 인기 메뉴 상위 10개를 나타내시오.

10 아침에 많이 팔린 인기 메뉴 상위 10개를 나타내시오.

11 저녁에 많이 팔린 인기 메뉴 상위 10개를 나타내시오.

12 `Transaction`과 `Item` 컬럼 데이터를 사용하여 트랜잭션 매트릭스(데이터프레임)를 만드시오.

13 트랜잭션 매트릭스로부터 연관규칙을 탐색하되, 최소 지지도가 `0.001` 이상인 규칙을 탐색하시오. 탐색된 연관규칙을 `confidence` 값이 높은 순으로 정렬하고, 상위 10개의 규칙을 출력하시오.

14 메뉴에서 커피를 제외한 후, 최소 지지도가 `0.001` 이상인 연관규칙을 탐색하시오. 연관규칙을 `confidence`가 높은 순으로 정렬하여 상위 10개를 나타내시오.

CHAPTER 11
가설 검정

PREVIEW

우리는 현실 세계에서 어떤 주장에 대해 판단을 내릴 때, 합리적인 근거에 기반하여 결론을 내리기를 원한다. 통계적 가설 검정은 통계적 추론의 한 방법으로, 모집단의 실제 값에 대한 주장을 표본 정보를 통해 검증하는 과정이다. 8장에서는 자주 사용되는 가설 검정 방법들을 학습한다.

1절 가설 검정의 필요성과 개념을 다룬다. 모집단, 표본, 검정, 귀무가설, 대립가설, 유의수준, p-value 등의 주요 용어와 가설 검정의 전반적인 과정을 살펴본다.

2절 두 집단의 평균에 대한 가설 검정을 배운다. 표본이 정규성을 만족할 경우에는 독립표본 t-검정을, 정규성을 만족하지 않을 경우에는 맨 휘트니 U 검정을 적용하는 방법에 대해 배운다. 대응표본 t-검정과 윌콕슨 부호 순위 검정에 대해서도 살펴본다.

3절 두 집단의 비율에 대한 가설 검정을 배운다. 데이터가 범주형일 경우, 비율의 차이를 검증하기 위해 카이제곱 검정과 피셔의 정확 검정을 사용하는 방법에 대해 알아본다.

01 가설 검정의 필요성

우리는 살아가면서 판단하거나 의사결정을 내려야 하는 상황에 자주 직면한다. 예를 들어 다음과 같은 질문을 고려해 볼 수 있다.

- "새로 개발한 고혈압 치료약 B는 기존 치료약 A보다 더 효과가 있을까?"
- "남녀 학생들의 토익 성적을 표본 조사한 결과, 남학생은 평균 756점, 여학생은 평균 759점이었다. 남학생과 여학생의 토익 성적 차이는 유의미한 차이인가?"
- "클래식 음악을 들으면서 사육된 젖소가 생산한 우유는 그렇지 않은 젖소의 우유보다 더 품질이 좋을까?"
- "수험생들의 수능 성적은 부모의 직업에 따라 차이가 있을까?"

이러한 질문들에 답할 때 단순히 경험이나 직관에 의존하지 않고, 보다 과학적이고 체계적인 방식으로 접근하는 자세가 중요하다. 이를 가능하게 하는 방법 중 하나가 통계적 가설 검정이다.

1 가설 검정의 개념

가설 검정의 개념을 살펴보기 전에, 모집단과 표본의 의미부터 이해해야 한다. **모집단**population 이란 정보를 얻고자 하는 관심 대상의 전체집합을 의미한다. 예를 들어, 올해 한국을 방문하는 외국인들이 평균적으로 얼마를 지출하는지 알고 싶다면 '올해 한국을 방문한 모든 외국인'이 모집단에 해당한다. 그러나 모집단 전체를 대상으로 조사를 수행하기는 현실적으로 어렵다. 따라서 모집단의 일부만 선택하여 조사하는데, 이 선택된 일부를 **표본**sample 이라고 한다. 통계 작업은 이러한 표본을 바탕으로 모집단의 특성을 파악하는 일이다.

이제 가설 검정에 대해 알아보자. **가설**hypothesis 은 관심 대상이 되는 모집단의 속성에 대해 내세우는 주장을 말한다. 예를 들어 다음과 같은 주장이 가설에 해당한다.

- 올여름은 작년 여름보다 더웠다.
- 남성은 여성보다 힘이 세다.

• 유럽 사람들은 남미 사람들보다 소득이 높다.

• TV 광고 이후 매출액이 증가하였다.

• 이번에 출시된 신차는 구형 모델보다 연비가 좋아졌다.

검정test은 이 같은 가설을 받아들일 수 있는지, 즉 가설을 채택할지 기각할지를 표본을 조사하여 통계적으로 판단하는 과정을 의미한다. 가설을 받아들이기 위해서는 이를 뒷받침할 수 있는 충분한 근거가 있어야 한다. 결국 가설 검정의 핵심은 통계적 방법을 통해 가설을 받아들일 수 있는 충분한 근거가 있는지를 평가하는 것이다.

2 가설 검정의 과정

가설 검정은 다음 과정을 통해 이루어진다.

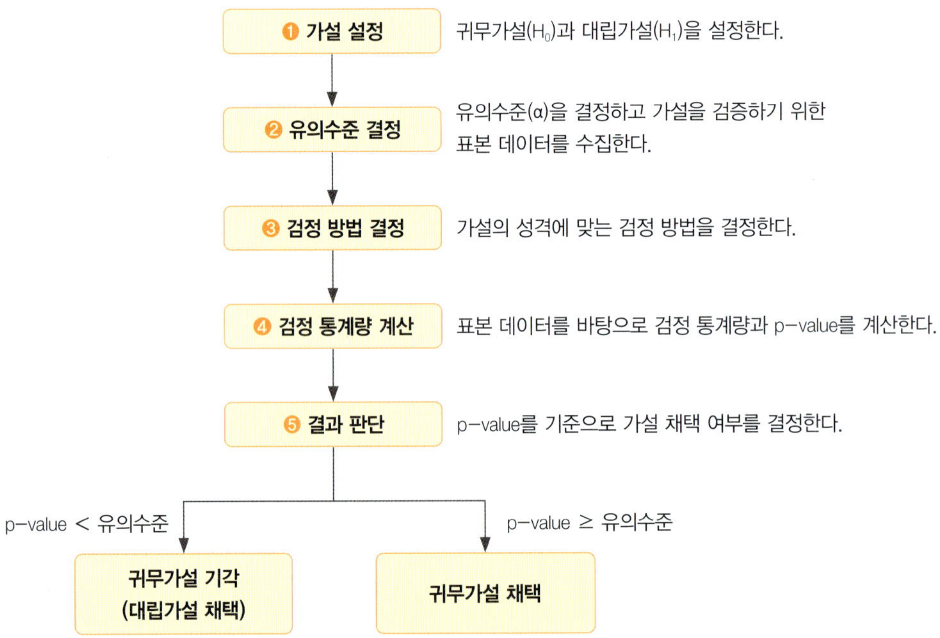

그림 11-1 가설 검정의 과정

각 단계에 대해 상세히 알아보자.

1단계: 가설 설정

가설을 세울 때 먼저 귀무가설(H_0)과 대립가설(H_1)을 정의하는 일부터 시작한다.

- **귀무가설(H_0)**: 기본적으로 참으로 가정되는 가설이다. 보통 현 상태를 유지하거나 효과가 없음을 주장한다.
- **대립가설(H_1)**: 귀무가설을 반박하고 입증하고자 하는 가설이다. 일반적으로 자신이 증명하려고 하는 주장이다.

새로 개발된 신약의 효과를 평가하기 위해 가설을 설정한다고 가정해 보자. 이 경우 귀무가설(H_0)은 '신약은 효과가 없다'는 내용을, 대립가설(H_1)은 '신약은 효과가 있다'는 주장을 담고 있다. 일반적으로 연구자는 귀무가설을 기각하고 대립가설을 채택하려고 한다. 이는 대립가설이 참임을 입증하여 연구의 목적이 달성되었음을 증명하기 위함이다.

2단계: 유의수준 결정

유의수준significant level, α은 귀무가설을 기각할 기준이 되는 확률이다. 모집단의 특성을 파악하고자 할 때, 모집단 전체 데이터를 분석하지 않고 표본 데이터를 대상으로 판단하기 때문에 오류 가능성이 존재한다. 유의수준은 이 판단이 오류일 확률을 말한다. 가장 일반적으로 사용하는 유의수준은 $\alpha=0.05$로, 이는 최종 판단이 오류일 확률이 5% 이내여야 귀무가설을 기각하고 대립가설을 채택하겠다는 의미다. 유의수준이 0.05라면 우리가 잘 아는 신뢰수준 95%와 동일한 의미를 지닌다.

유의수준을 결정한 다음에는 표본 데이터를 수집해야 한다. 예를 들어, 신약 개발의 경우 환자를 두 그룹으로 나누어 한 그룹에는 신약을 일정 기간 투여하고, 다른 그룹에는 효과가 없는 위약placebo를 투여한다. 이후 두 그룹의 증상 개선 정도를 측정한 데이터를 수집하여 분석에 활용하게 된다.

3단계: 검정 방법 결정

가설 검정을 수행하려면 수립한 가설의 성격에 따라 적절한 검정 방법을 결정해야 한다. 예를 들어 두 집단의 평균 차이를 검정하려면 t-검정을 사용하고, 두 집단의 비율 차이를 검정할 때는 카이제곱 검정을 사용한다. 따라서 가설에 맞는 검정 방법을 신중히 선택해야 한다.

4단계: 검정 통계량 계산

검정 통계량은 가설을 검정하기 위해 표본에서 산출되는 통계량을 말한다. t-검정의 경우 t-value가 검정 통계량인데 두 그룹 간의 차이가 관측된 데이터를 바탕으로 계산한 값이 가정된 분포상에서 어느 위치에 해당하는지를 나타내는 수치다. 예를 들어 신약 개발 사례에서 신약 투여 그룹과 위약 투여 그룹의 증상 점수 차이를 비교한다고 가정하자. 두 그룹의 점수 차이를 계산한 후, 이 값이 가정된 분포(예 정규분포)상에서 어디에 위치하는지를 파악한다. 검정 통계량은 이 위치를 나타내는 값으로, 가정하는 분포에 따라 계산 방식이 달라진다.

[그림 11-2]에서 붉은색 점은 가정된 분포의 어느 지점에 검정 통계량이 위치하는지를 나타낸다. 이 결과를 바탕으로 가설의 채택 여부를 판단할 수 있다.

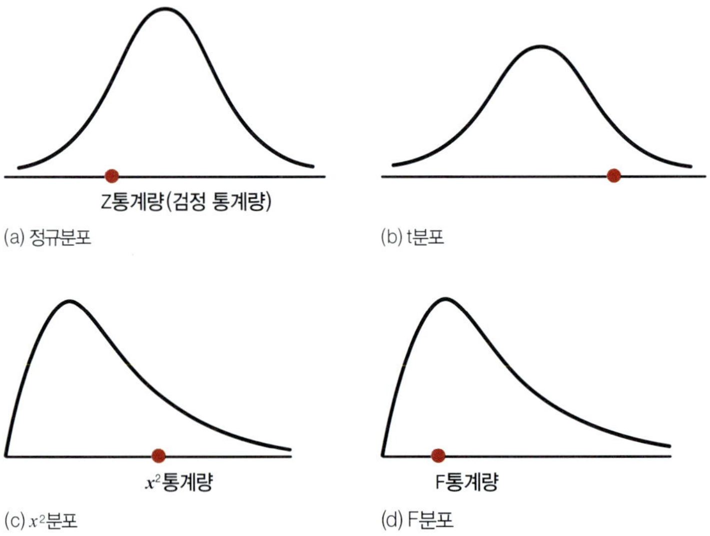

그림 11-2 각 분포에서 검정 통계량의 위치

검정 통계량을 계산한 후, 이를 이용하여 **p-value**를 계산한다. [그림 11-3]에서 검정 통계량 앞쪽으로 색칠된 영역의 넓이가 p-value에 해당한다. 더 정확히 말하자면, 그래프 하단의 전체 면적에서 색칠된 영역이 차지하는 비율이 p-value다.

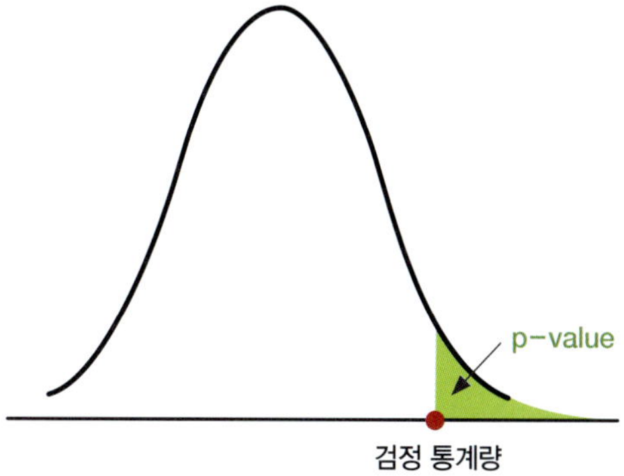

그림 11-3 검정 통계량과 p-value

신약 개발의 예에서 p-value의 의미는 신약 투여 그룹과 위약 투여 그룹 간의 차이가 우연히 발생했을 확률을 의미한다. 이 확률이 설정한 유의수준보다 작다면, 귀무가설을 기각하고 대립가설을 채택하게 된다. 즉, 두 그룹 간의 차이가 우연히 발생했을 확률이 낮다는 것은 신약이 실제로 효과가 있음을 뒷받침하는 근거가 된다.

5단계: 결과 판단

가설 검정의 최종 단계는 p-value를 기준으로 귀무가설의 채택 여부를 판단하는 것이다.

- **p-value < 유의수준**: 귀무가설을 기각하고 대립가설을 채택한다. p-value가 작을수록 귀무가설이 참일 확률도 낮아진다.
- **p-value ≥ 유의수준**: 귀무가설을 기각할 수 없으므로 대립가설을 채택하지 못한다.

통상적으로 유의수준을 0.05로 설정하기 때문에 p-value<0.05인 경우에 대립가설을 채택할 수 있다.

지금까지 가설 검정의 개념과 절차를 살펴보았다. 이론적으로는 다소 복잡해 보일 수 있지만, 실제로는 간단한 함수로 쉽게 실행할 수 있어 응용하기 어렵지 않다. 이제, 가설 검정에서 자주 다루는 두 모집단 간 평균과 비율의 차이에 대한 검정을 살펴보자.

여기서 잠깐! 데이터 유형에 따른 검정 기준

평균 차이를 검정하려면 분석 대상 데이터가 연속형(수치형) 데이터여야 하고, 비율 차이를 검정하려면 범주형 데이터가 필요하다.

02 두 집단의 평균에 대한 가설 검정

두 집단의 평균 차이를 검정하는 것은 가설 검정에서 흔히 다루는 주제 중 하나다. 1절의 맨 앞에서 제시한 질문을 다시 생각해 보자.

"남녀 학생들의 토익 성적을 표본 조사한 결과, 남학생은 평균 756점, 여학생은 평균 759점이었다. 남학생과 여학생의 토익 성적 차이는 유의미한 차이인가?"

이 질문에 따라 가설을 세우면 다음과 같다.

- **귀무가설(H_0):** 남학생과 여학생의 토익 성적 평균에는 차이가 없다.
- **대립가설(H_1):** 남학생과 여학생의 토익 성적 평균에는 차이가 있다.

이처럼 **두 집단의 평균 차이를 검정하는 과정**을 '두 집단의 평균에 대한 가설 검정'이라고 하며, 이를 시행하는 통계적 방법을 **독립표본 t-검정**이라고 한다. 영어로는 Student's t-test 혹은 간단히 t-test라고도 한다. 독립표본 t-검정은 기본적인 가설 검정 방법 중 하나로 널리 사용되고 있다.

1 독립표본 t-검정의 전제 조건

독립표본 t-검정을 수행하기 위해서는 독립성, 정규성, 등분산성이라는 세 가지 전제 조건이 충족되어야 한다. 이러한 전제 조건이 만족되지 않으면 검정 결과의 신뢰성과 유효성이 떨어질 수 있다. 따라서 검정을 진행하기 전에 세 가지 전제 조건을 만족하는지 반드시 확인해야 한다.

[조건 1] 독립성: 비교 대상 두 집단은 상호 독립적이어야 한다.

비교 대상 집단이 상호 독립적이라는 것은 표본조사 대상이 서로 다르다는 것을 의미한다. 예를 들어 남학생과 여학생을 각각 그룹으로 나누어 토익 점수를 조사했다면 두 집단은 '독립적'이라고 할 수 있다. 반면, 동일한 환자 그룹에 대해 신약 투약 전과 투약 후의 증상 점수를 비교한다면 두 비교 집단은 동일한 표본을 사용하기 때문에 독립적이지 않다고 말한다. 이 경우에는 독립표본 t-검정이 아니라 **대응표본 t-검정**을 실시해야 한다.

[조건 2] 정규성: 비교 대상 두 집단은 정규분포를 만족해야 한다.

독립표본 t-검정은 두 집단의 평균을 비교하기 위한 검정 방법으로, 이를 수행하려면 비교 대상이 되는 두 집단이 모두 정규분포를 만족해야 한다. 두 집단이 정규분포를 만족하지 않으면, 평균값을 비교하더라도 그 차이가 모집단의 특성을 정확히 반영한다고 주장하기 어렵다. [그림 11-4]는 분포가 다른 두 집단의 예를 보여주며, 이 경우 평균 간 비교는 유효하지 않다. 두 집단 중 어느 한쪽이라도 정규분포를 만족하지 않을 경우에는 독립표본 t-검정 대신 맨 휘트니 U 검정Mann-Whitney U test과 같은 방법을 사용해야 한다.

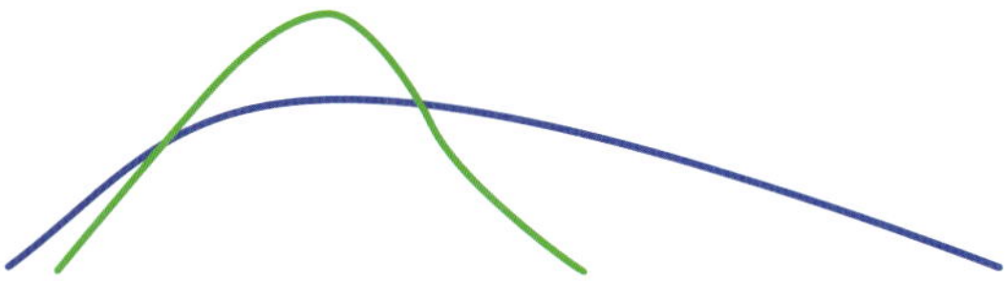

그림 11-4 분포가 다른 두 집단

어떤 집단의 데이터가 정규분포를 만족하는지를 확인하는 과정을 **정규성 검정**이라고 한다. 일반적으로 통계에서는 표본의 크기에 따라 정규성 여부를 다음과 같이 간주한다.

- **표본 크기** > 30: 정규분포를 만족한다고 간주한다.
- **표본 크기** < 10: 정규분포를 만족하지 않는 것으로 간주한다.
- **표본 크기** 10~30: 정규성 여부를 검증하기 위해 정규성 검정을 수행해야 한다.

즉, 표본 크기가 10에서 30 사이일 때만 정규성 검정이 필요하다. 이때는 정규분포를 검증하기 위한 적절한 통계적 방법을 적용해야 한다.

여기서 잠깐! 표본의 크기

남녀 학생들의 토익 성적 차이를 검정하기 위해 남학생 50명과 여학생 55명의 성적을 조사했다고 가정하면, 50과 55가 각각 두 집단의 표본 크기가 된다.

통계학의 중심극한정리에 따르면, 표본 크기가 30보다 크면 해당 표본은 정규분포를 따르는 것으로 간주할 수 있다. 하지만 실제 데이터에서 표본 크기가 30을 초과하더라도 정규분포를 만족하지 않는 경우가 있을 수 있다. 따라서 더 엄밀하고 신뢰도 높은 검정을 원한다면 표본 크기와 상관없이 정규성 검정을 수행하도록 한다.

[조건 3] 등분산성: 비교 대상인 두 집단은 동일한 분산을 가져야 한다.

두 집단이 모두 정규분포를 만족하더라도 [그림 11-5]와 같이 두 집단의 분산이 다를 경우 평균에 대한 의미 있는 비교를 하기가 어렵다. 그러나 분산이 달라도 근사적인 방법으로 독립표본 t-검정을 실시할 수 있다. 대부분의 통계 도구가 이 기능을 제공하므로, 등분산성은 중요한 요소이지만 필수적으로 만족해야 하는 조건은 아니다.

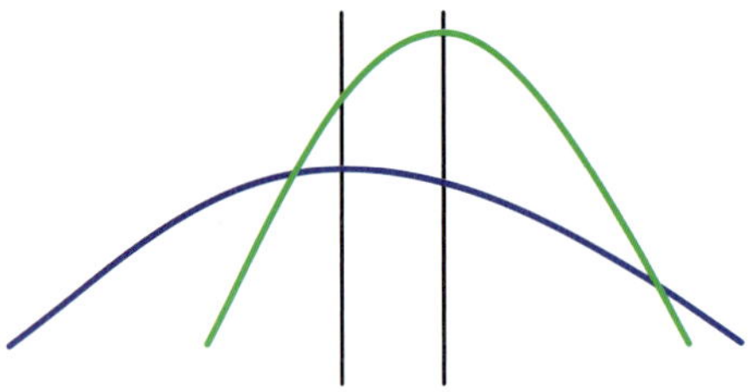

그림 11-5 분산이 다른 두 집단

지금까지 살펴본 독립표본 t-검정의 전제 조건과 그에 따른 검정 방법을 정리하면 [그림 11-6]과 같다. 이제 각 검정 방법을 실습을 통해 알아보자.

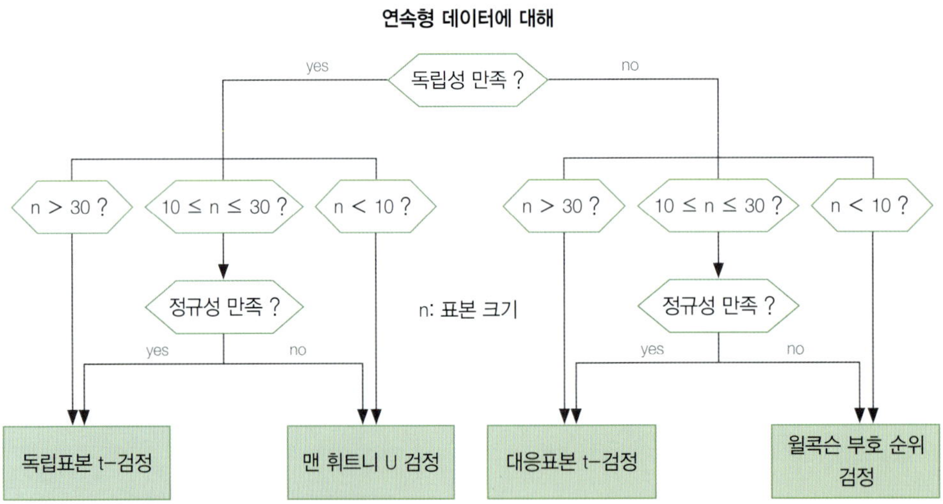

그림 11-6 전제 조건 만족 여부에 따른 검정 방법

2 독립표본 t-검정

어떤 비료 회사에서 새로운 비료 A와 B를 개발하였다. 두 제품 중 어느 것이 더 나은지 알아보기 위해 동일 품종 식물 90그루를 45그루씩 두 그룹으로 나누고, 비료 A와 B를 각각 투여하였다. 3개월 후, 두 그룹의 발육 상태를 조사하여 비료 A와 B의 효과 차이를 검정하고자 한다. 이때, 유의수준(α)을 0.05로 설정하여 두 그룹 간 발육 상태의 차이가 유의미한지 검정한다. 독립표본 t-검정을 위한 가설은 다음과 같다.

- **귀무가설(H_0):** 두 그룹의 평균 발육 상태에는 차이가 없다.
- **대립가설(H_1):** 두 그룹의 평균 발육 상태에는 차이가 있다.

[코드 11-1]은 독립표본 t-검정을 수행하는 전체 과정을 보여준다.

코드 11-1 code11_1.py

```
import pandas as pd
from scipy import stats
import matplotlib.pyplot as plt

df = pd.read_csv('d:/data/ind_ttest.csv')

# 데이터 탐색
df.head()
df.groupby('group').count()            # 그룹별 표본 크기
df.groupby('group').mean()             # 그룹별 평균
df.groupby('group').boxplot(grid=False)
plt.show()

group_1 = df.loc[df.group=='A', 'height']
group_2 = df.loc[df.group=='B', 'height']
group_1
group_2

# 정규성 검정
stats.shapiro(group_1)
stats.shapiro(group_2)
```

```
# 등분산성 검정
stats.levene(group_1, group_2)

# 독립표본 t-검정
result = stats.ttest_ind(group_1, group_2, equal_var=True)
result
```

[코드 11-1]의 실행 결과를 나누어 설명하면 다음과 같다.

```
>>> import pandas as pd
>>> from scipy import stats
>>> import matplotlib.pyplot as plt
>>> df = pd.read_csv('d:/data/ind_ttest.csv')
```

필요한 라이브러리와 데이터 파일을 불러온다. scipy의 stats는 각종 통계 관련 기능을 제공한다.

```
>>> # 데이터 탐색
>>>
>>> df.head()
  group  height
0     A     3.2
1     A     3.2
2     A     3.1
3     A     2.3
4     A     2.8
>>> df.groupby('group').count()                  # 그룹별 표본 크기
         height
group
A            45
B            45
>>> df.groupby('group').mean()                   # 그룹별 평균
         height
group
A      2.764444
B      2.973333
```

생육 조사 데이터(df)를 보면 각 식물에 대한 그룹 정보와 생육 상태 측정 정보가 저장되어 있다. 하나의 행은 식물 한 그루에 해당하는 정보다. 두 그룹의 표본 크기는 각각 45로 동일하다. 또한 그룹별 평균을 살펴보면 B 그룹의 생육 상태 평균이 A 그룹의 평균보다 약간 더 높은데, 이 차이가 어느 정도의 의미가 있는지는 아직 알 수 없다.

```
>>> df.groupby('group').boxplot(grid=False)
A    Axes(0.1, 0.15;0.363636x0.75)
B    Axes(0.536364, 0.15;0.363636x0.75)
dtype: object
>>> plt.show()
```

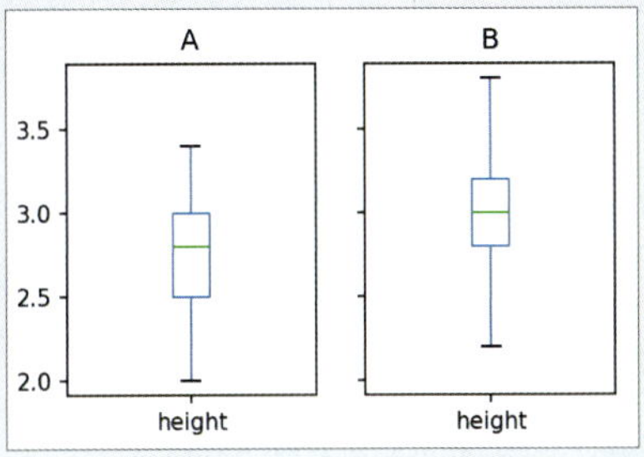

두 그룹의 데이터 분포를 상자그림을 통해 비교했다. 시각적으로 확인해 보면, B 그룹의 발육 상태가 A 그룹에 비해 약간 더 좋은 것으로 보인다.

```
>>> group_1 = df.loc[df.group=='A', 'height']
>>> group_2 = df.loc[df.group=='B', 'height']
>>> group_1
0       3.2
1       3.2
2       3.1
3       2.3
(중략)
42      2.6
43      2.3
44      2.7
Name: height, dtype: float64
```

```
>>> group_2
45    3.3
46    2.7
47    3.0
(중략)
87    2.7
88    3.2
89    3.3
Name: height, dtype: float64
```

생육 조사 데이터가 저장된 df에서 그룹 A와 그룹 B의 데이터를 각각 분리하여 group_1과 group_2로 저장하였다. 이렇게 분리하여 저장하면 이후에 두 그룹 간의 정규성 검정, 등분산성 검정, t-검정을 더욱 편리하게 수행할 수 있다.

```
>>> # 정규성 검정
>>>
>>> stats.shapiro(group_1)
ShapiroResult(statistic=0.9762209057807922, pvalue=0.4752536714076996)
>>> stats.shapiro(group_2)
ShapiroResult(statistic=0.9655794501304626, pvalue=0.19880203902721405)
```

두 그룹의 데이터에 대해 정규성 검정을 실시하였다. 두 그룹 모두 표본 크기가 30보다 커서 정규성 검정을 꼭 해야 하는 것은 아니지만 검정 방법을 설명하기 위해 실시하였다. 정규성 검정은 샤피로 검정Shapiro's test 방법을 구현한 stats.shapiro()를 이용하였다.

정규성 검정의 결과도 p-value 값을 기준으로 판단한다. 여기서 주의해야 할 점이 있다. 독립표본 t-검정에서는 대립가설을 채택하기 위해 p-value가 작을수록 좋지만, **정규성 검정에서는 귀무가설을 채택하기 위해 p-value가 클수록 좋다.** 그 이유는 가설이 다음과 같기 때문이다.

- **귀무가설(H_0)**: 대상 표본은 정규성을 만족한다.
- **대립가설(H_1)**: 대상 표본은 정규성을 만족하지 않는다.

정규성 검정에서 p-value > 0.05일 경우 귀무가설을 채택하며, 이는 표본이 정규성을 만족함을 의미한다. 위 결과에서 두 그룹 모두 p-value가 0.05보다 훨씬 크므로, 정규성을 만족한다고 결론지을 수 있다.

```
>>> # 등분산성 검정
>>>
>>> stats.levene(group_1, group_2)
LeveneResult(statistic=0.17112299465240605, pvalue=0.6801221033113707)
```

두 그룹의 분산이 동일한지를 검정할 때는 레벤 검정Levene's test를 구현한 `stats.levene()`을 이용한다. 등분산 검정의 결과도 귀무가설을 채택해야 좋은 경우이므로 p-value > 0.05이어야 한다. 위 결과를 보면 p-value가 `0.68`이므로 귀무가설인 '두 그룹의 분산은 같다'를 채택할 수 있다.

```
>>> # 독립표본 t-검정
>>>
>>> result = stats.ttest_ind(group_1, group_2, equal_var=True)
>>> result
TtestResult(statistic=-3.039599233138954, pvalue=0.003119416422557232,
df=88.0)
```

두 그룹이 정규성과 등분산성을 모두 충족하므로 독립표본 t-검정을 실시할 수 있다. `stats.ttest_ind()`는 독립표본 t-검정을 실행하는 메서드다. 이 메서드의 주요 매개변수 중 하나인 `equal_var`는 두 그룹의 등분산 여부를 지정하며, 등분산성을 만족하면 `True`, 만족하지 않으면 `False`를 지정한다. 검정 결과의 각 항목에 대한 설명은 [표 11-1]과 같다.

표 11-1 독립표본 t-검정 결과의 주요 항목

항목	설명
statistic	검정 통계량
pvalue	p-value
df	자유도

p-value를 보면 약 `0.003`으로 유의수준 0.05보다 작으므로 두 그룹의 평균은 유의미한 차이가 있다고 결론 내릴 수 있다. 그룹 B의 평균이 그룹 A의 평균보다 더 높기 때문에 **"신제품 B가 신제품 A보다 효과가 더 좋다"**라고 최종 결론을 내릴 수 있다.

여기서 잠깐! p-value 지수 표기법 이해하기

가설 검정을 하다 보면 p-value가 `0.689e-28`과 같은 형식으로 표시되는 경우가 있다. 소수점 이하 자릿수가 매우 길 때 사용하는 표기법인데 0.689×10^{-28}과 같은 의미다. 이러한 값은 사실상 0에 가까운 값임을 의미한다.

3 대응표본 t-검정

대응표본 t-검정은 비교 대상인 두 집단이 동일한 경우에 두 집단의 평균을 비교할 때 시행하는 검정 방법이다. 예를 들어 동일한 환자군을 대상으로 신약의 투약 전후 효과를 비교하거나 동일한 학생들을 대상으로 새로운 교수법의 시행 전후 성적을 비교하는 경우가 이에 해당한다.

대응표본 t-검정은 주로 동일 대상에 대해 전$_{\text{before}}$과 후$_{\text{after}}$의 차이를 검정하는 방법이다. 따라서 수집된 데이터는 [그림 11-7]과 같이 동일한 행에 전후 값이 쌍으로 대응하는 구조를 갖는다. 또한 **대응표본 t-검정을 수행하기 위해서는 정규성을 만족해야 한다.** 정규성을 만족하지 않는 경우 뒤에서 배울 맨 휘트니 U 검정을 시행해야 한다.

	A	B	C
1	student	before	after
2	1	63	69
3	2	65	65
4	3	56	62
5	4	100	91
6	5	88	78
7	6	83	87
8	7	77	79

그림 11-7 대응표본 t-검정을 위한 자료의 구조

어느 학교에서 새로운 교수법의 효과를 검증하기 위해 16명의 학생을 대상으로 기존 교수법으로 지도했을 때와 새로운 교수법으로 지도했을 때의 성적을 수집하였다. 유의수준 0.05를 기준으로 새로운 교수법 시행 이전과 이후의 성적 차이가 유의미한지를 검정해 보자. 대응표본 t-검정의 가설은 다음과 같다.

- **귀무가설(H_0):** 새로운 교수법 이전과 이후의 성적에 차이가 없다. 새로운 교수법 시행 전후 성적 차이(이후-이전)의 평균은 0이다.
- **대립가설(H_1):** 새로운 교수법 이전과 이후의 성적에 차이가 있다. 새로운 교수법 시행 전후 성적 차이(이후-이전)의 평균은 0이 아니다.

[코드 11-2]는 대응표본 t-검정을 수행하는 전체 과정을 보여준다.

코드 11-2 code11_2.py

```
import pandas as pd
from scipy import stats
import matplotlib.pyplot as plt

df = pd.read_csv('d:/data/paired_ttest.csv')

# 데이터 탐색
df.head()
df[['before', 'after']].mean()                   # 그룹별 평균
(df['after']-df['before']).mean()                # before, after 차이의 평균

fig, axes = plt.subplots(nrows=1, ncols=2)
df['before'].plot.box(grid=False, ax=axes[0])
plt.ylim([60, 100])
df['after'].plot.box(grid=False, ax=axes[1])
plt.show()

# 정규성 검정
stats.shapiro(df['after']-df['before'])

# 대응표본 t-검정
result = stats.ttest_rel(df['before'], df['after'])
result
```

[코드 11-2]의 실행 결과를 나누어 설명하면 다음과 같다.

```
>>> import pandas as pd
>>> from scipy import stats
>>> import matplotlib.pyplot as plt
>>> df = pd.read_csv('d:/data/paired_ttest.csv')
```

필요한 라이브러리와 데이터 파일을 불러온다.

```
>>> # 데이터 탐색
>>>
>>> df.head()
   student  before  after
0        1      63     69
1        2      65     65
2        3      56     62
3        4     100     91
4        5      88     78
```

대응표본 t-검정을 위한 데이터는 이전 값(before)과 이후 값(after)이 짝지어 기록된 형태로 나타난다.

```
>>> df[['before', 'after']].mean()                    # 그룹별 평균
before     78.1250
after      79.4375
dtype: float64
>>> (df['after']-df['before']).mean()                 # before, after 차이의 평균
np.float64(1.3125)
```

그룹별 평균, 이전(before) 성적과 이후(after) 성적 간 차이의 평균을 살펴보았을 때, 전후 차이가 크지 않은 것으로 보인다.

```
>>> fig, axes = plt.subplots(nrows=1, ncols=2)
>>> df['before'].plot.box(grid=False, ax=axes[0])
<Axes: >
>>> plt.ylim([60, 100])
(60.0, 100.0)
>>> df['after'].plot.box(grid=False, ax=axes[1])
<Axes: >
>>> plt.show()
```

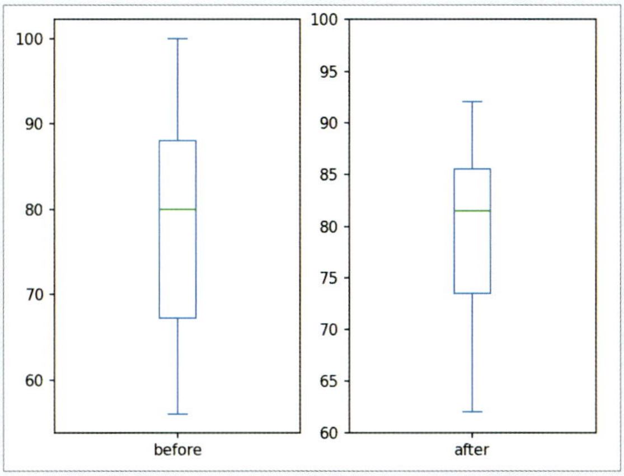

상자그림을 비교해 보아도 새로운 교수법을 적용한 이후에 성적이 향상된 증거가 잘 보이지 않는다.

```
>>> # 정규성 검정
>>>
>>> stats.shapiro(df['after']-df['before'])
ShapiroResult(statistic=0.9676114320755005, pvalue=0.7985907793045044)
```

대응표본 t-검정의 정규성 검정을 할 때 주의할 점이 있다. 두 그룹 각각의 정규성을 검정하는 것이 아니라, 두 그룹의 차잇값에 대해 검정해야 한다는 점이다. 그래서 `df['after']-df['before']`에 대해 검정을 실시하였다. 결과적으로 p-value > 0.05이므로 정규성을 만족한다고 볼 수 있다.

```
>>> # 대응표본 t-검정
>>>
>>> result = stats.ttest_rel(df['before'], df['after'])
>>> result
TtestResult(statistic=-0.7497768853141169, pvalue=0.4649871003972206, df=15)
```

대응표본 t-검정을 실시한 결과, p-value의 값이 약 `0.465`로 유의수준 0.05보다 크다. 따라서 대립가설을 채택할 수 없다. 이는 새로운 교수법이 기존 교수법보다 유의미한 효과를 보인다고 결론짓기 어렵다는 것을 의미한다.

4 맨 휘트니 U 검정

맨 휘트니 U 검정Mann-Whitney U test은 두 그룹의 평균 비교 시 독립성은 만족하지만 정규분포를 만족하지 않을 때 시행하는 검정 방법이다.

예를 들어 학생들을 A와 B 두 그룹으로 나누고 A 그룹에는 기존의 일반 필기구를, B 그룹에는 새로 개발된 필기구를 제공하여 일주일 동안 사용하게 한 뒤 각 그룹의 만족도를 조사했다고 가정하자. 두 그룹의 만족도에 유의미한 차이가 있는지 검정하기 위해 맨 휘트니 U 검정을 적용한다. 가설은 다음과 같다.

- **귀무가설(H_0)**: 두 그룹의 만족도에는 차이가 없다.
- **대립가설(H_1)**: 두 그룹의 만족도에는 차이가 있다.

[코드 11-3]은 맨 휘트니 U 검정을 수행하는 전체 과정을 보여준다.

코드 11-3 code11_3.py

```
import pandas as pd
from scipy import stats
import matplotlib.pyplot as plt

df = pd.read_csv('d:/data/mw_test.csv')

# 데이터 탐색
df.head()
df.groupby('group').count()             # 그룹별 표본 크기
df.groupby('group').mean()              # 그룹별 평균
df.groupby('group').boxplot(grid=False)
plt.show()

group_1 = df.loc[df.group=='A', 'score']
group_2 = df.loc[df.group=='B', 'score']

# 맨 휘트니 U 검정
stats.mannwhitneyu(group_1, group_2)
```

[코드 11-3]의 실행 결과를 나누어 설명하면 다음과 같다.

```
>>> import pandas as pd
>>> from scipy import stats
>>> import matplotlib.pyplot as plt
>>> df = pd.read_csv('d:/data/mw_test.csv')
```

필요한 라이브러리와 데이터 파일을 불러온다.

```
>>> # 데이터 탐색
>>>
>>> df.head()
  group  score
0     A     10
1     A     12
2     A     22
3     A     15
4     A     21
>>> df.groupby('group').count()                # 그룹별 표본 크기
             score
group
A                5
B                4
>>> df.groupby('group').mean()                 # 그룹별 평균
             score
group
A          16.00
B          22.25
>>> df.groupby('group').boxplot(grid=False)
A      Axes(0.1, 0.15;0.363636x0.75)
B      Axes(0.536364, 0.15;0.363636x0.75)
dtype: object
```

```
>>> plt.show()
```

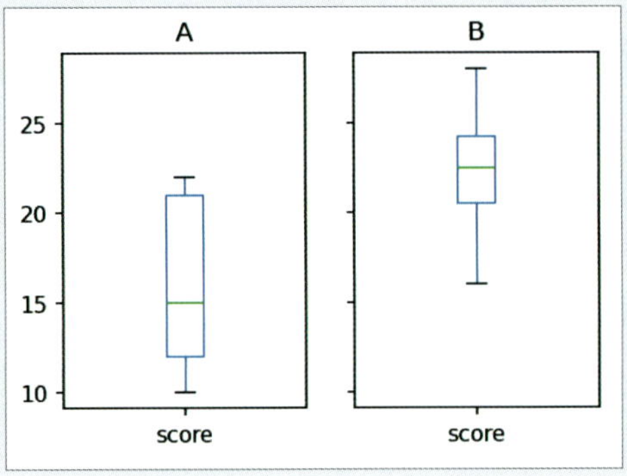

두 그룹의 표본 크기가 각각 5와 4여서 정규성을 만족하지 못한다. 그룹별 평균을 보면 B 그룹의 평균이 A 그룹의 평균보다 높게 나타났다.

```
>>> group_1 = df.loc[df.group=='A', 'score']
>>> group_2 = df.loc[df.group=='B', 'score']
>>> # 맨 휘트니 U 검정
>>>
>>> stats.mannwhitneyu(group_1, group_2)
MannwhitneyuResult(statistic=2.5, pvalue=0.08509993251567075)
```

stats.mannwhitneyu() 메서드를 사용하여 맨 휘트니 U 검정을 실시한 결과 p-value가 0.085로 나타났다. 이는 유의수준 0.05보다 크므로 귀무가설을 기각할 수 없다. 따라서 두 그룹의 평균에 유의미한 차이가 있다고 볼 수 없다. 결론적으로 말해, 새로 개발된 필기구의 만족도가 일반 필기구의 만족도보다 높다고 볼 근거가 없다.

5 윌콕슨 부호 순위 검정

윌콕슨 부호 순위 검정Wilcoxon signed-rank test은 짝지어진 두 그룹이 정규분포를 만족하지 않을 때 두 그룹의 평균을 비교하기 위해 시행하는 검정 방법이다.

A 제품에 불만이 많은 소비자 8명을 선정하여 성능이 개선된 제품을 한 달간 사용하게 한 후 불만도가 감소하였는지를 검정하였다. 가설은 다음과 같다.

- **귀무가설(H_0):** 제품 개선 전과 개선 후의 불만도 점수에 차이가 없다.
- **대립가설(H_1):** 제품 개선 전과 개선 후의 불만도 점수에 차이가 있다.

[코드 11-4]는 윌콕슨 부호 순위 검정을 수행하는 전체 과정을 보여준다.

코드 11-4 code11_4.py

```
import pandas as pd
from scipy import stats
import matplotlib.pyplot as plt

df = pd.read_csv('d:/data/wilcoxon_test.csv')
df

# 데이터 탐색
df.mean()                                  # 그룹별 평균
(df['post']-df['pre']).mean()              # pre, post 차이의 평균

fig, axes = plt.subplots(nrows=1, ncols=2)
df['pre'].plot.box(grid=False, ax=axes[0])
plt.ylim([60, 100])
df['post'].plot.box(grid=False, ax=axes[1])
plt.show()

# 윌콕슨 부호 순위 검정
stats.wilcoxon(df['pre'], df['post'])
```

[코드 11-4]의 실행 결과를 나누어 설명하면 다음과 같다.

```
>>> import pandas as pd
>>> from scipy import stats
>>> import matplotlib.pyplot as plt
>>> df = pd.read_csv('d:/data/wilcoxon_test.csv')
>>> df
   pre  post
0   78    79
1   76    72
2   87    81
3   82    83
4   75    69
5   88    74
6   70    77
7   83    68
```

필요한 라이브러리와 데이터 파일을 불러와서 내용을 확인하였다. 데이터에는 8명의 소비자를 대상으로 제품 개선 전(pre)과 개선 후(post)의 불만도 점수가 기록되어 있다.

```
>>> # 데이터 탐색
>>>
>>> df.mean()                                # 그룹별 평균
pre     79.875
post    75.375
dtype: float64
>>> (df['post']-df['pre']).mean()            # pre, post 차이의 평균
np.float64(-4.5)
```

제품 개선 전에 비해 개선 후의 불만도 점수가 4.5점 낮아져서 불만도가 개선된 것처럼 보인다.

```
>>> fig, axes = plt.subplots(nrows=1, ncols=2)
>>> df['pre'].plot.box(grid=False, ax=axes[0])
<Axes: >
>>> plt.ylim([60, 100])
(60.0, 100.0)
>>> df['post'].plot.box(grid=False, ax=axes[1])
<Axes: >
>>> plt.show()
```

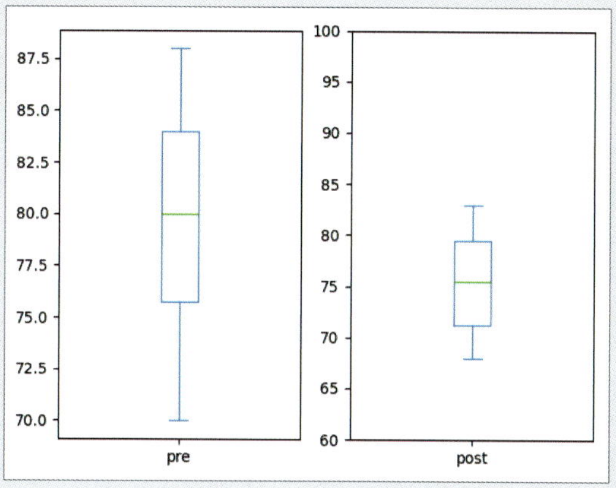

개선 전과 개선 후의 상자그림에서도 불만도가 낮아진 것으로 확인된다.

```
>>> # 윌콕슨 부호 순위 검정
>>>
>>> stats.wilcoxon(df['pre'], df['post'])
WilcoxonResult(statistic=9.0, pvalue=0.25)
```

윌콕슨 부호 순위 검정 결과 p-value가 0.25로 유의수준 0.05보다 크기 때문에 귀무가설을 기각할 수 없다. 즉 고객 불만도가 낮아졌다고 볼 수 있는 근거가 없다. 검정 결과에서 확인할 수 있듯이, 시각 도구인 그래프를 보면 유의미한 결과처럼 생각될 수 있으나 통계 수치로 확인하면 그렇지 않은 경우도 많으므로 검정이 필요한 것이다.

03 두 집단의 비율에 대한 가설 검정

1 비율 검정의 개념

가설 검정의 대상 데이터가 연속형이 아닌 범주형일 경우, 그룹 간 평균 비교가 불가능하므로 비율 비교를 통해 두 변수의 관계를 분석한다. 예를 들어 '성별에 따른 정당 지지 비율'은 '성별'이라는 변수와 '정당 지지'라는 변수 간의 연관성을 파악하는 데 사용된다. 성별에 따른 지지 정당의 비율 차이가 크다면 두 변수는 관련성이 있는 것이고, 비율 차이가 크지 않다면 두 변수는 관련성이 없다. 이를 바탕으로 비율 검정의 가설은 다음과 같이 설정할 수 있다.

- **귀무가설(H_0):** 두 변수는 연관성이 없다.
- **대립가설(H_1):** 두 변수는 연관성이 있다.

비율을 통해 두 변수의 연관성을 통계적으로 검증하는 방법으로는 **카이제곱 검정** chi-square test과 **피셔의 정확 검정** Fisher's exact test이 있다. 두 집단 간 비율을 검정하려면 먼저 교차표 contingency table를 작성해야 한다. [표 11-2]는 성별에 따른 정당 지지 비율을 나타낸 교차표의 예다.

표 11-2 성별에 따른 지지 정당

	정당 A	정당 B	전체
남성	10	10	20
여성	15	65	80
전체	25	75	100

작성된 교차표를 바탕으로, 성별에 따른 정당 지지 비율에 차이가 있는지를 검정하기 위해 **카이제곱 검정**을 사용할 수 있다. 다만 카이제곱 검정을 적용하려면 다음 조건을 만족해야 한다.

- 교차표에서 **기대 빈도**가 5 미만인 셀 cell이 전체 셀의 20% 미만이어야 한다.
- 2×2 교차표의 경우, 기대 빈도가 5 미만인 셀이 하나도 없어야 한다.

[표 11-2]를 기준으로 보면, 전체 셀의 개수는 2(남성, 여성)×2(정당 A, B)=4개다. 이때 합계 셀은 계산에서 제외한다. 따라서 기대 빈도가 5 미만인 셀이 4×0.2=0.8개 미만이어야 한다. 즉, 기대 빈도가 5 미만인 셀이 하나라도 있으면 카이제곱 검정을 사용할 수 없다.

기대 빈도expected frequency는 교차표의 각 셀에서 기대되는 값으로, 다음과 같이 계산할 수 있다. [표 11-2]에서 남성 비율이 전체의 20%(20명), 여성 비율이 80%(80명)를 차지한다고 가정하면, 정당별로 남성과 여성의 지지율에 차이가 없을 경우 각 정당의 지지 인원 중 20%는 남성, 80%는 여성이어야 한다. [표 11-2]에 대한 기대 빈도는 [그림 11-8]과 같이 계산된다.

전체 100명	정당 A: 25명	정당 B: 75명
남성 20명	$25\times\frac{20}{100}=5$	$75\times\frac{20}{100}=15$
여성 80명	$25\times\frac{80}{100}=20$	$75\times\frac{80}{100}=60$

그림 11-8 기대 빈도 계산

[그림 11-8]을 풀어서 설명하면 다음과 같다.

- 남성-정당 A 셀 기대 빈도: 정당 A 합계(25)$\times\frac{\text{남성 합계(20)}}{\text{전체 합계(100)}}=25\times\frac{20}{100}=5$
- 남성-정당 B 셀 기대 빈도: 정당 B 합계(75)$\times\frac{\text{남성 합계(20)}}{\text{전체 합계(100)}}=75\times\frac{20}{100}=15$
- 여성-정당 A 셀 기대 빈도: 정당 A 합계(25)$\times\frac{\text{여성 합계(80)}}{\text{전체 합계(100)}}=25\times\frac{80}{100}=20$
- 여성-정당 B 셀 기대 빈도: 정당 B 합계(75)$\times\frac{\text{여성 합계(20)}}{\text{전체 합계(100)}}=75\times\frac{80}{100}=60$

기대 빈도를 적용한 표는 [표 11-3]와 같다.

표 11-3 기대 빈도의 적용 결과

	정당 A	정당 B	전체
남성	5	15	20
여성	20	60	80
전체	25	75	100

[표 11-3]의 결과를 보면, 모든 셀의 기대 빈도가 5 이상이므로 카이제곱 검정을 수행할 수 있는 조건을 만족한다. 이 경우와 달리, 카이제곱 검정의 조건을 만족하지 못할 때는 **피셔의 정확 검정**을 시행한다.

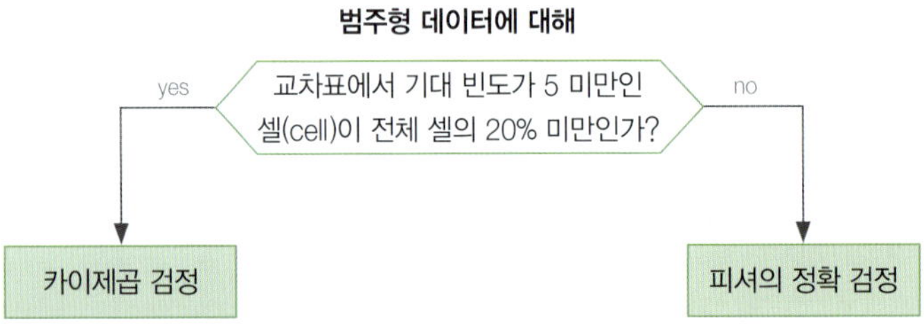

그림 11-9 카이제곱 검정과 피셔의 정확 검정

2 카이제곱 검정

[그림 11-8]에서 기대 빈도를 계산한 결과, 모든 셀의 기대 빈도가 5 이상이므로 카이제곱 검정을 시행할 수 있다. 카이제곱 검정은 기대 빈도와 실제 빈도의 차이를 비교하여 집단 간 비율의 차이가 유의미한지를 판단하는 데 사용된다. [표 11-2]에 대한 가설은 다음과 같다.

- **귀무가설(H_0)**: 성별과 정당 지지도는 연관성이 없다.
- **대립가설(H_1)**: 성별과 정당 지지도는 연관성이 있다.

[코드 11-5]는 카이제곱 검정을 수행하는 전체 과정을 보여준다.

코드 11-5 code11_5.py

```
from scipy import stats

men = [10, 10]
women = [15, 65]

# 카이제곱 검정
stats.chi2_contingency([men, women])
```

[코드 11-5]의 실행 결과를 나누어 설명하면 다음과 같다.

```
>>> from scipy import stats
>>> men = [10, 10]
>>> women = [15, 65]
```

[표 11-2]에 있는 교차표 데이터를 변수에 입력하였다. 정당 A와 B에 대한 남성의 지지 빈도는 men, 정당 A와 B에 대한 여성의 지지 빈도는 women에 입력하였다.

```
>>> stats.chi2_contingency([men, women])
Chi2ContingencyResult(statistic=6.750000000000001,
pvalue=0.009374768459434897, dof=1, expected_freq=array([[5., 15.],
[20., 60.]]))
```

chi2_contingency() 메서드를 사용하여 카이제곱 검정을 수행하였고, 실행 결과로 카이제곱 통계량, p-value, 기대 빈도 테이블을 반환하였다. 실행 결과에서 expected_freq가 기대 빈도를 나타내며, 모든 값이 5 이상임을 알 수 있다. 단순히 기대 빈도만 확인하려면 stats.chi2_contingency([men, women])[3]을 사용하여 출력하면 된다.

실행 결과에서 p-value가 약 0.009로 나타났다. 이는 유의수준 0.05보다 작으므로 귀무가설을 기각하고 대립가설을 채택한다. 즉, 성별과 정당 지지도는 유의미한 연관성이 있다고 볼 수 있다.

3 피셔의 정확 검정

어떤 수학 학원에서 시험을 보았는데 특정 문항에 대해 A반과 B반 학생들의 정답률 차이가 크다며 B반 학생들이 문제를 제기하였다. 두 반 학생들의 실력이 비슷하다는 점을 고려하여, 이 차이가 통계적으로 유의미한지를 분석하기로 하였다. 이 분석 작업을 위해 작성된 교차표는 [표 11-4]와 같다.

표 11-4 반별 정답과 오답 빈도

	정답	오답	전체
A반	7	3	10
B반	2	9	11
전체	9	12	21

[표 11-4]의 기대 빈도를 계산하면 5 미만인 셀을 2개 포함하고 있어서 카이제곱 검정 조건을 만족하지 못한다. 이때 사용할 수 있는 분석 방법이 **피셔의 정확 검정**이다. 검정하고자 하는 가설은 다음과 같다.

- **귀무가설(H_0):** 반별 정답률에 차이가 없다.
- **대립가설(H_1):** 반별 정답률에 차이가 있다.

[코드 11-6]을 통해 반별(그룹별) 정답률에 차이가 있는지 검정하는 과정을 살펴보자.

코드 11-6 code11_6.py

```
from scipy import stats

Group_A = [7, 3]
Group_B = [2, 9]

# 기대 빈도
stats.chi2_contingency([Group_A, Group_B])[3]

# 피셔의 정확 검정
stats.fisher_exact([Group_A, Group_B])
```

[코드 11-6]의 실행 결과를 나누어 설명하면 다음과 같다.

```
>>> from scipy import stats
>>> Group_A = [7, 3]
>>> Group_B = [2, 9]
```

반별 정답과 오답 데이터를 각각 Group_A와 Group_B에 저장하였다.

```
>>> # 기대 빈도
>>>
>>> stats.chi2_contingency([Group_A, Group_B])[3]
array([[4.28571429, 5.71428571],
       [4.71428571, 6.28571429]])
```

교차표로부터 기대 빈도를 계산한 결과, 기대 빈도가 5 미만인 셀이 2개 존재함을 확인했다. 카이제곱 검정의 조건을 만족하지 못하므로, 피셔의 정확 검정을 사용해야 한다.

```
>>> # 피셔의 정확 검정
>>>
>>> stats.fisher_exact([Group_A, Group_B])
SignificanceResult(statistic=10.5, pvalue=0.029973122852379817)
```

피셔의 정확 검정을 실시한 결과 p-value가 약 0.03으로, 유의수준 0.05보다 작았다. 따라서 귀무가설을 기각하고 대립가설을 채택한다. 즉, 두 그룹의 정답률에는 유의미한 차이가 존재한다. 이 결과로 보건대, A반에서는 해당 문항과 관련된 내용을 수업 시간에 다룬 반면, B반에는 수업 시간에 다루지 않았을 것으로 유추할 수 있다.

실전 분석

문제 1

prestige 데이터셋을 활용하여 화이트칼라 근로자(wc, white-collar)와 블루칼라 근로자(bc, blue-collar) 간 소득 차이가 있다는 주장에 대해 유의수준 0.05를 기준으로 가설 검정을 하시오.

TIP prestige.csv 파일은 한빛아카데미 홈페이지에서 다운로드할 수 있다.

01 데이터를 준비한다.

```
import pandas as pd
from scipy import stats

# 데이터 준비
df = pd.read_csv('d:/data/prestige.csv')
df.info()
df.head()

group_1 = df.loc[df.type=='bc', 'income']          # 블루칼라
group_2 = df.loc[df.type=='wc', 'income']          # 화이트칼라
group_1
group_2
```

02 각 그룹의 표본 크기와 평균 수입을 확인한다.

```
group_1.count()                                    # 그룹별 표본 크기
group_2.count()                                    # 그룹별 표본 크기

group_1.mean()                                     # 그룹별 평균
group_2.mean()                                     # 그룹별 평균
```

03 각 그룹의 정규성을 검정한다.

```
stats.shapiro(group_1)
stats.shapiro(group_2)
```

04 두 그룹의 등분산성을 검정한다.

```
stats.levene(group_1, group_2)
```

05 두 그룹의 소득 평균에 차이가 있는지를 검정한다.

```
stats.ttest_ind(group_1, group_2, equal_var=True)
```

결과 해석 p-value > 0.05이므로 두 그룹의 소득 평균에 유의미한 차이가 있다고 볼 수 없다.

문제 2

seaborn 라이브러리의 titanic 데이터셋을 활용하여 타이타닉 사고의 생존 여부가 어느 선실(pclass)에 묵었는지와 관련이 있는지를 유의수준 0.05를 기준으로 가설 검정을 하시오.

01 데이터셋을 읽는다.

```
import seaborn as sns
from scipy import stats

df = sns.load_dataset('titanic')
```

02 선실(pclass)과 생존여부(alive) 컬럼에 대해 피벗을 적용하여 교차표를 작성한 후 내용을 확인한다.

```
result = df.pivot_table(index='pclass',
                        columns='alive',
                        values='alone',
                        aggfunc='count')
result
```

03 선실별 생존 비율을 계산한다.

```
result['yes']/(result.sum(axis=1))
```

결과 해석 1등실, 2등실, 3등실 순으로 생존율이 높다.

04 교차표의 기대 빈도를 확인한다.

```
stats.chi2_contingency(result)[3]
```

05 카이제곱 검정을 실시한 후 p-value 값을 확인한다.

```
stats.chi2_contingency(result)[1]
```

결과 해석 p-value < 0.05이므로 생존 여부와 선실 간에는 유의미한 연관이 있다.

요약

01 모집단은 정보를 얻고자 하는 관심 대상의 전체집합을 의미한다. 현실적으로 모집단 전체를 조사하기 어려운 경우, 모집단의 일부인 표본을 대상으로 자료를 수집하고 분석한다.

02 가설이란 관심 대상인 모집단의 속성이 어떠하다고 주장하는 것이다. 예를 들어 "올여름은 작년 여름보다 더 더웠다"라는 문장이 가설에 해당한다.

03 일반적으로, 모집단에 대해 자신이 주장하거나 입증하고 싶은 내용을 대립가설로 설정하며, 그 반대의 내용을 귀무가설로 설정한다.

04 유의수준significant level, α은 귀무가설을 기각할 기준이 되는 확률, 최종 판단이 오류일 확률을 나타낸다. 유의수준 $\alpha = 0.05$가 통계 분석에서 자주 사용된다.

05 p-value는 두 집단 간의 차이가 우연히 발생할 확률을 나타낸다. 설정된 유의수준보다 p-value가 작으면 귀무가설을 기각하고 대립가설을 채택한다.

06 두 집단의 평균 차이를 검정하는 것을 '두 집단의 평균에 대한 가설 검정'이라고 하며, 이를 수행하는 통계적 방법이 독립표본 t-검정이다. 독립표본 t-검정은 독립성, 정규성, 등분산성의 조건을 충족해야 한다.

07 대응표본 t-검정은 동일한 대상을 두 집단으로 나누어 평균의 차이를 검정할 때 사용된다. 예를 들어 동일 학생을 대상으로 학습법 시행 전후 성적을 비교할 때 대응표본 t-검정을 사용한다.

08 맨 휘트니 U 검정은 두 그룹의 평균 비교 시 독립성은 만족하지만 정규분포를 만족하지 않을 때 시행하는 검정 방법이다.

09 윌콕스 부호 순위 검정은 짝지어진 두 그룹이 정규분포를 만족하지 않을 때 두 그룹의 평균을 비교하기 위해 시행하는 검정 방법이다.

10 '성별에 따른 지지 정당의 비율'과 같이 두 그룹의 비율을 비교할 때는 카이제곱 검정과 피셔의 정확 검정을 사용한다. 교차표에서 기대 빈도가 5 미만인 셀이 전체의 20% 이상이면 피셔의 정확 검정을, 20% 미만이면 카이제곱 검정을 실시한다.

연습문제

[01~11] 다음 (　　) 안에 알맞은 용어를 넣으시오.

01 정보를 얻고자 하는 관심 대상의 전체집합을 (㉠)이라고 한다. (㉠)을 대표할 수 있는 관심 대상의 일부 집합을 (㉡)이라고 한다.

02 관심 대상이 되는 모집단의 속성이 어떠하다는 주장을 (　　)이라고 한다.

03 가설 수용 여부, 즉 가설을 채택할지 기각할지를 통계적으로 판단하는 과정을 (　　)이라고 한다.

04 귀무가설을 기각하는 기준이 되는 확률을 (　　)이라고 한다.

05 귀무가설을 기각하고 대립가설을 채택하기 위해서는 (　　) < 유의수준이어야 한다.

06 독립표본 t-검정을 위한 전제조건은 (　　), (　　), (　　)의 세 가지다.

07 비교하는 두 집단이 같은 대상인 경우 두 집단의 평균을 비교할 때 시행하는 검정을 (　　)이라고 한다.

08 두 그룹의 평균 비교 시 독립성은 만족하지만 정규분포를 만족하지 않을 때 시행하는 검정 방법으로 (　　)이 있다.

09 짝지어진 두 그룹이 정규분포를 만족하지 않을 때, 두 그룹의 평균을 비교하기 위해 시행하는 검정 방법으로 (　　)이 있다.

10 비율을 통해 두 변수의 연관성을 통계적으로 검증하는 방법으로 (　　)과 (　　)이 있다.

11 두 집단의 비율을 검정하려면 먼저 (　　)를 작성하여야 한다.

[12~18] 아래에 이어지는 문제를 해결하시오.

12 직종별 평판도 데이터셋(prestige.csv)에서 화이트칼라 직종(type=wc)과 블루칼라(type=bc)의 평판도(prestige) 간에 차이가 있는지를 검정하시오.

13 직종별 평판도 데이터셋(prestige.csv)에서 화이트칼라 직종(type=wc)과 전문 직종(type=prof)의 수입(income) 간에 차이가 있는지를 검정하시오.

14 직종별 평판도 데이터셋(prestige.csv)에서 화이트칼라 직종(type=wc)과 전문 직종(type=prof)의 교육 연수(education) 간에 차이가 있는지를 검정하시오.

15 다음은 청소년과 성인의 선호 간식에 대한 교차표다. 각 셀에 대한 기대 빈도를 계산하시오(소수점 셋째 자리에서 반올림할 것).

컬럼명	간식 A	간식 B
청소년	5	15
성인	35	15

16 문제 15의 기대 빈도 계산 결과를 바탕으로 카이제곱 검정을 시행할 수 있을지 판단하시오.

17 seaborn 라이브러리의 titanic 데이터셋을 이용하여 타이타닉 사고에서 생존 여부(alive)가 성별(sex)과 관련이 있는지를 검정하시오.

18 seaborn 라이브러리의 titanic 데이터셋을 이용하여 타이타닉 사고에서 생존 여부(alive)가 승선한 도시(embark_town)와 관련이 있는지를 검정하시오.

CHAPTER 12
머신러닝 데이터 분석

PREVIEW

최근 머신러닝 기술이 비약적으로 발전하면서 데이터 분석 분야에서도 널리 활용되고 있다. 12장에서는 머신러닝의 개념과 대표적인 기술을 간단히 살펴보고, 이 기술들을 데이터 분석에 적용하는 방법을 학습한다.

1절 머신러닝의 정의와 활용 분야를 살펴본다. 데이터 분석과 관련된 차원 축소, k-평균 군집화, k-최근접 이웃 분류, 회귀분석의 개념을 알아본다.

2절 관찰 불가능한 고차원의 데이터를 관찰 가능한 2차원이나 3차원 데이터로 변환하는 차원 축소에 대해 배운다. `iris` 데이터셋의 4개 컬럼을 2차원으로 축소하고, 산점도를 통해 시각화하는 과정을 실습한다.

3절 군집화 작업에 많이 사용되는 k-평균 군집화에 대해 배운다. 전처리 과정으로서 데이터 표준화(스케일링)의 필요성을 이해하고, 군집의 개수를 나타내는 최적의 k값을 탐색하는 과정에 대해서도 알아본다.

4절 분류와 회귀 문제를 해결하기 위한 절차를 살펴보고, 분류 문제에 활용할 수 있는 k-최근접 이웃 알고리즘의 작동 원리를 이해한다. 또한 당뇨 환자 진단 데이터를 기반으로 예측 모델을 만들고 모델을 평가하는 과정을 살펴본다.

5절 회귀분석의 개념을 이해하고 회귀분석의 결과인 회귀식에 대해 알아본다. 직군별 평판도 데이터를 활용하여 특정 직군의 수입을 예측하는 회귀 모델을 개발하고 이를 평가하는 과정을 살펴본다.

01 머신러닝 데이터 분석 개요

1 머신러닝의 등장

최근 주목받고 있는 기술 중 하나가 인공지능 분야에 속하는 머신러닝machine learning이다. 머신러닝은 방대한 데이터를 컴퓨터가 스스로 분석하고 학습하여 유용한 정보를 얻어내거나 미래를 예측하기 위한 예측 모델을 만들어내는 기술이다. 사람의 음성을 이해하여 수행하는 작업, 이미지에서 특정 물체를 찾아내는 작업도 머신러닝 기술에 속한다.

주어진 데이터로부터 패턴이나 규칙을 찾아내는 작업을 학습learning이라고 하고, 이 학습을 사람이 아닌 컴퓨터나 알고리즘이 수행한다는 점에서 기계 학습machine learning이라고 한다. 기계의 관점에서는 '학습'이지만, 학습이 가능하도록 설계하고 실행하는 인간의 입장에서는 기계를 '훈련training'시키는 과정이기도 하다.

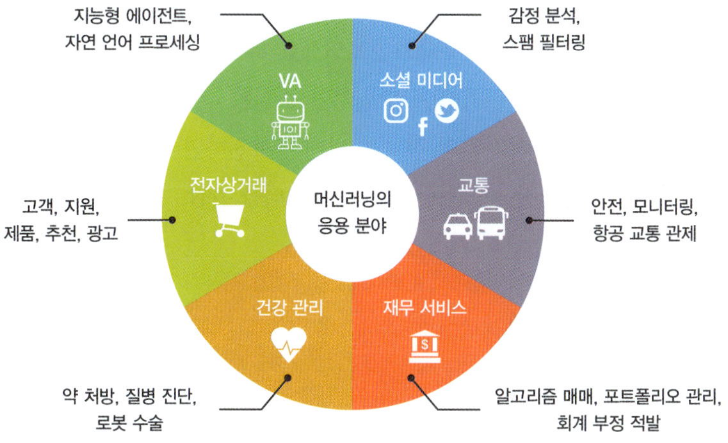

그림 12-1 머신러닝의 응용 분야 © QuantInsti

2 데이터 분석과 머신러닝

머신러닝 기술은 데이터 분석 분야에도 널리 활용되고 있다. 이 장에서는 실용성이 높은 머신러닝 기반 데이터 분석 도구 몇 가지를 살펴볼 것이다. 다만 머신러닝 자체가 하나의 독립된 분야이기 때문에 깊이 있는 학습을 하려면 많은 시간을 투자해야 한다. 이 책에서는 머신러닝을 데이터 분석에 어떻게 활용할 수 있는지 이해할 수 있는 정도의 기초적인 수준에서 다룰 예정이다. 여기서 다룰 주요 활용 분야는 다음과 같다.

- 차원 축소 dimension reduction
- 군집화 clustering
- 예측-분류 classification
- 예측-회귀 regression

차원 축소

데이터 분석에서 **차원** dimension 은 데이터를 구성하는 변수의 개수, 즉 데이터프레임의 컬럼 수를 의미한다. 예를 들어 컬럼이 5개인 데이터는 5차원 데이터로 볼 수 있다. 2차원 데이터는 산점도를 통해 분포를 시각적으로 확인할 수 있지만, 5차원 데이터는 육안으로 확인할 수 없다. 이 문제를 해결하기 위해 5차원 데이터를 2차원이나 3차원 데이터로 변환하는 방법을 사용한다. 이렇게 데이터의 차원을 낮추는 작업을 **차원 축소** dimension reduction 라고 한다.

[그림 12-2]는 차원 축소의 아이디어를 보여준다. 3차원 공간의 물체에 빛을 비추면 2차원 평면에 그림자가 생기는데, 이는 3차원 공간의 물체가 2차원으로 축소된 것이라고 볼 수 있다. 데이터의 차원이 축소되면 불가피하게 원래 정보의 일부가 소실될 수 있다. 따라서 차원 축소의 중요한 과제는 원래 데이터가 가지고 있던 정보를 최대한 보전하면서 차원을 축소하는 것이다. 정보 소실을 감수하고라도 관찰 불가능한 고차원 데이터를 관찰 가능한 저차원 데이터로 변환하는 것은 데이터 분석에서 상당히 가치 있는 일이다.

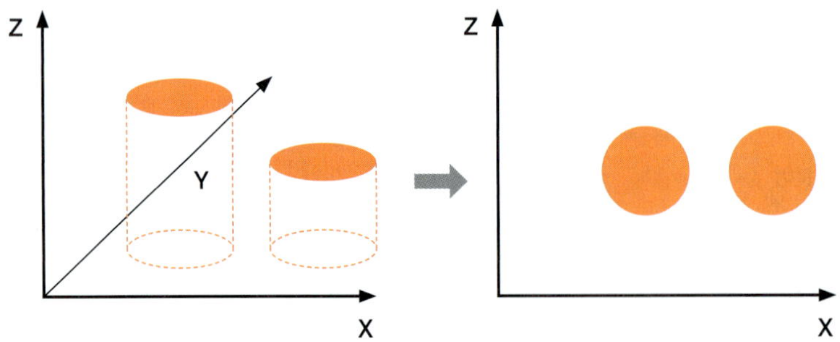

그림 12-2 차원 축소의 예(3차원→2차원)

군집화

군집화clustering는 주어진 대상 데이터들을 유사성이 높은 것끼리 묶어주는 기술을 말하며 이러한 묶음을 군집cluster, 범주category, 그룹group, class 등 다양한 용어로 부른다. [그림 12-3]의 왼쪽 그래프를 보면 2차원 데이터상에서 점들이 크게 2개의 그룹을 형성하고 있음을 확인할 수 있다. 이에 따라 점들을 2개의 군집으로 묶으면 오른쪽과 같은 모양이 될 것이다.

어떤 데이터 A, B가 동일한 군집에 속해 있다는 것은 A, B의 성질이 비슷하다는 의미다. 데이터 분석 시 이러한 군집이 발견된다면 매우 중요한 의미를 갖는다. 개별 군집의 특성을 파악하고 군집과 군집의 차이를 분석하면 현실에 적용할 수 있는 중요한 정보를 얻어낼 수 있기 때문이다. 머신러닝에서는 데이터를 입력하면 군집을 자동으로 찾아준다. 이와 관련한 내용은 3절에서 자세히 살펴본다.

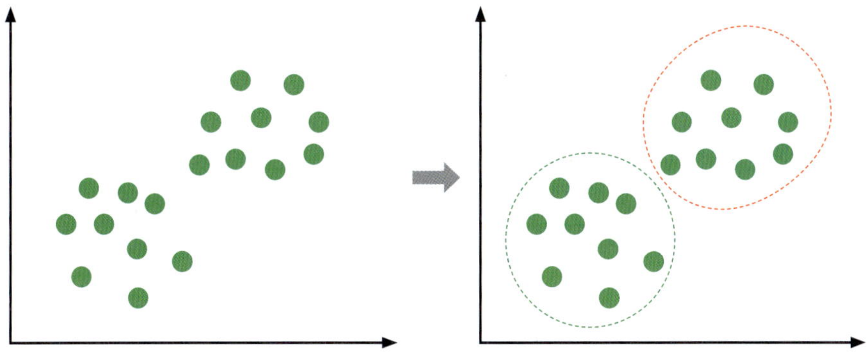

그림 12-3 군집화의 예

예측 – 분류

예측prediction은 머신러닝의 주요 분야 중 하나로, 과거 데이터를 분석하여 예측 모델을 만들고 이 예측 모델을 이용해 미래를 예측하는 것이다. 예측은 예측하고자 하는 값이 범주형인지 연속형인지에 따라 각각 분류와 회귀로 나뉜다.

분류classification란 그룹group, class의 형태로 알려진 데이터들이 있을 때 그룹을 모르는 어떤 데이터에 대해 어느 그룹에 속하는지 예측하는 기술이다. [그림 12-4]에서 보면, 이미 알려진 정상인 그룹과 환자 그룹이 있을 때 그룹 정보를 알 수 없는 어떤 데이터가 정상인에 속하는지 환자에 속하는지 예측하는 것이 분류 문제다. 분류 기술을 의료 분야에서 사용하면 질병 진단에 활용할 수 있고, 영상 처리에 적용하면 사진을 보고 남성인지 여성인지 구분하는 문제에 적용할 수 있다.

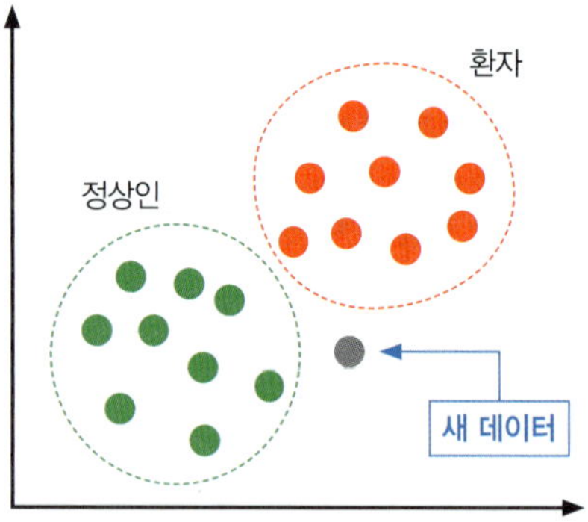

그림 12-4 분류 문제의 예

[그림 12-5]는 분류 모델을 만드는 데 사용되는 데이터셋의 예다. 키, 몸무게, 혈압이라는 세 가지 변수를 사용해 진단 결과를 예측하는 것이 목표다. 예측 대상인 진단 결과가 '정상' 또는 '환자'로 표기되는 범주형 데이터이므로 이는 분류 문제에 해당한다.

데이터셋에서 예측에 사용되는 키, 몸무게, 혈압을 독립변수라고 하고, 여러 독립변수를 묶어 대문자 X로 표기한다. 반면, 예측 대상인 진단 결과는 종속변수라고 하며 소문자 y로 표기한다. 이러한 변수들을 기반으로 자료를 수집하고 정리하면 각 변수가 컬럼으로 표현된다.

독립변수(X)			종속변수(y)
키	몸무게	혈압	진단
169	61	85	정상
173	72	81	정상
180	76	92	환자
170	65	88	환자

그림 12-5 분류 문제 해결을 위한 데이터셋의 예

예측 – 회귀

회귀regression는 예측의 한 분야로, 예측 대상 변수의 데이터 값이 연속형이다. [그림 12-6]은 주택의 면적, 방의 개수, 아파트 여부라는 변수를 사용해 주택 가격을 예측하기 위한 데이터셋을 보여준다. 이 경우, 예측 대상인 주택 가격은 범주형이 아닌 연속형 변수이므로 회귀 문제에 해당한다.

독립변수(X)			종속변수(y)
면적	방의 개수	아파트 여부	주택 가격
115	3	Yes	45000
132	4	No	41000
116	3	No	38500
60	2	Yes	31000

그림 12-6 회귀 문제 해결을 위한 데이터셋의 예

지금까지 데이터 분석에 활용되는 머신러닝 방법을 간단히 살펴보았다. 2절부터는 실제 문제에 머신러닝 방법을 적용해 해결하는 과정을 살펴본다.

파이썬에서 머신러닝 문제를 다룰 때는 대부분 **사이킷런**scikit-learn 라이브러리를 이용한다. 사이킷런은 군집화, 분류, 회귀 등 머신러닝의 주요 기술을 지원하는 다양한 클래스와 메서드를 제공한다. 이 책에서도 사이킷런을 이용하여 머신러닝 문제를 다룬다.

02 차원 축소

차원 축소dimension reduction는 관찰 불가능한 고차원의 데이터를 관찰 가능한 2차원이나 3차원 데이터로 변환하는 작업을 말한다. 이 절에서는 사이킷런의 PCA Principal Component Anaylsis 메서드를 이용하여 차원 축소를 수행하고, 그 결과를 시각화하는 과정을 알아본다.

1 데이터 표준화와 필요성

차원 축소를 수행하기 전에 데이터 전처리 과정의 하나인 **데이터 표준화** 작업을 해야 한다. 데이터 표준화를 **데이터 스케일링**data scaling이라고도 한다. 일반적으로 데이터셋의 각 컬럼은 값의 범위가 모두 다르다. 예를 들어 키의 범위가 100~200이라고 한다면 시력의 범위는 0~2 정도가 될 것이다. 이렇게 값의 범위가 현저히 다를 경우 머신러닝 기법을 적용했을 때 올바른 결과를 얻지 못하는 상황이 발생할 수 있다. 특히, 값의 범위가 더 큰 변수가 더 중요한 변수로 인식되어 결과가 왜곡될 수 있다. 차원 축소도 그러한 경우 중 하나다. 따라서 차원 축소를 수행하기 전에 각 변숫값의 범위를 같게 만드는 데이터 표준화 작업을 먼저 해야 한다.

사이킷런Scikit-learn은 머신러닝을 위한 다양한 도구와 알고리즘을 제공하는 라이브러리로, 데이터 표준화를 포함한 전처리 작업도 지원한다. 여기서는 데이터 표준화를 위해 StandardScaler를 이용하기로 한다.

- **MinMaxScaler**: 모든 값을 0~1 사이로 변환한다.
- **StandardScaler**: 컬럼의 값들이 평균은 0, 표준편차는 1이 되도록 변환한다.

2 차원 축소 과정

차원 축소를 수행할 대상 데이터는 iris 데이터셋이다. 품종(Species) 컬럼을 제외한 나머지 4개의 컬럼을 사용하여 데이터셋을 구성하고, 4차원 데이터를 2차원 데이터로 축소한다.

코드 12-1 code12_1.py

```
import pandas as pd
from sklearn.preprocessing import StandardScaler
from sklearn.decomposition import PCA
import matplotlib.pyplot as plt

# 데이터 준비
df = pd.read_csv('d:/data/iris.csv')
df = df.drop('Species', axis=1)
df.head()

# 데이터 표준화
scaler = StandardScaler()
result = scaler.fit_transform(df)
df_scaled = pd.DataFrame(result, columns=df.columns)
df_scaled.head()

# 차원 축소
pca = PCA(n_components=2)
transform = pca.fit_transform(df_scaled)              # 2차원으로 축소
transform = pd.DataFrame(transform)
transform.head()

# 시각화
transform.plot.scatter(x=0, y=1,                      # 산점도
                       title='PCA plot')
plt.show()
```

[코드 12-1]의 실행 결과를 나누어 설명하면 다음과 같다.

```
>>> import pandas as pd
>>> from sklearn.preprocessing import StandardScaler
>>> from sklearn.decomposition import PCA
>>> import matplotlib.pyplot as plt
```

필요한 라이브러리를 불러온다. 사이킷런의 StandardScaler는 데이터를 표준화하는 데 필요하다. PCA는 차원 축소 기법 중 하나로 역시 사이킷런에서 제공된다.

```
>>> # 데이터 준비
>>>
>>> df = pd.read_csv('d:/data/iris.csv')
>>> df = df.drop('Species', axis=1)
>>> df.head()
   Sepal_Length  Sepal_Width  Petal_Length  Petal_Width
0           5.1          3.5           1.4          0.2
1           4.9          3.0           1.4          0.2
2           4.7          3.2           1.3          0.2
3           4.6          3.1           1.5          0.2
4           5.0          3.6           1.4          0.2
```

iris 데이터셋을 읽어온 뒤 품종 컬럼을 제외하고 나머지 4개의 컬럼으로 구성된 데이터프레임 df를 만들었다.

```
>>> # 데이터 표준화
>>>
>>> scaler = StandardScaler()
>>> result = scaler.fit_transform(df)
>>> df_scaled = pd.DataFrame(result, columns=df.columns)
>>> df_scaled.head()
   Sepal_Length  Sepal_Width  Petal_Length  Petal_Width
0     -0.900681     1.019004     -1.340227    -1.315444
1     -1.143017    -0.131979     -1.340227    -1.315444
2     -1.385353     0.328414     -1.397064    -1.315444
3     -1.506521     0.098217     -1.283389    -1.315444
4     -1.021849     1.249201     -1.340227    -1.315444
```

StandardScaler()를 이용하여 데이터셋의 각 컬럼 값을 평균 0, 표준편차 1로 표준화하였다.

```
>>> # 차원 축소
>>>
>>> pca = PCA(n_components=2)
```

차원 축소를 하기 위해 pca 객체를 생성한다. PCA 클래스의 n_components는 축소할 차원의 수를 설정한다. 여기서는 2차원으로 설정하였다.

```
>>> transform = pca.fit_transform(df_scaled)            # 2차원으로 축소
```

pca 객체의 fit_transform() 메서드를 이용하여 4차원 데이터인 df_scaled를 2차원으로 축소한다. 그 결과는 transform 변수에 리스트 형태로 저장된다.

```
>>> transform = pd.DataFrame(transform)
>>> transform.head()
          0         1
0 -2.684126  0.319397
1 -2.714142 -0.177001
2 -2.888991 -0.144949
3 -2.745343 -0.318299
4 -2.728717  0.326755
```

리스트 형태의 transform 변수를 판다스 데이터프레임으로 변환한 뒤 내용을 확인하였다. 2차원 형태의 데이터를 확인할 수 있다.

```
>>> # 시각화
>>>
>>> transform.plot.scatter(x=0, y=1,                    # 산점도
...                         title='PCA plot')
<Axes: title={'center': 'PCA plot'}, xlabel='0', ylabel='1'>
>>>
>>> plt.show()
```

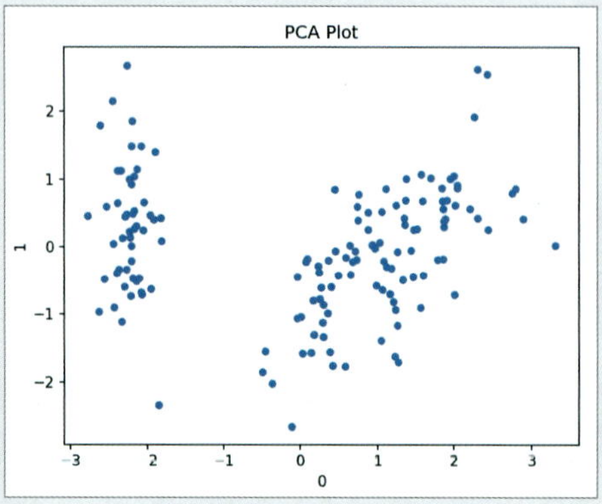

축소된 2차원 데이터를 가지고 산점도를 작성하였다. 결과적으로 2개의 주요 군집이 확인되었다.

여기서 잠깐!

사실 iris 데이터셋에는 3개의 군집(품종)이 있다. [코드 12-1]의 산점도에서 오른쪽에 위치한 군집에 2개의 품종 데이터가 섞여 있는데, 그 경계가 분명하지 않아 하나의 군집처럼 보인다.

지금까지 고차원 데이터의 차원을 축소하고, 2차원 산점도를 작성하는 과정에 대해 살펴보았다. 산점도상의 점들은 데이터셋에서 하나의 행(관측값)을 의미하는데, 점들이 군집을 이룬다는 것은 특성이 유사한 점(관측값)들이 모여 있다는 뜻이다. 서로 다른 군집에 속한 두 점은 그 특성도 다르다. 이렇게 형성된 군집을 분석하여 각 군집의 특성을 파악하고 추가적인 정보를 얻을 수 있다.

03 k-평균 군집화

1 k-평균 군집화의 개념

k-평균k-means 군집화 알고리즘은 널리 쓰이는 군집화 알고리즘으로, 이해하기가 쉽다. 이 알고리즘을 사용하려면 우선 군집의 개수(k)를 정해야 한다. 적절한 군집 개수는 정해진 것이 없으며, 데이터의 특성에 따라 사용자가 판단해야 한다. k-평균 군집화의 기본 아이디어는 다음과 같다.

- 각 군집의 중심점centroid 위치를 찾는다.
- 개별 관측값을 중심점과 가장 가까운 군집에 할당한다.

시작 단계에서는 군집의 개수(k)만큼 임의로 중심점의 위치를 설정한 뒤, 반복 계산을 통해 실제 군집의 중앙으로 중심점이 이동하도록 한다. 중심점의 이동이 멈추거나 변화가 거의 없을 때 군집화 작업이 종료된다.

k-평균 군집화에서는 관측값 간의 거리distance를 계산하는 과정이 중요하다. 다양한 거리 계산 방법이 있지만, 일반적으로 유클리드 거리Euclidean Distance가 많이 사용된다. n차원상에서 두 점 p와 q의 거리는 다음과 같이 계산된다.

$$d(p,q)=\sqrt{(p_1-q_1)^2+(p_2-q_2)^2+\cdots+(p_n-q_n)^2}=\sqrt{\sum_{i=1}^{n}(p_i-q_i)^2}$$

머신러닝 방법 중 k-평균 군집화와 같이 데이터 간 거리를 계산해야 하는 경우, 차원 축소를 할 때와 마찬가지로 전처리 단계에서 데이터 표준화를 먼저 실시해야 한다는 점을 기억하자.

2 군집화 과정

사이킷런의 `KMmeans()` 메서드를 사용하여 군집화하는 과정을 살펴보자. 대상 데이터는 `iris` 데이터셋으로, 품종(`Species`)을 제외한 나머지 데이터를 사용한다.

코드 12-2 code12_2.py

```
import pandas as pd
from sklearn.decomposition import PCA
from sklearn.cluster import KMeans
from sklearn.preprocessing import StandardScaler
import matplotlib.pyplot as plt
import seaborn as sns

# 데이터 준비
df = pd.read_csv('d:/data/iris.csv')
df = df.drop('Species', axis=1)
df.head()

# 데이터 표준화
scaler = StandardScaler()
result = scaler.fit_transform(df)
df_scaled = pd.DataFrame(result, columns=df.columns)
df_scaled.head()

# 군집화
model = KMeans(n_clusters=3, n_init=10, random_state=123)
model.fit(df_scaled)

# 군집화 결과 확인
model.cluster_centers_                          # 군집 중심점 좌표
model.labels_                                   # 각 행의 군집 번호
model.inertia_                                  # 군집 평가 점수

# 차원 축소
pca = PCA(n_components=2)
transform = pca.fit_transform(df_scaled)        # 2차원으로 축소
transform = pd.DataFrame(transform)
transform['cluster'] = model.labels_            # 군집 정보 추가
transform.head()

# 시각화
sns.scatterplot(
```

```
    data=transform,
    x = 0,                                                    # x축
    y = 1,                                                    # y축
    hue="cluster",                                            # 원의 색
    palette='Set2',                                           # 팔레트 선택
    legend=False                                              # 범례 표시 여부
)

plt.show()
```

[코드 12-2]의 실행 결과를 나누어 설명하면 다음과 같다.

```
>>> import pandas as pd
>>> from sklearn.decomposition import PCA
>>> from sklearn.cluster import KMeans
>>> from sklearn.preprocessing import StandardScaler
>>> import matplotlib.pyplot as plt
>>> import seaborn as sns
```

필요한 라이브러리를 불러온다. KMeans는 k-평균 군집화를 수행하는 데 사용된다.

```
>>> # 데이터 준비
>>>
>>> df = pd.read_csv('d:/data/iris.csv')
>>> df = df.drop('Species', axis=1)
>>> df.head()
   Sepal_Length  Sepal_Width  Petal_Length  Petal_Width
0           5.1          3.5           1.4          0.2
1           4.9          3.0           1.4          0.2
2           4.7          3.2           1.3          0.2
3           4.6          3.1           1.5          0.2
4           5.0          3.6           1.4          0.2
```

iris 데이터셋을 읽어온 뒤, 품종(Species) 컬럼을 제외한 데이터를 df에 저장하였다.

```
>>> # 데이터 표준화
>>>
>>> scaler = StandardScaler()
>>> result = scaler.fit_transform(df)
>>> df_scaled = pd.DataFrame(result, columns=df.columns)
>>> df_scaled.head()
   Sepal_Length  Sepal_Width  Petal_Length  Petal_Width
0     -0.900681     1.019004     -1.340227    -1.315444
1     -1.143017    -0.131979     -1.340227    -1.315444
2     -1.385353     0.328414     -1.397064    -1.315444
3     -1.506521     0.098217     -1.283389    -1.315444
4     -1.021849     1.249201     -1.340227    -1.315444
```

각 컬럼의 값을 평균 0, 표준편차 1로 표준화하였다.

```
>>> # 군집화
>>>
>>> model = KMeans(n_clusters=3, n_init=10, random_state=123)
```

KMeans 알고리즘을 사용하여 군집화를 위한 모델을 정의하였다. 주요 매개변수는 다음과 같다.

표 12-1 KMeans() 메서드의 주요 매개변수

매개변수	설명
n_clusters	군집의 개수를 설정한다.
n_init	k-평균 군집화를 반복할 횟수를 설정한다. 예를 들어 10회로 설정하면 10회 실행한 후 가장 좋은 결과를 선택한다.
random_state	작업 결과의 재현성을 위해 임의성 값을 설정한다.

k-평균 군집화는 시작 단계에서 군집 중심점 위치를 임의로 설정하므로, 초기 중심점의 위치에 따라 군집화 결과가 달라질 수 있다. 따라서 KMeans() 메서드는 여러 번 군집화를 수행한 후, 평가 값이 가장 좋은 결과를 최종 결과로 선택한다.

```
>>> model.fit(df_scaled)
KMeans(n_clusters=3, n_init=10, random_state=123)
```

k-평균 군집화 모델에 표준화된 데이터셋을 입력하여 군집을 찾는다. 군집화하면 기본적인 결과 값으로 데이터셋의 각 행(관측값)에 대한 군집 번호가 부여된다.

```
>>> # 군집화 결과 확인
>>>
>>> model.cluster_centers_                    # 군집 중심점 좌표
array([[ 1.13597027,  0.08842168,  0.99615451,  1.01752612],
       [-1.01457897,  0.85326268, -1.30498732, -1.25489349],
       [-0.05021989, -0.88337647,  0.34773781,  0.2815273 ]])
```

모델의 cluster_centers_ 속성에는 3개 군집의 중심점 좌푯값이 저장되어 있다. 데이터셋이 4차원이므로 중심점의 좌표도 4차원이다.

```
>>> model.labels_                             # 각 행의 군집 번호
array([1, 1, 1, 1, 1, 1, 1, 1, 1, 1, 1, 1, 1, 1, 1, 1, 1, 1, 1, 1, 1, 1,
       1, 1, 1, 1, 1, 1, 1, 1, 1, 1, 1, 1, 1, 1, 1, 1, 1, 1, 1, 1, 1, 1,
       1, 1, 1, 1, 1, 1, 0, 0, 0, 2, 2, 2, 0, 2, 2, 2, 2, 2, 2, 2, 2, 0,
       2, 2, 2, 2, 0, 2, 2, 2, 0, 0, 0, 2, 2, 2, 2, 2, 2, 2, 0, 0, 2,
       2, 2, 2, 2, 2, 2, 2, 2, 2, 2, 2, 0, 2, 0, 0, 0, 0, 2, 0, 0, 0,
       0, 0, 0, 2, 2, 0, 0, 0, 0, 2, 0, 2, 0, 2, 0, 0, 2, 0, 0, 0, 0, 0,
       0, 2, 2, 0, 0, 0, 2, 0, 0, 0, 2, 0, 0, 0, 2, 0, 0, 2], dtype=int32)
```

모델의 labels_ 속성에는 iris 데이터셋의 150개 행에 대한 군집 번호가 저장되어 있다. 군집 개수를 3개로 설정했으므로, 각 관측값에는 0, 1, 2 중 하나의 군집 번호가 부여된다.

```
>>> model.inertia_                            # 군집 평가 점수
139.8204963597497
```

모델의 inertia_ 속성에는 군집화 결과에 대한 평가 값이 저장되어 있다. 군집화 결과에 대한 평가는 데이터셋의 각 행과 그 행이 속한 군집의 중심점 간 거리를 합산한 값으로 한다. inertia_ 값이 작을수록 군집 중심에 더 가까이 모여 있다는 의미다. 이 값을 활용해 적절한 군집의 개수를 판단할 수 있다. 적절한 군집의 개수를 설정하는 방법은 [코드 12-3]에서 다룬다.

```
>>> # 차원 축소
>>>
>>> pca = PCA(n_components=2)
>>> transform = pca.fit_transform(df_scaled)        # 2차원으로 축소
>>> transform = pd.DataFrame(transform)
>>> transform['cluster'] = model.labels_            # 군집 정보 추가
>>> transform.head()
          0         1  cluster
0 -2.264703  0.480027        1
1 -2.080961 -0.674134        1
2 -2.364229 -0.341908        1
3 -2.299384 -0.597395        1
4 -2.389842  0.646835        1
```

군집화 결과를 시각화하기 위해 데이터를 2차원으로 축소한 뒤, 각 관측값에 대한 군집 번호 cluster를 결과 데이터에 추가하였다.

```
>>> # 시각화
>>>
>>> sns.scatterplot(
...     data=transform,
...     x = 0,                                      # x축
...     y = 1,                                      # y축
...     hue="cluster",                              # 원의 색
...     palette='Set2',                             # 팔레트 선택
...     legend=False                                # 범례 표시 여부
... )
<Axes: xlabel='0', ylabel='1'>
>>>
>>> plt.show()
```

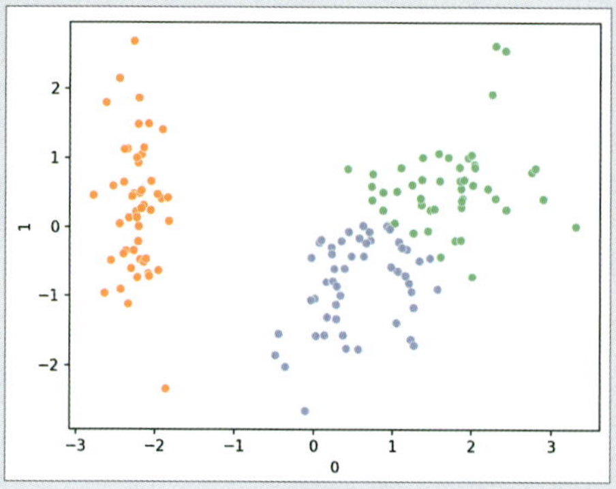

시각화 결과를 보면 3개의 군집이 잘 만들어진 것을 확인할 수 있다. 이 군집은 실제 iris 품종에 따른 데이터 분포와 거의 일치한다.

3 적절한 k-값의 결정

군집의 개수를 몇 개로 설정해야 하는지는 사전에 알 수가 없다. 따라서 군집의 개수를 변경하며 군집화 실험을 한 뒤, 군집화 평가 값의 변화 추이를 분석하는 것이 합리적인 방법이다.

[코드 12-3]은 군집의 개수를 1개부터 9개까지 늘려가며 군집화 점수를 계산하고, 이를 선그래프로 시각화하는 예다. [코드 12-2]에 이어서 [코드 12-3]을 실행해 보자.

코드 12-3 code12_3.py

```
# 적절한 k-값 결정
ks = range(1, 10)                                # 군집의 개수
inertias = pd.Series([])                         # 군집화 평가 결과

for k in ks:
    model = KMeans(n_clusters=k,
                   n_init=10, random_state=123)
    model.fit(df_scaled)
    inertias.loc[k] = model.inertia_
```

```
plt.figure(figsize=(7, 4))
inertias.plot.line(title = 'Inertias Score',
                   xlabel= 'number of clusters, k',
                   ylabel = 'inertia')
plt.show()
```

[코드 12-3]의 실행 결과를 나누어 설명하면 다음과 같다.

```
>>> # 적절한 k-값 결정
>>>
>>> ks = range(1, 10)                        # 군집의 개수
>>> inertias = pd.Series([])                 # 군집화 평가 결과
```

테스트할 군집 개수를 1~9로 설정하고 군집화 평가 값을 저장할 시리즈 inertias를 정의하였다.

```
>>> for k in ks:
...     model = KMeans(n_clusters=k,
...                    n_init=10, random_state=123)
...     model.fit(df_scaled)
...     inertias.loc[k] = model.inertia_
...
KMeans(n_clusters=1, n_init=10, random_state=123)
KMeans(n_clusters=2, n_init=10, random_state=123)
KMeans(n_clusters=3, n_init=10, random_state=123)
(중략)
KMeans(n_clusters=9, n_init=10, random_state=123)
```

군집의 개수를 1에서 9까지 변경하며 군집화를 수행하고, 각 군집화의 평가 점수(inertia)를 수집하였다.

```
>>> plt.figure(figsize=(7, 4))
<Figure size 700x400 with 0 Axes>
>>> inertias.plot.line(title = 'Inertias Score',
...                    xlabel= 'number of clusters, k',
...                    ylabel = 'inertia')
<Axes: title={'center': 'Inertias Score'}, xlabel='number of clusters, k',
ylabel='inertia'>
>>>
>>> plt.show()
```

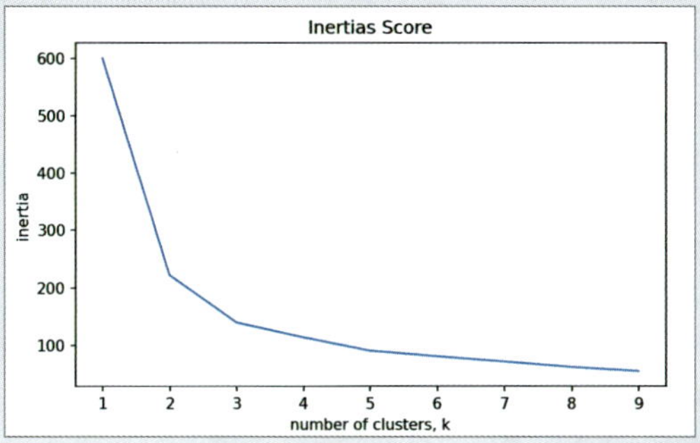

군집화 평가 점수를 시각화한 결과, 군집 개수(k)가 3이 될 때까지는 평가 점수가 급격히 감소하며, 그 이후에는 변화 폭이 작아진다. 이 경우 적절한 군집의 개수는 3이다. 그 이상으로 군집 개수를 늘리면, 군집이 지나치게 세분화되어 군집들의 특성이 잘 나타나지 않게 된다.

04 k-최근접 이웃 분류

1 예측 모델의 개발과 평가

분류와 회귀는 모두 예측 문제를 해결하는 데 초점을 맞추고 있다. [그림 12-7]은 예측 모델을 개발하고 평가하는 과정과 각 과정에 관련된 메서드를 나타낸다. 이 과정은 분류와 회귀 모두에 해당되는 내용이니 기억해 두기 바란다.

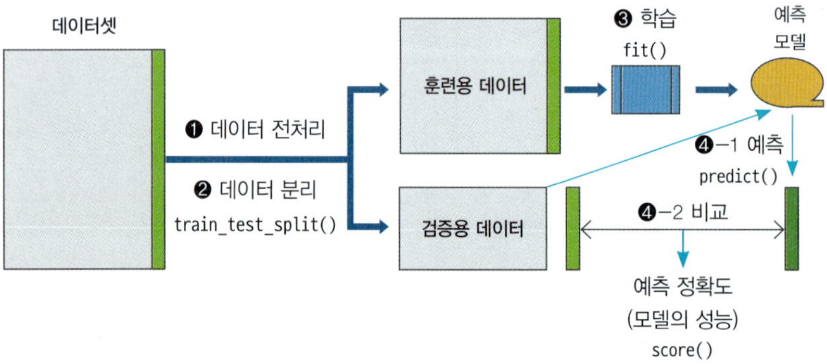

그림 12-7 예측 모델의 개발과 평가 과정

❶ 데이터 전처리

데이터 전처리는 준비된 데이터셋을 학습에 알맞은 형태로 가공하거나 정리하는 과정이다. 결측값 제거, 데이터 표준화 등의 작업이 포함된다. 잘 정리된 데이터셋이라면 전처리 과정이 필요하지 않을 수 있다.

❷ 데이터 분리

정리된 데이터를 훈련용과 검증용으로 분리한다. 훈련용 데이터는 예측 모델을 생성하는 데 사용하고, 검증용 데이터는 생성된 예측 모델을 평가하는 데 사용한다. 이때 사이킷런의 `train_test_split()` 메서드를 이용한다.

❸ 학습(예측 모델 생성)

훈련용 데이터를 분석하여 예측 모델을 생성하는 과정을 학습learning 또는 피팅fitting이라고 한다. 이 과정은 인간이 아닌 알고리즘에 의해 수행되므로 머신러닝Machine Learning이라고 불린다. 학습을 실행하는 메서드는 사이킷런에서 `fit()`으로 제공되며, 학습의 결과물은 예측 모델이다. 다양한 학습 알고리즘이 존재하며, 데이터와 문제의 특성에 따라 적합한 알고리즘을 선택해야 한다.

❹ 예측 모델 평가

예측 모델이 미래에 어떤 성능을 보일지를 평가하는 일은 중요하다. 만일 모델의 성능이 기대에 미치지 못하면 현실 문제를 해결하는 데 사용할 수 없기 때문이다. 평가를 진행하기 위해 훈련에 사용되지 않은 검증용 데이터를 활용하며, 검증용 데이터의 예측값과 실제 종속변수값을 비교하여 모델이 얼마나 정확하게 예측했는지를 평가한다. 평가 방법에는 여러 기준이 있지만, 분류 문제에서는 사이킷런의 `score()` 메서드를 이용하여 예측의 정확도accuracy를 측정하는 것이 일반적이다.

개발된 예측 모델의 성능이 기대에 미치지 못할 경우, 성능을 높이기 위한 추가 작업을 진행한다. 만약 추가 작업을 했는데도 성능이 여전히 향상되지 않으면 모델을 폐기한다. 반면, 성능이 검증된 모델은 소프트웨어의 일부로 구현되어 현실 업무에 활용된다.

2 분류 문제 사례

분류classification는 그룹 정보가 주어진 데이터를 기반으로 하여 그룹 정보를 알 수 없는 새로운 데이터가 어느 그룹에 속하는지를 예측하는 작업이다.

[그림 12-8]은 분류 문제의 전형적인 사례를 보여준다. 병원에서 환자들의 운동 시간(`running hour`)과 일하는 시간(`working hour`)에 대한 자료를 수집한 후 해당 환자들이 특정 질병에 대해 어떤 진단 결과(`category`)를 받았는지 정리한 자료를 가지고 있다고 가정하자. 새로운 환자가 내원했을 때 운동 시간과 일하는 시간을 알아보니 각각 0.45와 0.61이라고 했을 때 이 환자에게 질병이 있는지(`patient`) 없는지(`normal`)를 알고 싶다고 한다면 이것이 바로 분류 문제에 해당한다. 즉 새로운 환자가 속할 그룹이 환자(`patient`)인지 정상(`normal`)인지를 예측하는 문제다. 이처럼 분류 문제를 의료 분야에 적용하면 질병 진단의 문제가 된다.

No	운동 시간	일하는 시간	진단 결과
1	0.27	0.65	patient
2	0.34	0.68	patient
3	0.46	0.95	patient
4	0.37	0.75	patient
5	0.48	0.75	patient
6	0.36	0.86	patient
7	0.51	0.98	patient
8	0.43	0.91	patient
9	0.28	0.78	patient
10	0.46	0.86	patient
11	0.74	0.51	normal
12	0.67	0.46	normal
13	0.56	0.43	normal
14	0.67	0.34	normal
15	0.81	0.56	normal
16	0.81	0.43	normal
17	0.76	0.35	normal
18	0.65	0.42	normal
19	0.78	0.23	normal
20	0.88	0.26	normal

운동 시간	일하는 시간
0.45	0.61

↓

patient? normal?

그림 12-8 분류 문제의 예

❸ k-최근접 이웃 분류 방법

분류 문제를 해결하는 데 사용되는 알고리즘은 매우 다양하며, 최근에는 딥러닝에 많이 사용되는 인공신경망이 주목을 받고 있다. 여기서는 비교적 초창기에 개발된 k-최근접 이웃KNN, K-Nearest Neighbor 알고리즘에 대해 알아보자. k-최근접 이웃 알고리즘은 이해하기 쉽고 성능도 준수한 알고리즘이다. k-최근접 이웃 분류의 기본 방법은 다음과 같다.

- **1단계:** 그룹을 모르는 데이터 P에 대해 이미 그룹이 알려진 데이터 중 P와 가장 가까이에 있는 k개의 데이터를 수집한다.
- **2단계:** 찾은 k개의 데이터 중에서 데이터가 가장 많이 속한 그룹을 P의 그룹으로 정한다.

[그림 12-9]는 k-최근접 이웃 분류의 방법을 시각적으로 표현한 것이다. `Class A`에 속하는 빨간 점들과 `Class B`에 속하는 파란 점들이 있을 때, 그룹 정보가 없는 별점의 그룹을 판별하는 예다.

k-최근접 이웃 알고리즘에서 k=7이라고 했을 때 별점과 가장 가까이에 있는 7개의 점을 찾아보면 회색 타원 안에 있는 점들이 된다. 이 7개의 점 중에서 4개는 `Class A`에 속하고 3개는

Class B에 속하는데, 다수결에 의해 이웃의 점 4개가 속한 Class A를 별점의 그룹이라고 예측하는 것이 k-최근접 이웃 알고리즘의 아이디어다.

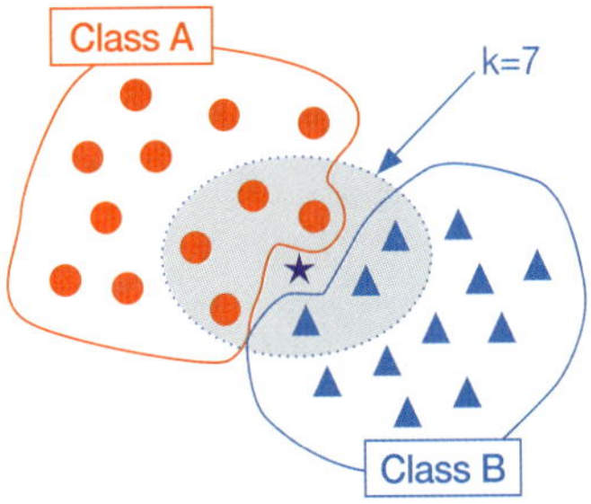

그림 12-9 k-최근접 이웃 분류 방법(k=7)

4 k-최근접 이웃 분류 과정

PimaIndiansDiabetes 데이터셋은 당뇨 의심 환자에 대한 여러 검사를 바탕으로 환자가 양성(pos)인지 음성(neg)인지를 기록한 데이터셋이다. 이 데이터셋을 활용하여 k-최근접 이웃 알고리즘으로 양성 여부를 예측하는 모델을 구축하고, 이 예측 모델을 평가하는 과정을 살펴보자.

코드 12-4 code12_4.py

```
# k-최근접 이웃 분류 과정
import pandas as pd
from sklearn.preprocessing import StandardScaler
from sklearn.model_selection import train_test_split
from sklearn.neighbors import KNeighborsClassifier as KNC

# 데이터 준비
df = pd.read_csv('d:/data/PimaIndiansDiabetes.csv')
df.head()
df.groupby('diabetes')['diabetes'].count()

X = df.drop('diabetes', axis=1)
y = df['diabetes']
```

```
# 데이터 표준화
scaler = StandardScaler()
scaler.fit(X)
result = scaler.transform(X)
X_scaled = pd.DataFrame(result, columns=X.columns)
X_scaled.head()

# 훈련용, 검증용 데이터 분리
X_train, X_test, y_train, y_test = train_test_split(X_scaled, y, test_size=0.3,
    random_state=123, stratify=y)

# 모델 생성
knn = KNC(n_neighbors=3)
knn.fit(X_train, y_train)

# 모델 평가: 정확도(accuracy)
knn.score(X_test, y_test)

# 모델 활용
# 1명의 환자 예측
data = pd.DataFrame([[8, 182, 64, 0, 0, 23, 0.67, 32]],
                    columns=X_test.columns)
data = scaler.transform(data)
patient = pd.DataFrame(data,
                       columns=X_test.columns)
patient

pred = knn.predict(patient)
pred

# 여러 명의 환자 예측
pred = knn.predict(X_test)
pred
```

[코드 12-3]의 실행 결과를 나누어 설명하면 다음과 같다.

```
>>> # k-최근접 이웃 분류 과정
>>>
>>> import pandas as pd
>>> from sklearn.preprocessing import StandardScaler
>>> from sklearn.model_selection import train_test_split
>>> from sklearn.neighbors import KNeighborsClassifier as KNC
```

필요한 라이브러리를 불러온다. train_test_split는 학습 데이터를 훈련용과 테스트용으로 나누는 데 사용되며, KNeighborsClassifier는 k-최근접 이웃 분류에 사용된다.

```
>>> # 데이터 준비
>>>
>>> df = pd.read_csv('d:/data/PimaIndiansDiabetes.csv')
>>> df.head()
   pregnant glucose  pressure triceps  insulin  mass  pedigree age diabetes
0         6     148        72      35        0  33.6     0.627  50      pos
1         1      85        66      29        0  26.6     0.351  31      neg
2         8     183        64       0        0  23.3     0.672  32      pos
3         1      89        66      23       94  28.1     0.167  21      neg
4         0     137        40      35      168  43.1     2.288  33      pos
>>> df.groupby('diabetes')['diabetes'].count()
diabetes
neg    500
pos    268
Name: diabetes, dtype: int64
```

학습 데이터를 불러와 내용을 확인하였다. diabetes는 예측 대상 컬럼으로, 환자들은 음성(neg) 또는 양성(pos)으로 분류된다. 학습 데이터에는 음성 환자 500명, 양성 환자 268명의 데이터가 담겨 있다.

```
>>> X = df.drop('diabetes', axis=1)
>>> y = df['diabetes']
```

학습 데이터를 독립변수(X)와 예측 대상인 종속변수(y)로 나누어 저장하였다.

```
>>> # 데이터 표준화
>>>
>>> scaler = StandardScaler()
>>> scaler.fit(X)
StandardScaler()
>>> result = scaler.transform(X)
>>> X_scaled = pd.DataFrame(result, columns=X.columns)
>>> X_scaled.head()
   pregnant   glucose  pressure  ...      mass  pedigree       age
0  0.639947  0.848324  0.149641  ...  0.204013  0.468492  1.425995
1 -0.844885 -1.123396 -0.160546  ... -0.684422 -0.365061 -0.190672
2  1.233880  1.943724 -0.263941  ... -1.103255  0.604397 -0.105584
3 -0.844885 -0.998208 -0.160546  ... -0.494043 -0.920763 -1.041549
4 -1.141852  0.504055 -1.504687  ...  1.409746  5.484909 -0.020496
```

독립변수 컬럼에 대해 평균 0, 표준편차 1이 되도록 표준화 작업을 하였다.

```
>>> # 훈련용, 검증용 데이터 분리
>>>
>>> X_train, X_test, y_train, y_test = train_test_split(
...     X_scaled, y, test_size=0.3, random_state=123, stratify=y)
```

train_test_split() 메서드를 이용하여 X_scaled와 y를 각각 훈련용과 검증용으로 분리하였다. 주요 매개변수는 다음과 같다.

표 12-2 train_test_split() 메서드의 주요 매개변수

매개변수	설명
X_scaled	독립변수 데이터
y	종속변수 데이터
test_size	학습 데이터에서 분리할 검증용 데이터의 비율이다. 예를 들어 이 값이 0.3이면 학습 데이터의 30%를 임의 추출하여 검증용 데이터로 사용하고 나머지 70%를 훈련용으로 사용한다.
random_state	훈련용·검증용 데이터 분리 시 재현성을 보장하기 위한 설정값이다.
stratify	훈련용·검증용 데이터를 임의 추출할 때 각 클래스에서 test_size만큼 골고루 추출할지를 결정한다. • stratify=y: 클래스별 비율을 유지한 상태에서 데이터를 추출한다. • stratify=None: 클래스 비율을 고려하지 않고 전체 데이터에서 무작위로 추출한다.

[그림 12-10]은 훈련용 데이터와 검증용 데이터의 분리 작업 결과를 보여준다.

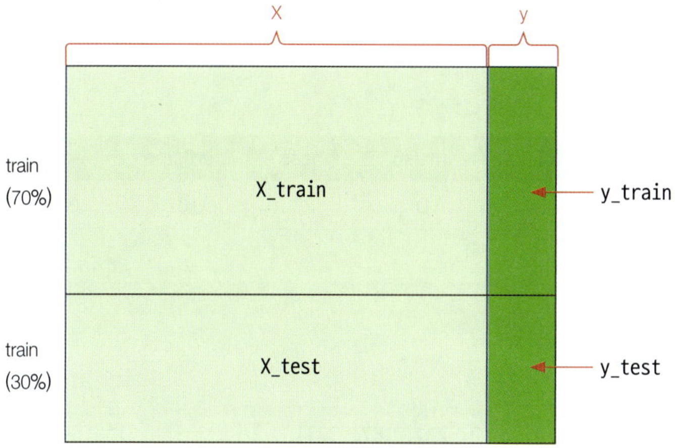

그림 12-10 훈련용 데이터와 검증용 데이터 분리 결과

```
>>> # 모델 생성
>>>
>>> knn = KNC(n_neighbors=3)
>>> knn.fit(X_train, y_train)
KNeighborsClassifier(n_neighbors=3)
```

KNC()를 사용하여 모델 객체 knn을 생성하였다. 여기서 매개변수 n_neighbors=3은 최근접 이웃의 개수를 3으로 설정한다. knn.fit()를 실행하면 매개변수로 입력한 훈련용 데이터 X_train과 y_train를 이용하여 학습을 수행하고, 그 결과로 예측 모델을 생성한다.

```
>>> # 모델 평가: 정확도(accuracy)
>>>
>>> knn.score(X_test, y_test)
0.7402597402597403
```

검증용 데이터의 X_test와 y_test를 이용하여 score() 메서드로 정확도를 측정하였다. 결과는 약 0.74로, 이는 100번의 예측 중 약 74번은 정확하게 예측함을 의미한다. 정확도가 높을수록 모델의 성능이 우수함을 나타낸다. 정확도가 0.74이면 실제 의료 현장에서 이 예측 모델을 사용하기에는 부족한 수치이므로 정확도를 높이기 위한 개선 노력이 필요하다.

예측 모델이 완성되면 이제 이 모델을 이용하여 예측 작업을 진행할 수 있다. 어느 환자의 검사 결과가 [표 12-3]과 같다고 했을 때 예측 모델을 이용하여 이 환자가 당뇨병에 대해 양성인지 음성인지 진단해 보자.

표 12-3 표준화 이전의 검사 결과 데이터 예

pregnant	glucose	pressure	triceps	insulin	mass	pedigree	age
8	182	64	0	0	23	0.67	32

```
>>> # 모델 활용
>>> # 1명의 환자 예측
>>>
>>> data = pd.DataFrame([[8, 182, 64, 0, 0, 23, 0.67, 32]],
...                     columns=X_test.columns)
>>>
>>> data = scaler.transform(data)
```

예측할 환자의 데이터를 리스트 형태로 작성한 후 표준화 과정을 거친다.

```
>>> patient = pd.DataFrame(data,
...                        columns=X_test.columns)
>>>
>>> patient
   pregnant   glucose  pressure  ...      mass  pedigree       age
0   1.23388  1.912427 -0.263941  ... -1.141331  0.598357 -0.105584
```

표준화된 데이터를 예측 모델에 입력하기 위해 학습 데이터와 동일한 구조의 데이터프레임을 만들었다.

```
>>> pred = knn.predict(patient)
>>> pred
array(['pos'], dtype=object)
```

준비한 환자의 검사 데이터를 예측 모델에 입력하여 `predict()` 메서드를 사용해 예측 작업을 수행하였다. 예측 결과를 `pred` 변수에 저장한 후 확인해 보니 양성(`'pos'`)으로 예측되었다.

이 예측 결과를 어느 정도 신뢰할 수 있을까? 예측 모델의 정확도인 `0.74`(74%) 수준으로 신뢰할 수 있다. 앞서 언급했듯이, 예측 결과의 신뢰도를 높이려면 더 높은 정확도를 가진 모델을 개발해야 한다.

```
>>> # 여러 명의 환자 예측
>>>
>>> pred = knn.predict(X_test)
>>> pred
array(['neg', 'neg', 'neg', 'neg', 'neg', 'neg', 'neg', 'pos', 'neg',
       'pos', 'pos', 'neg', 'neg', 'neg', 'neg', 'pos', 'neg', 'neg',
       (중략)
       'neg', 'pos', 'neg', 'pos', 'neg', 'neg', 'neg', 'pos', 'pos',
       'neg', 'neg', 'neg', 'pos', 'neg', 'neg', 'pos', 'neg', 'neg',
       'neg', 'neg', 'neg', 'neg', 'neg', 'neg'], dtype=object)
```

여러 명의 환자에 대해 예측하려면 각 환자의 검사 데이터를 데이터프레임으로 만들어 예측 모델에 입력한다. `X_test`는 이미 표준화된 데이터이므로 추가적인 표준화 과정을 거치지 않았다. 예측 모델은 위와 같이 여러 환자에 대한 예측 결과를 보여준다.

지금까지 k-최근접 이웃 알고리즘을 이용하여 당뇨병 여부를 진단하는 예측 모델을 만들고 검증하는 과정을 살펴보았다. k-최근접 이웃 알고리즘에서 k값은 예측 모델의 정확도에 큰 영향을 미치는데, k값을 얼마로 설정하는 것이 가장 좋은지는 사전에 알 수 없다. 다만 k값은 '$\sqrt{\text{훈련용 데이터셋의 관측값의 개수}}$'보다 작은 것이 좋다고 알려져 있다.

최적의 k값을 찾으려면 k값을 1부터 10까지 변화시켜 가면서 예측 모델을 만들고, 각각의 모델에 대한 평가 값을 비교해야 한다. 이러한 과정은 `for` 문을 이용하여 간단히 구현할 수 있으니 도전해 보기 바란다.

여기서 잠깐! 더 나은 분류 알고리즘 탐구

k-최근접 이웃(KNN) 알고리즘 외에도 성능이 더 우수한 분류 알고리즘이 많이 존재한다. 머신러닝에 관심이 있는 독자는 관련 서적을 참고하여 다양한 알고리즘을 학습해 보길 권한다. 알고리즘이 다르더라도, 모델을 만들고 검증하는 과정과 모델을 이용해 예측하는 과정은 기본적으로 동일하다.

하나 더 알기 예측 모델의 성능 향상 방법

예측 모델의 성능을 높이기 위해서 다양한 접근 방법이 활용된다.

- **여러 예측 알고리즘을 테스트해 보고 최적의 알고리즘 선택하기**
- **하이퍼파라미터(Hyperparameter)를 튜닝하여 성능 최적화하기:** 예측 모델에서 하이퍼파라미터란 k-최근접 이웃 알고리즘의 k값과 같이 모델의 성능에 영향을 미치는 매개변수를 의미한다.
- **독립변수(feature)를 선택적으로 사용하여 모델 성능 개선하기:** 예측에 유용한 변수들만 모아서 모델을 만들면 성능이 향상되는 경우가 많다. 이 작업을 피처 선택(feature selection) 또는 변수 선택(variable selection)이라고 한다. 머신러닝의 주요 연구 주제에 해당한다.

하나 더 알기 거리 기반 알고리즘과 범주형 데이터 처리

k-평균 군집화와 k-최근접 이웃 분류 알고리즘은 모두 데이터 간의 거리를 기반으로 작동한다. 따라서 성별과 같은 범주형 컬럼이 포함된 경우에는 거리 계산을 할 수 없으므로 이런 컬럼은 데이터에서 제외해야 한다.

예측 모델 개발 시 범주형 컬럼들을 별도로 전처리하거나 데이터에서 제외하는 경우가 많다. 한편, 랜덤 포레스트(random forest)와 같이 범주형 컬럼을 직접 처리할 수 있는 알고리즘도 존재한다.

05 회귀분석

1 회귀분석의 개념

회귀분석regression analysis은 회귀 이론을 기초로 독립변수가 종속변수에 미치는 영향을 파악하여 예측 모델을 도출하는 통계적 방법이다. 예측 모델을 도출할 때 선형 회귀 이론에 기초하기 때문에 회귀분석의 예측 모델을 **회귀 모델**이라고 부른다.

회귀 모델에서는 독립변수(들)와 종속변수 사이의 관계가 수학식의 형태로 표현되기 때문에 이 관계식을 **회귀식**regression equation이라고 한다. 회귀식에서는 일반적으로 독립변수를 x로, 종속변수를 y로 표현한다. 회귀식을 구하는 이유는 회귀 모델을 통해서 종속변수를 예측할 수 있기 때문이다. [그림 12-11]의 회귀식을 보면 제품가격, 광고비, 매장 수를 대입하여 매출 이익을 계산할 수 있다.

회귀분석에서는 데이터를 입력해 주면 컴퓨터나 알고리즘이 자동으로 회귀식을 찾아준다. 이러한 특성 때문에 회귀분석은 머신러닝의 한 분야로 분류된다.

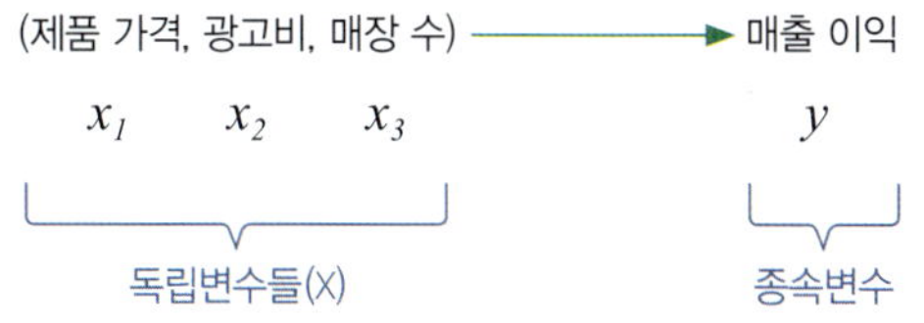

회귀식 $y = 1625 + 2100x_1 + 15x_2 + 8.4x_3$

그림 12-11 독립변수, 종속변수, 회귀식

회귀분석에는 여러 종류가 있다. 기본적으로 독립변수의 수가 하나인 경우를 **단순 회귀**simple regression라고 하고, 독립변수의 수가 2개 이상인 경우를 **다중 회귀**multiple regression라고 한다.

2 회귀분석 과정

이제 prestige 데이터셋의 직군별 평판도 데이터를 기반으로 회귀 모델을 만들어보자. 독립변수는 교육 연수(education), 여성 비율(women), 평판도 점수(prestige)이며, 이 독립변수들을 이용해 직군의 수입(income)을 예측하는 다중 회귀 모델을 생성한다.

코드 12-5 code12_5.py

```
# 회귀분석 과정
import pandas as pd
from sklearn.model_selection import train_test_split
from sklearn.linear_model import LinearRegression as LR
from sklearn.metrics import mean_absolute_error as MAE
import matplotlib.pyplot as plt

# 데이터 준비
df = pd.read_csv('d:/data/prestige.csv')
df.head()

X = df[['education','women', 'prestige']]
y = df['income']

# 훈련용, 검증용 데이터 분리
X_train, X_test, y_train, y_test = train_test_split(X, y, test_size=0.3,
    random_state=123)

# 모델 생성
model = LR()
model.fit(X_train, y_train)

# 회귀식 확인
model.coef_
model.intercept_
```

```
# 모델 평가: MAE
pred = model.predict(X_test)
MAE(y_test, pred)

plt.scatter(y_test, pred, color="red",)
plt.xlim([5000, 16000])
plt.ylim([5000, 16000])
plt.xlabel('y_test')
plt.ylabel('pred')
plt.plot(y_test, y_test, color='blue')        # 대각선 그리기
plt.show()

# 모델 활용
job = pd.DataFrame([[12, 10, 80]],
                   columns=X_test.columns)
job
pred = model.predict(job)
pred
```

[코드 12-5]의 실행 결과를 나누어 설명하면 다음과 같다.

```
>>> # 회귀분석 과정
>>>
>>> import pandas as pd
>>> from sklearn.model_selection import train_test_split
>>> from sklearn.linear_model import LinearRegression as LR
>>> from sklearn.metrics import mean_absolute_error as MAE
>>> import matplotlib.pyplot as plt
```

필요한 라이브러리를 불러온다. LinearRegression은 회귀 모델을 만들 때 사용하며, mean_absolute_error는 생성된 회귀 모델을 평가할 때 사용한다.

```
>>> # 데이터 준비
>>>
>>> df = pd.read_csv('d:/data/prestige.csv')
>>> df.head()
            Unnamed: 0 education  income  women prestige  census  type
0   gov.administrators      13.11   12351  11.16      68.8    1113  prof
1     general.managers      12.26   25879   4.02      69.1    1130  prof
2          accountants      12.77    9271  15.70      63.4    1171  prof
3  purchasing.officers      11.42    8865   9.11      56.8    1175  prof
4             chemists      14.62    8403  11.68      73.5    2111  prof
>>> X = df[['education', 'women', 'prestige']]
>>> y = df['income']
```

학습에 사용할 직군 평판도 데이터(prestige)를 불러온 뒤 교육 연수(education), 여성 비율(women), 평판도 점수(prestige)를 독립변수 X로, 수입(income)을 종속변수 y로 저장하였다.

```
>>> # 훈련용, 검증용 데이터 분리
>>>
>>> X_train, X_test, y_train, y_test = train_test_split(
...     X, y, test_size=0.3, random_state=123)
```

학습 데이터를 훈련용 데이터와 검증용 데이터로 분리하였다. test_size=0.3으로 설정하여 전체 데이터의 30%를 검증용 데이터로 할당하였다.

```
>>> # 모델 생성
>>>
>>> model = LR()
>>> model.fit(X_train, y_train)
LinearRegression()
```

회귀 모델 객체 model을 생성한 뒤 훈련용 데이터(X_train, y_train)를 이용하여 학습을 수행하였다.

```
>>> # 회귀식 확인
>>>
>>> model.coef_
array([173.60049469, -52.42607129, 146.75658987])
>>> model.intercept_
np.float64(-291.5527059562255)
```

생성된 회귀 모델의 회귀식을 확인하였다. model.coef_는 회귀식에서 각 독립변수에 대한 계수 값을, model.intercept_는 절편값을 의미한다. 이에 따라 회귀식은 다음과 같이 구성된다.

$$income = -291.6 + 173.6 \times education - 52.4 \times women + 146.8 \times prestige$$

```
>>> # 모델 평가: MAE
>>>
>>> pred = model.predict(X_test)
>>> MAE(y_test, pred)
1787.3166863311678
```

회귀 모델을 평가하는 데는 여러 척도가 사용된다. 그중 MAE Mean Absolute Error는 예측값(pred)과 실제값(y_test)의 차이에 대한 절댓값을 모두 더해 평균을 계산한 값이다. MAE 값이 약 1787로 나타났는데, 이는 예측값과 실제값의 평균 오차가 약 1,787달러임을 의미한다. 예를 들어 어떤 직군의 수입 예측값이 10,000달러라면 실제값은 10,000±1,787달러 범위에 있음을 알려준다. 오차가 작을수록 모델의 예측이 더 정확하다고 평가할 수 있다.

```
>>> plt.scatter(y_test, pred, color="red",)
<matplotlib.collections.PathCollection object at 0x000001E77098E360>
>>> plt.xlim([5000, 16000])
(5000.0, 16000.0)
>>> plt.ylim([5000, 16000])
(5000.0, 16000.0)
>>> plt.xlabel('y_test')
Text(0.5, 0, 'y_test')
>>> plt.ylabel('pred')
```

```
Text(0, 0.5, 'pred')
>>> plt.plot(y_test, y_test, color='blue')          # 대각선 그리기
[<matplotlib.lines.Line2D object at 0x000001F442D63470>]
>>> plt.show()
```

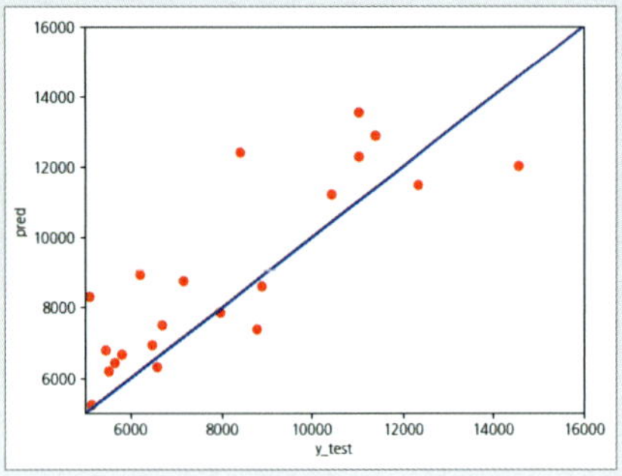

그래프를 작성하여 예측값(pred)과 실제값(y_test)의 차이를 시각적으로 확인하였다. 만일 예측값과 실제값이 완전히 일치한다면, 점들은 대각선 위에 위치할 것이다. 대각선보다 위쪽에 있는 점들은 실제값보다 수입을 더 높게 예측한 경우이고, 대각선보다 아래쪽에 있는 점들은 실제값보다 수입을 더 낮게 예측한 경우다.

모델의 성능을 확인한 후, 이제 이 모델을 활용하여 특정 직군의 수입을 예측해 보자. 교육 연수(education)가 12년, 여성 비율(women)이 10%, 평판도 점수(prestige)가 80점인 직군이 있다고 가정해 보자. 이 데이터를 모델에 입력하여 예측값을 구하는 과정은 다음과 같다.

```
>>> # 모델 활용
>>>
>>> job = pd.DataFrame([[12, 10, 80]],
...                     columns=X_test.columns)
>>> job
   education  women  prestige
0         12     10        80
>>> pred = model.predict(job)
>>> pred
array([13007.9197067])
```

분석 결과에 따르면 이 직군의 수입은 약 13,008달러로 예측된다.

실전 분석

문제 1

k-최근접 이웃 알고리즘을 이용하여 iris의 품종을 예측하는 모델을 만들고 테스트하시오.

TIP iris.csv 파일은 한빛아카데미 홈페이지에서 다운로드할 수 있다.

01 데이터를 준비하고 X와 y로 분리한다.

```
import pandas as pd
from sklearn.preprocessing import StandardScaler
from sklearn.model_selection import train_test_split
from sklearn.neighbors import KNeighborsClassifier as KNC

# 데이터 준비, 표준화
df = pd.read_csv('d:/data/iris.csv')
df.head()

X = df.drop('Species', axis=1)
y = df['Species']
```

02 StandardScaler()를 이용하여 X 데이터를 표준화한다.

```
scaler = StandardScaler()
scaler.fit(X)
result = scaler.transform(X)
X_scaled = pd.DataFrame(result, columns=X.columns)
X_scaled.head()
```

03 훈련용 데이터셋과 검증용 데이터셋을 분리한다.

```
X_train, X_test, y_train, y_test = train_test_split(X_scaled, y,
        test_size=0.3, random_state=123, stratify=y)
```

04 훈련용 데이터셋으로 예측 모델을 생성하고, 검증용 데이터셋으로 모델의 성능을 평가한다.

```
knn = KNC(n_neighbors=3)
knn.fit(X_train, y_train)

# 모델 평가: 정확도(accuracy)
knn.score(X_test, y_test)
```

05 다음과 같이 주어진 데이터에 대해 품종을 예측한다.

Sepal_Length	Petal_Length	Petal_Length	Petal_Width
4.8	3.1	1.4	0.2

```
data = pd.DataFrame([[4.8, 3.1, 1.4, 0.2]],
                    columns=X_test.columns)
data = scaler.transform(data)
plant  = pd.DataFrame(data,
                      columns=X_test.columns)
plant

pred = knn.predict(plant)
pred
```

06 k값을 1부터 10까지 변화시켜, 모델의 예측 성능을 가장 높이는 최적의 k값을 탐색한다.

```
for i in range(1, 11):
    knn = KNC(n_neighbors=i)
    knn.fit(X_train, y_train)
    print(i, knn.score(X_test, y_test))
```

Iris Versicolor

Iris Setosa

Iris Virginica

요약

01 머신러닝은 방대한 데이터를 컴퓨터가 스스로 분석하고 학습하여 유용한 정보를 도출하거나 미래를 예측하는 예측 모델을 생성하는 기술을 의미한다.

02 데이터 분석에서 차원이란 데이터를 구성하는 변수의 개수, 즉 데이터프레임에서 컬럼의 개수를 뜻한다. 고차원의 데이터를 관찰 가능한 2차원이나 3차원으로 축소하는 과정을 차원 축소라고 한다.

03 군집화는 주어진 데이터를 유사성이 높은 것들끼리 묶는 기술을 말한다. 이러한 묶음을 군집 cluster, 범주category, 그룹group, class 등으로 표현한다.

04 분류는 그룹이 알려진 데이터에서 그룹을 모르는 데이터가 어떤 그룹에 속하는지 예측하는 작업이다.

05 회귀는 분류와 함께 예측 작업에 사용되며, 예측 대상 변수가 범주형이 아닌 연속형일 때 사용된다는 점에서 분류와 다르다.

06 차원 축소, k-평균 군집화, k-최근접 이웃 알고리즘은 데이터 분석 전처리 과정에서 데이터 표준화가 필요하다.

07 예측 모델을 개발하려면 '데이터 전처리-훈련용/검증용 데이터 분리-학습(예측 모델 생성)-예측 모델 평가'의 과정이 필요하다.

08 사이킷런 라이브러리는 다양한 머신러닝 알고리즘을 지원한다. 이 라이브러리를 사용하면 일관된 방식으로 다양한 문제를 처리할 수 있어 편리하다.

09 예측 모델을 평가하기 위해 다양한 척도가 사용된다. 분류에서는 정확도가 많이 사용되며, 회귀에서는 MAE Mean Absolute Error가 주로 사용된다. 예측 모델의 성능을 높이기 위한 다양한 방법이 존재하며, 이 방법들을 사용하여 모델의 효율성과 정확도를 향상할 수 있다.

연습문제

[01~05] 다음 [ ] 안에 알맞은 용어를 넣으시오.

01 데이터의 차원을 낮추는 작업을 [ ]라고 한다.

02 주어진 대상 데이터들을 유사성이 높은 것들끼리 묶어주는 작업을 [ ]라고 한다.

03 [ ]란 그룹이 알려진 데이터에서 그룹을 모르는 어떤 데이터에 대해 어느 그룹에 속하는지를 예측하는 작업이다.

04 독립변수(들)를 이용하여 종속변수의 값(연속형)을 예측하는 작업을 [ ]라고 한다.

05 차원 축소를 시행하기에 전에 각 변수의 값을 일정 범위로 변환하는 작업을 [ ]라고 한다.

[06~08] 아래에 이어지는 문제를 해결하시오.

06 seaborn 라이브러리에서 제공하는 `dots` 데이터셋을 이용하여 `time`, `coherence`, `firing_rate` 컬럼의 값들을 차원 축소한 뒤 산점도로 나타내시오. 이때 `align`의 값에 따라 각 점의 색을 다르게 하시오.

07 seaborn 라이브러리에서 제공하는 `geyser` 데이터셋에서 `duration`, `waiting` 컬럼에 대해 2개의 군집으로 군집화한 뒤, 군집에 따라 점의 색을 다르게 표현한 산점도를 작성하시오.

08 문제 07에서 군집의 개수를 1~9로 변화시키며 군집화 점수를 산출하시오. 군집화 점수를 분석한 뒤 적절한 군집 개수를 제시하시오.

[09~12] `liver` 데이터셋은 간질환 환자의 진단 정보를 담고 있다. 종속변수 컬럼은 `category`다. `category`가 `0`이면 '간질환 없음', `1`이면 '간질환 있음'을 의미한다. 아래에 이어지는 문제를 해결하시오.

TIP `liver.csv` 파일은 한빛아카데미 홈페이지에서 다운로드할 수 있다.

09 k-최근접 이웃 알고리즘을 이용하여 간질환 여부를 예측하는 진단 모델을 작성하시오. 이때 k=3으로 설정하고, 훈련용 데이터와 검증용 데이터 비율은 7:3으로 한다.

10 검증용 데이터를 사용하여 모델의 정확도를 평가하시오.

11 다음 환자의 데이터를 기반으로 간질환 여부를 예측하시오.

mcv	alkphos	sgpt	sgot	gammagt	drinks
84	65	58	32	22	0.5

12 k값을 1~9로 변화시키면서 모델의 정확도를 가장 높이는 k값을 탐색하시오.

CHAPTER 13

SQL 활용 데이터 분석

PREVIEW

SQL은 데이터 분석자들이 즐겨 사용하는 도구 중 하나다. 전통적으로, 규모가 큰 데이터는 csv 같은 파일이 아닌 데이터베이스에 저장하여 관리해 왔다. 이렇게 데이터베이스에 저장된 데이터를 다룰 때 사용하는 도구가 바로 SQL이다. 13장에서는 데이터베이스와 SQL의 개념을 살펴보고 중요한 활용 방법을 익힌다.

1절 데이터베이스, DBMS, SQL의 개념을 살펴본다.

2절 SQL 명령어 중 데이터 조회에 사용되는 SELECT 문을 배운다. 다양한 질의를 SELECT 문으로 표현하는 방법을 배워, 원하는 데이터를 효과적으로 조회할 수 있는 능력을 기른다.

3절 파이썬과 데이터베이스를 연동하여 작업하는 방법을 배운다. SQLite를 이용하여 실습용 테이블을 생성하며, 이 작업을 하기 위해 간단한 SQLite 명령어도 다룬다.

4절 공개된 데이터를 얻을 수 있는 주요 사이트를 살펴본다. 또한 공개 사이트에서 데이터를 다운로드하여 SQLite 데이터베이스에 저장하고, 판다스의 피벗 기능을 활용해 요약 자료를 생성하는 과정을 배운다.

01 데이터베이스와 SQL

전통적으로 IT 분야에서 데이터를 저장하고 관리하는 기본적인 수단은 데이터베이스였다. SQL은 데이터베이스를 편리하게 다루기 위해 고안된 언어다. 우리는 지금까지 데이터의 가공 작업을 판다스의 데이터프레임을 이용해 수행하였는데, SQL을 이용하면 더 편리하게 작업할 수 있는 경우가 많다. 특히 수십만 명의 고객 주문 정보와 같이 데이터 크기가 큰 경우, 판다스보다 데이터베이스를 이용하는 것이 효과적이다.

13장에서는 데이터베이스와 관련된 기본 개념을 살펴보고, 자주 사용하는 SQL의 기본 문법을 배운다. 또한 파이썬 프로그램 내에서 SQL을 이용하는 방법도 학습한다.

1 데이터베이스 시스템과 SQL

데이터베이스database는 여러 사람이 공유할 목적으로 연관된 데이터를 체계적으로 모아놓은 저장소다. 쉽게 말하면 데이터를 모아둔 덩어리라고 할 수 있다. 쇼핑몰 관리를 위한 데이터베이스에는 고객, 상품, 주문 등의 데이터가 저장되어 있을 것이다. 도서관 관리를 위한 데이터베이스에는 회원, 도서, 대여 등의 데이터가 저장되어 있을 것이다. 데이터베이스에 정보를 저장하는 기본 단위는 테이블table이다. 하나의 테이블은 판다스의 데이터프레임과 유사한 구조와 내용을 갖는다. 데이터베이스는 판다스의 여러 데이터프레임을 한곳에 모아 저장한 것과 비슷하다.

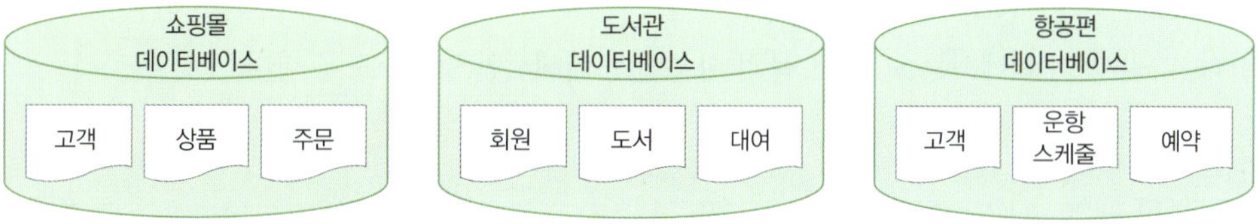

그림 13-1 여러 종류의 데이터베이스

데이터베이스 관리 시스템DBMS은 데이터베이스를 관리하는 소프트웨어다. DBMS는 보통 사용자의 요구를 언제든 수행하기 위해 백그라운드 프로세스의 형태로 상시 실행된다. 백그라운드 프로세스는 사용자와 직접 상호작용하지 않고, 컴퓨터 시스템이 시작되면 자동으로 실행되는 프로그램이다. 우리가 알고 있는 오라클, MySQL, MS SQL Server 등이 바로 DBMS 소프트웨어다.

[그림 13-2]는 응용 프로그램이 데이터베이스를 사용하는 환경을 보여준다. 응용 프로그램은 데이터베이스 내의 테이블에 직접 접근할 수 없고, DBMS의 도움을 받아야만 데이터베이스 안에 있는 정보를 얻을 수 있다. 응용 프로그램이 필요한 정보를 요청하면 DBMS가 이를 데이터베이스에서 찾아 전달하는 방식이다. 이 과정에서 응용 프로그램과 DBMS는 SQL 언어를 사용하여 소통한다.

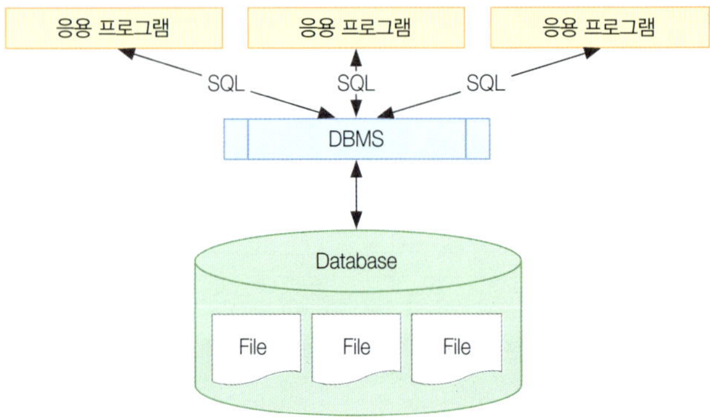

그림 13-2 데이터베이스 시스템

SQL Structured Query Language 은 사용자 또는 응용 프로그램이 DBMS와 소통하기 위해 개발된 언어다. DBMS는 SQL만 이해할 수 있으므로 모든 요청은 SQL 문으로 작성되어야 한다. [그림 13-3]은 SQL 명령문의 예를 보여준다. 여기서는 SW학과 학생들의 이름, 주소, 전화번호를 조회하는 SQL 문을 작성하였다. SQL은 데이터 입력·수정·삭제 등을 처리하기 위해 다양한 명령문을 제공하지만, 데이터 분석 단계에서는 주로 정보를 조회하기 위한 SELECT 문을 사용한다. 따라서 이 책에서는 SELECT 문의 사용법에 대해서만 알아보도록 한다.

```
SELECT name, address, phone
FROM student
WHERE dept = 'SW학과' ;
```

그림 13-3 SQL 명령문의 예

2 SQLite 예제 데이터베이스

SQLite는 오픈소스 소프트웨어로서 오라클, MS SQL Server와 같은 DBMS 제품에 속하지만 응용 소프트웨어에 내장하여 사용할 수 있을 정도로 가벼운 DBMS다. 따라서 전문적인 데이터 관리가 아닌 데이터 분석을 주목적으로 할 경우, SQLite와 같은 가벼운 제품을 사용하는 것으로 충분하다.

실습용으로 간단한 SQLite 데이터베이스를 설계해 보자. 이 데이터베이스에는 부서(`dept`)와 사원(`emp`) 테이블을 저장할 예정이다. 테이블에 저장할 데이터는 `dept.csv`와 `emp.csv` 파일에 담겨 있다. 데이터베이스를 실제로 구축하는 방법은 3절에서 다룬다.

TIP dept.csv와 emp.csv 파일은 한빛아카데미 홈페이지에서 다운로드할 수 있다.

표 13-1 dept(부서) 테이블 구조

컬럼명	자료형	설명
deptno	숫자(integer)	부서 번호(기본키)
dname	문자(text)	부서명
loc	문자(text)	부서 위치

표 13-2 emp(사원) 테이블 구조

컬럼명	자료형	설명
empno	숫자(integer)	사원 번호(기본키)
ename	문자(text)	사원명
job	문자(text)	담당 업무
mgr	숫자(integer)	매니저(직속 상사)
hiredate	문자(text)	입사 일자
sal	숫자(real)	급여(연봉)
comm	숫자(real)	커미션(보너스)
deptno	숫자(integer)	부서 번호

표 13-3 dept(부서) 테이블 예제 데이터

DEPTNO	DNAME	LOC
10	ACCOUNTING	NEW YORK
20	RESEARCH	DALLAS
30	SALES	CHICAGO
40	OPERATIONS	BOSTON

표 13-4 emp(사원) 테이블 예제 데이터

EMPNO	ENAME	JOB	MGR	HIREDATE	SAL	COMM	DEPTNO
7839	KING	PRESIDENT	null	1981-11-17	5000	null	10
7698	BLAKE	MANAGER	7839	1981-05-01	2850	null	30
7782	CLARK	MANAGER	7839	1981-06-09	2450	null	10
7566	JONES	MANAGER	7839	1981-04-02	2975	null	20
7654	MARTIN	SALESMAN	7698	1981-08-28	1250	1400	30
7499	ALLEN	SALESMAN	7698	1981-02-20	1600	300	30
7844	TURNER	SALESMAN	7698	1981-08-08	1500	0	30
7900	JAMES	CLERK	7698	1981-12-03	950	null	30
7521	WARD	SALESMAN	7698	1981-02-22	1250	500	30
7902	FORD	ANALYST	7566	1981-12-03	3000	null	20
7369	SMITH	CLERK	7902	1980-12-17	800	null	20
7788	SCOTT	ANALYST	7566	1982-12-09	3000	null	20
7876	ADAMS	CLERK	7788	1983-01-12	1100	null	20
7934	MILLER	CLERK	7782	1982-01-23	1300	null	10

3 SQLite 설치

SQLite 제품을 설치해 보자.

01 SQLite 공식 홈페이지인 https://www.sqlite.org/download.html에 접속하여 sqlite-tools-win-x64-34x0x00.zip 파일을 다운로드한다.

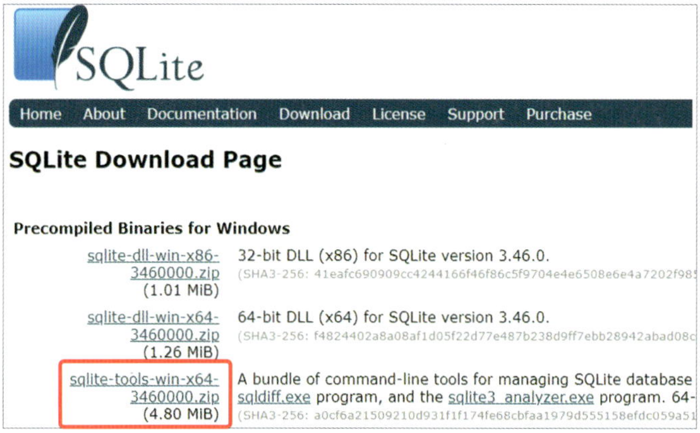

02 다운로드한 파일을 원하는 폴더로 이동한 후 압축을 해제한다. 압축을 풀면 4개의 파일이 생성되며, 그중 sqlite3.exe가 우리가 이용할 소프트웨어다.

4 SQLite의 실행과 예제 데이터베이스 생성

01 sqlite3.exe를 더블 클릭하면 다음과 같은 콘솔 화면이 표시된다.

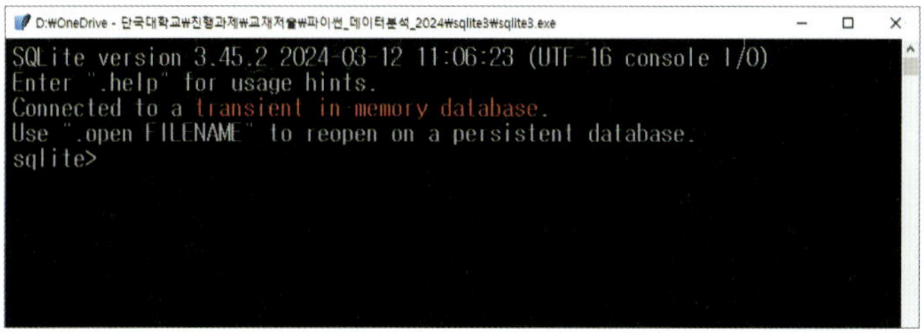

02 .open 명령어를 사용하여 데이터베이스 파일을 생성한다. 다음은 d:/data/ 폴더에 empdb.db라는 데이터베이스 파일을 생성하는 명령문이다. 만일 지정한 파일이 없으면 새로 생성되며, 이미 파일이 존재하면 해당 파일이 열린다.

```
sqlite> .open 'd:/data/empdb.db'
```

03 데이터베이스 안에 dept, emp 테이블을 생성하기 위해 이 책에서 제공하는 create_empdb.sql 파일을 실행한다. 이 파일에는 dept와 emp 테이블을 생성하고 데이터를 입력하는 SQL 명령문이 저장되어 있다. .read 명령어로 실행한다.

```
sqlite> .read 'd:/data/create_empdb.sql'
```

04 데이터 조회 결과를 보기 좋게 설정하기 위해 다음 명령어를 실행한다.

```
sqlite> .header on
sqlite> .mode column
```

05 dept 테이블 내용을 조회한다.

```
sqlite> select * from dept ;
```

실행 결과

```
DEPTNO     DNAME          LOC
---------- -------------- ----------
10         ACCOUNTING     NEW YORK
20         RESEARCH       DALLAS
30         SALES          CHICAGO
40         OPERATIONS     BOSTON
```

06 동일한 방법으로 emp 테이블의 내용을 조회한다.

```
sqlite> select * from emp ;
```

실행 결과

```
EMPNO      ENAME      JOB         MGR       HIREDATE    SAL       COMM      DEPTNO
---------- ---------- ----------- --------  ----------  --------  --------  --------
7839       KING       PRESIDENT             1981-11-17  5000.0              10
7698       BLAKE      MANAGER     7839      1981-05-01  2850.0              30
7782       CLARK      MANAGER     7839      1981-06-09  2450.0              10
7566       JONES      MANAGER     7839      1981-04-02  2975.0              20
7654       MARTIN     SALESMAN    7698      1981-08-28  1250.0    1400.0    30
7499       ALLEN      SALESMAN    7698      1981-02-20  1600.0    300.0     30
7844       TURNER     SALESMAN    7698      1981-08-08  1500.0    0.0       30
7900       JAMES      CLERK       7698      1981-12-03  950.0               30
7521       WARD       SALESMAN    7698      1981-02-22  1250.0    500.0     30
7902       FORD       ANALYST     7566      1981-12-03  3000.0              20
7369       SMITH      CLERK       7902      1980-12-17  800.0               20
7788       SCOTT      ANALYST     7566      1982-12-09  3000.0              20
7876       ADAMS      CLERK       7788      1983-01-12  1100.0              20
7934       MILLER     CLERK       7782      1982-01-23  1300.0              10
```

07 모든 작업을 마쳤으므로 `.quit` 명령을 실행하여 SQLite를 종료한다.

```
sqlite> .quit
```

지금까지 실습에 필요한 예제 데이터베이스를 SQLite를 이용해 생성하고 데이터를 입력한 뒤 조회하는 과정을 진행하였다. 다음 절에서는 데이터 조회에 사용되는 SQL 명령문에 대해 알아본다.

여기서 잠깐! SQLite 실습 과정

설치된 SQLite 데이터베이스를 열어 실습하는 과정을 정리하면 다음과 같다.

❶ `sqlite3.exe`를 실행한다.

❷ `.open 'd:/data/empdb.db'` 명령어로 데이터베이스를 연다.

❸ `.header on`과 `.mode column` 명령어를 사용해 조회 결과를 보기 좋게 설정한다.

❹ 원하는 SQL 문을 실행한다.

❺ `.quit` 명령어로 SQLite를 종료한다.

02 SQL SELECT 문

SQL은 데이터베이스에 저장된 데이터를 다루기 위해 고안된 언어로, [표 13-5]에 정리된 4개의 명령어가 주로 사용된다. 이 명령어들은 테이블에서 데이터를 입력·수정·삭제·조회하는 작업에 사용되며, 데이터 분석의 관점에서는 SELECT 명령어의 활용도가 가장 높다. 따라서 이번 절에서는 데이터베이스에서 원하는 정보를 어떻게 SELECT 문으로 조회하는지에 대해 알아본다.

표 13-5 SQL의 주요 명령어

INSERT	테이블에 새로운 행을 추가한다.
UPDATE	테이블에 저장된 데이터를 수정한다.
DELETE	테이블에 저장된 행을 삭제한다.
SELECT	테이블에 저장된 데이터를 조건에 맞게 조회한다.

1 SELECT 문의 구조

SELECT 문의 기본 구조와 작성 예제는 다음과 같다.

기본 문법

```
SELECT 컬럼명1, 컬럼명2, ...
FROM   테이블명
[WHERE 검색조건] ;
```

작성 예: "담당 업무가 'SALESMAN'인 사원의 이름과 급여를 보이시오."

```
SELECT ename, sal
FROM emp
WHERE job='SALESMAN' ;
```

SELECT 문은 다음과 같이 세 가지 절로 구성된다.

- **SELECT 절:** 조회를 원하는 컬럼명을 지정한다. 여러 개의 컬럼을 조회할 경우 콤마(,)로 구분하며, 별표(*)를 사용하면 모든 컬럼을 의미한다.
- **FROM 절:** 데이터가 저장된 테이블명을 지정한다.
- **WHERE 절:** 원하는 행(튜플)들만 추출하기 위한 검색 조건을 작성한다. 이 절은 생략할 수 있으며 생략하면 모든 행이 반환된다.

[그림 13-4]에서는 자연어로 작성된 질의를 SQL 문으로 변환하는 과정을 보여준다.

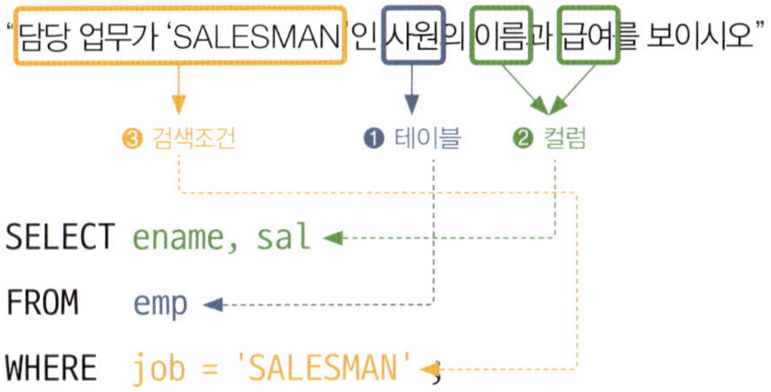

그림 13-4 질의를 SQL 문으로 바꾸는 과정

2 사례로 배우는 SELECT 문

이제 주어진 질의를 SELECT 문으로 작성하는 다양한 사례를 통해 SELECT와 관련된 여러 기능을 익혀 보자. 이 책은 SQL을 전문적으로 학습하는 것이 목적이 아니므로, 데이터 분석 시 유용한 문법에 초점을 맞춰 학습한다.

예시로 제공되는 SELECT 문을 1절에서 구축한 실습 환경에서 실행해 보자. 여기서는 SELECT 문과 실행 결과만 제시한다.

질의 1

사원들의 담당 업무에는 어떤 종류가 있는지 보이시오.

```
SELECT DISTINCT job
FROM   emp ;
```

실행 결과

```
         JOB
0      CLERK
1   SALESMAN
2    MANAGER
3    ANALYST
4  PRESIDENT
```

DISTINCT는 질의 결과에서 중복된 데이터를 제거하는 역할을 한다. 담당 업무가 같은 사원이 여러 명 있으므로 job 컬럼의 값을 조회하면 같은 담당 업무가 여러 번 등장하게 되는데 이런 문제를 방지하는 것이 DISTINCT의 역할이다.

여기서 잠깐!

SQL 문의 마지막에는 명령문이 끝났음을 표시하기 위해 세미콜론(;)을 붙인다. 그러나 파이썬 코드 내에서 사용할 때는 세미콜론을 생략해도 된다. 예를 들어 위에서 제시한 **SELECT** 문을 파이썬 코드에서 **sql** 변수에 저장할 때는 다음과 같이 작성하면 된다.

```
sql = "SELECT DISTINCT job FROM emp"
```

질의 2

SCOTT 사원의 모든 정보를 보이시오.

```
SELECT *
FROM   emp
WHERE  ename = 'SCOTT' ;
```

실행 결과

```
   EMPNO  ENAME      JOB     MGR    HIREDATE   SAL  COMM DEPTNO
0   7788  SCOTT  ANALYST  7566.0  1982-12-09  3000  None     20
```

원래 SELECT 다음에는 조회할 컬럼 이름(들)을 나열해야 한다. 하지만 테이블의 모든 컬럼 정보를 조회하려면 컬럼 이름 대신 특수기호인 별표(*)를 사용한다. 또 하나 주목할 부분은

WHERE 절에서 비교 대상이 문자열 컬럼인 경우, 비교 값을 반드시 따옴표로 묶어야 한다는 점이다. 즉 ename = SCOTT가 아닌 ename = 'SCOTT'라고 표현해야 한다. 그리고 문자열 비교 시 SQL은 대소문자를 구분하므로 'SCOTT'는 유효하지만 'Scott' 또는 'scott'는 검색 결과를 반환하지 않는다. 한편, 숫자 타입의 컬럼과 비교할 때는 따옴표가 필요 없다.

질의 3

급여를 2000 이상 받는 사원들의 이름, 담당 업무, 급여액을 보이시오.

```
SELECT ename, job, sal
FROM   emp
WHERE  sal >= 2000 ;
```

실행 결과

```
   ENAME        JOB   SAL
0  JONES    MANAGER  2975
1  BLAKE    MANAGER  2850
2  CLARK    MANAGER  2450
3  SCOTT    ANALYST  3000
4   KING  PRESIDENT  5000
5   FORD    ANALYST  3000
```

SELECT 문의 핵심은 WHERE 다음에 서술하는 조건문이다. 조건문을 정확하게 서술해야 원하는 데이터를 얻을 수 있다. [표 13-6]은 조건문 작성에 사용되는 비교 연산자와 논리 연산자다.

표 13-6 WHERE 절에서 조건 지정 시 사용할 수 있는 비교 연산자와 논리 연산자

연산자	설명
=, <>, >, >=, <, <=	비교 연산자: = 같다, <> 같지 않다, > 크다, >= 크거나 같다, < 작다, <= 작거나 같다.
AND	논리 연산자: AND로 연결된 조건들을 모두 만족하는 행을 검색한다.
OR	논리 연산자: OR로 연결된 조건 중 하나라도 만족하는 행을 검색한다.
NOT	논리 연산자: 지정된 조건을 만족하지 않는 행을 검색한다.

질의 4

급여를 2000 이상 받는 사원들 중에서 담당 업무가 ANALYST인 사원의 이름, 급여액을 보이시오.

```
SELECT ename, sal
FROM   emp
WHERE  sal >= 2000 AND job = 'ANALYST';
```

실행 결과

```
   ENAME   SAL
0  SCOTT  3000
1   FORD  3000
```

질의 5

SALES 부서는 어느 지역에 있는가?

```
SELECT loc
FROM   dept
WHERE  dname = 'SALES';
```

실행 결과

```
       LOC
0  CHICAGO
```

질의 6

급여가 1200~1600 사이인 사원의 이름, 담당 업무, 급여를 보이시오.

```
SELECT ename, job, sal
FROM   emp
WHERE  sal BETWEEN 1200 AND 1600 ;
```

실행 결과

```
    ENAME       JOB   SAL
0   ALLEN  SALESMAN  1600
1    WARD  SALESMAN  1250
2  MARTIN  SALESMAN  1250
3  TURNER  SALESMAN  1500
4  MILLER     CLERK  1300
```

WHERE 절에서 비교 대상 값이 하나가 아니라 여러 개이거나 특정 범위일 경우, [표 13-7]에 정리한 연산자를 이용하면 편리하다.

표 13-7 WHERE 절에서 다수의 값과 비교 시 사용할 수 있는 연산자

연산자	설명
BETWEEN ... AND ...	비교하는 값이 지정한 범위 안에 있는지 비교한다.
NOT BETWEEN ... AND ...	비교하는 값이 지정한 범위 밖에 있는지 비교한다.
IN (...)	비교하는 값이 지정한 목록 안에 있는지 비교한다.
NOT IN (...)	비교하는 값이 지정한 목록 밖에 있는지 비교한다.

질의 7

담당 업무가 CLERK, ANALYST, MANAGER 중 하나인 사원의 이름, 담당 업무, 연봉을 보이시오.

```
SELECT ename, job, sal
FROM   emp
WHERE  job IN ('CLERK', 'ANALYST', 'MANAGER') ;
```

실행 결과

```
    ENAME      JOB   SAL
0   SMITH    CLERK   800
1   JONES  MANAGER  2975
2   BLAKE  MANAGER  2850
3   CLARK  MANAGER  2450
4   SCOTT  ANALYST  3000
5   ADAMS    CLERK  1100
6   JAMES    CLERK   950
7    FORD  ANALYST  3000
8  MILLER    CLERK  1300
```

질의 8

부서 번호가 10인 부서 사원들의 급여액 합계와 평균 급여액을 보이시오.

```
SELECT SUM(sal), AVG(sal)
FROM   emp
WHERE  deptno = 10 ;
```

실행 결과

```
   SUM(sal)     AVG(sal)
0      8750  2916.666667
```

검색 결과에 대해 집계 함수를 적용한 예다. [표 13-8]은 SELECT 문에서 사용할 수 있는 내장 함수들을 정리한 것이다.

표 13-8 SELECT 문에서 사용할 수 있는 내장 함수

함수명	설명
COUNT()	조회 결과에서 행의 개수를 반환한다.
MAX()	특정 숫자 컬럼의 최댓값을 반환한다.
MIN()	특정 숫자 컬럼의 최솟값을 반환한다.
AVG()	특정 숫자 컬럼의 평균값을 반환한다.
SUM()	특정 숫자 컬럼의 합계를 반환한다.

질의 9

담당 업무가 MANAGER인 사원들의 이름, 급여와 10% 인상된 급여를 보이시오.

```
SELECT ename, sal, sal*1.1
FROM   emp
WHERE  job = 'MANAGER' ;
```

실행 결과

```
   ENAME    SAL  sal*1.1
0  JONES   2975   3272.5
1  BLAKE   2850   3135.0
2  CLARK   2450   2695.0
```

숫자 컬럼에 대해서는 컬럼 값에 산술 연산을 적용한 결과를 조회할 수 있다.

질의 10

10번 부서에 근무하는 사원들의 이름, 입사 일자, 급여를 보이되 급여가 많은 순으로 보이시오.

```
SELECT   ename, hiredate, sal
FROM     emp
WHERE    deptno = 10
ORDER BY sal DESC ;
```

실행 결과

```
   ENAME    HIREDATE   SAL
0   KING  1981-11-17  5000
1  CLARK  1981-06-09  2450
2 MILLER  1982-01-23  1300
```

ORDER BY 절 뒤에 정렬 기준이 되는 컬럼을 지정하여 조회 결과를 정렬할 수 있다. DESC는 내림차순 정렬을 의미하며, DESC를 생략하면 기본적으로 오름차순으로 정렬된다.

질의 11

담당 업무별로 몇 명의 사원이 있는지 보이시오.

```
SELECT   job, COUNT(*)
FROM     emp
GROUP BY job ;
```

실행 결과

```
        JOB  COUNT(*)
0   ANALYST         2
1     CLERK         4
2   MANAGER         3
3 PRESIDENT         1
4  SALESMAN         4
```

GROUP BY 절은 조회 결과를 지정된 기준 컬럼의 값에 따라 그룹핑하고, 각 그룹에 집계 함수를 적용할 수 있도록 한다. 이는 판다스 데이터프레임의 groupby() 메서드와 유사한 기능이다.

질의 12

연봉을 1800 이상 받는 사원의 이름, 담당 업무, 부서명, 근무지 정보를 보이시오.

```
SELECT e.ename, e.job, d.dname, d.loc
FROM   emp e, dept d
WHERE  e.deptno = d.deptno
  AND  e.sal >= 1800 ;
```

실행 결과

```
    ENAME        JOB       DNAME       LOC
0   JONES    MANAGER    RESEARCH    DALLAS
1   BLAKE    MANAGER       SALES   CHICAGO
2   CLARK    MANAGER  ACCOUNTING  NEW YORK
3   SCOTT    ANALYST    RESEARCH    DALLAS
4    KING  PRESIDENT  ACCOUNTING  NEW YORK
5    FORD    ANALYST    RESEARCH    DALLAS
```

[질의 12]는 앞에서 나온 질의들과 달리 하나의 테이블만 조회해서는 결과를 얻을 수 없다. 사원의 이름과 담당 업무는 emp 테이블에, 부서명과 근무지는 dept 테이블에 저장되어 있기 때문이다. 따라서 원하는 정보를 얻기 위해 두 테이블을 연결(조인join)해야 한다. 테이블 조인 시 다음 두 가지 사항을 기억해야 한다.

❶ 조인 대상 테이블들을 FROM 절에 나열한다.

조인을 수행하려면 조인 대상 테이블들을 FROM 절에 나열해야 한다. 이때 테이블 이름에 별칭alias을 붙일 수 있다. 예를 들어 emp 대신 e, dept 대신 d라는 별칭을 사용할 수 있다. 이 별칭은 별칭을 정의한 SQL 문 안에서만 유효하다. 별칭은 컬럼 이름 앞에 붙여 사용한다. 예를 들어 e.ename은 emp 테이블의 ename 컬럼을 의미한다.

❷ 조인 조건을 WHERE 절에 기술한다.

두 테이블을 조인하려면 반드시 WHERE 절에 조인 조건을 기술해야 한다. 예를 들어 e.deptno = d.deptno는 emp 테이블의 deptno 컬럼 값과 dept 테이블의 deptno 컬럼 값이 일치하는 행을 연결하라는 의미다. 즉, 사원 테이블의 부서 번호와 부서 테이블의 부서 번호가 일치하는 행들끼리 연결한다. 이처럼 두 테이블을 조인하려면 반드시 두 테이블에 공통 컬럼이 존재해야 한다.

```
SELECT e.ename, e.job, d.dname, d.loc
FROM   emp e, dept d  <-------- 조인 대상 테이블 나열
WHERE  e.deptno = d.deptno  <-------- 조인 조건 지정
  AND  e.sal >= 1800 ;
```

그림 13-5 두 테이블의 조인 및 조인 조건 지정

질의 13

부서별 사원 수와 그 부서 사원들의 평균 급여액을 보이시오. 단, 부서 이름을 알파벳순으로 정렬하여 보이시오.

```
SELECT   d.dname, COUNT(*), AVG(e.sal)
FROM     emp e, dept d
WHERE    e.deptno = d.deptno
GROUP BY d.dname
ORDER BY d.dname ;
```

실행 결과

```
        DNAME  COUNT(*)   AVG(e.sal)
0  ACCOUNTING         3  2916.666667
1    RESEARCH         5  2175.000000
2       SALES         6  1566.666667
```

이번 절에서는 데이터 분석에 활용될 수 있는 SQL SELECT 문에 대해서 살펴보았다. 예제를 통해 확인했듯이, SQL은 유연성과 표현력이 뛰어나 원하는 정보를 조회하거나 데이터를 집계하는 작업을 효율적으로 수행할 수 있다. 물론 데이터를 판다스 데이터프레임으로 처리하는 것도 좋은 방법이다. 데이터를 다루다 보면 SQL과 판다스를 각각 어떤 상황에서 사용하면 효과적일지 판단하는 감각을 자연스럽게 익힐 수 있다.

판다스를 이용해 데이터를 가공하려면 모든 데이터를 메인 메모리로 불러와야 한다. 그러나 데이터 크기가 매우 크면 메모리 부담이 커지고, 경우에 따라서는 메모리가 부족하여 데이터를 불러오지 못할 수도 있다. 반면, 데이터베이스와 SQL은 데이터를 하드디스크와 같은 저장장치에서 직접 처리하므로, 대용량 데이터 분석에서 필수적인 도구로 활용된다.

03 파이썬에서 데이터베이스 연동하기

이번 절에서는 1절에서 소개한 예제 데이터베이스를 파이썬에서 연동하여 사용하는 방법을 학습해 보자.

1 파이썬에서 데이터베이스 조회하기

예제 데이터베이스를 생성했으니, 이제 파이썬을 이용하여 데이터베이스를 조회해 보자. [코드 13-1]은 데이터베이스를 조회하는 예다. 파이썬 프로그램을 통해 데이터베이스에 접속하고, 내용을 검색하는 과정을 살펴보자. 실습 전에 `sqlite3` 라이브러리를 설치하도록 한다.

코드 13-1 code13_1.py

```
import sqlite3
import pandas as pd

# DB 연결
conn = sqlite3.connect('d:/data/empdb.db')

# 커서 생성
cur = conn.cursor()

# 테이블 목록 조회
cur.execute('SELECT name FROM sqlite_master WHERE type="table"')
result = cur.fetchall()
result

# dept 테이블의 전체 데이터 조회
cur.execute('SELECT * FROM dept')
result = cur.fetchall()
columns = [column[0] for column in cur.description]
df_result = pd.DataFrame(result, columns=columns)
df_result
```

```
cur.close()                          # 커서 종료
conn.close()                         # DB 연결 종료
```

[코드 13-1]의 실행 결과를 나누어 설명하면 다음과 같다.

```
>>> import sqlite3
>>> import pandas as pd
```

작업에 필요한 라이브러리를 불러온다. sqlite3는 SQLite 데이터베이스를 사용하는 데 필요하다.

```
>>> # DB 연결
>>>
>>> conn = sqlite3.connect('d:/data/empdb.db')
```

데이터베이스를 이용하려면 먼저 데이터베이스와 연결해야 한다. 정상적으로 연결되면 연결 정보는 conn 객체에 저장된다.

```
>>> # 커서 생성
>>>
>>> cur = conn.cursor()
```

이제 데이터베이스에 있는 내용을 조회해 보자. 제일 먼저 할 일은 커서cursor 객체를 생성하는 일이다. 커서 객체는 SQL 명령문을 실행하고, 그 결과를 가져오는 데 사용된다.

```
>>> # 테이블 목록 조회
>>>
>>> cur.execute('SELECT name FROM sqlite_master WHERE type="table"')
<sqlite3.Cursor object at 0x0000017B669F6740>
>>> result = cur.fetchall()
>>> result
[('emp',), ('dept',)]
```

데이터베이스에 저장된 테이블 목록을 조회하였다. 테이블 정보를 가져오기 위해 SQL 명령문을 문자열 형태로 작성하여 cur.execute()에 입력한다. 그러면 DBMS가 데이터를 검색한 뒤, 결과를 임시 메모리인 버퍼에 저장한다. SQL 문의 sqlite_master는 DBMS가 관리하는 시스템 테이블로, 데이터베이스 안에 저장된 테이블들에 대한 정보를 저장한다.

cur.fetchall()은 버퍼에 저장된 데이터를 프로그램으로 가져오는 명령어로, 실행 결과를 리스트 형태로 반환한다. 실행 결과를 보면, 데이터베이스 안에 'emp'와 'dept'의 2개 테이블이 존재함을 확인할 수 있다.

```
>>> # dept 테이블의 전체 데이터 조회
>>>
>>> cur.execute('SELECT * FROM dept')
<sqlite3.Cursor object at 0x0000017B669F6740>
>>> result = cur.fetchall()
>>> columns = [column[0] for column in cur.description]
```

dept 테이블에서 전체 데이터를 가져오는 SQL 명령문을 실행한 후, 그 결과를 result에 저장하였다. result에는 테이블의 데이터만 포함되어 있으며, 컬럼명 정보는 포함되지 않는다. 따라서 cur.description 속성을 사용하여 컬럼명을 추출한 뒤, 이를 리스트 형태로 columns에 저장하였다.

```
>>> df_result = pd.DataFrame(result, columns=columns)
>>> df_result
   DEPTNO       DNAME       LOC
0      10  ACCOUNTING  NEW YORK
1      20    RESEARCH    DALLAS
2      30       SALES   CHICAGO
3      40  OPERATIONS    BOSTON
4      70    BRANCH_1     SEOUL
```

result와 columns를 이용하여 데이터프레임 df_result를 생성한 후, 내용을 확인하였다.

```
>>> cur.close()                                  # 커서 종료
>>> conn.close()                                 # DB 연결 종료
```

데이터베이스 작업이 마무리되면 생성한 커서와 데이터베이스 연결을 종료한다.

여기서 잠깐! 데이터베이스 검색 프로세스

생성된 데이터베이스에 대한 정보 검색 과정을 정리하면 [그림 13-6]과 같다.

❶ 데이터베이스와 연결한다.

❷ 데이터의 처리를 위한 커서를 생성한다.

❸ SQL 문을 작성하여 DBMS에 요청한다. 데이터를 조회하거나 처리하려면 SQL 문법으로 작성된 명령문을 사용해야 하며, 이 명령문을 질의(query)라고 한다.

❹ DBMS가 질의 처리 결과를 임시 메모리(버퍼)에 저장한다.

❺ 버퍼로부터 처리 결과를 읽는다. 처리 결과의 자료형은 리스트다.

❻ 커서와 데이터베이스 연결을 종료한다.

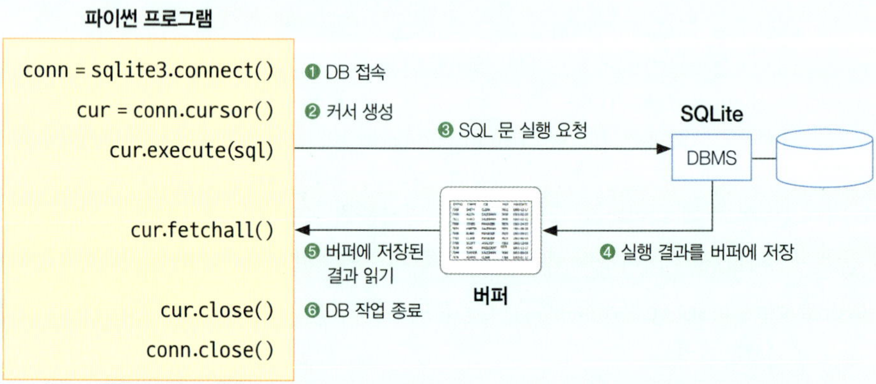

그림 13-6 데이터베이스로부터 정보를 얻는 과정

하나 더 알기 SQL의 대소문자 구분 규칙

SQL 문을 구성하는 키워드, 테이블 이름, 컬럼 이름은 대소문자를 구분하지 않는다. 예를 들어 `SELECT * FROM emp`와 `select * from EMP`는 동일한 명령문으로 인식된다. 하지만 테이블 안에 저장된 문자열 값은 대소문자를 구분한다. `emp` 테이블 안의 사원 이름이 `SMITH`, `Smith`, `smith`라면 이들은 각각 서로 다른 값으로 간주된다.

2 SQL 실습을 위한 사용자 정의 클래스

[코드 13-1]을 보면 사용자 질의를 처리하는 과정이 다소 복잡하게 느껴질 수 있다. 질의를 더 간편하게 실행하기 위해 `SQLite.py` 파일에 `SQLite` 클래스를 정의하고, [코드 13-2]

를 통해 SQLite 클래스를 사용하여 SQL 질의를 수행하는 방법을 살펴볼 것이다. 참고로 SQLite.py와 code13_2.py 파일은 동일한 작업 폴더에 위치해야 한다. 클래스의 세부적인 동작 설명은 생략하고, 사용 방법만 간단히 알아본다.

TIP [코드 13-2]에서 from SQLite import *가 정상적으로 실행되지 않으면 359쪽의 [여기서 잠깐: displayMap 모듈 불러오기]를 참고하여 해결한다.

SQLite.py

```
import sqlite3
import pandas as pd

class SQLite:
    def __init__(self):
        self.conn = sqlite3.connect('d:/data/empdb.db')
        self.cur = self.conn.cursor()

    def close_db(self):                     # close cur, DB conn
        self.cur.close()
        self.conn.close()

    def run_sql(self, sql):                 # run sql statement
        self.cur.execute(sql)
        result = self.cur.fetchall()
        columns = [column[0] for column in self.cur.description]
        df_result = pd.DataFrame(result, columns=columns)

        return df_result
```

코드 13-2 code13_2.py

```
# 사용자 정의 클래스를 이용한 SQL 연습의 예

from SQLite import *

SL = SQLite()                               # SQLite 객체 생성

sql = "select * from dept"
```

```
SL.run_sql(sql)                                    # 질의 결과 확인
sql = "select * from emp \
       where sal > 2500"
result = SL.run_sql(sql)
result
result['SAL'].sum()                                # 질의 결과 가공

SL.close_db()                                      # DB 작업 종료
```

[코드 13-2]의 실행 결과를 나누어 설명하면 다음과 같다.

```
>>> # 사용자 정의 클래스를 이용한 SQL 연습의 예
>>>
>>> from SQLite import *
>>>
>>> SL = SQLite()                                  # SQLite 객체 생성
```

SQLite 클래스를 이용하여 SL 객체를 생성한다. SL 객체를 생성함과 동시에 데이터베이스와 연결되고, SQL 명령문을 실행하기 위한 커서도 함께 생성된다.

```
>>> sql = "select * from dept"
```

원하는 질의를 문자열 형태로 작성하여 sql에 저장하였다.

```
>>> SL.run_sql(sql)                                # 질의 결과 확인
   DEPTNO       DNAME       LOC
0      10  ACCOUNTING  NEW YORK
1      20    RESEARCH    DALLAS
2      30       SALES   CHICAGO
3      40  OPERATIONS    BOSTON
4      70    BRANCH_1     SEOUL
```

작성된 질의를 수행한다. 질의의 수행 결과는 데이터프레임 형태로 반환되어 화면에 출력된다. 단순히 테이블의 내용을 확인하고자 할 때 유용한 방식이다.

```
>>> sql = "select * from emp \
...        where sal > 2500"
>>> result = SL.run_sql(sql)
>>> result
   EMPNO  ENAME       JOB     MGR    HIREDATE   SAL  COMM  DEPTNO
0   7566  JONES   MANAGER  7839.0  1981-04-02  2975  None      20
1   7698  BLAKE   MANAGER  7839.0  1981-05-01  2850  None      30
2   7788  SCOTT   ANALYST  7566.0  1982-12-09  3000  None      20
3   7839   KING PRESIDENT     NaN  1981-11-17  5000  None      10
4   7902   FORD   ANALYST  7566.0  1981-12-03  3000  None      20
>>> result['SAL'].sum()                          # 질의 결과 가공
16825
```

이번에는 다른 질의를 수행하여 결과를 result에 저장하였다. SQL 문이 길어질 경우 백슬래시(\)를 사용해 여러 줄에 걸쳐 작성할 수 있다. result는 데이터프레임 형식으로 반환되며, 앞에서 배운 메서드들을 적용하여 질의 결과를 가공할 수 있다.

```
>>> SL.close_db()                                # DB 작업 종료
```

작업을 마친 후에는 close_db() 메서드를 실행하여 작업을 종료한다.

[코드 13-2]에서 살펴본 것처럼 SQLite 클래스를 이용하면 SQL 질의를 쉽게 실행하고 결과를 간편하게 확인할 수 있다. 2절에서 학습한 다양한 SELECT 문을 직접 실행하여 반복 연습을 하다 보면 파이썬을 활용한 데이터베이스 연동 작업에 익숙해질 것이다.

3 판다스 데이터프레임을 테이블로 저장하기

SQLite를 사용해 테이블을 생성하는 것 외에도, 판다스 데이터프레임을 직접 데이터베이스의 테이블로 저장할 수 있다. 이 책에서 제공하는 emp.csv와 dept.csv 파일을 데이터프레임으로 읽은 후 데이터베이스에 emp_df와 dept_df라는 이름으로 저장해 보자.

판다스는 데이터프레임을 SQLite 데이터베이스 내에 테이블로 저장하는 to_sql() 메서드를 제공한다. 이 메서드를 이용하면 테이블 생성과 데이터 입력 작업을 동시에 수행할 수 있다.

TIP emp.csv와 dept.csv 파일은 한빛아카데미 홈페이지에서 다운로드할 수 있다.

코드 13-3 code13_3.py

```
import sqlite3
import pandas as pd

# DB 연결
conn = sqlite3.connect('d:/data/empdb.db')

# dept 테이블 생성
df = pd.read_csv('d:/data/dept.csv')
df.to_sql(name='dept_df', con=conn, if_exists='replace', index=False,
          dtype={'DEPTNO':'integer', 'DNAME':'text', 'LOC':'text'})

# emp 테이블 생성
df = pd.read_csv('d:/data/emp.csv')
df.to_sql(name='emp_df', con=conn, if_exists='replace', index=False)

conn.close()                                  # DB 연결 종료
```

[코드 13-3]의 실행 결과를 나누어 설명하면 다음과 같다.

```
>>> # DB 연결
>>>
>>> conn = sqlite3.connect('d:/data/empdb.db')
```

데이터프레임을 데이터베이스 테이블로 저장하려면 먼저 데이터베이스를 열어야 한다.

```
>>> # dept 테이블 생성
>>>
>>> df = pd.read_csv('d:/data/dept.csv')
>>> df.to_sql(name='dept_df', con=conn, if_exists='replace', index=False,
              dtype={'DEPTNO':'integer', 'DNAME':'text','LOC':'text'})
4
```

dept.csv 파일의 내용을 읽어 df에 저장한 후, to_sql() 메서드를 이용하여 데이터베이스에 테이블로 저장한다. to_sql() 메서드의 주요 매개변수는 다음과 같다.

표 13-9 to_sql() 메서드의 주요 매개변수

매개변수	설명
name	생성(저장)할 테이블 이름을 지정한다.
con	연결할 데이터베이스 객체를 지정한다
if_exists	테이블이 이미 존재할 경우 처리 방법을 지정한다. • 'replace': 기존 테이블을 삭제하고 새로 생성한다. • 'append': 기존 테이블에 데이터(행)만 추가한다. • 'fail': 오류 메시지를 출력한다(테이블이 생성되지 않음).
index	데이터프레임의 인덱스를 테이블의 컬럼으로 저장할지를 지정한다.
dtype	컬럼의 자료형을 지정한다. 지정하지 않으면 판다스가 적절한 자료형을 설정한다.

to_sql() 메서드가 정상적으로 실행되면 테이블에 새로 입력된 행의 개수가 표시된다. 이 과정에서 테이블 생성과 데이터 입력이 동시에 이루어진다. 실행 결과의 4는 dept 테이블에 추가된 행의 개수를 의미한다.

```
>>> # emp 테이블 생성
>>>
>>> df = pd.read_csv('d:/data/emp.csv')
>>> df.to_sql(name='emp_df', con=conn, if_exists='replace', index=False)
14
```

동일한 방법으로 emp 테이블을 생성하였다. 14개의 행이 emp 테이블에 추가되었다. 이번에 컬럼의 자료형을 지정하지 않았기 때문에 판다스가 각 컬럼의 자료형을 자동으로 결정한다.

```
>>> conn.close()                           # DB 연결 종료
```

작업을 마친 후, 데이터베이스 연결을 종료한다.

지금까지 데이터프레임을 데이터베이스의 테이블로 직접 저장하는 방법을 살펴보았다. 필요에 따라 데이터를 데이터프레임으로 처리하거나 데이터베이스에 저장하여 분석 작업에 사용할 수 있다.

04 공공 빅데이터의 활용

비즈니스를 비롯한 산업 전반에 데이터를 활용할 수 있다는 인식이 확산되면서 정부에서는 국가가 보유한 데이터 중 민감한 정보를 포함하고 있지 않은 데이터들을 공개하고 있다. 개인이나 기업은 이런 데이터들을 자유롭게 다운로드하여 활용할 수 있다. 이번 절에서는 빅데이터를 제공하는 주요 웹사이트 몇 개를 소개한다. 그리고 공공데이터 중 하나를 다운로드하여 SQLite에 저장한 후 간단히 분석하는 실습을 해본다.

1 공공데이터포털

공공데이터포털은 가장 풍부한 공공데이터를 제공하는 웹사이트다. 다양한 분야의 데이터를 제공하고 있으므로 관심 있는 데이터가 있는지 찾아본다. 공공데이터포털에서 데이터를 제공받는 방식은 크게 두 가지다. 하나는 엑셀 형식의 파일을 직접 다운로드하는 방식이고, 다른 하나는 컴퓨터 프로그램 안에서 API를 이용하여 가져오는 방식이다.

그림 13-7 공공데이터포털(https://www.data.go.kr)

기상자료개방포털

기상청에서는 기상 관련 데이터를 공개하여 누구나 다운로드하고 활용할 수 있게 하였다. [그림 13-8]은 기상 자료를 제공하는 기상자료개방포털이다. 기상자료개발포털에서는 기상관측, 기상예보, 위성, 레이더 등 다양한 기상 자료를 손쉽게 이용할 수 있다.

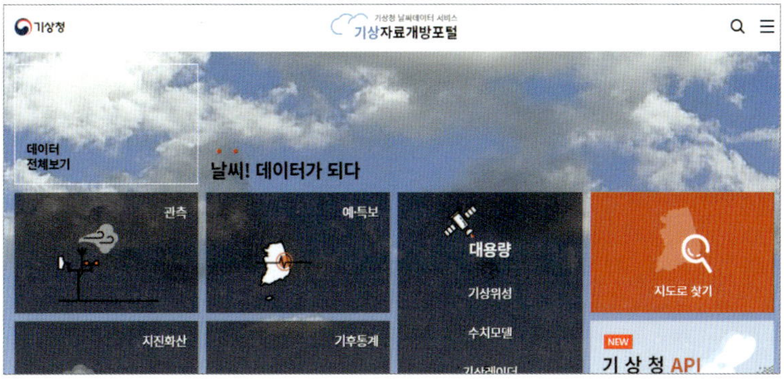

그림 13-8 기상자료개방포털(https://data.kma.go.kr)

국가통계포털

국가통계포털은 국내외 주요 통계를 한곳에 모아 이용자가 원하는 통계를 한 번에 찾을 수 있도록 통계청이 제공하는 원스톱One-Stop 통계 서비스 웹사이트다. 현재 300여 개 기관이 작성하는 경제·사회·환경에 관한 1,000여 종의 국가 승인 통계를 수록하고 있으며, 국제통화기금IMF, 월드뱅크Worldbank, 경제협력개발기구OECD 등에서 제공하는 국제금융과 경제 관련 최신 통계도 제공하고 있다. 편리한 검색 기능과 일반인도 쉽게 이해할 수 있는 다양한 콘텐츠 및 통계 설명 자료 서비스를 제공하고 있으므로 통계 자료가 필요할 때 이곳을 방문해 보자.

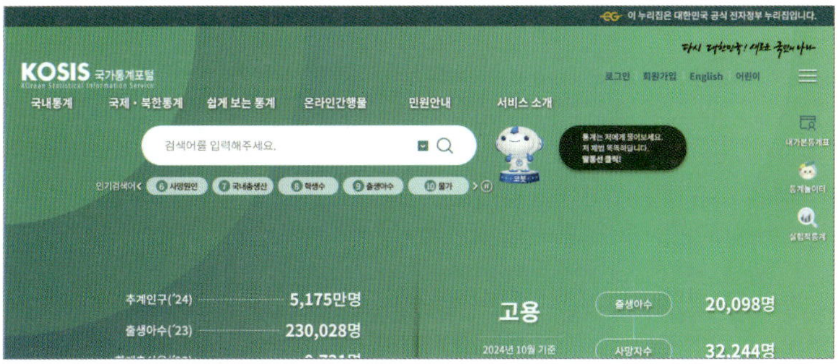

그림 13-9 국가통계포털(https://kosis.kr)

통합데이터지도

통합데이터지도 웹사이트는 공공과 민간에서 제공하는 데이터를 쉽게 검색하고 활용할 수 있도록 지원하는 것을 목표로 구축되었다. 이 사이트를 통해 21개 분야 빅데이터 플랫폼과 230개 빅데이터 센터, AI허브 등을 아우르는 방대한 데이터에 접근할 수 있다. 유료 데이터도 있지만 무료 데이터도 많으니 필요한 데이터가 있다면 이용해 보자.

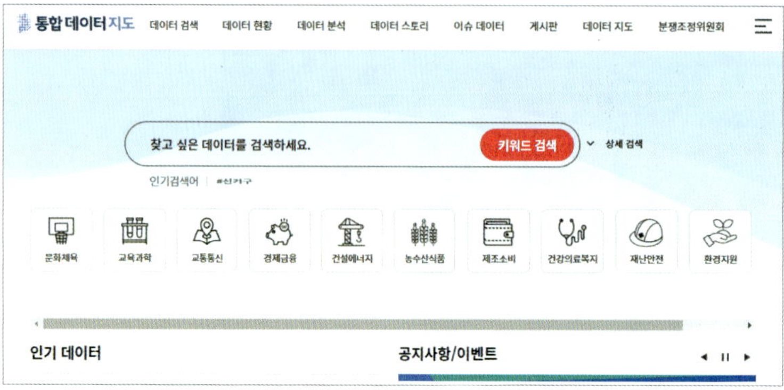

그림 13-10 통합데이터지도(https://www.bigdata-map.kr/)

2 공공 빅데이터 활용 실습

서울교통공사에서 제공하는 1~8호선의 시간대별 승객 및 유형별 탑승객 수 데이터를 읽어서 요약 데이터를 만들어보자. 요약 데이터는 호선별, 승객유형별 승객수(승차와 하차 포함)를 포함한다.

원본 데이터

연번	수송일자	호선명	역번호	역명	승하차구분	승객유형	06시간대0	06-07시간	07-08시간	08-09시간
1	2023-07-01	1	150	서울역	승차	일반	192	192	409	1236
2	2023-07-01	1	150	서울역	승차	어린이	0	1	3	10
3	2023-07-01	1	150	서울역	승차	중고생	0	0	0	0
4	2023-07-01	1	150	서울역	승차	청소년	0	3	12	43
5	2023-07-01	1	150	서울역	승차	우대권	88	105	212	228
6	2023-07-01	1	150	서울역	승차	직원	2	1	4	5
7	2023-07-01	1	150	서울역	승차	영어 일반	0	0	3	7

요약 데이터

호선명	공통	다자녀부모	어린이	영어 어린이	영어 일반	우대권	일반
1	0		11916	360	7577	1394082	9769817
2	29		87965	815	12753	5350352	65192718
3	2		50932	258	4961	3086742	23585025
4	12		51704	885	13102	2998972	21447955
5	66		76640	182	3076	4420693	35428329
6	24		30727	126	2574	2267940	16331145

그림 13-11 실습용 공공데이터 예제의 원본 데이터와 요약 데이터

01 공공데이터포털에서 '서울교통공사_1_8호선 역별 일별 시간대별 승객유형별 승하차인원' 데이터를 다운로드한다. 이 데이터는 약 81만 건의 정보를 포함한 csv 파일이다. 사용자 편의를 위해 해당 파일을 subway_line_1_8_20231231.csv라는 이름으로 제공한다. 아래 그림은 파일 내용의 일부 예시다.

	A	B	C	D	E	F	G	H	I	J	K	L
1	연번	수송일자	호선명	역번호	역명	승하차구분	승객유형	06시간대C	06-07시간	07-08시간	08-09시간	09-10시간
2	1	2023-07-01	1	150	서울역	승차	일반	192	192	409	1236	1769
3	2	2023-07-01	1	150	서울역	승차	어린이	0	1	3	10	31
4	3	2023-07-01	1	150	서울역	승차	중고생	0	0	0	0	0
5	4	2023-07-01	1	150	서울역	승차	청소년	0	3	12	43	63
6	5	2023-07-01	1	150	서울역	승차	우대권	88	105	212	228	308
7	6	2023-07-01	1	150	서울역	승차	직원	2	1	4	5	16
8	7	2023-07-01	1	150	서울역	승차	영어 일반	0	0	3	7	9
9	8	2023-07-01	1	150	서울역	승차	일어 일반	0	3	4	2	1

TIP subway_line_1_8_20231231.csv 파일은 한빛아카데미 홈페이지에서도 다운로드할 수 있다.

여기서 잠깐! 한글 데이터 처리 시 유의사항

한글이 포함된 파일은 데이터 처리 과정에서 종종 문제를 일으킬 수 있다. SQLite에서 한글 파일을 읽으려면 다음 사항에 유의해야 한다.

❶ 파일명에 한글이 포함되면 안 되며, 파일명은 반드시 영문으로 지정해야 한다.

❷ 데이터에 한글이 포함된 경우, 데이터 인코딩을 UTF-8로 저장해야 한다.

- 엑셀에서 한글이 포함된 CSV 파일을 읽은 후, 메인 메뉴에서 [다른 이름으로 저장]을 선택한다.
- 저장 시 파일 형식을 CSV UTF-8 형식으로 지정한다.

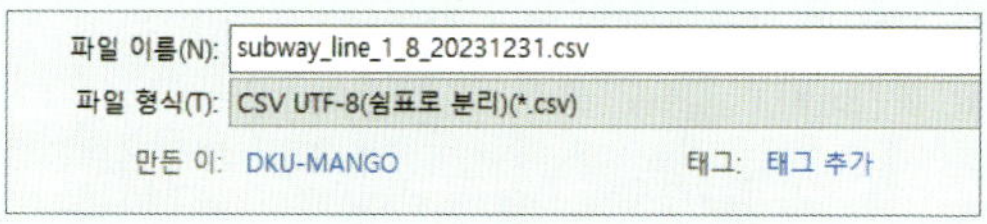

그림 13-12 한글 데이터 처리 시 파일 저장 설정 예시

02 subway_line_1_8_20231231.csv 파일을 읽어와 subway 테이블에 저장한다. 실행 결과 총 817,644개의 행이 subway 테이블에 저장된다.

코드 13-4 code13_4.py

```
from SQLite import *
import pandas as pd

SL = SQLite()
```

```
# subway 테이블 생성
df = pd.read_csv('d:/data/subway_line_1_8_20231231.csv')
df.to_sql('subway', con=SL.conn, if_exists='replace', index=False)

SL.close_db()
```

03 파이썬에서 [코드 13-5]를 실행한다.

코드 13-5 code13_5.py

```
from SQLite import *

SL = SQLite()                              # SQLite 객체 생성

sql = "select 호선명, 승객유형, t07_08시간대+t08_09시간대 from subway"
result = SL.run_sql(sql)
result.head()

# 피벗 테이블 생성
df_pivot = result.pivot_table(index='호선명',
                              columns='승객유형',
                              values='t07_08시간대+t08_09시간대',
                              aggfunc = 'sum')

df_pivot

# csv 저장
df_pivot.to_csv('subway_summary.csv', encoding='EUC-KR')

SL.close_db()                              # DB 작업 종료
```

실행 결과

```
>>> result.head()
   호선명   승객유형   t07_08시간대+t08_09시간대
0      1    일반                      1645
1      1    어린이                      13
2      1    중고생                       0
3      1    청소년                      55
4      1    우대권                     440
>>> df_pivot
승객유형 공통 다자녀부모    어린이 ... 중국어 어린이 중국어 일반       직원      청소년
호선명
1         0.0        NaN  11916.0 ...         140.0       1984.0   45443.0  110364.0
2        29.0        NaN  87965.0 ...         371.0       6257.0  311657.0 1083188.0
3         2.0        NaN  50932.0 ...         152.0       1838.0  142179.0  718818.0
4        12.0        NaN  51704.0 ...         584.0       5079.0  154899.0  645016.0
5        66.0        NaN  76640.0 ...          86.0       1579.0  319096.0  997239.0
6        24.0        NaN  30727.0 ...          68.0        849.0  136479.0  504326.0
7        73.0        0.0  51999.0 ...          17.0        721.0  199363.0  661581.0
8        30.0        NaN  16293.0 ...           6.0         86.0   67889.0  297149.0

[8 rows x 14 columns]
```

04 엑셀 파일이 정상적으로 생성되었는지 확인한다.

	A	B	C	D	E	F	G	H	I	J	K	L
1	연번	수송일자	호선명	역번호	역명	승하차구	승객유형	06시간대C	06-07시간	07-08시간	08-09시간	09-10시간
2	1	2023-07-01	1	150	서울역	승차	일반	192	192	409	1236	1769
3	2	2023-07-01	1	150	서울역	승차	어린이	0	1	3	10	31
4	3	2023-07-01	1	150	서울역	승차	중고생	0	0	0	0	0
5	4	2023-07-01	1	150	서울역	승차	청소년	0	3	12	43	63
6	5	2023-07-01	1	150	서울역	승차	우대권	88	105	212	228	308
7	6	2023-07-01	1	150	서울역	승차	직원	2	1	4	5	16
8	7	2023-07-01	1	150	서울역	승차	영어 일반	0	0	3	7	9
9	8	2023-07-01	1	150	서울역	승차	일어 일반	0	3	4	2	1

공공 빅데이터 활용 실습에서 살펴본 것처럼 SQL과 판다스를 적절히 활용하면 대규모 데이터도 효과적으로 처리하고 분석할 수 있다.

실전 분석

문제 1

강남역 부근의 상가 정보를 수집하려고 한다. 상가 데이터는 seoul_201712.csv에 저장되어 있다. 상가 데이터를 SQLite 데이터베이스에 저장한 후, 필요한 정보를 추출하여 엑셀 파일로 저장하시오.

TIP seoul_201712.csv 파일은 한빛아카데미 홈페이지에서 다운로드할 수 있다.

01 seoul_201712.csv 파일을 읽어와 store 테이블에 저장한다. 테이블에 포함된 컬럼은 다음과 같다.

- **테이블에 포함된 컬럼:** 상가업소번호(store_no), 상호명(store_name), 상권업종대분류명(class_large), 상권업종중분류명(class_middle), 상권업종소분류명(class_small), 시군구명(address_city), 행정동명(address_dong), 경도(lon), 위도(lat)

```
import geokakao as gk
import pandas as pd
from SQLite import *

SL = SQLite()

# store 테이블 생성
df = pd.read_csv('d:/data/seoul_201712.csv')
df.to_sql('store', con=SL.conn, if_exists='replace', index=False)
```

02 정상적으로 테이블이 생성되었는지 확인한다. 앞에서 10개의 행만 조회한다.

```
sql = 'select * from store where rowid <= 10'
SL.run_sql(sql)                    # 질의 결과 확인
```

03 파이썬을 이용해 강남역의 주소를 입력하고 위도와 경도를 조회한다.

- **강남역 주소:** 서울특별시 강남구 강남대로 지하396

```
addr = '서울특별시 강남구 강남대로 지하396'
lat_lon = gk.convert_address_to_coordinates(addr)
lat_lon = [float(lat_lon[0]), float(lat_lon[1])]        # 문자열을 숫자로 변환
```

04 강남역 근처의 상호명과 직종소분류명을 추출한다. 강남역의 위도와 경도를 기준으로 ±0.001 범위 안에 위치한 상가를 검색한다.

```
sql = "select store_name, class_small from store \
       where lat between {} and {} \
       and lon between {} and {}".format \
           (lat_lon[0]-0.001, lat_lon[0]+0.001, \
            lat_lon[1]-0.001, lat_lon[1]+0.001)

result = SL.run_sql(sql)                                # 질의 결과 확인
result.info()
result.head()
```

05 추출한 데이터를 csv 파일(store_info.csv)로 저장한다.

```
result.to_csv('d:/ds_study/store_info.csv', encoding='EUC-KR')
```

06 데이터베이스 연결을 종료한다.

```
SL.close_db()                                    # DB 작업 종료
```

	A	B	C
1		store_name	class_small
2	0	뉴파워	핸드폰소매
3	1	미네뜨성형외과의원	정형/성형외과
4	2	뉴욕핫도그앤커피	핫도그
5	3	한양프라자	통신판매
6	4	딕시	일반의류
7	5	아이유의원	기타병원
8	6	삼끼니	라면김밥분식
9	7	쇼핀	양품점
10	8	삼성아이안과의원	안과의원
11	9	SBS아카데미게임학원	컴퓨터학원
12	10	이니스프리	화장품판매점
13	11	재용	일반의류
14	12	소노야	음식점-일식
15	13	오티피영어학원	학원-외국어/어학
16	14	캡틴커피	커피전문점/카페/다방
17	15	스타일	일반의류
18	16	ITSSKIN	화장품판매점
19	17	락플스방	인터넷PC방
20	18	수니앤앨리스	일반의류

그림 13-13 store_info.csv 파일의 일부

요약

01 데이터베이스database는 여러 사람이 공유할 목적으로 연관된 데이터를 체계적으로 모아놓은 저장소다.

02 데이터베이스에 정보를 저장하는 기본 단위는 테이블table이다. 하나의 테이블은 판다스의 데이터프레임과 유사한 구조와 내용을 가지고 있다.

03 데이터베이스 관리 시스템DBMS은 데이터베이스를 관리하는 소프트웨어다. DBMS는 보통 사용자의 요구를 언제라도 수행할 수 있도록 백그라운드 프로세스의 형태로 상시 실행된다.

04 SQLStructured Query Language은 사용자나 응용 프로그램이 DBMS와 소통하기 위해서 개발한 언어다. DBMS는 SQL만 이해할 수 있으므로 모든 요청은 SQL 문으로 작성해야 한다.

05 SQLite는 오픈소스 소프트웨어로 오라클이나 MS SQL Server와 같은 DBMS 제품이지만 응용 소프트웨어에 내장하여 사용할 수 있을 정도로 가벼운 DBMS다.

06 SQL 문의 끝에는 세미콜론(;)을 붙여서 명령문의 끝임을 표시한다.

07 `SELECT` 문은 테이블의 데이터를 조회할 때 사용하는 명령어로, `SELECT .. FROM .. WHERE ..`의 구조를 갖는다.

08 2개의 테이블은 공통 컬럼의 값이 일치하는 행들끼리 연결할 수 있다. 이것을 조인join이라고 한다. 조인하려면 `WHERE` 절에 조인 조건을 기술해야 한다.

09 판다스는 데이터를 메인 메모리로 불러와 작업하며, SQL은 데이터를 저장장치에 둔 상태로 작업을 수행한다.

10 인터넷에는 공공 목적으로 공개되는 데이터가 많이 있으며, 그중에는 활용 가치가 높은 데이터도 많다.

연습문제

[01~10] 13장 본문에 소개된 emp와 dept 테이블에 대하여 다음 질의에 대한 SQL 문을 작성하시오.

01 부서 번호가 20인 사원 중에서 담당 업무가 CLERK이고 매니저의 사원 번호가 7902인 사원의 이름을 조회하시오.

02 담당 업무가 CLERK가 아닌 사원의 이름, 담당 업무를 조회하시오.

03 입사년도가 1982년인 사원의 이름과 담당 업무를 조회하시오.

04 매니저의 사원 번호를 중복 없이 조회하시오. 여기서 매니저란 담당 업무가 MANAGER인 사원이 아니라 mgr 컬럼에 사원 번호가 존재하는 경우를 말한다.

05 JOHN의 입사 일자와 급여를 조회하시오.

06 담당 업무가 CLERK인 사원 중에서 가장 높은 급여를 받는 사원의 급여액을 조회하시오.

07 담당 업무가 CLERK인 사원의 이름, 담당 업무, 부서 위치를 조회하시오.

08 BOSTON에서 근무하는 사원의 이름과 담당 업무를 조회하시오.

09 BOSTON에서 근무하는 사원 중 가장 높은 급여를 받는 사원의 급여액을 조회하시오.

10 SALES 부서에서 근무하는 사원의 총 인원을 조회하시오.

11 본문에서 제공된 SQLite.py를 이용하여 급여가 2000 이상인 사원의 이름, 담당 업무, 급여, 부서명, 부서 위치를 추출한 뒤, 해당 데이터를 high_sal.csv 파일로 저장하시오.

12 파이썬을 이용하여 iris.csv 파일을 읽어와 데이터베이스의 iris 테이블에 저장하고, iris 테이블의 내용을 조회하여 확인하시오.

CHAPTER 14

데이터 분석 프로젝트

PREVIEW

지금까지 데이터를 분석하는 데 사용되는 다양한 기법에 대해 학습하였다. 14장에서는 그동안 배운 기법을 활용하여 실제 데이터를 분석하는 사례를 살펴본다. 분석 대상 데이터는 서울특별시의 상가 업소 현황이다.

1절 분석 대상인 서울시 상권 데이터의 내용과 5개 파일로 분산된 데이터를 하나로 통합하는 과정을 살펴본다.

2절 통합된 데이터에 어떤 내용이 담겼는지를 확인하기 위해 간단하게 탐색 과정을 거친다. 탐색에는 업종별·구별 점포 수를 알아보는 내용이 담겨 있다.

3절 5개의 기간별로 업종별 점포 수 변화를 관찰한다. 대분류, 소분류에 따른 점포 수 변화를 관찰하고, 구별·기간별 점포 수의 변화도 살펴본다.

4절 점포 수가 가장 많은 역삼 1동의 상권을 분석한다. 지도상에 점포의 위치를 표시할 때 업종별로 색을 달리함으로써 어느 지역에 어떤 업종의 점포가 많이 분포하는지를 살펴본다.

01 분석 대상 데이터의 준비

이번 장에서는 서울특별시의 상가업소현황 데이터를 대상으로 실제 데이터를 분석하는 과정을 살펴본다. 공공데이터포털(https://www.data.go.kr/)에서 상가 정보를 다운로드하였고 서울시 데이터만 따로 추출하였다. 서울시 상가 정보는 2015년 12월, 2016년 6월, 2016년 12월, 2017년 6월, 2017년 12월, 이렇게 총 5회에 걸쳐 조사된 것이다.

TIP 예제 소스는 한빛아카데미 홈페이지에서 다운로드할 수 있다. 분석 대상 파일은 seoul_201512.csv, seoul_201606.csv, seoul_201612.csv, seoul_201706.csv, seoul_201712.csv다.

5개 파일의 컬럼 구조는 동일하다. [그림 14-1]은 파일의 앞쪽 일부를 나타내며, 컬럼 수가 많아 일부만 소개하였다. 각 파일에는 30~40만 개의 개별 상가 점포 정보가 포함되어 있어 파일 크기가 매우 크다. 그래서 이 책의 실습 파일에는 점포 수를 절반으로 줄이고 실습에 필요한 컬럼만 추출하여 csv 형식으로 저장하였다. 참고로, 한글 인코딩을 UTF-8로 설정하였으므로 엑셀에서 열면 한글이 깨져 보일 수 있다.

	A	B	C	D	E	F	G
1	상가업소번	상호명	지점명	상권업종대분류코드	상권업종대분류명	상권업종중분류코드	상권업종중분류명
2	20316431	서민시대참짜장		Q	음식	Q02	중식
3	20252211	별난왕족발보쌈		Q	음식	Q01	한식
4	20294848	상근삼계탕		Q	음식	Q05	닭/오리요리
5	20469870	다사랑커피숍		Q	음식	Q12	커피점/카페
6	20468674	B.B.Q		Q	음식	Q05	닭/오리요리

1	상권업종소분류코드	상권업종소분류명	표준산업분류	표준산업분류명	시도코드	시도명	시군구코드	시군구명
2	Q02A00	중국음식/중국집	I56112	중식 음식점업	11	서울특별시	11620	관악구
3	Q01A08	족발/보쌈전문	I56111	한식 음식점업	11	서울특별시	11620	관악구
4	Q05A01	삼계탕전문	I56111	한식 음식점업	11	서울특별시	11620	관악구
5	Q12A01	커피전문점/카페/다빙	I56220	비알콜 음료점업	11	서울특별시	11620	관악구

1	행정동코드	행정동명	지번주소	건물명	도로명주소	구우편번호	경도	위도
2	1.16E+09	은천동	서울특별시	관악구 봉	서울특별시	151843	126.9408	37.48348
3	1.16E+09	은천동	서울특별시	도원맨션	서울특별시	151843	126.9394	37.48395
4	1.16E+09	은천동	서울특별시	관악구 봉	서울특별시	151843	126.9437	37.48281
5	1.16E+09	은천동	서울특별시	관악구 봉	서울특별시	151843	126.9381	37.48522

그림 14-1 상가 정보 파일의 내용

여기서 잠깐!

이번 장에서는 코드를 중심으로 설명하고, 실행 결과는 꼭 필요한 부분만 코드 다음에 제시하였다. 제시된 코드를 차례로 따라가면서 실행해 보길 권한다.

데이터가 들어 있는 파일들을 읽어서 필요한 열만 선택한 후 5개 파일을 하나로 합치는 작업부터 수행한다. 데이터 파일들은 D:\data 폴더에 있다고 가정한다.

코드 14-1 code14_1.py

```
import pandas as pd
import seaborn as sns
import folium
import displayMap as dm
import matplotlib.pyplot as plt

plt.rcParams['font.family'] = 'Malgun Gothic'          # 한글 폰트 설정
plt.rcParams['axes.unicode_minus'] = False             # 마이너스 부호 깨짐 방지

ym = ["201512","201606","201612","201706","201712"]
df_list = []
ym = ["201512","201606","201612","201706","201712"]
df_list = []
for i in range(len(ym)):
    filename = "d:/data/seoul_" + ym[i] + ".csv"
    print("read ", filename, "...")                    # 읽을 파일 이름 출력
    tmp = pd.read_csv(filename)                        # csv 파일 읽기
    tmp['수집연월'] = i                                 # 수집 연월 추가
    df_list.append(tmp)
df = pd.concat(df_list, ignore_index=True)
df.head()
```

[코드 14-1]을 나누어 설명하면 다음과 같다.

```
>>> import pandas as pd
>>> import seaborn as sns
>>> import folium
>>> import displayMap as dm
>>> import matplotlib.pyplot as plt
```

```
>>> plt.rcParams['font.family'] = 'Malgun Gothic'      # 한글 폰트 설정
>>> plt.rcParams['axes.unicode_minus'] = False         # 마이너스 부호 깨짐 방지
>>> ym = ["201512","201606","201612","201706","201712"]
>>> df_list = []
```

작업에 필요한 라이브러리들을 불러오고, 그래프에서 한글을 정상적으로 출력하기 위한 값을 설정하였다. displayMap은 9장에서 소개하였으니 자세한 내용은 해당 장을 참고하기 바란다.

```
>>> ym = ["201512","201606","201612","201706","201712"]
```

5개의 파일을 식별할 수 있는 정보(데이터 수집 연월 정보)를 설정한다.

```
>>> df_list = []
```

5개의 파일을 읽어서 저장할 리스트 df_list을 생성한다.

```
>>> for i in range(len(ym)):
...     filename = "d:/data/seoul_" + ym[i] + ".csv"
...     print("read ", filename, "...")                # 읽을 파일 이름 출력
...     tmp = pd.read_csv(filename)                    # csv 파일 읽기
...     tmp['수집연월'] = i                              # 수집 연월 추가
...     df_list.append(tmp)
```

5개의 csv 파일을 차례로 읽어서 df_list에 추가하는 과정이다. 분석 작업을 수월하게 하기 위해 tmp['수집연월']에는 실제 수집 연월 대신 0, 1, 2, 3, 4를 저장하였다. 실제 수집연월과 일련번호의 관계는 다음과 같다.

- 201512: 0
- 201606: 1
- 201612: 2
- 201706: 3
- 201712: 4

리스트에 저장된 데이터프레임을 하나로 합쳐 df라는 새로운 데이터프레임을 생성하였다. 내용을 확인하면 다음과 같다.

```
>>> df = pd.concat(df_list, ignore_index=True)
>>> df.head()
  상가업소번호  상호명         상권업종대분류명 ...         경도        위도  수집연월
0    26017701  갤러리          소매          ... 127.001823 37.504654      0
1    23387487  착한꽃돼지      음식          ... 126.895859 37.577580      0
2    20001551  한빛나노메디칼  소매          ... 126.933666 37.486507      0
3    25161980  디아이앤아이건설 부동산        ... 127.052848 37.508849      0
4    22463539  한국보안시스템  생활서비스    ... 126.856202 37.524834      0
```

df에 정보가 잘 저장되었는지를 확인한다. 이제 분석을 시작할 준비를 마쳤다.

02 데이터 탐색

분석할 대상 데이터가 준비되었으니 이번에는 데이터에 어떤 내용이 들어 있는지 탐색해 보자.

코드 14-2 code14_2.py

```
# 데이터 기본 정보 확인 및 분석 대상 데이터 추출하기
df.info()
df['수집년월'].unique()
df.groupby('상권업종대분류명')['상권업종대분류명'].count()
df.groupby('상권업종중분류명')['상권업종중분류명'].unique().index
df.groupby('상권업종소분류명')['상권업종소분류명'].unique().index

# 결측값 확인
df.isna().sum()
# 201712 수집 데이터만 추출
df_201712 = df.loc[df.수집연월==4,:]
df_201712.shape

# 업종별 점포 수 그래프 그리기
result = df_201712.groupby('상권업종대분류명')['상가업소번호'].count()
result
plt.figure(figsize=(10, 6))
fig = sns.barplot(data=result)
fig.set_ylabel('점포수')
fig.set_title('업종별 점포수')
plt.show()

# 구별 점포 수 그래프 그리기
result = df_201712.groupby('시군구명')['시군구명'].count()
result
plt.figure(figsize=(10, 6))
```

```
fig = sns.barplot(data=result)
fig.set_ylabel('점포수')
fig.set_xlabel('')
fig.set_title('구별 점포수')
fig.set_xticklabels(fig.get_xticklabels(), rotation=45)
plt.show()

# 지도 위에 구별 점포 수 표시하기
# 지도의 중심점 구하기
center = [df_201712['위도'].mean(), df_201712['경도'].mean()]
center

# 구의 중심점 구하기
loc = df_201712.groupby('시군구명')[['위도','경도']].mean()
loc

# 구의 점포 수 구하기
store = df_201712.groupby('시군구명')['시군구명'].count()
store
df_store = pd.concat([store, loc], axis=1)
df_store.columns = ['점포수', '위도', '경도']
df_store

# 점포 수를 원의 크기로 표시하기
map = folium.Map(location=center, zoom_start=11)  # 지도 가져오기

# 지도 위에 점포 수를 원의 크기로 표시하기
for i in range(len(df_store)):
    folium.CircleMarker(location=[df_store['위도'].iloc[i],
                                  df_store['경도'].iloc[i]],
                        radius=(df_store['점포수'].iloc[i]/1000)*3, # 원의 반지름
                        color='red',                                # 원의 색
                        stroke=False,                               # 윤곽선 X
                        fill=True,                                  # 원의 내부 색
                        fill_opacity='30%'                          # 원의 투명도
                        ).add_to(map)
```

```
# 지도에 구 이름 추가하기
html_start =  html='<div \
                   style="\
                       font-size: 12px;\
                       color: blue;\
                       background-color:rgba(255, 255, 255, 0.2);\
                       width:85px;\
                       text-align:left;\
                       margin:0px;\
                   "><b>'
html_end = '</b></div>'

for i in range(len(df_store)):
    folium.Marker(location=[df_store['위도'].iloc[i],
                            df_store['경도'].iloc[i]],
                  icon=folium.DivIcon(
                      icon_anchor=(0, 0),          # 텍스트 위치 설정
                      html=html_start+df_store.index[i]+html_end
                  )).add_to(map)
dm.showMap(map)

# 점포 수가 많은 상위 10개 동 알아보기
store = df_201712.groupby('행정동명')['행정동명'].count()
store = store.sort_values(ascending=False).head(10)
store
plt.figure(figsize=(10, 6))
fig =sns.barplot(data=store)
fig.set_ylabel('점포수')
fig.set_xlabel('')
fig.set_title('점포수 많은 상위 10개동')
fig.set_xticklabels(fig.get_xticklabels(), rotation=45)
plt.subplots_adjust(bottom=0.2)
plt.show()
```

[코드 14-2]의 실행 결과를 나누어 설명하면 다음과 같다.

1 데이터 기본 정보 확인 및 분석 대상 데이터 추출하기

```
>>> # 데이터 기본 정보 확인 및 분석 대상 데이터 추출하기
>>>
>>> df.info()
<class 'pandas.core.frame.DataFrame'>
RangeIndex: 970715 entries, 0 to 970714
Data columns (total 10 columns):
 #   Column      Non-Null Count  Dtype
---  -------     --------------  ------
 0   상가업소번호    25 non-null     int64
 1   상호명       25 non-null     object
 2   상권업종대분류명  25 non-null     object
 3   상권업종중분류명  25 non-null     object
 4   상권업종소분류명  25 non-null     object
 5   시군구명      25 non-null     object
 6   행정동명      25 non-null     object
 7   경도        25 non-null     float64
 8   위도        25 non-null     float64
 9   수집연월      25 non-null     int64
dtypes: float64(2), int64(2), object(6)
memory usage: 74.1+ KB
```

데이터프레임 df의 정보를 확인하였다. 약 97만 건의 상가 정보가 저장되어 있고 총 10개의 컬럼으로 구성되어 있다.

```
>>> df['수집연월'].unique()
array([0, 1, 2, 3, 4], dtype=int64)
```

자료의 수집 연월은 0, 1, 2, 3, 4의 5가지 종류로 확인된다.

```
>>> df.groupby('상권업종대분류명')['상권업종대분류명'].count()
상권업종대분류명
관광/여가/오락      27227
부동산          38179
생활서비스       159846
```

```
소매          325196
숙박            7280
스포츠          1531
음식          291226
의료           42107
학문/교육      78123
Name: 상권업종대분류명, dtype: int64
```

상가 점포의 업종 대분류별 점포 수를 확인하였다. 대분류는 총 9개의 그룹으로 구성되어 있다.

```
>>> df.groupby('상권업종중분류명')['상권업종중분류명'].unique().index
Index(['PC/오락/당구/볼링등', '가구소매', '가방/신발/액세서리', '가전제품소매', '가
정/주방/인테리어', '개인/가정용품수리', '개인서비스', '건강/미용식품', '경마/경륜/성
인오락', '광고/인쇄', ... '학원-예능취미체육', '학원-음악미술무용', '학원-자격/국가고
시', '학원-창업취업 취미', '학원-컴퓨터', '학원기타', '한식', '행사/이벤트', '호텔/콘
도', '화장품소매'], ...
      dtype='object', name='상권업종중분류명', length=102)
```

상가 점포의 업종 중분류는 총 102개의 그룹으로 구성되어 있다.

```
>>> df.groupby('상권업종소분류명')['상권업종소분류명'].unique().index
Index(['LPG판매', '가구수리', '가구판매-돌침대', '가구판매-등가구', '가구판매-사무
용가구', '가구판매-수입가구', '가구판매-응접세트', '가구판매-장농', '가구판매-침대전
문', '가발판매', ... '화장품판매점', '화폐수집상', '화환/화분대여', '활기원', '황태전
문', '회갑연서 비스', '횟집', '후라이드/양념치킨', '휴게텔', '휴대폰튜닝'], ...
      dtype='object', name='상권업종소분류명', length=753)
```

상가 점포의 업종 소분류는 총 753개의 그룹으로 구성되어 있다.

```
>>> # 결측값 확인
>>>
>>> df.isna().sum()
상가업소번호        0
상호명              0
상권업종대분류명    0
```

```
상권업종중분류명    0
상권업종소분류명    0
시군구명            0
행정동명            0
경도                0
위도                0
수집연월            0
dtype: int64
```

분석 대상 데이터(df)에 결측값(NA)이 포함되어 있는지 확인한다. 결측값은 없는 것으로 확인되었다.

```
>>> # 201712 수집 데이터만 추출
>>>
>>> df_201712 = df.loc[df.수집연월==4,:]
>>> df_201712.shape
(160718, 10)
```

점포 현황을 알아보기 위해 2017년 12월 수집 데이터만 추출하여 df_201712에 저장한다. 수집연월 번호 4가 2017년 12월 수집 데이터를 의미한다. 총 160718건의 데이터가 선택되었다.

2 업종별 점포 수 그래프 그리기

```
>>> # 업종별 점포 수 그래프 그리기
>>>
>>> result = df_201712.groupby('상권업종대분류명')['상가업소번호'].count()
>>> result
상권업종대분류명
관광/여가/오락       4402
부동산               6298
생활서비스          25338
소매                49509
숙박                 1273
```

```
스포츠            1531
음식             51736
의료              7610
학문/교육        13021
Name: 상가업소번호, dtype: int64
```

업종별 점포 수를 알아보기 위해 상권업종대분류명 컬럼을 기준으로 데이터 건수를 집계하였다. 데이터 건수는 count() 메서드를 사용하여 계산하였다.

```
>>> plt.figure(figsize=(10, 6))
>>> fig =sns.barplot(data=result)
>>> fig.set_ylabel('점포수')
>>> fig.set_title('업종별 점포수')
>>> plt.show()
```

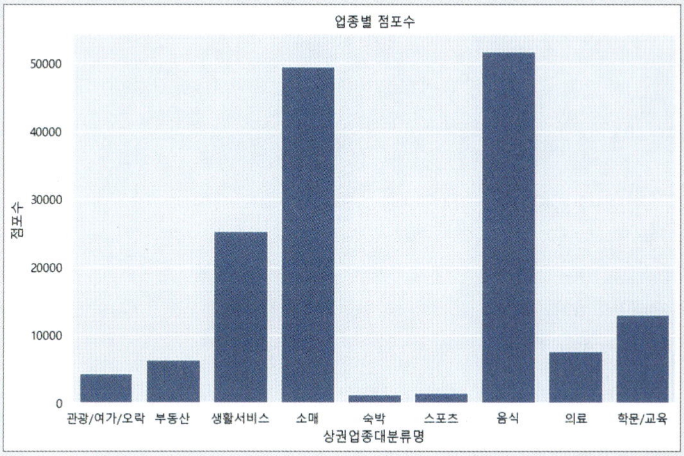

sns.barplot() 함수를 이용하여 업종별 점포 수 그래프를 출력하였다. '음식'과 '소매' 업종에서 압도적으로 많은 점포 수를 보인다. '학문/교육' 관련 점포 수도 상당히 많은데, 이는 학원이 포함되어 있기 때문으로 판단된다.

❸ 구별 점포 수 그래프 그리기

```
>>> # 구별 점포 수 그래프 그리기
>>>
>>> result = df_201712.groupby('시군구명')['시군구명'].count()
>>> result
시군구명
강남구     14901
강동구      6729
강북구      4147
강서구      6179
관악구      6783
(중략)
영등포구     8189
용산구      4977
은평구      5250
종로구      7178
중구       9255
중랑구      5238
Name: 시군구명, dtype: int64
```

시군구명 컬럼을 기준으로 점포 수를 집계하였다.

```
>>> plt.figure(figsize=(10, 6))
>>> fig =sns.barplot(data=result)
>>> fig.set_ylabel('점포수')
>>> fig.set_xlabel('')
>>> fig.set_title('구별 점포수')
>>> fig.set_xticklabels(fig.get_xticklabels(), rotation=45)
>> plt.show()
```

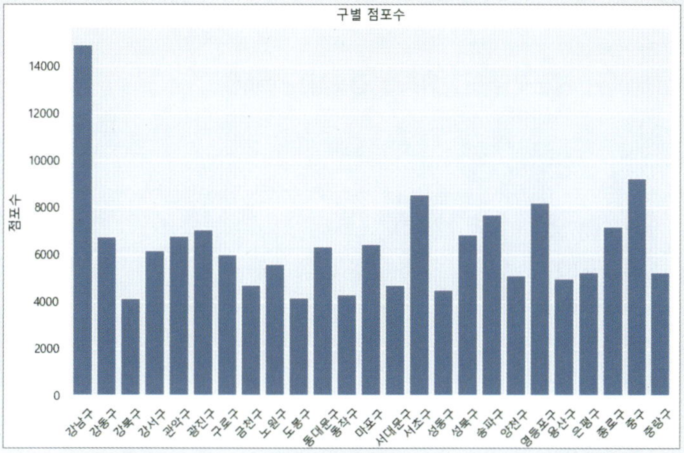

구별 점포 수 막대그래프를 확인한 결과, 다른 구에 비해 강남구의 점포 수가 압도적으로 많은 것이 확인된다.

4 지도 위에 구별 점포 수 표시하기

```
>>> # 지도 위에 구별 점포 수 표시하기
>>> # 지도의 중심점 구하기
>>>
>>> center = [df_201712['위도'].mean(), df_201712['경도'].mean()]
>>> center
[37.54626885634703, 126.99518142664138]
```

지도를 가져오기 위해 지도의 중심점 좌표를 구하였다.

```
>>> # 구의 중심점 구하기
>>>
>>> loc = df_201712.groupby('시군구명')[['위도','경도']].mean()
>>> loc
              위도          경도
시군구명
강남구     37.505189   127.046724
강동구     37.541925   127.138620
강북구     37.631347   127.024013
강서구     37.552060   126.840541
관악구     37.480192   126.938373
(중략)
영등포구   37.517834   126.905801
용산구     37.535203   126.979756
은평구     37.609108   126.919750
종로구     37.576454   126.991929
중구       37.563013   126.995974
중랑구     37.595852   127.087778
```

점포의 위도와 경도에 대해 구별로 평균을 계산하여 `loc`에 저장한다. 계산된 값은 각 구의 중심점을 나타낸다.

```
>>> # 구의 점포 수 구하기
>>>
>>> store = df_201712.groupby('시군구명')['시군구명'].count()
>>> store
시군구명
강남구        14901
강동구         6729
강북구         4147
강서구         6179
관악구         6783
(중략)
```

```
영등포구     8189
용산구      4977
은평구      5250
종로구      7178
중구       9255
중랑구      5238
Name: 시군구명, dtype: int64
```

구별 점포 수를 계산하였다.

```
>>> df_store = pd.concat([store, loc], axis=1)
>>> df_store.columns = ['점포수', '위도', '경도']
>>> df_store
          점포수        위도          경도
시군구명
강남구     14901  37.506131  127.045216
강동구      6729  37.541936  127.138419
강북구      4147  37.631253  127.023931
강서구      6179  37.552122  126.840295
관악구      6783  37.480519  126.938267
(중략)
영등포구     8189  37.517258  126.906155
용산구      4977  37.535646  126.978512
은평구      5250  37.608272  126.919385
종로구      7178  37.575625  126.992632
중구       9255  37.563260  126.995219
중랑구      5238  37.595767  127.087451
```

구별 점포수 데이터를 위도와 경도 정보와 결합하여 하나의 데이터프레임으로 저장하였다.

```
>>> # 점포 수를 원의 크기로 표시하기
>>>
>>> map = folium.Map(location=center, zoom_start=11)  # 지도 가져오기
>>>
```

```
>>> # 지도 위에 점포 수를 원의 크기로 표시하기
>>>
>>> for i in range(len(df_store)):
>>>     folium.CircleMarker(location=[df_store['위도'].iloc[i],
>>>                                   df_store['경도'].iloc[i]],
>>>             radius=(df_store['점포수'].iloc[i]/1000)*3,  # 원의 반지름
>>>             color='red',                                  # 원의 색
>>>             stroke=False,                                 # 윤곽선 X
>>>             fill=True,                                    # 원의 내부 색
>>>             fill_opacity='30%'                            # 원의 투명도
>>>             ).add_to(map)
>>>
>>> # 지도에 구 이름 추가하기
>>>
>>> html_start =  html='<div \
>>>                     style="\
>>>                         font-size: 12px;\
>>>                         color: blue;\
>>>                         background-color:rgba(255, 255, 255, 0.2);\
>>>                         width:85px;\
>>>                         text-align:left;\
>>>                         margin:0px;\
>>>                     "><b>'
>>> html_end = '</b></div>'
>>>
>>> for i in range(len(df_store)):
>>>     folium.Marker(location=[df_store['위도'].iloc[i],
>>>                             df_store['경도'].iloc[i]],
>>>                   icon=folium.DivIcon(
>>>                       icon_anchor=(0, 0),          # 텍스트 위치 설정
>>>                       html=html_start+df_store.index[i]+html_end
>>>                   )).add_to(map)
>>>
>>> dm.showMap(map)
```

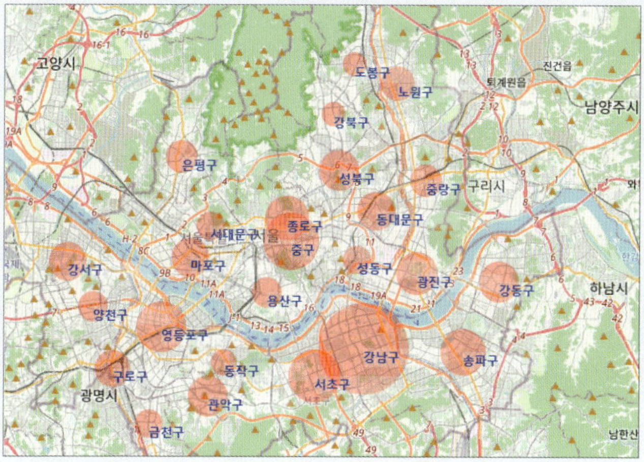

구의 이름과 점포 수를 나타내는 원을 지도 위에 표시하였다. 원의 크기는 각 구의 점포 수에 비례하여 설정되었다.

5 점포 수가 많은 상위 10개 동 알아보기

```
>>> # 점포 수가 많은 상위 10개 동 알아보기
>>>
>>> store = df_201712.groupby('행정동명')['행정동명'].count()
>>> store = store.sort_values(ascending=False).head(10)
>>> store
행정동명
역삼1동          2595
종로1.2.3.4가동   2256
영등포동         1865
회현동           1750
서교동           1730
신당동           1658
대치4동          1581
가산동           1434
신사동           1384
신촌동           1277
Name: 행정동명, dtype: int64
```

행정동명을 기준으로 점포 수를 집계한 뒤, 점포 수가 많은 상위 10개 동을 추출하였다. 결과를 보면, 역삼1동에 가장 많은 점포가 있음을 확인할 수 있다.

```
>>> plt.figure(figsize=(10, 6))
>>> fig =sns.barplot(data=store)
>>> fig.set_ylabel('점포수')
>>> fig.set_xlabel('')
>>> fig.set_title('점포수 많은 상위 10개동')
>>> fig.set_xticklabels(fig.get_xticklabels(), rotation=45)
>>> plt.subplots_adjust(bottom=0.2)
>>> plt.show()
```

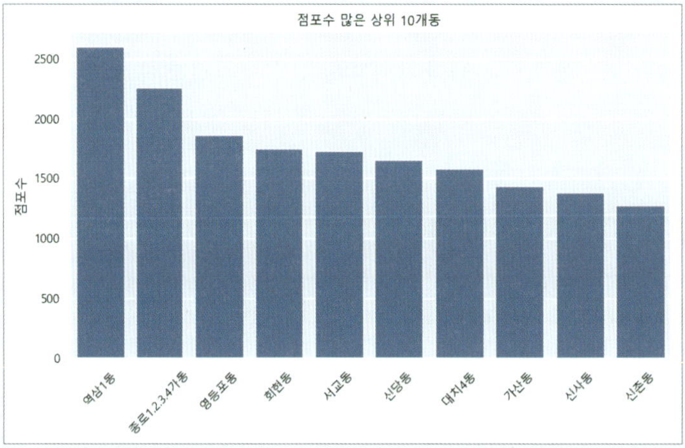

'점포수가 많은 상위 10개동'의 점포 수를 막대그래프로 나타내었다.

03 기간별 분석

지금까지 2017년 12월에 수집된 점포 데이터를 중심으로 내용을 살펴보았다. 이제 데이터가 수집된 시점별로 점포 수가 어떻게 변동되었는지 분석해 보자.

코드 14-3 code14_3.py

```
# 업종별(대분류) 점포 수 변화
store_change = df.groupby(['수집연월','상권업종대분류명'])['행정동명'].count()
store_change = store_change.reset_index()
store_change.columns = ['수집연월','상권업종대분류명','점포수']
store_change

plt.figure(figsize=(10, 6))
sns.set_theme(style='darkgrid', font ='Malgun Gothic')
fig = sns.lineplot(x='수집연월', y='점포수',
                   hue='상권업종대분류명', marker='o',
                   data=store_change)

fig.set_xticks(range(5))
fig.set_xticklabels(ym)
fig.set_title('업종별 점포수 변화 (대분류)')
plt.legend(bbox_to_anchor=(1.05, 1), loc=2, borderaxespad=0)
plt.subplots_adjust(right=0.75)
plt.show()

# 점포 수 변화가 큰 상위 10개 업종(소분류)
store_change = pd.pivot_table(df,
                              index='상권업종소분류명',
                              columns='수집연월',
                              values='상가업소번호',
                              aggfunc='count'
                              )
```

```
store_change['diff'] = abs(store_change[4]-store_change[0])
store_change = store_change.sort_values('diff', ascending=False).head(10)
store_change                              # 상위 10개 업종

top10 = store_change.reset_index().rename_axis(None, axis=1)
top10 = pd.melt(top10, id_vars=['상권업종소분류명'], value_vars=[0, 1, 2, 3, 4])
top10.columns = ['상권업종소분류명', '수집연월', '점포수']
top10

plt.figure(figsize=(10, 6))
sns.set_theme(style='darkgrid', font ='Malgun Gothic')
fig = sns.lineplot(x='수집연월', y='점포수',
                   hue='상권업종소분류명', marker='o',
                   data=top10)

fig.set_xticks(range(5))
fig.set_xticklabels(ym)
fig.set_title('업종별 점포수 변화 (소분류)')
plt.legend(bbox_to_anchor=(1.05, 1), loc=2, borderaxespad=0)
plt.subplots_adjust(right=0.75)
plt.show()

# 구별 점포 수 변화
store_change = df.groupby(['시군구명','수집연월'])['상가업소번호'].count()
store_change = store_change.reset_index().rename_axis(None, axis=1)
store_change.columns = ['시군구명', '수집연월', '점포수']
store_change

plt.figure(figsize=(10, 6))
sns.set_theme(style='darkgrid', font ='Malgun Gothic')
fig = sns.lineplot(x='수집연월', y='점포수',
                   hue='시군구명', marker='o',
                   data=store_change)

fig.set_xticks(range(5))
fig.set_xticklabels(ym)
```

```
fig.set_title('구별 점포수 변화')
plt.legend(bbox_to_anchor=(1.05, 1), loc=2, ncols=2, borderaxespad=0)
plt.subplots_adjust(right=0.7)
plt.show()

# 점포 수 변화가 큰 상위 10개 동 확인
store_change = pd.pivot_table(df,
                              index='행정동명',
                              columns='수집연월',
                              values='상가업소번호',
                              aggfunc='count'
                              )
store_change['diff'] = abs(store_change[4]-store_change[0])
store_change = store_change.sort_values('diff', ascending=False).head(10)
store_change

top10 = store_change.reset_index().rename_axis(None, axis=1)
top10 = pd.melt(top10, id_vars=['행정동명'], value_vars=[0, 1, 2, 3, 4])
top10.columns = ['행정동명', '수집연월', '점포수']
top10

plt.figure(figsize=(10, 6))
sns.set_theme(style='darkgrid', font ='Malgun Gothic')
fig = sns.lineplot(x='수집연월', y='점포수',
                   hue='행정동명', marker='o',
                   data=top10)

fig.set_xticks(range(5))
fig.set_xticklabels(ym)
fig.set_title('점포수 변화가 많은 동 Top 10')
plt.legend(bbox_to_anchor=(1.05, 1), loc=2, borderaxespad=0)
plt.subplots_adjust(right=0.75)
plt.show()
```

[코드 14-3]의 실행 결과를 나누어 설명하면 다음과 같다.

1 업종별 점포 수 변화

```
>>> # 업종별(대분류) 점포 수 변화
>>>
>>> store_change = df.groupby(['수집연월','상권업종대분류명'])['행정동명'].count()
>>> store_change = store_change.reset_index()
>>> store_change.columns = ['수집연월','상권업종대분류명','점포수']
>>> store_change
    수집연월  상권업종대분류명  점포수
0        0  관광/여가/오락    5920
1        0  부동산          8456
2        0  생활서비스       36172
(중략)
8        1  관광/여가/오락    7095
9        1  부동산         10059
10       1  생활서비스       41520
(중략)
16       2  관광/여가/오락    4953
17       2  부동산          6620
18       2  생활서비스       28194
(중략)
24       3  관광/여가/오락    4857
25       3  부동산          6746
26       3  생활서비스       28622
(중략)
32       4  관광/여가/오락    4402
33       4  부동산          6298
34       4  생활서비스       25338
(생략)
```

df의 점포 데이터를 수집연월과 상권업종대분류명 컬럼을 기준으로 집계한다. 집계 결과는 store_change에 저장하였다.

```
>>> plt.figure(figsize=(10, 6))
>>> sns.set_theme(style='darkgrid', font ='Malgun Gothic')
>>> fig = sns.lineplot(x='수집연월', y='점포수',
>>>                    hue='상권업종대분류명', marker='o',
>>>                    data=store_change)
>>>
>>> fig.set_xticks(range(5))
>>> fig.set_xticklabels(ym)
>>> fig.set_title('업종별 점포수 변화 (대분류)')
>>> plt.legend(bbox_to_anchor=(1.05, 1), loc=2, borderaxespad=0)
>>> plt.subplots_adjust(right=0.75)
>>> plt.show()
```

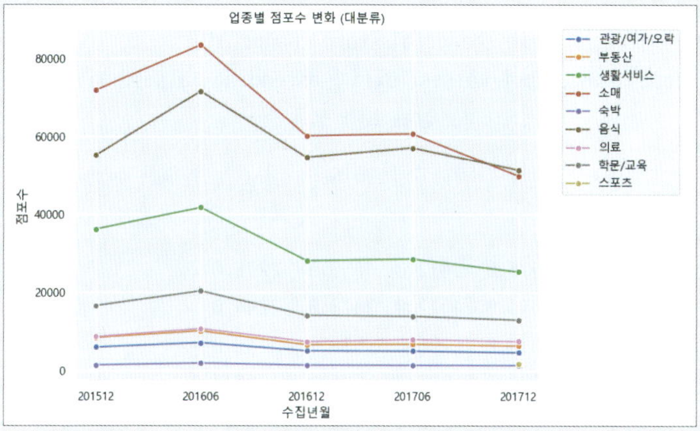

'업종별 점포수 변화' 그래프를 출력하였다. 그래프를 보면 2016년 6월을 기점으로 점포 수가 전반적으로 감소하는 추세를 확인할 수 있다. 특히 점포 수가 많은 소매점과 음식점에서 변화 폭이 큰 점이 눈에 띈다.

2 점포 수 변화가 큰 상위 10개 업종

2015년 12월과 2017년 12월의 조사 결과에서 점포 수 차이가 큰 업종(소분류 기준)을 알아보도록 하자.

```
>>> # 점포 수 변화가 큰 상위 10개 업종(소분류)
>>>
>>> store_change = pd.pivot_table(df,
>>>                               index='상권업종소분류명',
>>>                               columns='수집연월',
>>>                               values='상가업소번호',
>>>                               aggfunc='count'
>>>                               )
>>> store_change['diff'] = abs(store_change[4]-store_change[0])
>>> store_change = store_change.sort_values('diff', ascending=False).head(10)
>>> store_change                          # 상위 10개 업종

수집연월          0       1       2       3       4     diff
상권업종소분류명
일반의류     7378.0  8520.0  6476.0  6412.0  4653.0  2725.0
종합소매      194.0   286.0  4633.0  4522.0  2478.0  2284.0
사업경영상담  2675.0  2808.0  1078.0  1106.0   533.0  2142.0
통신판매     2622.0  2648.0  1070.0   980.0   626.0  1996.0
화장품판매점  4287.0  5060.0  2824.0  2989.0  2467.0  1820.0
자동판매기운영 1353.0    36.0    32.0    28.0    33.0  1320.0
건물분양-종합 1319.0  1331.0   521.0   535.0   203.0  1116.0
학원-입시    4031.0  4979.0  3333.0  3226.0  2919.0  1112.0
학원(종합)   3067.0  3683.0  2293.0  2223.0  1973.0  1094.0
호프/맥주    4292.0  5398.0  3840.0  3933.0  3435.0   857.0
```

판다스의 피벗 기능을 이용하여 상권업종소분류명별로 각 수집연월의 점포 수를 집계하였다. 이후 2015년 12월(수집연월 0)과 2017년 12월(수집연월 4)의 점포 수 차이를 계산하여 diff 컬럼에 저장하였다. diff 컬럼을 기준으로 내림차순 정렬하여 점포 수 변화가 큰 상위 10개 업종을 추출하였고, 이를 store_change에 저장하였다.

```
>>> top10 = store_change.reset_index().rename_axis(None, axis=1)
>>> top10 = pd.melt(top10, id_vars=['상권업종소분류명'], value_vars=[0, 1, 2, 3, 4])
>>> top10.columns = ['상권업종소분류명', '수집연월', '점포수']
>>> top10
    상권업종소분류명 수집연월   점포수
0    일반의류          0  7378.0
1    종합소매          0   194.0
2    사업경영상담      0  2675.0
3    통신판매          0  2622.0
(중략)
10   일반의류          1  8520.0
11   종합소매          1   286.0
12   사업경영상담      1  2808.0
13   통신판매          1  2648.0
(중략)
20   일반의류          2  6476.0
21   종합소매          2  4633.0
22   사업경영상담      2  1078.0
23   통신판매          2  1070.0
(중략)
30   일반의류          3  6412.0
31   종합소매          3  4522.0
32   사업경영상담      3  1106.0
33   통신판매          3   980.0
(중략)
40   일반의류          4  4653.0
41   종합소매          4  2478.0
42   사업경영상담      4   533.0
43   통신판매          4   626.0
(생략)
```

피벗 테이블 형태로 구성된 데이터를 일반적인 테이블 형태로 변환하여 top10에 저장하고 내용을 출력하였다.

```
>>> plt.figure(figsize=(10, 6))
>>> sns.set_theme(style='darkgrid', font ='Malgun Gothic')
```

```
>>> fig = sns.lineplot(x='수집연월', y='점포수',
>>>                    hue='상권업종소분류명', marker='o',
>>>                    data=top10)
>>>
>>> fig.set_xticks(range(5))
>>> fig.set_xticklabels(ym)
>>> fig.set_title('업종별 점포수 변화 (소분류)')
>>> plt.legend(bbox_to_anchor=(1.05, 1), loc=2, borderaxespad=0)
>>> plt.subplots_adjust(right=0.75)
>>> plt.show()
```

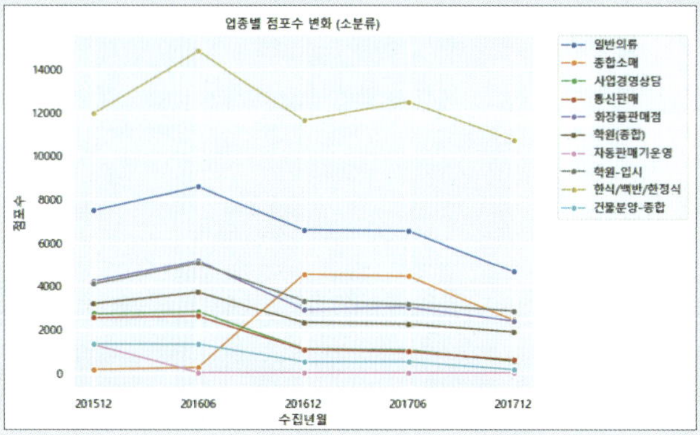

점포 수 변화가 큰 상위 10개 업종(소분류)의 점포 수 변화를 그래프로 작성하였다. 그래프에서 대부분의 업종은 점포 수가 감소하는 추세를 보였으나 '종합소매' 업종만 점포 수가 눈에 띄게 증가하였다.

3 구별 점포 수 변화

```
>>> # 구별 점포 수 변화
>>>
>>> store_change = df.groupby(['시군구명','수집연월'])['상가업소번호'].count()
>>> store_change = store_change.reset_index().rename_axis(None, axis=1)
>>> store_change.columns = ['시군구명', '수집연월', '점포수']
>>> store_change
```

수집연월과 **시군구명** 컬럼을 기준으로 자료를 집계하여 store_change에 저장한다.

```
>>> plt.figure(figsize=(10, 6))
>>> sns.set_theme(style='darkgrid', font ='Malgun Gothic')
>>> fig = sns.lineplot(x='수집연월', y='점포수',
>>>                    hue='시군구명', marker='o',
>>>                    data=store_change)
>>>
>>> fig.set_xticks(range(5))
>>> fig.set_xticklabels(ym)
>>> fig.set_title('구별 점포수 변화')
>>> plt.legend(bbox_to_anchor=(1.05, 1), loc=2, ncols=2, borderaxespad=0)
>>> plt.subplots_adjust(right=0.7)
>>> plt.show()
```

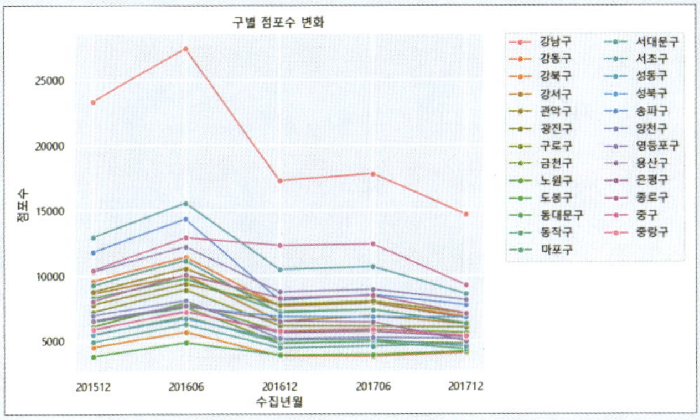

수집연월에 따른 '구별 점포수 변화'를 선그래프로 출력하였다. 그래프에서는 강남구가 다른 구에 비해 점포 수가 많고, 변화 폭도 상대적으로 크게 나타나는 것이 확인된다.

4 점포 수 변화가 큰 상위 10개 동 확인

```
>>> # 점포 수 변화가 큰 상위 10개 동 확인
>>>
>>> store_change = pd.pivot_table(df,
>>>                               index='행정동명',
>>>                               columns='수집연월',
```

```
>>>                                          values='상가업소번호',
>>>                                          aggfunc='count'
>>>                                          )
>>> store_change['diff'] = abs(store_change[4]-store_change[0])
>>> store_change = store_change.sort_values('diff', ascending=False).head(10)
>>> store_change
```

수집연월과 **행정동명** 컬럼을 기준으로 자료를 집계하여 store_change에 저장한다.

```
>>> top10 = store_change.reset_index().rename_axis(None, axis=1)
>>> top10 = pd.melt(top10, id_vars=['행정동명'], value_vars=[0, 1, 2, 3, 4])
>>> top10.columns = ['행정동명', '수집연월', '점포수']
>>> top10
           행정동명  수집연월  점포수
0          역삼1동      0  4007
1           서교동      0  2916
2          논현1동      0  1939
3   종로1.2.3.4가동      0  3284
(중략)
10         역삼1동      1  4647
11          서교동      1  3534
12         논현1동      1  2351
13  종로1.2.3.4가동      1  4021
(중략)
20         역삼1동      2  3459
21          서교동      2  2073
22         논현1동      2   977
23  종로1.2.3.4가동      2  3039
(중략)
30         역삼1동      3  3549
31          서교동      3  2073
32         논현1동      3  1035
33  종로1.2.3.4가동      3  2990
(중략)
40         역삼1동      4  2595
41          서교동      4  1730
```

```
42          논현1동      4    822
43  종로1.2.3.4가동      4   2256
(생략)
```

피벗 테이블 형태의 store_change를 그래프 작성에 용이한 일반 테이블 형태로 변환하였다.

```
>>> plt.figure(figsize=(10, 6))
>>> sns.set_theme(style='darkgrid', font ='Malgun Gothic')
>>> fig = sns.lineplot(x='수집연월', y='점포수',
>>>                    hue='행정동명', marker='o',
>>>                    data=top10)
>>>
>>> fig.set_xticks(range(5))
>>> fig.set_xticklabels(ym)
>>> fig.set_title('점포수 변화가 많은 동 Top 10')
>>> plt.legend(bbox_to_anchor=(1.05, 1), loc=2, borderaxespad=0)
>>> plt.subplots_adjust(right=0.75)
>>> plt.show()
```

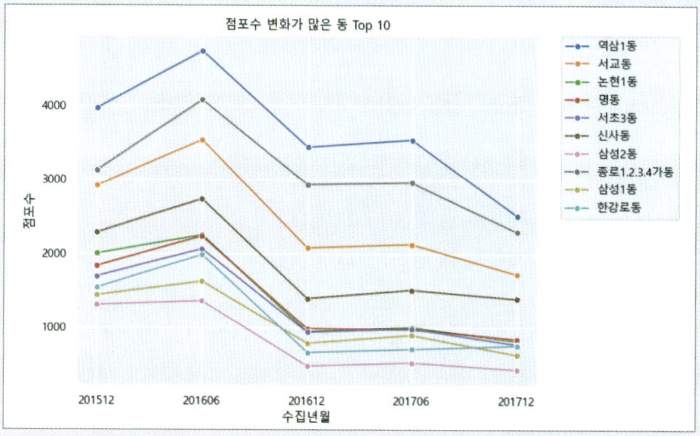

수집연월별 '점포수 변화가 많은 동 Top 10'을 선그래프로 출력한다. 그래프에서는 역삼1동의 점포 수가 다른 동에 비해 감소하는 추세가 두드러진다.

04 역삼1동 상권 분석

2017년 12월 수집 데이터를 기초로 하여 역삼1동의 상권을 간단히 분석해 보자.

코드 14-4 code14_4.py

```
# 역삼1동 상권 분석
df_sel = df.loc[(df.행정동명=='역삼1동') & (df.수집연월==4),:]

dict_color = {'학문/교육': 'yellow', '소매': 'red',
              '생활서비스': 'green', '부동산': 'gray',
              '음식': 'blue', '관광/여가/오락': 'tomato',
              '의료': 'pink', '숙박': 'cyan',
              '스포츠': 'steelblue'}

# 점포를 업종별(대분류)로 구분하여 지도에 표시하기
center = [df_sel['위도'].mean(), df_sel['경도'].mean()]

map = folium.Map(location=center, zoom_start=15)              # 지도 가져오기

for i in range(len(df_sel)):
    folium.CircleMarker(location=[df_sel['위도'].iloc[i],
                                  df_sel['경도'].iloc[i]],
                radius=4,                                     # 원의 반지름
                color=dict_color[df_sel['상권업종대분류명'].iloc[i]], # 원의 색
                stroke=False,                                 # 윤곽선 X
                fill=True,                                    # 원의 내부 색
                fill_opacity='90%'                            # 원의 투명도
                ).add_to(map)

dm.showMap(map)
```

```
# 커피 점포만 지도에 표시하기
df_sel = df.loc[(df.행정동명=='역삼1동') & (df.수집연월==4) &
                 (df.상권업종소분류명=='커피전문점/카페/다방'),:]

# 지도의 중심점 구하기
center = [df_sel['위도'].mean(), df_sel['경도'].mean()]

map = folium.Map(location=center, zoom_start=15)             # 지도 가져오기

for i in range(len(df_sel)):
    folium.CircleMarker(location=[df_sel['위도'].iloc[i],
                                  df_sel['경도'].iloc[i]],
                        radius=4,                             # 원의 반지름
                        color='red',                          # 원의 색
                        stroke=False,                         # 윤곽선 X
                        fill=True,                            # 원의 내부 색
                        fill_opacity='90%'                    # 원의 투명도
                        ).add_to(map)

dm.showMap(map)
```

[코드 14-4]의 실행 결과를 나누어서 설명하면 다음과 같다.

```
>>> # 역삼1동 상권 분석
>>>
>>> df_sel = df.loc[(df.행정동명=='역삼1동') & (df.수집연월==4),:]
```

2017년 12월에 수집한 역삼1동의 데이터만 추출하여 df_sel에 저장한다.

```
>>> dict_color = {'학문/교육': 'yellow', '소매': 'red',
>>>               '생활서비스': 'green', '부동산': 'gray',
>>>               '음식': 'blue', '관광/여가/오락': 'tomato',
>>>               '의료': 'pink', '숙박': 'cyan',
>>>               '스포츠': 'steelblue'}
```

점포의 대분류별로 색을 지정하여 구분하였다.

1 점포를 업종별로 구분하여 지도에 표시하기

```
>>> # 점포를 업종별(대분류)로 구분하여 지도에 표시하기
>>>
>>> center = [df_sel['위도'].mean(), df_sel['경도'].mean()]
```

지도의 중심점을 설정하기 위해, 각 점포의 위도와 경도의 평균 값을 계산하였다.

```
>>> map = folium.Map(location=center, zoom_start=15)          # 지도 가져오기
>>>
>>> for i in range(len(df_sel)):
>>>     folium.CircleMarker(location=[df_sel['위도'].iloc[i],
>>>                                   df_sel['경도'].iloc[i]],
>>>                 radius=4,                                 # 원의 반지름
>>>                 color= dict_color[df_sel['상권업종대분류명'].iloc[i]],  # 원의 색
>>>                 stroke=False,                             # 윤곽선 X
>>>                 fill=True,                                # 원의 내부 색
>>>                 fill_opacity='90%'                        # 원의 투명도
>>>                 ).add_to(map)
>>>
>>> dm.showMap(map)
```

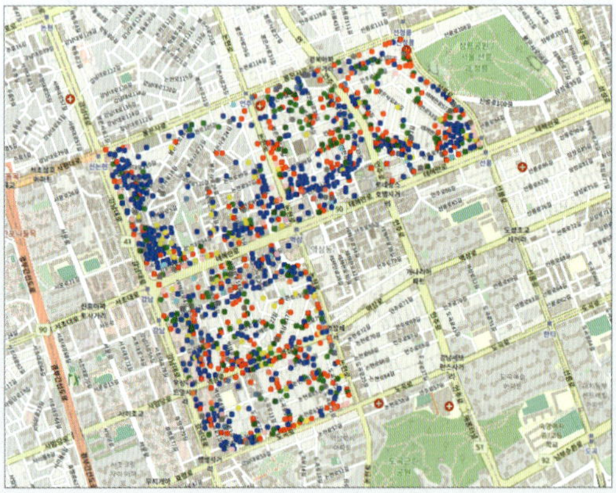

점포의 위치를 업종에 따라 색을 달리하여 지도 위에 표시하였다. 파란색으로 표시된 음식점이 가장 많이 분포하고 있다. 새로운 점포를 개설하고자 할 때 이렇게 어느 위치에 어떤 종류의 점포들이 분포하는지 알아보면 도움이 된다.

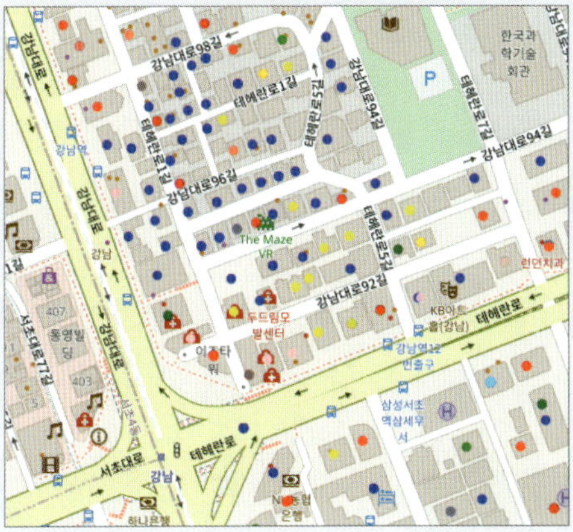

웹브라우저에 표시된 지도를 확대하면 점포의 위치와 업종에 대한 상세한 정보를 얻을 수 있다. 강남역 위쪽 지역에 음식점(파란색 점)이 밀집되어 있음을 확인할 수 있다.

2 커피 점포만 지도에 표시하기

```
>>> # 커피 점포만 지도에 표시하기
>>>
>>> df_sel = df.loc[(df.행정동명=='역삼1동') & (df.수집연월==4) &
>>>                 (df.상권업종소분류명=='커피전문점/카페/다방'),:]
>>>
>>> # 지도의 중심점 구하기
>>>
>>> center = [df_sel['위도'].mean(), df_sel['경도'].mean()]
```

역삼1동 데이터에서 커피 관련 점포만 추출하여 df_sel에 저장하고 지도의 중심점을 다시 구하였다.

```
>>> map = folium.Map(location=center, zoom_start=15)          # 지도 가져오기
>>>
>>> for i in range(len(df_sel)):
>>>     folium.CircleMarker(location=[df_sel['위도'].iloc[i],
>>>                                   df_sel['경도'].iloc[i]],
```

```
>>>                      radius=4,                    # 원의 반지름
>>>                      color='red',                 # 원의 색
>>>                      stroke=False,                # 윤곽선 X
>>>                      fill=True,                   # 원의 내부 색
>>>                      fill_opacity='90%'           # 원의 투명도
>>>                     ).add_to(map)
>>>
>>> dm.showMap(map)
```

커피 관련 점포를 지도상에 표현하였다. 점포들은 주로 도로변에 있으며, 건물당 1~2개의 점포가 있을 정도로 높은 밀집도를 보인다.

여기서 잠깐! folium 라이브러리

folium 라이브러리는 사용이 간단하다는 장점이 있는 반면, 지도에 범례를 표시하기 어렵다는 단점도 있다. 범례를 추가할 수는 있지만 그 과정이 매우 복잡하여 이 책에서는 다루지 않았다. 좀 더 전문적인 지도 시각화를 구현하려면 다른 라이브러리를 고려하는 것이 좋다.

이번 장에서는 서울 지역의 점포 데이터를 기반으로 하여 실제로 데이터 분석을 수행해 보았다. 여기까지 잘 따라왔다면 앞으로 목적에 맞는 추가적인 데이터 분석이 필요할 때 어렵지 않게 수행할 수 있을 것이다.

요약

01 이번 장에서는 서울특별시 상가업소현황 데이터를 기반으로 하여 실제 데이터를 분석하는 과정을 학습하였다.

02 먼저 분석 대상 데이터를 준비한다. 공공데이터포털에서 상가 정보를 다운로드하여 서울시 데이터만 따로 추출한다. 데이터는 2015년 12월부터 2017년 12월까지 5회에 걸쳐 조사된 데이터로 구성되어 있다.

03 데이터가 준비되면 내용을 탐색하여 데이터의 구조와 특성을 이해한다. 탐색 과정은 다음과 같은 단계로 진행되었다.

❶ **데이터 확인 및 추출:** 데이터프레임 정보를 확인하고 2017년 12월 수집 데이터를 추출한다.

❷ **업종별 점포 수 그래프 작성:** 업종 대분류를 기준으로 점포 수를 시각화한다.

❸ **구별 점포 수 그래프 작성:** 구별 점포 수를 시각화한다. 강남구에 가장 많은 점포가 있음을 확인하였다.

❹ **지도 위에 구별 점포 수 표시:** 점포 수를 원의 크기로 표현하여 구별 점포 분포를 지도 위에 시각화한다.

❺ **점포 수가 많은 상위 10개 동 확인:** 점포 수가 많은 동을 막대그래프로 시각화한다.

04 데이터 탐색을 완료한 후, 수집된 시점에 따른 점포 수 변화를 분석한다. 분석은 다음과 같은 단계로 진행되었다.

❶ **업종별 점포 수의 변화:** 업종 대분류와 소분류를 기준으로 시점별 점포 수 변화를 분석한다.

❷ **점포 수 변화가 큰 상위 10개 업종:** 소분류 기준으로 점포 수 변동이 큰 상위 10개 업종을 확인한다.

❸ **구별 점포 수의 변화:** 구별로 시점에 따른 점포 수 변화를 시각화한다.

❹ **점포 수 변화가 큰 상위 10개 동 확인:** 점포 수 변화가 두드러진 상위 10개 동을 분석한다.

05 최종적으로, 2017년 12월 데이터를 기반으로 역삼1동 상권을 분석한다. 점포를 업종별로 구분하여 지도에 표시하고, 특정 업종(예 커피 점포)만 지도에 표시하여 밀집도를 파악한다.

■ 데이터 분석 및 시각화 메서드

메서드명	설명
pd.read_csv()	CSV 파일을 읽어 데이터프레임으로 저장한다.
df.info()	데이터프레임의 구조와 요약 정보를 확인한다.
unique()	컬럼에 포함된 고윳값을 확인한다.
groupby()	데이터를 그룹화하여 집계한다.
pd.pivot_table()	데이터를 피벗 테이블 형태로 변환한다.
sns.barplot()	데이터를 막대그래프로 시각화한다.
sns.lineplot()	데이터를 선그래프로 시각화한다.
folium.Map()	지도를 생성하고 데이터를 시각화한다.

APPENDIX

부록

A 판다스 객체의 속성과 메서드 목록

판다스의 시리즈와 데이터프레임 객체에는 다양한 속성attribute과 메서드method가 포함되어 있다. 대부분의 속성과 메서드는 시리즈와 데이터프레임에서 모두 사용할 수 있지만, 일부는 특정 객체에만 적용되므로 사용 시 주의해야 한다. 또한 객체의 메서드와 클래스 메서드(예 `pd.read_csv()`)는 호출 방식이 다르므로 구분하여 사용해야 한다.

아래 표는 판다스에서 자주 사용하는 속성과 메서드를 정리한 것이다. 각 표의 `series` 열은 해당 속성이나 메서드를 시리즈series 객체에 적용할 수 있음을, `df` 열은 데이터프레임dataframe 객체에 적용할 수 있음을 의미한다.

속성

속성명	설명	series	df
`columns`	열의 인덱스 레이블(컬럼 이름)		○
`dtype`	객체의 자료형 확인	○	○
`dtypes`	데이터프레임 각 열의 데이터 타입 확인		○
`index`	행의 인덱스 레이블	○	○
`info`	데이터프레임의 간결한 요약 정보 출력		○
`ndim`	데이터의 차원 수 반환	○	○
`shape`	데이터의 차원을 튜플로 반환	○	○
`size`	데이터의 총 원소 수 반환	○	○
`select_dtypes()`	해당 데이터 타입을 가진 열들만 추출		○
`values`	데이터를 넘파이 배열로 반환	○	○

클래스 메서드

메서드명	설명	series	df
pd.concat()	특정 축을 따라 개체 연결(합치기)		
pd.DataFrame()	새로운 데이터프레임 생성		
pd.merge()	데이터프레임 병합		
pd.read_csv()	csv 파일 읽기		
pd.Series()	새로운 시리즈 생성		

통계/계산 관련 메서드

메서드명	설명	series	df
abs()	절댓값	○	○
corr()	상관계수	○	○
count()	결측값을 제외한 요소의 개수 반환	○	○
cumsum()	벡터 누적 합	○	○
cumprod()	벡터 누적 곱	○	○
cummax()	누적 벡터 최댓값	○	○
cummin()	누적 벡터 최솟값	○	○
describe()	기술 통계 제공	○	○
mad()	평균 절대 편차	○	○
max()	최댓값	○	○
min()	최솟값	○	○
mean()	평균	○	○
median()	중앙값	○	○
mode()	최빈값	○	○
quantile()	분위수	○	○
sum()	합계	○	○
std()	표준편차	○	○
sem()	표준오차	○	○
skew()	왜도	○	○
var()	분산	○	○
value_counts()	고윳값 개수 반환	○	○

산술 연산 관련 메서드

메서드명	설명	series	df
add()	덧셈	○	○
div()	나눗셈	○	○
dot()	행렬 곱셈	○	○
mul()	곱셈	○	○
round()	반올림	○	
sub()	뺄셈	○	○

인덱싱/슬라이싱 관련 메서드

메서드명	설명	series	df
filter()	주어진 조건을 충족하는 행 또는 열 선택	○	○
head(n)	처음 n개의 행 반환		○
iloc[]	정숫값을 통한 특정 행이나 열 선택	○	○
loc[]	인덱스 레이블을 통한 특정 행이나 열 선택	○	○
rename()	인덱스 또는 열 이름 변경	○	○
reindex()	인덱스를 새로운 값으로 재구성	○	○
reset_index()	인덱스 재설정 및 기존 인덱스를 열로 이동	○	○
sample()	객체 축에서 항목의 무작위 샘플 반환	○	○
set_index()	기존 열을 사용해 인덱스 설정		○
tail(n)	마지막 n개의 행 반환		○

구조 변형(삽입, 삭제, 수정 등) 관련 메서드

메서드명	설명	series	df
astype()	데이터 타입 변환	○	○
copy()	객체 복사	○	○
drop()	지정된 행 또는 열 삭제	○	○
drop_duplicates()	중복 행 삭제	○	○
duplicated()	중복 행을 나타내는 부울 시리즈 반환	○	○
insert()	지정된 위치에 열 삽입		○

join()	두 데이터프레임을 공통 컬럼으로 연결		○
merge()	두 데이터프레임을 공통 컬럼으로 연결		○
transpose()	데이터 프레임의 행과 열 전환		○

결측값 처리 관련 메서드

메서드명	설명	series	df
bfill()	결측값을 뒤쪽 방향에서 가장 가까운 값으로 채움	○	○
dropna()	결측값 제거	○	○
ffill()	결측값을 앞쪽 방향에서 가장 가까운 값으로 채움	○	○
fillna()	결측값을 다른 값으로 채움	○	○
isna()	결측값 확인	○	○
isnull()	결측값 확인(isna와 동일)	○	○
replace()	특정 값을 다른 값으로 대체	○	○

집계/정렬 관련 메서드

메서드명	설명	series	df
aggregate()	그룹별로 다양한 집계 함수 적용	○	○
argsort()	배열의 요소 정렬 후 해당 요소의 인덱스 반환	○	
argmin()	가장 작은 값의 int 위치 반환	○	
argmax()	가장 큰 값의 int 위치 반환	○	
groupby()	열을 사용하여 데이터프레임 그룹화	○	○
sort_index()	인덱스를 기준으로 정렬	○	○
sort_values()	값을 기준으로 정렬	○	○
pivot()	데이터프레임 형태를 변경하여 새로운 축으로 데이터 재배치		○
pivot_table()	pivot과 유사하지만 중복된 값에 집계 함수 적용 기능 제공		○

그래프 메서드

메서드명	설명	series	df
plot.bar()	막대그래프 (세로 방향)		○
plot.barh()	막대그래프 (가로 방향)		○
plot.box()	상자그림		○
plot.hist()	히스토그램		○
plot.line()	선그래프		○
plot.pie()	원그래프		○
plot.scatter()	산점도		○

기타 메서드

메서드명	설명	series	df
apply()	행 또는 열에 함수 적용	○	○
to_csv()	csv로 파일 저장		○
iterrows()	행 순회		○

B VS Code에서 코파일럿 사용하기

깃허브github에서는 파이썬 코딩을 도와주는 인공지능 비서인 코파일럿Copilot을 출시하였다. 파이썬 외에도 C++, Go, JS/TS Ruby, Swift, Java, Kotlin, Rust, PHP 등 다양한 언어를 지원한다. 코파일럿을 잘 활용하면 개발 시간을 획기적으로 줄일 수 있다. 코파일럿은 유료 서비스이지만 교육기관 종사자(학생, 교강사)는 무료로 이용할 수 있으므로, 이 혜택을 적극적으로 활용해 보자.

1 코파일럿 사용을 위한 준비

깃허브 코파일럿 계정 생성하기

깃허브 코파일럿을 사용하려면 GitHub Education 사이트(https://education.github.com/pack)에서 계정을 등록해야 한다. 이때 무료로 사용하려면 `.ac,kr` 또는 `.edu`로 끝나는 교육기관 이메일 주소가 필요하며, 학생증이나 재직 증명서 등 교육기관 구성원임을 증명할 수 있는 서류를 준비해야 한다. 계정 생성 및 인증 과정에 대한 자세한 내용은 인터넷에서 관련 자료를 참고하자. 정상적으로 사용 요청이 접수되면 약 1주일 이내의 심사를 거쳐 승인 이메일이 발송된다.

VS Code 확장기능 설치하기

01 VS Code의 확장기능 탭에서 'github copilot'을 검색하면 2개의 확장기능extension이 표시되는데 2개 모두 설치해야 한다.

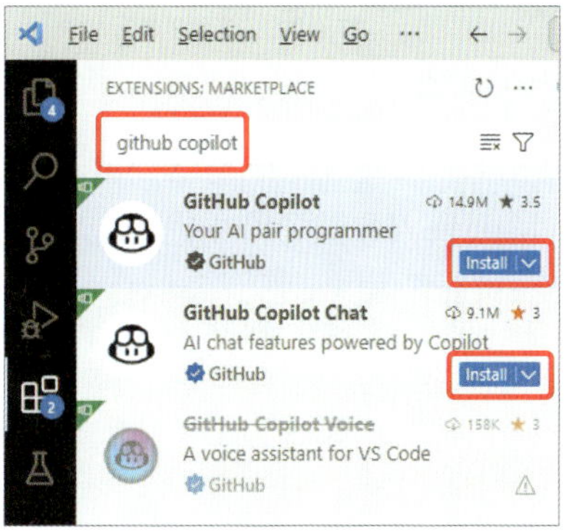

02 GitHub Copilot 확장기능 설치가 완료되면 화면에 표시되는 로그인 버튼을 클릭한다.

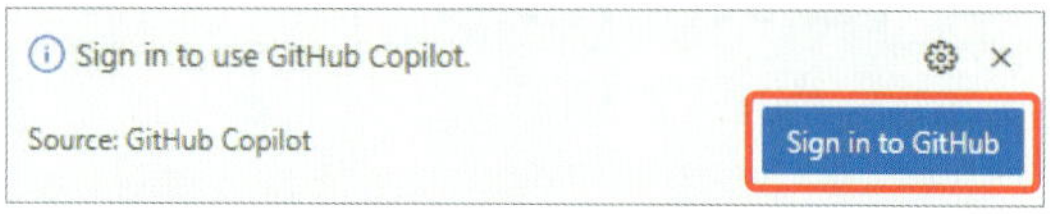

03 화면 안내에 따라 VS Code에서 GitHub 인증 과정을 진행한다.

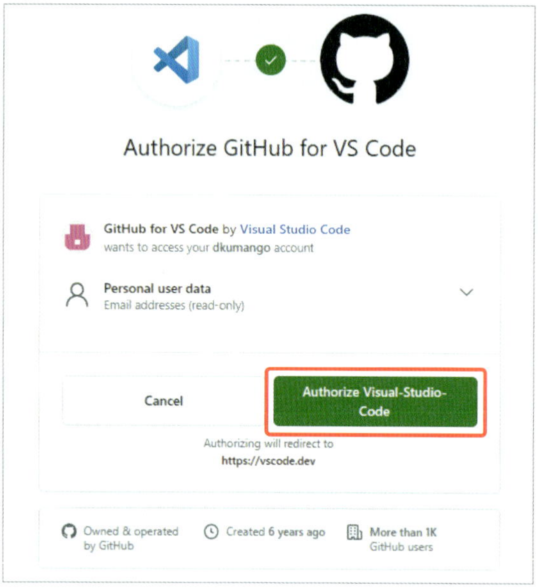

이제 VS Code에서 깃허브 코파일럿을 사용할 준비가 되었다.

2 코파일럿 사용

시작 화면

코파일럿을 설치한 후 VS Code를 실행하고 새 파일을 생성하면 다음 그림과 같이 깃허브 코파일럿을 사용할 준비가 완료되었다는 메시지가 표시된다. 하단 상태 바에는 코파일럿 아이콘이 나타나며 VS Code의 왼쪽 메뉴바에는 코파일럿 채팅 창을 열고 닫을 수 있는 아이콘이 표시된다.

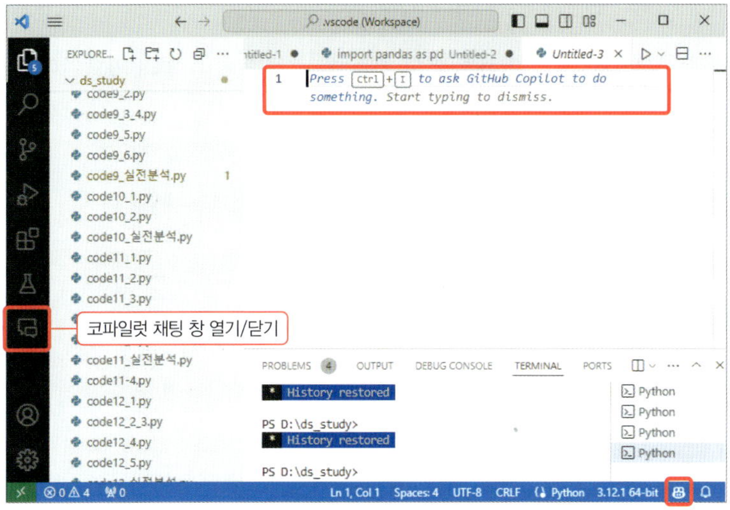

코파일럿과 대화하기

작업 방식과 상황에 따라 코파일럿과 다양한 방법으로 대화할 수 있다.

방법 1 인라인 명령 창 사용

코파일럿 사용 안내 문구에 따르면 코파일럿에게 무엇인가를 묻거나 요청하려면 Ctrl+I를 누르라고 되어 있다. Ctrl+I를 누르면 요청 사항을 입력할 수 있는 인라인 명령 창이 표시된다. 코딩 중에는 화면에 다이아몬드 표시가 보이는데 이 표시를 클릭해도 Ctrl+I를 누른 것과 동일하게 작동하여 코파일럿에 도움을 요청할 수 있다.

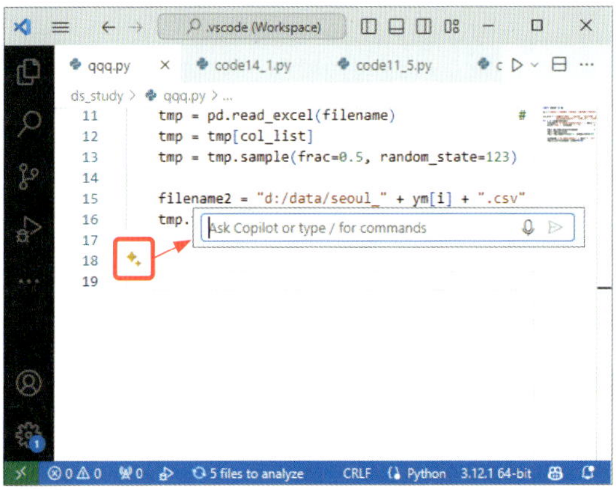

방법 2 채팅 창 사용

코파일럿 채팅 창을 열어놓은 상태에서 작업하는 것도 가능하다. 채팅 창이 열려 있으면 Ctrl + I 를 눌러 인라인 명령 창을 띄울 필요가 없다.

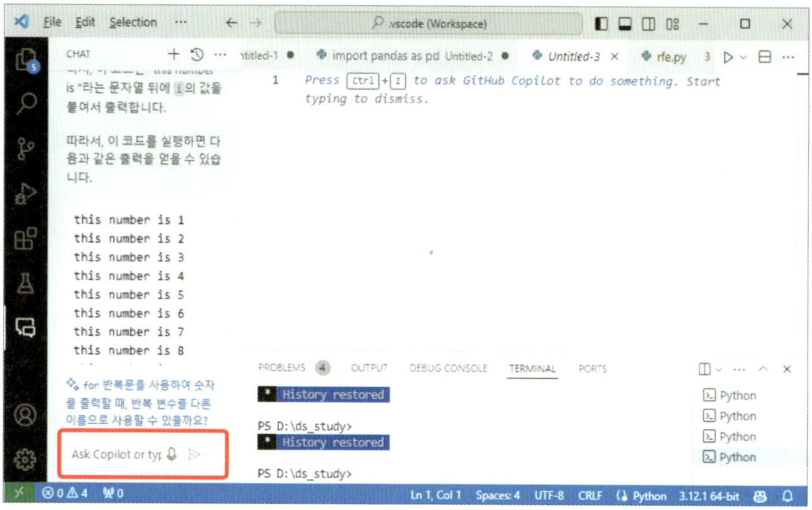

방법 3 코드 선택 및 작업 요청

이미 작성된 코드에 대해 도움을 받는 방법이 있다. 먼저, 원하는 코드를 드래그하여 선택한 후 마우스 오른쪽 버튼을 클릭하면 [Copilot] 항목이 표시된다. 이 항목을 클릭하면 수행 가능한 작업 목록이 표시되며, 여기서 원하는 작업을 선택할 수 있다. 주로 코드에 대한 설명을 듣거나([Explain This]) 오류가 있는 코드에 대한 수정 요청([Fix This])을 할 때 사용한다.

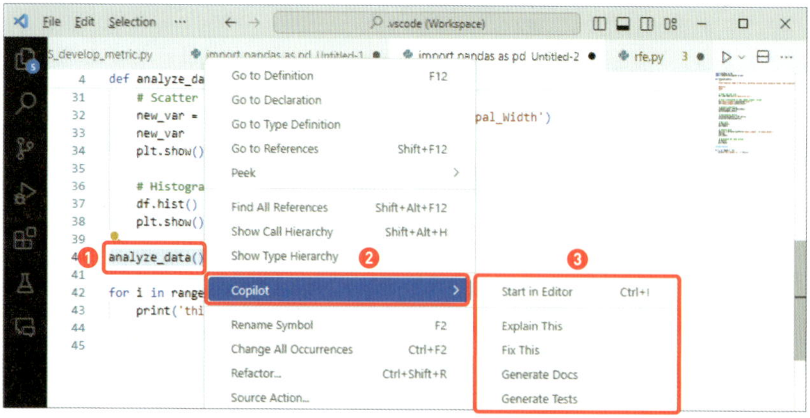

자동 완성 기능 사용하기

코파일럿의 가장 편리한 기능 중 하나는 자동 완성 기능이다. 사용자가 코드의 일부를 작성하면 코파일럿이 나머지 코드를 예측하여 제시한다. 사용자는 제시된 코드를 선택할 수도 있고, 무시한 채 코드를 직접 작성할 수도 있다.

사례 1 import 구문 자동 완성

다음은 사용자가 'import pandas'까지 입력한 상황이다. 코파일럿은 다음 내용으로 'as pd'를 제안하였다. 제안된 코드를 수용하려면 키보드의 Tab 을 누른다. 만약 원하는 코드가 아니면 Alt +] 를 눌러서 새로운 코드를 추천받을 수 있다(시간 지연이 조금 발생할 수 있음). 코파일럿의 추천 코드를 한꺼번에 확인하고, 그중 마음에 드는 것을 선택하려면 Ctrl + Enter 를 누른다.

```
import pandas as pd
                {} pandas


```

사례 2 데이터프레임 생성 코드 자동 완성

다음은 사용자가 'df'까지 입력한 상황에서, 데이터프레임을 생성하려는 의도를 파악한 코파일럿이 데이터를 읽는 코드를 제안하였다. 다만 코파일럿은 어떤 데이터셋을 사용할지 모르기 때문에 예시로 'data.csv'를 제안했다. 사용자는 제안된 코드를 Tab 을 눌러 수용한 뒤, data.csv를 원하는 파일명으로 변경하면 된다.

```
import pandas as pd

df = pd.read_csv('data.csv')

```

사례 3 주석 자동 완성

코파일럿은 파이썬 코드를 작성할 때뿐 아니라 주석을 작성할 때도 자동 완성 기능을 제공한다. 예를 들어 아래 그림과 같이 사용자가 **'#상자그림은'**이라고 작성하면 코파일럿이 나머지 문장을 자동으로 제안한다. 이 기능을 사용하여 주석 작성 시간을 절약할 수 있다.

```
# Box plot
# 상자그림은 데이터의 분포와 이상치를 시각적으로 보여주는 그래프
df.boxplot()
plt.show()
```

하나 더 알기 코파일럿이 추천한 코드에 대해 사용 가능한 단축키

단축키	설명
Tab	코파일럿이 제시한 코드 전체를 수용한다.
Ctrl + ▶	제안된 코드에서 앞부분부터 한 마디씩 끊어서 코드를 수용한다.
Alt +]	새로운 코드 제안을 요청한다.
Alt + [	이전에 제시된 코드로 되돌아간다.
Ctrl + Enter	코파일럿이 제시한 코드를 나열하고, 그중 하나를 선택하여 수용한다.

주석문을 통해 원하는 코드 작성하기

df의 Sepal_Length 컬럼 값을 10씩 증가시킨다고 가정해 보자. 이 내용을 주석문으로 작성하고 Enter 를 누르면 코파일럿은 주석 내용을 기반으로 하여 해당 코드를 자동으로 제안한다. 이처럼 주석문을 잘 이용하면 코드 입력 시간을 대폭 줄일 수 있다.

```
# Sepal_Length 의 값을 10씩 증가시키기
# df['Sepal_Length'] = df['Sepal_Length'] + 10
```

또한 주석문을 활용하면 함수를 작성할 때도 도움을 받을 수 있다. 함수의 내용을 주석문으로 설명한 후 def를 입력하면 코파일럿이 해당 주석을 기반으로 하여 함수 내용을 제안한다.

예를 들어 특정 폴더의 여러 csv 파일을 읽어와 하나의 데이터프레임으로 통합하는 작업을 한다고 가정하자. 주석으로 이 과정을 설명하고 def까지 입력하면, 코파일럿이 함수의 나머지 부분을 자동으로 추천해 준다.

```
# read all csv files in a folder and merge them into one dataframe
def read_csv_files():
    import os
    import glob
    import pandas as pd

    path = r'd:/data/'
    all_files = glob.glob(os.path.join(path, "*.csv"))

    df_from_each_file = (pd.read_csv(f) for f in all_files)
    concatenated_df = pd.concat(df_from_each_file, ignore_index=True)
    print(concatenated_df)
```

TIP 현재 코파일럿은 영어 기반으로 최적화되어 있다. 따라서 한글보다 영어로 작성된 요청을 더 정확하게 처리하는 경향이 있다.

코파일럿에 코드 작성 요청하기

사용자는 Ctrl + I 를 눌러서 나오는 인라인 명령 창에 원하는 코드를 요청할 수 있다. 또는 코파일럿 채팅 창을 활성화한 후 명령 줄에 요청 사항을 입력할 수도 있다.

사례 1 히스토그램 작성 요청

다음은 히스토그램 작성을 요청하는 상황이다. 원하는 내용을 인라인 명령 창에 입력한 뒤, ▷ 아이콘을 클릭하면 몇 초 후 코파일럿이 해당 코드를 제시한다. 제시된 코드가 마음에 들면 [Accept] 버튼을 클릭하고, 원하지 않을 경우 [Discard] 버튼을 클릭하여 요청을 수정할 수 있다.

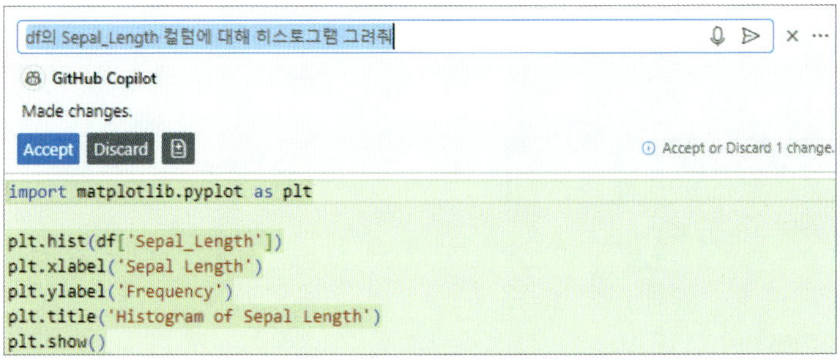

제시된 코드가 만족스럽지 않은 경우 [Discard]를 클릭한 뒤 명령문을 더 구체적으로 입력하면 코파일럿이 더 적합한 코드를 제안한다. 경우에 따라 [Accept] 버튼이 없을 수도 있는데, 이때는 코드를 복사해서 본문에 붙여넣어 사용할 수 있다.

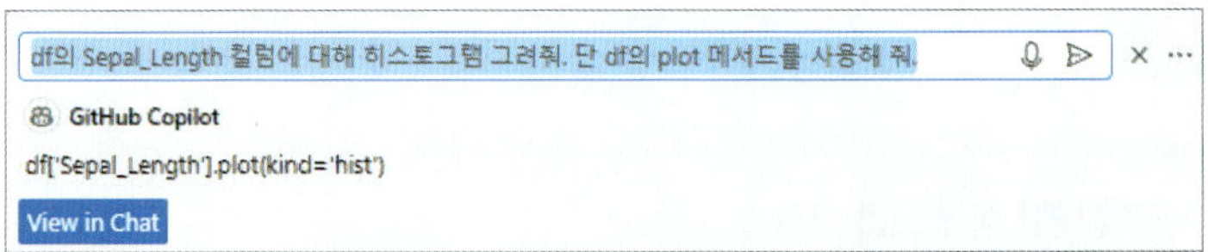

사례 2 탐색적 데이터 분석 및 결과 확인

다음은 코파일럿에 iris 데이터셋에 대해 탐색적 데이터 분석EDA을 요청하여 실행한 결과다. 이 코드는 비교적 필요한 요소를 정확히 제시하고 있다. 하지만 [Accept]를 눌러 제안된 코드를 수행한 후 실행해 보면 상관계수를 구하는 df.corr()에서 오류가 발생한다. 이는 데이터 프레임의 5번째 컬럼인 Species가 숫자형이 아닌 문자형이기 때문이다. 이 문제를 해결하려면 Species 컬럼을 제외하고 상관계수를 구해야 한다. 이처럼 코파일럿이 제시하는 코드는 완벽하지 않을 수 있으므로, 코드가 정상적으로 작동하는지 반드시 확인해야 한다.

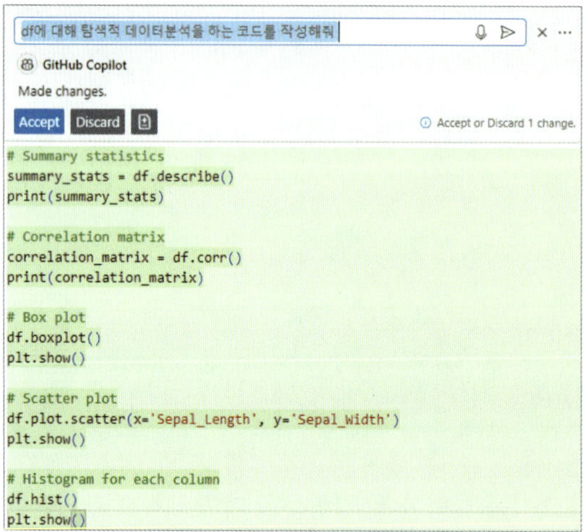

코파일럿에 코드 설명 요청하기

코딩을 하다 보면 특정 메서드의 사용법이 기억나지 않거나, 다른 사람이 작성한 코드를 이해하기 어려울 때가 있다. 이럴 때 코파일럿을 활용하면 도움을 받을 수 있다.

사례 1 판다스의 산점도 메서드에 대한 상세 설명 요청

판다스의 산점도(plot.scatter()) 메서드에 대해 상세히 알고 싶다고 가정해 보자. 코드에서 df.plot.scatter를 드래그하여 선택한 뒤 마우스 오른쪽 버튼을 클릭하면 팝업 메뉴가 표시되는데, 여기서 [Copilot]-[Explain This]를 클릭한다. 그러면 코드 편집 창 왼쪽에 해당 메서드의 매개변수와 기능에 대한 상세한 설명이 표시되어 메서드 사용법을 명확히 이해할 수 있다.

None
# Read the CSV file
df = pd.read_csv('d:/data
Start in Editor Ctrl+I
Explain This
Fix This
Generate Docs
Generate Tests
# Correlation matrix
correlation_matrix = df.c
print(correlation_matrix)
# Box plot
df.boxplot()
plt.show()
# Scatter plot
new_var = df.plot.scatter x=
new_var
plt.show()
Find All References Shift+Alt+F12
Show Call Hierarchy Shift+Alt+H
Show Type Hierarchy
Copilot
Rename Symbol F2
Change All Occurrences Ctrl+F2
Refactor... Ctrl+Shift+R
Source Action...
Cut Ctrl+X
Copy Ctrl+C
Paste Ctrl+V
Run in Interactive window
Run Python
Command Palette... Ctrl+Shift+P
① 알기 원하는 메서드를 드래그하여 선택한 후 마우스 오른쪽 버튼을 클릭하면 팝업 메뉴가 표시됨
②
③
선택하신 코드는 Python의 데이터 분석 라이브러리인 pandas의 DataFrame 객체에 대한 scatter plot을 그리는 함수입니다. 이 함수는 두 개의 열을 x축과 y축으로 사용하여 scatter plot을 생성합니다.
scatter plot은 두 변수 간의 관계를 시각화하는 데 유용한 도구입니다. 각 점의 좌표는 DataFrame의 두 열에 의해 정의되며, 각 점은 채워진 원으로 표현됩니다. 이러한 종류의 plot은 두 변수 사이의 복잡한 상관 관계를 보는 데 유용합니다.
scatter 함수는 다음과 같은 파라미터를 가집니다:
• x, y: 각각 점의 수평 좌표와 수직 좌표를 정의하는 열의 이름이나 위치입니다.
• s: 각 점의 크기를 정의하는 선택적 파라미터입니다. 이는 열의 이름, 단일 스칼라 값, 또는 각 점의 크기에 사용될 스칼라 값의 시퀀스일 수 있습니다.
• c: 각 점의 색을 정의하는 선택적 파라미터입니다. 이는 단일 색상 문자열, 색상 문자열의 시퀀스, 또는 값에 따라 마커의 색을 결정하는 열의 이름 또는 위치일 수 있습니다.
# Scatter plot
new_var = df.plot.scatter(x='Sepal_Length', y='Sepal_Width')
new_var
plt.show()
# Histogram for each column
df.hist()
plt.show()
analyze_data()

사례 2 **전체 함수에 대한 설명 요청**

코파일럿은 하나의 메서드나 명령문에 대한 설명뿐 아니라 긴 코드에 대한 설명도 제공할 수 있다. 예를 들어 `analyze_data()` 함수 전체에 대한 설명이 필요할 경우, 해당 함수를 선택한 후 이전과 동일하게 [Copilot]-[Explain This]를 클릭하면 된다. 그러면 함수의 각 부분에 대한 상세한 설명을 볼 수 있다.

TIP 사용자 정의 함수와 같이 시작과 끝이 분명한 코드의 경우, 함수 이름만 드래그하여 설명을 요청해도 함수 전체 코드를 드래그하여 요청한 것과 동일한 결과를 얻을 수 있다.

3 주의사항

코파일럿을 잘 활용하면 생산성을 높일 수 있다는 점은 분명하지만 기본적인 코딩 실력을 갖춘 후에 사용하길 권한다. 데이터 분석을 할 때 처음부터 코파일럿에 의존하면 코딩 실력을 키우는 데 방해가 될 수 있기 때문이다. 이는 마치 수동 변속기 운전을 배운 사람이 자동 변속기 차량을 쉽게 다룰 수 있지만, 자동 변속기만 운전해 본 사람은 수동 변속기를 다루기 어려운 상황과 유사하다. 코파일럿이 추천해 준 코드를 평가할 능력이 없으면 아직 코파일럿을 사용할 단계가 아니라고 생각하면 된다. 또한 코파일럿이 작성한 코드에는 오류가 포함될 가능성이 있으므로 반드시 결과를 검증하고 내가 의도한 결과를 정확히 도출하는지 확인해야 한다.